银行业信息化丛书

Trust and Partnership
Strategic IT Management
for Turbulent Times

IT 2.0
从支撑到战略

[荷] 罗伯特·J. 本森 (Robert J. Benson)

[荷] 彼得·M. 理伯兹 (Pieter M. Ribbers) ◎著

[美] 罗纳德·B. 布利茨斯坦 (Ronald B. Blitstein)

银行业信息科技风险管理高层指导委员会◎译

清华大学出版社

北 京

Robert J. Benson, Pieter M. Ribbers and Ronald B. Blitstein

Trust and Partnership: Strategic IT Management for Turbulent Times

ISBN: 978-1-118-44393-4

Copyright © 2014 by John Wiley & Sons, Inc. All rights reserved.

北京市版权局著作权合同登记号　　图字：01-2016-5732

本书封面贴有清华大学出版社和 Wiley 公司防伪标签，无标签者不得销售。

版权所有，侵权必究。侵权举报电话：010-62782989　13701121933

图书在版编目 (CIP) 数据

IT2.0：从支撑到战略 /（荷）罗伯特 • J. 本森（Robert J. Benson），（荷）彼得 • M. 理伯兹（Pieter M. Ribbers），（美）罗纳德 • B. 布利茨斯坦（Ronald B. Blitstein）著；银行业信息科技风险管理高层指导委员会译. — 北京：清华大学出版社，2019

（银行业信息化丛书）

书名原文：Trust and Partnership: Strategic IT Management for Turbulent Times

ISBN 978-7-302-49003-6

Ⅰ. ①I⋯　Ⅱ. ①罗⋯ ②彼⋯③罗⋯④银⋯　Ⅲ. ①IT产业－企业发展－研究　Ⅳ. ①F49

中国版本图书馆 CIP 数据核字(2017)第 294398 号

责任编辑：张立红
封面设计：孙卫东
版式设计：方加青
责任校对：李跃娜
责任印制：李红英

出版发行：清华大学出版社
　　　　　网　　　址：http://www.tup.com.cn，http://www.wqbook.com
　　　　　地　　　址：北京清华大学学研大厦 A 座　　　　　邮　　编：100084
　　　　　社 总 机：010-62770175　　　　　　　　　　　邮　　购：010-62786544
　　　　　投稿与读者服务：010-62776969，c-service@tup.tsinghua.edu.cn
　　　　　质 量 反 馈：010-62772015，zhiliang@tup.tsinghua.edu.cn
印 刷 者：三河市铭诚印务有限公司
装 订 者：三河市启晨纸制品加工有限公司
经　　销：全国新华书店
开　　本：185mm×260mm　　　印　　张：25.75　　　字　　数：495 千字
版　　次：2019 年 10 月第 1 版　　　印　　次：2019 年 10 月第 1 次印刷
定　　价：98.00 元

产品编号：062334-01

中文版致谢

　　《IT2.0：从支撑到战略》是《银行业信息化丛书》的第五本，该书由银行业信息科技风险管理高层指导委员会（以下简称"高层指导委员会"）与中治研（北京）国际信息技术研究院合作策划、翻译、审校，由清华大学出版社出版。在此，我们对参与翻译和出版的合作单位表示感谢！

　　本书阐述了信息化不同阶段信息科技与业务的关系，以及对企业发展的不同作用和定位，包括从初级阶段的支撑保障到高级阶段的对企业发展方向的战略引领，并就企业战略转型过程中如何发挥信息科技的引领作用展开了系统性的讨论，为政府组织和企业提供了战略性IT的七种能力和实现这些能力的建设性方案。对于企业，特别是金融机构来说，我们不仅需要研究不同发展阶段金融科技对业务的贡献和定位，同时也要研究信息科技为金融机构赋能的过程，更要研究如何通过科技创新、战略引领实现金融机构转型的目标。相信这本书会对我们的银行业金融机构大有裨益。为此，我们要感谢本书的作者，国际著名的IT价值和管理专家罗伯特·J. 本森（Robert J. Benson）、彼得·M. 理伯兹（Pieter M. Ribbers）和罗纳德·B. 布利茨斯坦（Ronald B. Blitstein）。

　　高层指导委员会领导对丛书的出版工作十分重视，要求体现"自主可控、持续发展、科技创新"的信息化发展方针，有助于推进银行业信息化建设和信息科技风险管理。为此，高层指导委员会办公室多次组织专家研讨会，确定选题方向和项目管理进度，确保丛书出版质量和效率。在此，我们对所有参与《IT2.0：从支撑到战略》项目及丛书其他出版项目的领导和研究人员表示感谢！

　　本书从选题到出版历时近两年。特别感谢中治研（北京）国际信息技术研究院院长陈天晴先生和中国银行首席信息官刘秋万先生对本书在选题和审核方面做出的贡献。同时还要感谢参与本书翻译、审核的苗博、陈强、卞秀珍、法磊、刘金晖、王西琨、梁玉成、闫振平、夏建伟、黄泽敏、方渝军、于锋、刘述忠、向仍君、李艳东、张子琴、曹慧、姜淑云等同志。最后，感谢本书出版工作组的梁峰、包倩、刘洋、孙卫东、李长征、王东红等同志的辛勤工作。

编委会

中文版前言

　　过去40年，中国金融科技得到快速发展，到今天，已真正完成了从算盘到键盘的跨越。金融科技不仅改变了金融的服务方式，而且正在改变经济的运行方式，同时，这种改变带来了中国金融的现代化。

　　新时代，不仅需要新的动能和新的经济增长方式，而且需要科技创新和科技引领，这是新时代对走向现代化的中国金融发出的新的呼唤。

　　如何真正实现科技引领战略是近年来许多金融机构都在关注的热点问题，也是监管部门关注的重点和推动的方向。在中国银行业信息化历程中，金融科技与业务发展之间，科技部门与业务部门之间逐步建立了良好的支撑保障关系。在云计算、大数据、区块链、人工智能等新技术日新月异的今天，信息科技的作用不但要体现在对银行业金融机构的支撑保障作用，更要实现它的战略引领目标，这需要金融机构一方面要着力提升科技创新能力，另一方面要建立一套可靠和安全的风险管理机制，确保能够持续为社会提供安全、快捷、优质的金融服务。为此监管部门和金融机构密切配合，付出了巨大的努力，这也是近年来我国金融创新层出不穷，金融规模和实力不断增强，金融生态发生巨大变化的主要原因。

　　如何建立持续、有效的科技创新机制是我国银行业金融机构实现科技引领战略和信息科技治理的痛点和难点，如何确立科技部门在企业不同发展阶段的定位，以及业务部门与信息科技部门的关系始终是信息科技治理的关键所在。《IT2.0：从支撑到战略》这本书对这些问题进行了比较深入的研究，给出了系统性的解决方案和一系列具体措施。

　　本书分4个部分，共19章。第1章介绍了业务转型时期企业业务与信息科技所面临的挑战，指出企业治理与IT治理的同步协调问题，以及业务部门和信息科技部门在职能定位、协作关系方面普遍遇到的问题。第2章分析和指出了信息科技部门与业务部门之间要信任与合作所需要的条件，即建立共同的目标，协调统一的业务和信息科技的绩效及管理文化。第3章集中论述了业务部门与信息科技部门信任问题的本质，对信任进行了定义，并在此基础上，分析了信任的不同维度，以及信任对绩效产生的影响。第4章论述了企业变革和转型对信息科技战略形成的影响。第5章重点阐述了信息技术的变革，并揭示变革将变为常态。第6章讨论了快速应对变革的策略选项，包括信息科技外包战略、战术和经营决策等。第7章研究了变革和信任对战略性IT管理产生的影响。第8章介绍了基于服务的业务与IT之间的关系，明确指出IT是一种服务业，管理好这些服务是成功管理IT的抓手。第9章介绍了业务与IT之间的伙伴、共生关系，明确指出双方关系是为实现共同目标而进行的平等、互惠合作。第10章阐述了首席执行官、首席信息官和其他业务及IT组织所应具备的领导力问题。第11章阐述如何构建卓越的IT组织和能力，指出企业应具备创造卓越的商业价值和出色应对变革和转型所需的IT能力。第12章详细探讨了如何实现战略性IT管理，描述了组织需要的七项企业IT能力，以及实现这些能力需具备的战略性IT能力。第13章描述了实现七项企业IT能力需具备的IT战术能力。第14章描述了实现七项企业IT能力需具备的持续运营能力。第15章阐述了在外包条件下，如何管理复杂业务与IT之间的关系。第16章阐述了如何提高企业IT治理能力，包括战略性IT能力和绩效的评估方法。第17章提供了首席信息官CIO和IT领导的工作指南及绩效评估方法。第18章提供了首席执行官CEO和高级管理层战略性IT能力的形成方法和评价方法。第19章提供了企业业务IT融合所产生的能力和评价方法，进一步说明战略性IT能力对企业创新发展的不可替代的重要性。

本书具有较强的理论性和实践性，提供了战略性IT能力建设理论和可行方法，论证了战略性IT对企业战略转型和创新发展的重要和关键作用，并提供了非常具体的操作方法和工具。衷心希望本书能够为银行业金融机构和企业高管、IT主管及其他IT从业人员带来帮助，为推动信息科技与业务高度融合，为提升科技在创新驱动和战略引领方面的核心竞争力发挥积极作用。

前　言

我们写这本书的目的是讲述信息技术（以下简称IT）以及动荡和不确定性的业务[1]解决方案，同时寻求IT组织和其业务"合作伙伴"之间的脆弱关系和不信任问题的解决方案。（我们假设这些问题来自IT管理及其治理过程；因此，我们的战略性IT管理解决方案将是更优良的IT过程和组织结构。）这些"更优良"的过程的案例包括IT战略规划、远景规划、项目组合管理、项目开发和卓越运营（我们将在第三部分讨论这些内容）。我们将这些案例定义为企业成功应对动荡和不确定性所需的基本能力。然而，对于存在的问题及其解决方案，人们的看法过于以IT为中心，这显得非常机械。

写这本书时，我们意识到，IT与业务之间的不信任和无效的合作伙伴关系（再加上动荡和不确定性）的确是一个根本性的问题。在我们开始讨论如何提高管理和治理过程之前，大家必须了解这些情况。因此，我们将把一系列战略性IT管理功能描述为建立伙伴关系和相互信任的基石，以及提供动荡和不确定性的解决方案的手段，并对它们加以论证。尽管我们认为我们已经把所有的注意力都集中到了我们的目标上，但写这本书的过程仍然非常曲折。

事实证明，这个问题是一个更为基础性的问题。在一定程度上，将IT和业务分开，这就是问题；罗纳德·布利茨斯坦（Ronald Blitstein）将讨论"如何打破这两者之间的壁垒"的问题。但是，更为根本的是，这个问题已经超越了IT的范畴，它实际上是一个企业问题。因此，战略性IT管理解决方案是一个系统性的企业解决方案，它主要解决业务和IT之间的合作伙伴关系的问题。我们将该解决方案描述为一系列企业IT功能，这些功能将业务与IT整合到一起，并允许二者从各自的视角来看待彼此（可能是同等重要的）。IT尤其需要全面考虑业务视角，因为IT将参与企业流程，提供强大的、代表新的业务价值来

---

1. 我们使用了术语"业务"，因为动荡和不确定性以及战略性IT管理的研究同样适用于政府和非营利性机构。

源的IT功能。顺便提一下，当我们说"IT"时，并不仅仅指"IT组织"；我们指的是业务的所有IT来源，包括"IT组织"以及企业内部的IT活动、信息来源（如云端）和"自助式IT"。我们对IT的定义跨越了企业的价值链——从原材料到资金、从内容创作到资金，以及从服务设计到资金，所有的数据流都将包括在内。

根据我们的个人经验（我们曾担任过公司顾问、首席信息官和大学教授），我们已经认识到我们正在研究业务功能、IT组织和个人等问题，这些统称为文化，但又分别属于不同的个人行为与信念。尽管改进管理和治理过程至关重要，但我们的目标是建立合作伙伴关系和信任，以及协同工作，这样可以加快组织对业务动荡和变化的反应速度。这种新的作用将充分支持IT在业务方面的变革力量。

我们认为，经济、社会和业务的动荡与我们过去所看到的完全不同，这带来了新的不确定性，这些不确定性改变了环境，并对所有相关方提出了要求。这些更高的要求将迫使业务和IT部门都具备更快的适应速度。这种文化/组织、动荡/不确定性和适应速度的组合是一种完美的风潮，不仅可以引发损害控制，还可以释放管理团队的魅力和提高管理的效率。本书体现了一种选择：保持现状或做出改变。因此，尽管战略性IT管理确实最终考虑到了诸如规划、投资组合管理、项目开发和卓越运营等一般事务，但这种管理面临着截然不同、瞬息万变的业务环境。为此，战略性IT管理也提供了一个不同的视角。我们的视角是一种整体的企业观，包括各方要求提供企业IT能力的活动，这种能力对于成功实现管理是至关重要的。

本书可以满足一个关键性的需求。从IT的角度来看，人们已经写了很多关于IT未来、IT组织乃至首席信息官（以下简称CIO）的书籍。其中，很多书籍都拥有一套"战略"，用于探究各种技术和组织未来的发展趋势将如何改变业务模式、IT和CIO。当然，IT是可以对业务产生变革性作用的。IT、CIO和IT领导团队无疑将面临重大改变。

但是，这种描述似乎主要关注IT，而我们把业务当作"相互依靠的人"、一个平等的合作伙伴、一个平等的问题以及解决方案的提供者。信息爆炸和IT带来的机遇，以及获取这些机遇的手段都需要一个有效的企业管理框架来管理。因此，CIO、企业管理人员和领导团队也有实施改变的责任。这种业务责任与IT责任的融合是本书的主旨。

这并不能说业务和IT之间的信息关系现在处于一种很好的状态。实际上，IT管理实践中的不足之处经常会破坏双方的信任、能力和信心，而这些对于建立有效、持久和弹性的业务关系[1]是必需的。请注意，企业管理并不能逃避审查；企业的态度和做法之间还有很

---

1. 例如，Paul A. Strassmann，"In Search of Best Practices"，in *The Squandered Computer: Evaluating the Business Alignment of Information Technologies* (Information Economics Press, 1997): 135。

大的鸿沟，企业需要进行必要的改善。这个共同的责任是本书的重要议题。

本书的主题是"动荡时代的业务转型"，这会有一点误导性，因为本书的研究重点是如何使企业（和政府）成功地（和持续地）适应这个动荡的时代。这当然会造成一些相当大的改变，但我们的重点不是基于一个面向特定的新业务机会的战略规划视角；相反，我们选择的是在动荡和变化的条件下必须做出规划的视角。不像其他一些书籍，我们不打算总结所有可能的动荡来源或可能的业务和IT反馈，其他人在这方面做得比我们好。我们将从这些已有的机遇出发，本书的问题恰恰是业务和IT管理人员如何成功利用这些机遇。因此，假如"变化"发生了（变化确实正在发生），它是动荡的结果，而不是业务和IT创新所带来的后果。

本书包括七项企业关键IT能力，每个企业或政府性组织都必须具备这些能力，尤其是在动荡的环境中。另外，本书还包括信任环境、合作伙伴关系和领导力，这些核心能力在现今是特别重要的，因为企业、政府和全球经济面临的动荡和变化在不断加剧。在动荡和不确定的环境中，本书将成为一本IT和企业专业人士提升自身价值的手册，它还可以帮助他们认识到IT在实现竞争力和任务绩效目标过程中所扮演的全面的合作伙伴角色。

本书提高了企业运用IT的系统性能力。本书没有那么多的方法论，而是强调一种心态、思维模式和管理承诺，这些可以用于创建一种企业可以充分运用IT潜力的环境。这种IT潜力可以使IT和企业从依赖个人——那些可以独自一人推动企业IT前进的英雄和大师们，转移到依赖合作、信任、管理人员，以及在这种环境下拥有工作技能的专业人员身上。个人技术和业务技能仍然相当重要，也需要进行提升，我们会提供相应的指南。总体而言，本书将把企业能力作为一个整体来提升，以应对快速的变化，以及商业环境的挑战和动荡。本书也会提高管理者和专业人员的能力，并帮助他们在工作中取得成功。

本书里最新颖的内容是什么？我们三人已经阅读了上百本关于管理理论、IT在企业里的角色的书籍（"经典著作"），以及无数的期刊文章和以业务和IT为主题的博士论文。他们在这方面已经做出了巨大的贡献，所以要想做得更好绝对是一个挑战。本书有哪些新内容呢？

- 我们将企业IT能力定义为一种组织范围内的能力，它取决于业务和IT功能两者的能力。因此，使用IT创造业务价值是整个企业的责任，本书中业务和IT将会拥有其需要扮演的独特角色。
- 对于快速发生的动荡、变化和转变，我们表示理解，它们是企业管理所面临的重要挑战。我们也明白，IT既是一个结果（对动荡做出反应），同时也是一个起因（创造新的机遇、新的变化）。[1]

■ 我们会建立信任、合作和领导关系的重要纲领，这同样是一个业务和IT问题，并且会影响到每一个管理人员和专业人员。

■ 我们将业务和IT问题作为一个整体的企业问题来解决，同时，我们强调需要有效地处理单个业务部门单打独斗的问题，并满足它们对于IT的不同需求。

■ 我们将使用随之产生的面向业务的服务管理，把IT应用到企业服务框架中。

■ 我们强调企业需要加强业务和IT之间的关系，这在信任/合作条款里已经进行了规定，这种关系适用于七大企业IT能力。

■ 我们介绍了不断加剧的IT动荡，以及这种动荡对组织、新IT来源的出现、新业务能力的快速发展和IT需求的影响。在这里，我们的口号是"动态IT能力"，这是一项IT要求。

■ 我们提供了丰富的自我评估工具，读者可以将战略性IT管理运用到自己的企业中，另外还有清晰的分析自我评估结果的指南。这些工具和指南非常简单，也很实用，它们可以提供个人自我评估工具，因此适用于所有读者。

■ 我们明白，IT治理是通过战略性IT管理的方方面面来进行的。尽管我们没有一个章节专门讲述IT治理，但在整本书中，我们会对业务参与、决策和组织管理问题进行讨论。

　　我们的读者是哪些人呢？他们是企业和IT行业的首席执行官（以下简称为CEO）、CIO，以及各级管理人员。这不是一本关于"CIO角色"的书，本书论述了企业中每个人在创造业务价值和应对动荡、不确定性的过程中所需扮演的角色。所以，实际上，我们这本书是写给企业的，它描述了企业所需要的系统性能力，同时也是写给每一个参与者的，它给所有的利益相关者（包括业务和IT）提出了建议，让集体和个人企业在这个充满困难和挑战的时代里变得井然有序。

---

1. 请参阅：John Hagel III, John Seely Brown, Lang Davison, *The Power of Pull: How Small Moves, Smartly Made, Can Set Big Things in Motion* (Basic Books, 2012): 3: "我们面临着两个挑战：了解我们周围的变化，以及在日益陌生的世界中取得进展。"

给个别读者的重要信息

本书谈到了诸如企业范围内的问题、组织和文化等大规模的理念。举例来说，书中关于CEO和CIO的章节似乎针对的是整个企业，例如企业IT能力。然而，个别读者（项目经理、学生或企业主管）可能会问："这对我有什么用？"或者更直接地问："我能做什么？我该怎么做？我应该学什么课程？"

答案就是：个别读者应考虑他或她所拥有的技能和能力，或者需要提高的技能和能力，尤其是在信任和合作方面。这些读者将注意力放在行动力、价值和个人目标上。也就是说，作为一名独立的专业人员、项目领导或主管，应当多思考如何更好地实现目标。最重要的问题是：我如何才能帮助公司提高服务和卓越运营能力，我如何才能更好地为公司的发展和转型、成本和绩效服务，以及我应该怎么表现。答案都在这本书里。

关键的一点是本书不强调技术、管理过程或方法，更不会使用任何固定的方法论来训练读者，而是要让读者明白IT的潜在价值、文化、目标、行为，以及与IT同行、企业同事、管理师一起协同工作的必要性。因此，本书整体是针对个人及其在伙伴关系中的角色的。当然，如果CEO和CIO，以及其他高管可以采取适当的行动，这再好不过了。但事实上，每一个读者的想法都是——这是由我来决定的。本书中，我们会有一些关于"这对我意味着什么"的讨论。

关于词汇和文化差异的注释

我们的读者不只来自北美和欧洲。尽管英语在各地是一种日常的商务语言，但常见单词的巨大差异还是会造成很多误解的。我们会采用以下一些具体规定。

IT, I/T, ICT, IS, IT/IS, MIS

有时，这些替代名称和首字母缩写词之间的区别是模糊不清的，我们不可能仔细照顾到每一个词汇，因此这些词汇可以理解为同义词。在一些地区（如欧洲），IT仅指技术，而信息系统（以下简称为IS）涵盖通过应用和信息管理（IM）使用的技术。[1]一些地方会使用信息和通信技术（以下简称为ICT），而不是IT。通常，IT这个术语会被理解成一种负责IT、ICT或MIS（管理信息系统）等的组织部门。

本书中，我们使用IT作为所有这些变体的唯一名称。本书还包括各种形式的IT（例如通信及其在制造业中的应用）。当词意较难理解时，我们还会使用特定的修饰语（如IT组织）。IT还包括"IS"，这种说法在欧洲比较普遍。

IT需求和IT供应

这两个术语描述了IT组织（更宽泛地说是每个IT服务的外部或内部来源）和业务组织（IT消费者）之间的组织关系。IT需求主要是指与IT组织的业务合作，无论是针对应用程序、项目、用户服务，还是针对信息分析，任何的IT组织准备提供的服务都包含在内。IT需求可以促使IT组织在规划、排序或项目要求等方面与业务进行沟通，使用的构件可能包括服务水平协议（SLA）、IT预算、优先级列表等。

IT供应包括用于提供IT服务的过程和组织，例如基础设施、项目和IT架构。IT供应可以是内部IT组织、外部IT供应商（如第三方的云供应商或外包商）、企业内部小组或企业中使用"自助式IT"设备的个人。[2]

IT需求和IT供应之间的关系（实际上是业务和IT之间的关系）能够解释我们所说的战略性IT管理。

IT需求和IT供应在管理上的不同观点

谁将负责管理业务与IT之间的IT需求和IT供应的关系？这不是谁管理IT技术的问题，而是谁管理需求和供应的联系情况的问题——确保联系和结果。因此，各地区的做法各不相同。在欧洲，CIO往往代表需求方，因此其在业务组织和IT组织之间发挥着关键作用。事实上，他或她（CIO）是负责管理业务与IT之间关系的人。供应方面则是由首席技

---

1. 例如，英国科学院信息系统（UKAIS）将IS定义为人们和组织利用技术来收集、加工、储存、使用和传播信息的一种手段。请参阅：J. Ward and J. Peppard, *Strategic Planning for Information Systems* (Wiley, 2002)。
2. Marianne Broadbent and Ellen S. Kitzis, *The New CIO Leader: Setting the Agenda and Delivering Results* (Harvard Business Press, 2006): 32.

术官（以下简称为CTO）或IT主管来负责。[1]相比之下，美国的CIO往往更专注于技术。当然，这些区别是公司特有的，尤其是当考虑到公司经营所处的全球环境时。

在某种程度上，由谁负责并不重要，只要有人负责就行。本书的重点是业务和IT的关系本身，以及如何强化这种关系来有效应对动荡、变化、合作伙伴关系等问题。此外，我们的目标是超越这些力量，以提供更卓越的业务成果。

能力、总价值绩效模型、胜任力和文化

我们使用了四个不同的概念来描述业务和IT之间的关系。

能力在第1章进行了介绍，它描述了整个企业扮演合作伙伴角色和完成必要任务的系统性能力，这些角色和任务包括利用IT投资创造更大的业务价值，以及更快地响应动荡和不确定性。能力包括构成这一整体能力的所有系统要素。例如，在描述企业的IT规划与创新能力方面，这些要素可能包括一个组织的：

- 风气（可否在当前的业务和IT文化内实现？）；
- 领导力（工作和任务是否在合适的业务和IT领导下进行？）；
- 合作伙伴关系和信任（业务和IT组织能否一起执行工作和任务？）；
- 组织（技能和职责对于业务和IT来说是否可用？）；
- 资源（资金和人员是否可用？）；
- 机遇（在目前的企业和IT背景下，组织是否有勇气去执行任务？）。

能力是企业的特征。我们所说的能力，是指企业的IT能力。[2]重视别人所给出的定义也是具有指导意义的。

哈格尔和布朗说：“我们使用术语能力的广义来指代实现成本之外独特价值的反复性资源调动……”我们使用了术语“能力”，而不是“胜任力”，这是因为后者往往表示技

---

1. 欧洲工商管理学院（INSEAD）和CIONET（包括欧洲3 500名CIO、CTO和IT主管的研究网）近期的合作研究（2011年和2012年）显示，只有1/3的与会CIO认识到他们作为主要技术驱动的战略角色；相反，他们中的大多数只认识到他们作为业务流程和客户驱动的角色。此外，研究结果表明，大约有1/4的人希望他们的角色能在未来三年从技术驱动和客户驱动变成流程驱动。请参阅：Fonstadt, "E-Leadership Skills", in *e-Skills for Competitiveness and Innovation: Vision, Roadmap, Foresight Scenarios* (Final Study Report, 2013)。
2. 请参阅：Joe Peppard and John Ward, "Beyond Strategic Information Systems: Towards an IS Capability", *Journal of Strategic Information Systems*, 13 (2004):167-194, 以及John Ward and Joe Peppard, *Strategic Planning for Information Systems* (Wiley,2002)。

术和生产技能。例如，我们可以说，戴尔公司有一种独特的能力，可以在全球范围内组织拉动式生产和物流。"[1]

在定义动态能力时，蒂斯说："它们是一个组织的能力及其通过整合、建立、重新配置内部和外部能力来快速应对不断变化的环境的管理能力……其本质是一种隐性知识、组织过程，以及高层人员的领导技巧，展示了一种学习和适应的能力。"[2]

总价值绩效模型（TVPM）会在第2章进行介绍，它描述了企业在IT投资实际成果方面的成功（或不足），这些成果是获得卓越业务价值所必需的，也许更重要的是，产生了具体的绩效成果，因此具有可信度。这是业务和IT之间相互信任的基石。总价值绩效模型会针对业务和IT描述实际成果，而且还会反映这些成果的排序。（在该模型中，绩效和信任是一步一步建立起来的）

胜任力在第7章进行了介绍，它描述了实际执行过程和方法所需的具体知识、技能和经验基础。胜任力是一种能够产生预期结果的任务运用能力。例如，企业的IT规划与创新能力取决于所有的必要资源，包括文化、领导力、合作伙伴关系/信任、组织和连接业务和IT的资产。所需的具体的胜任力可能包括具体的方法和任务运用能力，例如IT战略规划、情景规划或创新规划。胜任力是一个负责执行任务、过程和方法的特定组织（和个人）的特征，这些组织有可能是业务和/或IT组织，也有可能是那些外部企业（如供应商）。

我们对能力、胜任力和总价值绩效模型的使用与这些定义完全一致，因为我们将其应用到了实现卓越IT业务价值，以及快速响应动荡和不确定性的任务之中。

在本书中，我们会对文化进行讨论，它是我们用来描述过程/决策/行为发生的环境，以及企业中业务和IT竖井之间可能存在的冲突的术语。然而，文化是一个比较模糊的词语，莱德纳和凯沃思曾写过一篇关于IT的广泛评论，列出了许多定义和应用。[3]例如，他们列出了164种不同的对于文化的定义。他们的评论主要集中在基本假设/信仰体系（例如在业务和IT组织方面）和价值观（例如什么是好的行为）方面，这是我们应用术语"文化"的背景。从这个意义上讲，我们采用了沙因（Schein）的最新说法：文化是一种企业应学习的共享的基本假设模式，因为它解决了问题，起到了足够好的作用，并且被认为是有效的、正确的思考方式。[4]

1. John Hagel III and John Seely Brown, *The Only Sustainable Edge: Why Business Strategy Depends on Productive Friction and Dynamic Specialization* (Harvard Business School Press, 2005): 17.

2. David J. Teece, *Dynamic Capabilities & Strategic Management: Organizing for Innovation and Growth* (Oxford University Press, 2009): ix.

3. Dorothy E. Leidner and Timothy Kayworth, "A Review of Culture in Information Systems Research: Toward a Theory of Information Technology Culture Conflict", *MIS Quarterly*, 30, No. 2 (June 2006): 357–399. 这篇文章提供了关于文化的深入讨论和广泛文献。

4. Edward H. Schein, *Organization Culture and Leadership*, 4th ed (Wiley, 2010): 18.

关于我们的观点和先前工作的按语

我们三个花费了很多时间来完成这本书和总结其内容、结论和建议，我们带来了不同的观点。罗纳德·布利茨斯坦（Ronald Blitstein）担任过全球范围内很多公司的CIO，拥有丰富的咨询经验；彼得·理伯兹（Pieter Ribbers）曾从事过在荷兰和欧盟领先的学术研究和教学工作；罗伯特·本森（Robert Benson）在美国、荷兰和墨西哥等地拥有广泛的学术、CIO和咨询经验。重要的是，我们三个的观点并不总是相匹配的，因为在美国、欧盟和其他地区我们所使用的做法和思维模式并不总是可比的。这些差异使本书的内容变得更加丰富，但是，也许可能会出现一些不同的词汇或是一些不同的结论。我们很努力地去调和这些问题，并希望每一个读者能够从中获益。

本书是基于我们之前的工作来完成的。罗伯特·本森和彼得·理伯兹在他们职业生涯中对于IT对业务组织的影响很感兴趣。罗伯特·本森早期的书籍主要关注业务和IT之间的关系，特别是如何促进这种关系。他与其他人共同开发出了业务和IT的整合和影响的理念，前者确保了IT能够支持现有的业务战略结构，后者促进了IT对新的战略结构产生有利影响。IT决策过程的经济学一直是他的方法中的一个关键因素。在这方面，信息经济学提供了一种多指标的决策方法，即企业应优先考虑具有竞争性的IT投资建议，这些建议会在下列书中出现：

- 《从经营战略到IT行动》（*From Business Strategy to IT Action*）（威利出版公司，2004年），汤姆·博尼茨（Tom Bugnitz）和比尔·沃尔顿（Bill Walton）著。
- 《信息经济学》（*Information Economics*）（普林提斯霍尔出版公司，1988年），玛丽莲·帕克（Marilyn Parker）和艾德·特雷纳（Ed Trainor）著。
- 《信息战略和经济学》（*Information Strategy and Economics*）（普林提斯霍尔出版公司，1989年），玛丽莲·帕克和艾德·特雷纳著。

罗伯特·本森已经写了100多篇的专著、文章和管理报告，它们进一步发展了这些方法背后的思想。

在其早期出版物里，彼得·理伯兹研究了IT对业务模式的影响。他所讨论的关键问题包括市场结构变化对与客户和其他合作伙伴的交易的影响、业务模型和收入模型所利用的互联网技术，以及在线交易或业务交流的重要性。所以，他感兴趣的研究领域包括IT的外包和内包，以及其对业务模式的影响。这些研究发表在以下几本书中：

- 《电子商务：组织与技术基础》（*E-Business：Organizational and Tcehnical Foundations*）（威利出版公司，2006年），迈克尔·帕帕佐格鲁（Michael Papazoglou）著。
- 《管理IT外包》（*Managing IT outsourcing*）第二版（罗德里奇出版公司，2011年），艾瑞克·比乌伦（Erik Beulen）和简·鲁斯（Jan Roos）著。

按语和鸣谢

罗伯特·本森的按语

写这本书的过程非常曲折。这30多年，我在Beta咨询公司的业务伙伴汤姆·博尼茨对我的帮助非常大，是我思想和实践当中相当重要的一部分。我的学术合作伙伴彼得·理伯兹同样也对我帮助很大，是成就我的思想的关键因素。他对这本书做出了重大贡献。我们一起工作了将近30年。我很幸运，能够在过去的几年里在卡特联盟（Cutter Consortium）工作，该联盟拥有独特的经营计划，聘请了领先的从业者作为合伙人。其中，经验丰富且具有CIO般智慧的罗纳德·布利茨斯坦也是本书的主要贡献者。

还有许多人对本书的构思、编写以及评审做出了重大贡献，他们是卡洛斯·文尼格拉（Carlos Viniegra）、奎特拉瓦克·奥索里奥（Cuitlahuac Osorio）、凯文·冈瑟（Kevin Guenther）、查尔斯·巴特尔（Charles Bartels）、比尔·基沃思（Bill Keyworth）、麦克·罗森（Mike Rosen）和查曼尼·梅（Charmane May），向他们衷心致谢！

毫无疑问，最重要的支持和鼓励来自我的妻子诺琳·卡罗奇（Noreen Carrocci）。没有她无限的爱和支持，我是无法完成这本书的。

彼得·理伯兹的按语

1987年，当我在提亚斯宁堡斯商学院（Tias Nimbas，荷兰蒂尔堡大学的商业学校）开始修读信息管理硕士课程时，我与罗伯特·本森取得了联系。当时，罗伯特·本森是位于密苏里州圣路易斯华盛顿大学的技术与信息管理学院的院长。我们都对研究IT的影响（尤其是IT对业务组织的影响）充满热情。在近30年的讨论中，我们一直保持联系。在我们的年度会议上，一个反复出现的话题就是"我们必须写出一本关于这方面的书"。然而，相比于写书，我们似乎更适合讨论；我们的妻子（莉亚和诺琳）在我们讲这个话题时都会笑话我们。最终，我们决定再次面对这一挑战。你手中的这本书就是这些年来我们之间相互讨论和辛苦工作的成果。这是一个极具挑战性的过程，它引发了我们之间热烈的讨论，因为欧洲和美国的主要观点并不总是相符。讨论和获得成果过程中的一个重要的贡献者就是罗纳德·布利茨斯坦。他的分析和意见是根据其作为一名IT领导者、CIO和顾问的经验得出的，这些分析和意见不断促使我们去优化自己的想法。罗纳德·布利茨斯坦，谢谢你坚持不懈地努力"切割"我的观点。

在我担任荷兰蒂尔堡大学的教授期间，我有幸能够站在我们的领域中一些博学的领导者的肩上。对于这本书，其中有两人我想特别感谢。克里斯·尼尔森（Chris Nielen）教授"塑造"了我的思想，他是我的讲师、同事和朋友。他喜欢开创有争议性的观点，他的去世使这个领域留下了一片空白。

通过罗伯特·本森，我还认识了玛丽莲·帕克，她和罗伯特·本森在1988年合作出版了《信息经济学》。当"指导"玛丽莲·帕克完成荷兰蒂尔堡大学博士学位时，我有幸能与她密切合作，这里只是引述一下，因为我很难去指导一个博学的领导者。在蒂尔堡和佛罗里达，我们进行了长时间的讨论，这也激发了我写这本书的想法。

写书本身是一项需要高强度劳动的工作。如果你与合著者不在同一个地方的话，这个工作会更加艰辛。Skype视频会议是有用的，但是肯定不够，我们非常感谢马萨诸塞州沃尔瑟姆市的本特利大学的支持和帮助，让我们能够使用学校的面对面会议室一周。我要特别感谢的我们的同事——纳德·阿斯格瑞（Nader Asgary）和帕特丽夏·福斯特夫人（Mrs. Patricia Foster），是他们给我们提供了这个可能。

最后，感谢我的妻子莉亚，她说："我希望这暂时是你最后一本书了。"然而，我并不确定。无论发生什么，我仍然希望能够得到她的支持。

罗纳德·布利茨斯坦的按语

我要感谢我的合著者的耐心，我们"积极地"探讨了这本书中的各种不同主题。我还想感谢一些杰出的领导者，从他们身上我学到了很多东西。他们是帕特·库斯克（Pat Cusick）、彼得·露（Peter Dew）、琳恩·艾林（Lynne Ellyn）、弗莱德·普度（Fred Purdue），以及迈克尔·O. 索耶（Michael O. Sawyer）。最后，我还要感谢我的妻子——哈里特，感谢她在我们结婚后多年的无限支持，我会继续爱她。

目　录

第一部分　面临的挑战

第4章　动荡环境下的IT战略·····················57

第5章　信息技术中的动荡·························77

第6章　IT采购的影响·····························117

第二部分 动荡时代的业务转型原则

第7章 战略性IT管理的要求 ·· 131

第8章 服务关系 ·· 153

第9章 合作伙伴关系 ·· 173

第三部分 实现战略性IT管理之路

第一部分
面临的挑战

01 动荡时代的业务和IT

第1章将介绍业务和IT管理所面临的基本挑战，这些挑战涵盖了业务和技术的动荡与不确定性，以及转换业务与IT之间的关系并管理这个过程的迫切需要。二者间的信任和合作伙伴关系为转换奠定了基础，并为将战略性管理原则应用于业务与IT之间的关系转换和过程管理提供了相应的方法。

然而，除了这些因素外，每个企业也必须成功克服一些现有的挑战。首先，业务和IT组织之间的关系没有发挥最佳水平；其次，业务管理人员不理解他们在与IT的关系中的职责；最后，IT管理人员和专业人员不具备成功进行业务转换的能力，该转换过程是建立在发展和维护信任以及合作伙伴关系基础上的。这三大挑战相结合，造成了治理和IT管理过程的不足，使IT和业务之间的联系不够紧密。如果没有重大变化和改进，任何一方都不会实现目标。

我们的目标很简单：利用信息和IT来创造卓越的业务价值，并用出色的业务来应对动荡和不确定性。

企业面临着动荡和不确定性的挑战

我们写这本书时，世界正一片动荡，而且这种动荡还在加剧。动荡影响着各个领域，包括政府、经济、社会、个人，当然也包括IT在企业和政府中发挥作用的方式，其方式是不可抗拒的且具有主导性的。公平地讲，IT既引起了动荡（例如产生了社交媒体、大数据和无所不在的互联网），也造就了能够应对动荡的强大企业（例如适应性和实力更强的企业）。或许正是这一双重性使得局势变得更为紧张。不可否认的是，IT有着最强大的功能，它能够通过促进企业实现当前目标和战略目标来为其服务；同时又具有颠覆性，它不断挑战现有的业务模式，并带来了更多的机遇。1942年，约瑟夫·熊彼得（Joseph Schumpeter）[1]提出了"创造性毁灭"这个术语，用于描述"经济结构不断变革的产业突变过程"，具体是指不断破坏旧的产业，然后再不断创造新的产业。IT的快速发展促使企业领导者重新审视业务模式和竞争基础。IT是那些落后的、无法跟上时代步伐的企业的墓志铭。

动荡影响着一切，它迫使业务和IT管理对其做出有效、持续、自适应和快速的反应。但是，实现这一目标非常困难，信任和合作伙伴关系的分歧会破坏IT和业务之间的关系，阻碍他们做出有效和持续的反应，从而无法应对挑战。"最佳做法"必须转变成建立信任和合作伙伴关系的形式（在我们的术语中，是指弥合IT和业务之间的差距），这种做法使企业和政府能够迅速适应周围的动荡和变化。

我们重新查阅了数百本书、无数的专业文章以及数不清的研究报告，这使我们接触了诸多行业，并积累了丰富的实践经验。在此过程中，我们发现，人们很容易被这个反复出现的主题的噪声所淹没。我们处在一个动荡激烈的时期，这是一个以动态能力、快速创新、"公司外部"价值来源、敏捷性、分散影响和业务网络等概念为代表的时代。由政府行为和监管政策造成的不确定性让这种动荡雪上加霜。人们不得不订阅流行的商业期刊（例如《彭博商业周刊》）和专业杂志（例如《哈佛商业评论》《斯隆管理评论》），甚至连订阅《外交事务》这样的圈外杂志也会增加压迫感。

除此之外，技术本身也会引发动荡。严格的正规流程造成了不稳定的巨大飞跃，每一年技术都为我们提供更大、更快和更便宜的产品。同时，技术还给我们带来了一种全新的感觉 —— 一种新事物正向我们走来。其实很多东西已经存在，只要人们上网看看加德纳技术成熟度曲线（Gartner Hype Cycle）[2]，就能体会到这种感觉了。

所有这一切都给企业带来了巨大的压力，迫使其找到应对动荡的方法。此外，这也给企业有效部署IT组织带来了巨大的压力，当IT和业务/政府企业之间缺乏信任和合作时，执行任务会变得相当困难。这些挑战已经伴随我们很长时间了（例如，"调整"、有效的规划和部署等）。这是本书的基本前提，但是，动荡及由此产生的变化和适应性要求可能会

---

1. Joseph A. Schumpeter, *Capitals, Socialism and Democracy* (Routledge 1942), 8.
2. 关于技术成熟度曲线的描述，请参阅第5章"信息技术中的动荡"。

迫使人们放弃当前大部分的"最佳做法"，并且也许会给企业带来危害。同样引人注目的是业务和IT之间的历史性差距，在最佳时期，企业都很难去执行任务，而在这种动荡的情形下，这种差距会使企业做出有效反应的能力进一步下降。

这与调整完全无关

IT是在一个强调支持业务目标的必要性的背景下发展起来的。此背景下的工具和方法已经与"调整"这一术语捆绑在一起。调整已被证明是一种令人满意的方法，它可以使我们成功地思考和处理许多业务和IT的关系问题。

假定企业管理层知道其在做什么，毫无疑问，他们肯定也了解相关战略和实施战略的业务活动。

但问题是，企业管理层对战略和业务层所提供的业务机会没有一个清晰的概念。如果人们能够完全理解IT创新，并使用业务术语来解释IT创新的话，业务战略和业务运营又将发生怎样的变化呢？

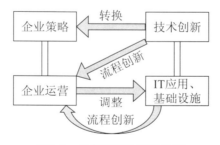

图1.1　业务和IT的因果关系

多年来，图1.1[1]作为一种工具能够很好地说明这两个因素之间的关系：业务是调整，IT是创新/转型。该图本来是用于说明整个企业的信息管理的，后来通过IBM的洛杉矶科学中心和华盛顿大学中心针对数据处理（DP）的研究进行的联合研究项目而发展起来的。该图已经被其他人修改和采用，包括亨德森及其同事[2]，他们把它作为一种表现战略性IT和业务关系的方式。这些年来，一些术语发生了细微的变化（例如"转型"一开始是作为

1. 该图改编自："Square Wheel" in Robert J. Benson and Marilyn M. Parker, "Enterprise-Wide Information Management: An Introduction to the Concepts", *LASC Report*, G320-2768 (May 1985).
2. 请参阅：J. C. Henderson and N. Venkatraman, "Strategic Alignment: Leveraging Information Technology for Transformation Organizations", *IBM Systems Journal*, 32, No. 1 (1993).

一种"影响"，之后变成了"创新"），但意思没变。调整和转型这两大因素明确说明了企业需要什么：在IT支持业务策略和业务经营方面达成共识，并提供一条找到转型机遇的清晰路径。正如我们所看到的那样，动荡和不确定性使它们变得更为重要。

遗憾的是，这两大因素带来的一个副作用就是会迫使业务和IT分离。在很长一段时间里，我们都是通过调整和转型的过程（例如战略规划）来消除二者之间的差距。这个过程代表了战略性IT管理的部分目标，即通过信任和合作伙伴关系来更直接地消除这种差距。

在后面的章节中，我们将会讲述这两个因素之间的关系，并重点讲述CIO和CEO的职责，使大家充分理解和明白IT所提供的转型潜力。当然（正如我们第5章中所讲述的内容），这些潜力往往被当成业务动荡的制造者，即大数据、互联网以及供应链的崩溃等。

业务和IT关系的问题

在大多数企业中，业务和IT之间的关系都存在问题。这种情况已经持续了很长时间，并且可以追溯到数据处理的源头。任何规模的企业都有着把IT作为一个独立的组织建立起来，并尝试许多不同的治理、规划和绩效管理过程，以弥合业务和IT之间差距的历史。人们偶尔会尝试新的组织方法（例如集中、分散和联盟）、新的治理方式（例如优化、规划和服务管理）、新的技术和方法（例如绿色屏幕、互联网、厚款或薄款个人电脑、敏捷开发和企业架构）。尽管采取了这些干涉措施，他们之间的关系依然没有好转，我们会在第2章中重点讲述该内容。

每个企业都会有业务和IT之间关系的相关事例。当我们和IT管理人员进行小组会议时，他们表达出的典型顾虑包括：

- 人们总是要求我们控制不断增加的IT成本。
- 企业高管对IT的成果很失望。
- 他们不相信我们能按照预算按时完成项目，当我们完成时，业务部门不会使用这些成果，或者不喜欢这些成果。
- 缺乏战略方向。
- 我们需要现代化，但没人支持。

■ 我们根本不被重视。

而当我们与业务经理进行小组会议时，他们的典型顾虑包括：

■ IT讲的东西我们不明白。
■ IT不懂业务。
■ IT不能带来良好的业务成果。
■ 每个业务部门都会有不同的要求。

显然，这些观点描述了一个很难创造成功的业务成果的联盟，也许会碰巧成功，就像谚语说的那样，“瞎猫碰到死耗子”。但是，这并未考虑到动荡和不确定性的影响，动荡和不确定性将产生对更牢固、更有效的信任关系的更大需求。

既然问题已经出现了这么久，为什么我们还没去解决它呢？根据我们的观察和经验，以及发表在书籍、报刊和论文上的评论，我们可以得出结论：IT和业务都没有做好成功解决这一问题的准备。[1]

IT尚未做好准备

在大多数企业中的三个层面上，IT（作为一个组织）通常只是还没有准备好去做要做的事。当与业务和IT管理人员讨论其所存在的问题时，我们要强调一些必要的行为（对于业务和IT这两者来说）：

■ 战略性地思考业务以及如何利用技术变革来改善业务成果。
■ 培养业务和IT之间的合作伙伴关系和信任关系。
■ 形成快速反应的能力（动态能力），并建立弹性机制。

战略性思考

当和IT专业人士提到“战略”这个术语时，谈话就有可能会转向关于云端、数据可视化、

---

1. 请参阅：Susan Cramm, *8 Things We Hate about IT* (Harvard Business Press, 2010)。

业务智能，以及各种平台和网络发展的最新发展情况。此外，IT领导者可能会遵循"把IT当作一项服务业务"的原则来运作IT，并做出结构化的响应。IT对业务的重要性构成了谈话的基础，尤其是当涉及提供弹性机制、改善用户体验和提高竞争力等方面时。然而，这些相同的IT领导者通常无法回答关于业务的基本问题，而这些问题却能引导技术的战略性使用，例如：

- 什么是最赚钱和最不赚钱的产品或服务？为什么？
- 谁是最有利可图和最无利可图的客户？为什么？
- 客户为什么会购买我们的产品或服务？
- 我们失去一位客户的原因是什么？
- 我们在提案式竞争中以失败告终的原因是什么？

事实上，许多这样的"战略"对话将仅限于IT供应问题——IT组织将如何有效地开发和提供领先的能力，而"战略"意味着IT组织要为业务提供这种能力。这种供应观主要是内向型的，它的重点是IT组织和其所含的技术、服务、管理流程。这种内向型的观点没有考虑到每个企业、非营利性机构和政府组织所面临的一般性业务表现或动荡。

IT供应观包括外部的组织因素（如云端、外包等），它们代表着向业务提供IT服务的传统手段的替代方案。它们更关注IT的内在。典型的IT管理人员或专业人员很少从业务视角来"战略性地思考"问题。

培养合作伙伴关系

IT文化往往关注技术内部，并寻求稳定和控制一些意想不到的变化。除了在交易层面外，大多数IT专业人员对业务缺乏深刻的了解。这些障碍会使合作变得更加困难。

快速响应动荡

在大多数企业中，人们对IT流程的认知（包括治理）都充满官僚主义作风。无论真假，IT抵制意料之外的变化的倾向会愈发明显（当然除非是以一种有趣的新技术形式出现）。即使是新开发流程或"高效"架构等IT领域也可能会成为一种障碍。大部分IT都建立在工程概念和稳定结果的目标之上，但这并没有使快速响应成为一种必然结果。

然而，还有一个更为根本的问题强调了本书所传达的信息。基本的矛盾是处于定义明确的方法和流程之间的，它们一方面试图制定精心设计的IT解决方案和良好的结构化治理流程（请理解为官僚主义），而另一方面却要求快速创新，快速响应和边做边学（例如，使用敏捷性开发）[1]。这种结构、确定性（从一开始具有典型的信息管理特点）、创新、速度和弹性之间的矛盾，是我们所面临的固有挑战。这并不是说设计好的/结构化方法不符合创新、动荡和变化的要求。我们意识到，并不是所有的事情都能迅速完成，例如企业资源规划（以下简称为ERP）及其部署。事实上，我们的观点是：我们要做到二者兼顾；这在企业IT能力中进行了定义，而这些能力需要信任、合作和领导力才能实现。

业务也未做好准备

在大多数企业中，业务管理与IT结合得并不紧密，治理流程不完善，各级管理人员对与IT部门建立信任关系的责任也不明确。解决这些问题的困难在于为IT总支出的治理全过程建立可衡量的业务案例和项目要求。随着动荡不断加剧以及技术以新的方式不断涌现，业务管理层对于忽略更传统的IT组织、IT流程的后果的认知变得模糊起来。

最终，这导致了思想和实践竖井的形成，打破业务和IT之间的壁垒是基本目标，对于"在动荡时代的业务转型"来说是至关重要的。

当前的做法、架构和组织成为阻碍

50年来，IT在业务中的发展产生了许多流程和组织结构。尽管如此，问题却依然存在。当然，管理和治理流程的细节是非常重要的，但这些细节只是两个问题中的一个。另一个是管理流程运作的组织环境、文化和行为。这一背景确定了IT与业务之间将产生的合作与信任度的阶段。如果这些特性被证明不会在重大业务动荡和变化的时期威胁到企业，它们可能会允许流程在相对稳定的时期很好地进行。本书中关于这一点的案例都是基于历史和观察而写出来的，采用了许多负责业务和IT管理、组织设计和开发的领导者的想法和经验。关键的一点是要从组织和人的角度，而不是单纯地从管理和治理流程的角度来思考这些问题。[2]

---

1. 请参阅：Robert J. Benson and Thomas L. Bugnitz, "Transformative IT: Creating Lean IT Portfolio Management ... or Not," *Cutter IT Journal*, 22, No. 1 (January 2009)。
2. "敏捷"群体的最新发展是将采用敏捷方法的障碍描述为人和文化的障碍。请参阅：Ken Collier, *Agile Analytics: A Value-Driven Approach to Business Intelligence and Data Warehousing* (Addison-Wesley, 2011) and Jim Highsmith, *Agile Project Management* (Addison-Wesley, 2004)。

多年来，IT不仅一直受到与业务合作不力和信任问题的困扰，而且一直面临着对动荡和变化做出快速灵活的反应的挑战。回顾过去50年的书籍和期刊，你可以看到人们对这些挑战始终保持关注。目前，经济动荡和转型技术的变化更是大大恶化了这50年来令人失望的失败局面。

业务的缺乏远见在这一时期暴露无遗。尽管将重点放在信任IT上是个容易实现的目标，但业务有着其自身的文化、流程和合作障碍。这是一个机会均等的讨论。

克服障碍，真正"打破壁垒"，意味着IT和业务之间应建立密切的合作伙伴关系，也意味着打开业务和IT之间的竖井。这将允许业务和IT使用有效的管理和治理流程来应对动荡和变化。这样，IT和业务将可以通过合作来成功把握机遇。

业务和IT：一种复杂的关系

在企业中，IT组织和各个业务部门之间存在着一种复杂的关系，但这种关系能够以最简单的形式表现出来。例如，从一方面说，IT组织向业务部门提供了IT服务和功能，这是一种IT提供服务、业务使用服务的关系；从另一方面说，IT组织和业务部门必须协同工作，才能为企业创造业务价值，这是一种合作伙伴关系。在这种关系中，业务和IT为了共同的目标从规划到行动等方面协同工作。图1.2表明了这个关系中战略性IT管理的七大方面（如"规划与创新"）。

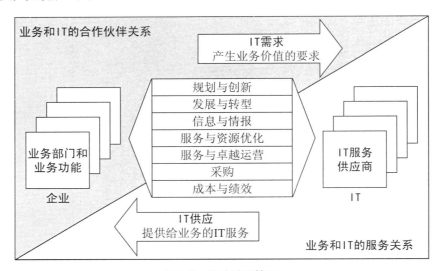

图1.2 战略性IT管理

现实给这个简单的模型带来了复杂性。虽然此模型只讲到IT组织和IT服务供应商（当然，还有业务部门），但事实上，IT会以多种方式交付到业务。例如，交付是通过企业级组织（也许是一个或多个独立的网络组织，例如ERP、企业电子邮件等）、外部供应商（例如销售自动化的特定应用服务）、内部供应商（业务部门的专业部门，如市场/设计支持小组），甚至是个别供应商（例如收购和使用个人电脑、工作站、其他技术的组织）来完成的。此外，IT的跨业务交付实际上是由几个特定服务构成的，包括应用程序（如数据管理）、基础设施（如电子邮件、互联网）、项目、支持（如帮助桌面）和管理（如协助收购个人电脑和平板电脑等）。当然，业务部门本身是由大量的人员、功能和组织分部组成的，他们都有着不同的IT需求和机遇。

说了这么多，如果我们对多个IT来源、多个业务部门以及提供必要的IT服务所需的众多流程（如规划、治理、运营等）避而不谈，我们就可以用"业务和IT之间是联系在一起的合作伙伴关系"这句话来对上述内容进行简单概括。他们协同工作，互相依靠且互相合作，来实现整个业务目标（如提高竞争力和卓越运营），这些最终会由底线绩效（对于政府、使命来说）来进行衡量。业务和IT之间的关系至少应是一种合作伙伴关系或一种互惠互利的关系。了解了这一点，我们就可以定义相应的原则，以帮助二者建立并支持双赢的目标。在后面的章节中，我们会详细讲述这种关系的实质，并介绍和描述总价值绩效模型的全部意义。这种关系强化了共同利益、共同目标以及业务和IT之间的合作伙伴关系的理念。

当然，总的来说，本书基于两大理念。首先，动荡和不确定性以及变化在很大程度上影响着建立IT和业务的合作关系的成败。其次，以运营方面的关系为特征的现有"最佳做法"（例如，基于卓越运营的规划）必须适应动荡和不确定性，并帮助IT和业务建立起合作和信任关系。

本书的目标是讲述IT组织如何发展、参与和加强与业务的关系的能力，同时，更好地解决困扰着每一个人的动荡和不确定性问题。然而，我们认为这不仅是IT的问题，而是整个企业的问题，同样涉及业务。因此，业务也面临着发展、参与和加强与IT的关系的能力的挑战，就像IT之于业务一样。

IT价值是核心问题

自20世纪60年代以来，每个人似乎都在致力于解决如何把IT与业务组织联系起来的问题，以及这样做的真实结果是什么的问题。那时，大部分的文献都在讨论业务和IT之间的合作伙伴关系、信任以及鸿沟的问题。[1]50多年后，我们还在讨论着同一问题。

其中一部分是老生常谈的"IT价值"问题。自20世纪80年代以来，保罗·斯特阿斯曼（Paul Strassmann）在IT支出水平与业务绩效之间不存在相关关系这个基本命题上做了相当多的研究。换句话说，企业在IT上的过多支出并没有带来更好的盈利能力和回报。[2]费萨尔·豪可（Faisal Hoque）[3]在他的关于咨询框架的书中介绍了一些理论，例如增加期限会带来更好的绩效，但这种联系并不一定存在因果关系。简单地说，文献中只有很少的真实数据，这与保罗·斯特阿斯曼的研究不同。保罗·斯特阿斯曼在谈到IT价值问题的时候，会使用具有意义的金融或价值数据。[4]的确，业务案例是为个人投资所编写的。然而，现在还有许多悬而未决的问题：结果到底有多可靠，包括什么以及不包括什么？什么是无形的收益和成本？未来成果到底有多少不确定性？到目前为止，业务案例的事前分析和事后分析很少有得到证实的，更不用说控制它们了。

当然，这是把复杂问题简单化了，因为IT无疑是大多数业务的命脉。大多数企业的运转离不开IT，但是，人们也可以说，企业离不开电力和其他基础设施。尼古拉斯·卡尔（Nicholas Carr）会认为IT与竞争或特殊条款无关的原因是：IT是一种简单的商品，一种为了开展业务而必须存在的东西。[5]因此，业务与IT的关系会受到障碍、不良合作关系和信任缺乏的影响，同样也面临着来自对IT价值的误解的挑战。随着业务对IT运作和项目开发性能缺乏信任，二者的关系被一步步侵蚀。

打破障碍和壁垒的挑战

对所有的IT组织和管理人员来说，寻找新的管理IT和业务合作关系的方法是至关重要的。很难想象一个没有经历过IT转型的企业是如何开展业务的（例如，与客户合作、管理供

---

1. *Unlocking the Computer's Profit Potential* (New York: McKinsey and Company, 1968). 另请参阅：John Dearden, "MIS Is a Mirage"，*Harvard Business Review* (January–February 1972): 90–99。

2. 请参阅：Paul Strassmann, *The Squandered Computer: Evaluating the Business Alignment of Information Technologies* (Information Economics Press, 1997)和 *The Economics of Corporate Information Systems: Measuring Information Payoffs* (Information Economics Press, 2007)。

3. Faisal Hoque et al., *The Power of Convergence: Linking Business Strategies and Technology Decisions to Create Sustainable Success* (Anacom, 2011)。

4. 请参阅：Erik Brynjolfsson, *The Productivity Paradox* (CACM, 1993)。

5. 请参阅：Nicholas G. Carr, "IT Does Not Matter"，*Harvard Business Review* (May2003): 5–12。另请参阅：Nicholas G. Carr, *Does IT Matter: Information Technology and the Corrosion of Competitive Advantage* (Harvard Business Review Press, 2004)。

应链、为竞争力和客户行为提供洞察力等是如何完成的）。总的来说，持续把IT吸收到业务是存在一些小问题的。敏捷和速度的需求、战略目的的信息使用、互联网的作用反映了IT在投资方面有着更大的令人难以置信的潜力。这些变革性的特质正在快速出现，正如将要在第3章和第4章中指出的那样，企业领导者需要尽力表现。

转型所面临的挑战表现为关于合作和信任的五大基本障碍——以更快的速度更好地应对动荡和变化的能力的障碍：

- IT文化和流程。该障碍涉及多个因素，但总而言之，这些因素是以IT为中心，而不是以业务为中心的。
- 业务失败责任。IT的功能可能是以IT为中心，而业务管理并不了解其在合作伙伴关系中的作用或责任。整个业务要负责在企业内部有效地运用IT，这并不单由IT负责。
- CIO不提供指导。CIO需要定下业务和IT关系的基调和内容，否则合作伙伴关系和信任将受到损害。
- CEO不设定阶段。同样，从通过鼓励企业管理承认IT的作用，到注意并有效地发挥它们的作用，都属于CEO应设定的基调。
- 缺乏能力。业务和IT双方都缺乏预测和管理变化的能力，特别是缺乏动态能力。

在许多方面，这些障碍都相当于同一枚硬币的正反两面。

那么，为什么这些问题还没得到解决

到底是哪里出错了？

第一个主要问题就是信任问题。我们的前提是，问题得不到解决的很大一部分原因是业务和IT之间缺乏信任。本章会先打好基础，之后我们会在第5章和第6章中详细讨论这个问题。第二个主要问题是官僚主义和绩效相关的时间延迟。第三个主要问题是"一刀切"的错误观念，而"最佳做法"似乎就像是一刀切。[1]第四，也是最重要的一个问题，其他人制订的计划和流程大多数是以IT为中心的，总是专注于如何解决IT问题。事实上，这是一个包括业务和IT的综合问题。第五个主要问题是由尼古拉斯·卡尔提出的，他说：

---

1. Michael Porter，引自Walter Kiechel, *The Lords of Strategy* (Harvard Business School Press, 2010)："直到今天，我完全接受这样一个条件：每个公司都是不同的、独一无二的……我们有一个可用于思考竞争性的框架或结构，我们可以从中进行归纳总结。"

"也许IT并不重要，也许IT真的就是一种商品，并没有竞争的独特性。"我们一直面临着这些问题，信任和合作伙伴关系的缺乏，以及日益严重的动荡和变化使这种情况变得更加糟糕。

我们将业务和IT的关系，以及将他们联系在一起的"最佳做法"描述为IT供应和IT需求管理。稍后我们会阐述这些观点，他们构成了这一关系，以及必须演化成与我们已经确定过的动荡、变化、不确定性和不信任抗争的做法的基础。自从罗伯特·本森的书——《从经营战略到IT行动》面市以来，我们已经看到过许多这种观点。[1]过去10年，业务中的IT已经变成一种更多是"假定"的东西，一种每一个企业都必须拥有，但是很少去使用的东西。无论是后台办公、客户直接服务，还是供应链，IT对于业务来说都是不可或缺的一部分。而且每个企业都有相当大的可能性去运用IT，无论是用于实现业务智能、彻底改变客户体验、重组供应链，还是其他的方面。

图1.2展示了企业和IT之间的合作伙伴关系和服务关系。正如我们前面所强调的那样，对于IT，我们指的是IT的所有来源。无论是业务部门内部、企业IT组织、外包和远端服务等外部供应商，还是由个体业务活动或个人开发的"自助式IT"，所有部分都相互关联，并且都必须发展成有效的业务和IT关系的一部分。

为了解决这些问题，我们将战略性管理的概念应用于业务和IT

我们改变了战略性管理的术语和定义，以有效和高效地解决使用信息和IT来支持业务的具体问题。我们把战略性IT管理建立在战略性管理框架上，该框架是20世纪70年代后出现的。其核心思想是，管理层必须从一个整体的角度来看待那些对业务有用的资产和资源，并优化和部署这些资产和资源，以实现他们所希望的战略目标和成果。人们要牢记20世纪80年代的可制造性设计理念，并认识到领导者能够克服看似棘手的分歧。当你面对IT时，这个核心思想同样适用。

这是对影响业务和IT合作的竖井式管理的直接攻击。在IT中，技术问题很容易与组织脱钩，当官僚主义和技术愿景（例如基础设施、软件开发、数据管理、架构和操作等）产生时，这一点也许更加容易理解。这种情况同样适用于业务组织，尤其是当IT功能领域被孤立的时候，业务的个别部分同样也是如此。在这两种情况下，竖井问题会限制企业对业务需求和动荡做出反应的灵活性和速度。

---

1. Robert J. Benson, Thomas Bugnitz, William Walton, *From Business Strategy to IT Action: Making Right Decisions for a Better Bottom Line* (Wiley, 2004).

但是，究竟什么是战略性管理呢？从广义上来说，它是一个企业战略和战略目标的端到端的规划和管理，即从最初的规划到组织和实施流程，再到成功实现战略和战略目标所需的管理活动。战略性管理需要用一个整体的视角来看待业务、竞争经营策略（政府任务和任务策略），以及实现这些策略的全部决定和行动。[1]当运用IT时，相同的定义同样适用。战略性管理理念是一种管理IT和业务之间合作伙伴关系的新型框架，它对所有的组织和管理人员来说都至关重要。值得注意的是，战略性IT管理并不是"把业务当成IT的客户来对待"，二者是一种合作的关系，这意味着一切。[2]

战略性IT管理的兴起

在信息战略和系统的管理（或管理、信息战略）方面有影响力的作家[3]曾经讨论过一个"三时代模型"的概念，该模型由数据处理时代、管理信息系统（MIS）时代和战略信息系统（SIS）时代组成。在数据处理时代，IT是由效率来驱动的，它主要起支持作用，用于改善现有的数据密集型业务流程。在管理信息系统时代，IT的主要作用是为管理决策的制定提供支持（例如提供异常报告）。在这些时代，应用IT的目标都是改善公司的内部运作，无论是适应或改变业务流程，还是给管理层的各级管理人员提供足够的管理信息，后者可由新的数据库概念（如关系数据库）来实现。

当前的战略信息系统时代对IT所带来的影响有着完全不同的解读，它将企业视为一个开放式系统，这与先前的观点正好相反。先前的观点认为，企业是一个封闭式系统，其内部的功能必须由IT来改善。开放式观点包括IT可能会对业务的市场地位（的竞争性）产生影响。IT应用要支持业务现有的市场地位，或者在可能的情况下产生新的策略。IT可以给企业带来巨大的变化！IT能为企业提供竞争优势，或成为具有竞争性的必要条件，因为竞争对手会开发出新的基于IT的理念。对于每一个时代，人们开发出的做法、方法和工具，都是用于支持IT规划的。[4]

---

1. 请参阅：Igor Ansoff，Edward McDonnell，*Implanting Strategic Management*，2nd ed. (Prentice Hall, 1990)。
2. 请参阅：Richard Hunter，George Westerman，*The Real Business of IT: How CIOs Create and Communicate Value* (Harvard Business Press, 2009), p. 8，其中讨论了如何避免"IT客户"的价值陷阱。另请参阅：Cramm, *8 Things We Hate about IT*，该书重点阐述了业务不是IT的客户的观点。
3. 请参阅：John Ward，Joe Peppard，*Strategic Planning for Information Systems* (Wiley, 2004); Keri E. Pearlson，Carol Saunders，*Strategic Management of Information Systems*, 4th ed. (Wiley, 2009); Lynda M. Applegate，F. Warren McFarlan，James L. McKenney，*Corporate Information Systems Management*, 5th ed. (McGraw–Hill International Editions, 1999)。
4. 要了解战略信息系统时代，请参阅："The Strategic Option Generator" chapter in Charles Wiseman, *Strategic Information Systems* (Irwin, 1988)。

这三个时代有一个共同点，就是IT的功能被定位成一个与业务功能保持关系的单独功能；IT的功能是支持现有的业务组织或启用新的策略和结构。要在各级形成业务和IT之间的协作，指导委员会和联系人员是不可或缺的。

在沃德和佩帕德[1]关于IS的战略规划的分析中，他们得出这样的结论：后一个时代，即组织性IS能力的时代已经出现。他们将IS能力定义为一种不断通过IS/IT投资实现业务价值的能力。沃德和佩帕德认为，这种能力超越了为IT的竞争性影响寻求密切合作和机遇的范畴，它是一种根植于组织活动的能力。

本书建立在这一观点的基础之上，并向战略性IT管理延伸。我们将企业的IT能力定义成一种组织化的能力，这种能力取决于业务能力和IT功能。因此，用IT创造业务价值是业务的责任，业务和IT功能各自有不同的角色要扮演。本书中，我们分析了构成IT能力的元素、其需要的业务能力，以及IT能力所依赖的IT功能。

战略性IT管理是解决老问题的新方法

战略性IT管理是在每个企业所必须拥有的七大企业能力的基础上产生的。这七大企业能力连接着业务和IT；它们不是专门为IT或业务服务的，而是表明业务和IT是必须一起合作的能力。

企业中IT战略思维和行动的能力

规划与创新。企业应具备业务和IT共同明确业务的未来及其对信息和IT的使用能力。

这种能力需要企业具备建立策略、产品/服务和业务模型的能力；描述影响业务的动荡和不确定性的能力；预测需求或对不确定性做出反应的能力；了解竞争和绩效要求的能力；用可行的计划、目标和指南对所有的IT需求和不确定性做出反应的能力；在动荡的情况下，成功完成这些的能力。

企业通过IT实现价值的能力

服务与资源优化。企业应具备优化采购、发展和应用所有IT服务和资源的能力，这些资源包括内部IT、业务部门IT活动、供应商和"自助式IT"活动等。

发展与转型。企业应具备发展、实施和应用信息和IT功能来改变和改造企业的能力，

---

1. Ward and Peppard, *Strategic Planning for Information Systems*.

以实现更高的回报率。

信息与情报。在所有相关领域，企业应具备获取、管理、分析和应用大量信息来源的能力。

企业中IT与业务合作的能力

服务与卓越运营。企业应具备使用卓越运营来执行其IT服务的能力，并在标准和稳定性方面实现适应性/灵活性的适当平衡（总的来说，包括企业及其IT）。

采购。企业应具备从所有来源定义、规划、获取、管理和有效利用IT服务的能力，这些来源包括内部IT、业务部门IT活动、供应商和"自助式IT"活动。

成本与绩效。企业应具备通过所有信息和IT的来源和应用捕获和分析完整的IT成本的能力，以及从业务的角度描述IT绩效要求和指标的能力。

总而言之，这七大能力构成了使企业能够利用IT获取最大价值，并更好地应对动荡和不确定性的系统性能力。

企业IT能力不能以IT为中心：它们需要合作伙伴关系

企业IT能力是战略性IT管理的精髓，这些能力可以动员和指导企业所有相关资源来实现战略目的，也就是实现卓越业务价值，并使这种卓越的业务具备能够应对动荡的能力。已获得的所有IT资源（例如内部和外部）以及所有的业务资源（例如流程管理、规划决策、产品和客户活动等）都会包括在"动荡时代的业务转型"流程内。这是一种协调整体的方法。

企业IT能力依赖于业务和IT的合作。此外，这七大能力不是简单的IT再生流程，企业的能力并不完全集中在IT方面。在与所有的利益相关者的互相信任的合作关系中，这些能力是处于企业层面的。[1]

企业IT能力集中在企业创造价值和应对动荡的能力上

我们用表1-1中展示的七大视角来构建这些能力。这七大能力反映了企业所需的管理

---

1. 请参阅：Hunter and Westerman, *The Real Business of IT*。例如，"有效的CIO不仅要管理好他们的部门，还应帮助公司的其他部门在产生和评估价值方面发挥作用"（p. xii）。

和治理活动，它们充分参与业务和IT这两大项目，并有效赋予IT所有的权利，以实现业务的改善和转型。在接下来的章节中，我们将对这些内容进行详细探讨，包括执行过程中谁是指导员、谁是副指导员等普遍被认为并不重要的内容。事实上恰恰相反，这些内容非常重要，因为我们处在一个信任和合作的环境中，必须依靠高速度和灵活性[1]来有效地应对业务和技术环境[2]中的动荡和变化。这需要业务和IT一起采取积极的措施，而不是简单地对环境做出反应。这种联系可以存在于非正式的关系中，以及正式的组织结构和过程中。例如，信息和IT使用的规划可以像IT管理人员和业务管理人员之间的对话一样简单，也可以像一个多步骤的战略规划过程一样复杂。IT也许会参与企业战略规划。IT与业务合作的模式多种多样，人们所希望的模式是令大家都满意的模式，即找到最佳商业机遇，以将IT应用于业务转型，如表1-1中的第一个视角。[3]

表1-1 七大企业IT能力和成果

企业IT能力	企业（业务和IT协作）可做到这些：（IT视角）	企业（业务和IT协作）可做到这些：（业务视角）	企业可做到这些：（应对动荡和不确定性）
规划与创新	● 信息和IT使用的计划 ● IT供应与IT需求相匹配	● 看到业务和技术中潜在的巨大破坏性	
发展与转型	● 使项目价值最大化	● 了解IT作为变革力量的潜力 ● 像往常一样超越业务	
信息与情报	● 采用分析和数据	● 从整体角度看待业务；克服竖井心理	
服务与资源优化	● 管理IT资产 ● 战略采购	● 确保业务和IT的协作 ● 了解业务	
采购	● 从备选方案中选出最佳的IT采购决策 ● 管理采购决策	● 战略性地思考问题 ● 通过使用信息和IT发现业务创新	● 更快地执行，更快地反应，使业务动态化 ● 采用动态IT所需的架构和能力
成本与绩效	● 了解和管理成本 ● 了解所有信息以及IT的成本和价值	● 采取"感知和响应"来满足快速发展的业务需求 ● 观察和了解行业模式	
服务与卓越运营	● 在五大IT服务组合中执行卓越服务 ● 向业务交付IT服务	● 超越以IT为中心的模式 ● 自适应的/动态的计划 （这些内容适用于每个企业IT能力）	

1. 在麦肯锡的一项关于最直接影响财务业绩的因素的研究中，灵活性排在第一位。请参阅：Chris Bradley et al., "Putting Strategies to the Test: McKinsey Global Survey Results", in *McKinsey Quarterly, the Online Journal of McKinsey*, www.mckinseyquarterly.com/arciles_aspx? L2=21ar=2011。

2. Mark D. Lutchen, *Managing IT as a Business* (Wiley, 2004).

3. 请参阅：Chapter 8: Strategic Alignment, in Lane Dean, *The Chief Information Officers' Body of Knowledge: People, Process, and Technology* (Wiley, 2011).

其中有一些企业IT能力主要用于处理IT需求，而有一些则用于处理日常活动或企业与IT服务供应商之间的关系。关键是，这些能力都包含一个"动态能力"，即有效应对动荡和不确定性的能力。

如表1-1所示，每个企业IT能力都包括传统的以IT为中心的内容，但主要内容是以业务为中心的。我们方法中的创新部分是：将全面审查管理和治理活动与明确评估这些活动无法正常运行的原因结合起来；同时，我们会注意到IT组织有效性（第2章中提到）的阶段理论：一个组织最终能够完成任务的能力取决于它能否成功执行更多的基础性任务（如卓越运营、软件开发等）。

我们将这些特征纳入了总体解决方案和七大治理领域（如表1-1所示），以及通过重组管理和治理活动来解决障碍的过程之中。我们专注于研究规划、财务管理、责任制、卓越运营和发展等，并且使用了诸如项目组合管理、项目管理办公室（PMO）和治理结构等工具。这些工具会在第三部分中进行讲述，它们的功能体现在解决信任和动荡的根本性问题。总体而言，这些内容代表着企业（IT和业务）应对当前的业务和技术挑战所必需的能力。

请注意，我们不要求业务和IT的"整合"。相反，我们期待IT变成核心业务功能之一。就像任何其他业务功能一样，信息和IT会应用于业务方面，但只是一种提供的服务。这引起了人们对IT提供方式的关注，这与如何在业务中有效使用IT的细节无关。除了成本、可靠性和灵活性等细节外，没有人真正关心供应细节。这不是整合问题，而是业务问题内的一种关系。

请仔细观察表1-1中业务视角那一列，尽管许多能力会有一些过程特点（例如合作伙伴关系、规划、克服竖井问题等），但大多数特点都与业务管理人员和专业人员对待IT的态度有关。例如，能力提高了人们对IT转化作用、行业混乱和一般性IT战略思维的期望。这是主要内容，因为它反映了IT和业务之间的鸿沟。事实上，它构成IT和业务协作、充分发展企业IT能力的重要性的基础。这不仅是一个IT问题，同样也是一个业务问题。

当然，将问题确定为业务和IT共同的问题强调了在IT本身存在动荡的环境下完成这些工作的挑战，尤其是当考虑到如何向业务提供IT的变化情况时。此外，这还强调了整体思考企业需求能力的必要性。

战略性IT管理改变企业内的IT思维模式

思维模式代表事物运作的方式和事物之间的关系，"我们用想法和信念来指导行动……我们使用它们来解释我们看到的事物的原因和效果，并给我们的经验赋予意义"。[1]彼得·圣吉（Peter Senge）曾经认为："要实现改变，我们首先要改变思维模式。"[2]加里·哈默尔（Gary Hamel）指出："要设计业务模式，首先现有的思维模式必须接受曝光和挑战。思维模式可以形成和加强当前的业务模式。"[3]

当然，许多思维模式已经被应用到企业中。但很多模式都是比较陈旧的，例如法约尔和韦伯的层次组织观。其他许多模式已经经过演变，例如安索夫的企业动荡观、波特的竞争模式等。这些思维模式中的大多数都适用于业务领域：行业地位、竞争地位、客户作用和供应链。IT思维模式也获得了发展，例如，威尔和罗斯的可能性IT组织形式观（如联合的、集中的组织形式等）。[4]就所有情况而言，思维模式将词汇和视觉形象的细节带入了模式中，这有助于为我们之前所讲述的"我们的经验"赋予意义。[5]

加里·哈默尔提出了一个强有力的论点：业务采用的思维模式正在改变，他们必须做出改变以应对动荡和不确定性。他指出，在20世纪，逐步形成了一个非常明确的业务管理模式，这个模式涉及标准化、任务和功能专业化、目标一致性、层次结构、规划和控制以及外部奖励。他认为这是非常有价值的，特别是在相对稳定的情况下，当前演化而成的管理思维模式已经具有多样性、灵活性、能动性、效力性（其中包含的参与者）和巧合性的特征。[6]

关于业务思维模式的变化，托马斯·达文波特（Thomas Davenport）和他的合著者提出了一个惊人的评论——一种"从"和"到"的观点："从"是一种传统的模式，"到"是预期的变化模式。这种言论就像推销到客户拉动、产品到价值创新重点、高品质商品到

---

1. O'Conner (1997)，引自 "Mental Model"，www.createadvantage.com/glossary/mentalmodel

2. Peter Senge, *The Fifth Discipline: The Art and Practice of the Learning Organization* (Doubleday, 2006).

3. Gary Hamel, *Leading the Revolution* (Harvard Business School Press, 2000), 136.

4. Peter Weill，Jeanne W. Ross, *IT Governance* (Boston: Harvard Press Business School Press, 2004).

5. 埃米·埃德蒙森（Amy Edmondson）使用"框架"这个术语来描述领导者是如何为一个跨组织或多组织的团队设置环境的："框架是一组关于形势的假设或信念。"方向是问题或项目，不是企业或业务部门，但概念和价值是相似的。请参阅：Amy Edmondson, *Teaming: How Organizations Learn, Innovate, and Compete in the Knowledge Economy* (Jossey-Bass, 2012).

6. Gary Hamel，Bill Breen, *The Future of Management* (Harvard Business Review Press, 2007), 151 and 176.

直接交付给客户、生产权到外包。[1]托马斯·达文波特和加里·哈默尔提出的这些观点必然能激发我们在第3章和第5章中关于动荡的讨论，他们为我们所说的思维模式提供了重要的示例。这些思维模式是管理人员（包括业务和IT）看见、了解和传达其所参与的业务的精髓的方式。

这里，我们特别感兴趣的是管理人员所依赖的思维模式，它描述了业务和IT之间的关系。该模式主要是基于管理人员们对他们所拥有的业务、IT在企业中的作用，以及治理、规划和控制IT的最佳做法的假设。我们的立场分为三部分：

- 对于一个特定的企业，其内部的业务和IT实际上有可能会有不同的IT思维模式，并且业务和IT组织会在规划和管理中起到不同的作用。[2]
- 企业中的IT思维模式有可能不适合当前的企业业务环境。
- 更有可能的是，日益增加的动荡将会迫使思维模式产生变化，业务和IT之间也将产生更多的视角差异。

我们的思维模式解决了管理人员关于六个方面的关系的假设。使用"从"和"到"的观点来看待问题，战略性IT管理的作用是使企业能够在IT与业务的关系的六个方面实现一个"到"的目标。

当然，这种观点回避了一个关键的问题，"从"是否是坏的，"到"是否就是"好的"。当然，我们相信是这样的，你会注意到，"从"和"到"之间的区别正在从一个单独的、以IT为中心的技术组织的姿态，转变为一个以业务为中心的合作关系。无论它们是否是好的，它们的优点都有待观察，但是我们必须相信这是至关重要的。我们也不相信"一刀切"，对于一些企业来说，我们的"从"可能是完美的。我们脑海里所设想的是一个处在不变的商业环境中的企业，其产品和服务几乎没有竞争，并且有着稳定的需求。这种情况确实存在。然而，我们也相信目前的动荡环境最终会影响一切，更确切地说，很多传统的IT特征实际上不能很好地为企业服务。我们将在随后的章节中讨论"一刀切"的问题。

我们在这里使用每个特征的两大分区端点来描述这些假设。在较高层面，表1-2展示了这一模型（改变企业特征），它将终点的一端描述为"传统的"。这是指IT是经过管理

1. Thomas Davenport, Marius Leibold, Sven Voelpel, *Strategic Management in the Innovation Economy: Strategy Approaches and Tools for Dynamic Innovation Capabilities* (Publicis and Wiley-VCH GmbH & Co., 2006), 65.

2. Davenport, Leibold, Voelpel, *Strategic Management in the Innovation Economy*, 65.

信息系统的发展阶段，从早期的数据处理演变而来的。因此，我们观察到大多数企业在其历史上的某个时候都处于传统的终点，也许今天还是这样。我们描述了另一个终点，它不是传统的，这个"我们"指的是由业务与IT的关系发展演变成的一种更有合作性的、能够克服业务动荡的战略目标。我们并没有尝试去指定这个"到"的属性，这是企业所特有的。但是，这里所描述的整体特征是适用于描述该属性的。

表1-2展示了两大端点（即"从"和"到"）的高层次比较，这些都是用书面用语描述的。当然，没有哪个企业是完全处于一端或另一端的，企业和IT组织的各个部分都具有不同的特征。但考虑一个企业处在哪个端点或它需要到达哪一端点是非常有用的。

（作为自我评估工具，选择最能反映你企业的企业特征。选1意味着左列是最具说明性的；选5意味着右列是最具说明性的。下一页表1-3展示了两个企业示例。）

表1-2　改变企业特征

企业的业务和IT特征	"从"传统的观点	企业特征	"到"转型的观点——演变成合作伙伴型、克服业务动荡型、战略型
业务环境	环境是稳定的、不变的；变化以相对恒定的速度出现，并且不是转型的；业务和IT组织将把重心放在企业层面上	1 2 3 4 5	环境是变化的；变化以意想不到的方式和速度出现；业务和IT组织将重心放在业务部门和业务层面上
IT的主要焦点	降低成本，成本管理是关键	1 2 3 4 5	关注战略，最优（而非最低）成本是关键
IT交付给业务的业务解决方案的价值	稳定性、设计、规范以及快速响应业务需求	1 2 3 4 5	灵活性、适应性和快速响应能力、达到预期目标
治理方法	层次化、有方向地去控制	1 2 3 4 5	使用网络，积极参与，有方向地解决业务问题
IT的基本文化和价值观	指挥技术；响应业务需求；公平地服务客户	1 2 3 4 5	了解业务，积极主动地解决业务问题，建立合作伙伴关系
业务是如何看待IT和业务组织之间的关系的	业务被视为客户、定义需求；IT管理技术并提供技术知识；IT是唯一的提供商	1 2 3 4 5	业务被视为合作伙伴，协同工作；IT是一种变革因素，IT作为合作伙伴；IT的许多资源是可用的，并且需要进行管理
IT是如何看待IT和业务组织之间的关系的	IT积极响应业务；业务被视为客户、定义需求；IT管理技术并提供技术知识；IT是唯一的提供商	1 2 3 4 5	IT积极与业务伙伴进行协同，专注于IT的战略性应用；需要管理许多IT资源

七大企业IT能力将导致信息和IT的规划、管理、部署及其提供给企业的方式产生变化，尤其是应对动荡和不确定性的方式，但企业也会从IT那里获得更多的价值。事实上，我们预计七大企业IT能力是改变企业思维模式以及信息和IT的使用、规划和管理方式的一个核心因素。

我们需要思考企业当前的思维模式是如何在高级业务管理人员和IT管理人员大脑中存在的。如前所述，这个模型是用于指导与IT的使用和发展有关的管理活动的。重要的是三种环境。第一种是无论思维模式是否与整个企业和IT竖井相一致，企业管理层大脑中的思维模式是否和IT管理层一样，甚至有过之而无不及。第二种是当前的思维模式实际上是否会对企业有益。我们的观点是，我们这里所定义的端点是企业所需的模式，也是企业和其战略性IT管理的目标。第三种是当前的思维模式是否符合不断变化的环境。总之，动荡产生变化的要求会反映在企业模式中，这会破坏双方管理人员看待IT治理和其应该发挥的作用的方式吗？

如果思考某个企业及其立场，我们就会了解，这种分析可能对于企业的独立业务部门和独立的IT供应商来说是完全不同的。尽管如此，思考企业的立场是非常有趣的。通过表1-2，我们可以思考两个不同的企业的情况，而高级IT管理人员在表1-3中给出了答案。[1]

表1-3 两个企业示例

企业业务和IT的特征	企业1的特征	企业2的特征
业务环境	1	5
IT的主要焦点	2	5
IT交付给业务的业务解决方案的价值	2	4
治理方法	1	5
IT的基本文化和价值观	4	4
业务是如何看待IT和业务组织之间的关系的	3	4
IT是如何看待IT和业务组织之间的关系的	1	5

显然，如表1-3所示，这是两个不同的企业（或可能是同一个企业中两个不同的业务部门）。这意味着什么？请仔细思考我们前面所提到的三种环境：

■ 业务和IT的思维模式是否一样？假设这个答案是否定的，这提供了一些实施关注和可能的行动的空间。

■ 当前的思维模式是否对企业有益？当然，这是根据情况而定的，但我们感觉，从根本上说，在21世纪，对于企业1，答案是否定的。

■ 当前思维模式跟企业环境的动荡一致吗？这是一个神奇的问题，我们需要了解更多。但对于企业1，我们的答案是否定的。

---

1. 有关其他企业示例，请参见第16章中的三个企业示例。

本书是写给谁看的？我们的读者是哪些人？我们想要改变谁的思维模式

本书是为IT和业务经理/管理人员/专业人士编写的。IT受众者是主要的焦点，因为与业务的巨大差距摆在他们面前，这些差距由文化、对业务的一无所知以及对技术的过于专注造成。考虑到大多数北美的公司CIO有责任消除这些差距，因此IT管理人员和专业人士必须掌握我们所讲述的概念，这种关注也许才是合适的。然而，企业管理对当前事务承担着相当大的责任，当然也有妨碍合作伙伴关系的思维模式。在欧洲，业务管理人员无疑是企业的关键人物。

最重要的是，战略性IT管理适用于以下这两大领域，并且可以对掌握技能的责任和需求，以及有效地将IT应用于企业的能力进行平衡。在动荡的时代，这是非常重要的。

总之，对于应对动荡和变化，七大企业IT能力所代表的系统性能力是必需的。

战略性IT管理——业务成果

提供卓越业务价值，包括战略有效性/扩展和运营有效性，具体是指业务和技术的风险缓解，以及业务和技术的成本减少。

实现对动荡和不确定性的快速反应，包括更快的条件反应（如第4章中所强调的），以及适应性和灵活性。

战略性IT管理——产生成果的系统性能力

建立业务和IT间的信任和合作伙伴关系，包括奠定协同工作的基础以实现共同目标，这是战略性IT管理的精髓。

提供业务、IT领导力和个人责任，包括对于结果的个人责任，以及业务和IT领导力，这可以克服合作伙伴关系的文化和信任障碍，并且符合企业和领导的特征和文化。"一种尺寸并不能适合所有人"，但是战略性IT管理方法可以应对每个企业的独特性。

02 障碍：信任和合作伙伴关系

我想就这些技术问题引起的极大不便之处向阿尔斯特银行客户道歉。我知道光道歉并不够，我认为我们已解决了初始问题，现在正在努力处理对阿尔斯特银行客户造成的连带影响。我和我的同事会全力支持在爱尔兰工作的董事会、管理层和员工，他们一直孜孜不倦地努力支持我们的客户。我知道我们对于爱尔兰很重要，爱尔兰对于我们也很重要。金融危机期间，我们一直在向阿尔斯特银行客户提供稳定的支持。虽然其他银行已离开了银行市场，但我们一直在提供全面的金融服务。我们将继续承担责任并确保我们的客户可以重新获得支持。[1]

史蒂芬·赫斯特（Stepher Hester），苏格兰皇家银行集团CEO

英国国民西敏寺银行、苏格兰皇家银行和阿尔斯特银行

IT和业务关系的特点通常是缺乏信任与合作。然而，这种关系本应该是简单的：信任源于信誉，合作源于建立在共同目标基础上的信任。但是，这一简单的事情为何变得如此复杂？答案在于，在IT治理和对所要追求的共同目标缺乏理解的情况下，业务和IT绩效及文化如何才能走到一起。为了了解业务和IT面临的信任和合作障碍，本章描述了基于绩效的信誉、信任、绩效模型和领导能力。

---

1. Stephen Hester, "RBS Group Updates on Technology Issues Affecting Its Ulster Bank Customers", RBS Group website. www.rbs.com; www.rbs.com/news/2012/07/rbs-groupupdates-on-technology-issues-affecting-its-ulster-bank.html

信任与绩效密切相关

如果你准备写一本关于战略性IT管理的书，面临的一个挑战就是如何决定考虑哪个因素、忽视哪个因素。这一领域目标众多，充满了诱人的机会，这些机会可以释放IT的潜力来提高商业价值。在对苏格兰皇家银行集团道歉后，因为人们不应该在伤者伤口上撒盐，对于2012年6月19日—7月18日期间发生的事件，书中相关未完成章节也不得不重写。坦白地讲，当世界第二大银行不能处理多达1300万客户的付款，以及无数在其他地方交易的客户仍受到资金连锁故障的影响时，当该故障出现在资金通过苏格兰皇家银行体系进入外部银行机构时，人们很难去思考大的战略思想。但是，这就是问题所在——在运营问题变成大型战略、金融和声誉难题时，战术思维和战略思维经常可以是一体和一模一样的，或者至少是彼此的前提条件。关于苏格兰皇家银行IT故障的最初报告显示，在系统维护活动导致批量作业的安排出错且该批量作业负责处理约2000万笔交易时，这一问题就产生了。据估计，这次故障使苏格兰皇家银行损失了1亿至2亿英镑。这是因小失大。

最受期待的首次公开募股于2012年5月18日开始，随即Facebook的股份在纳斯达克交易所公开出售。媒体也很期待并进行了大规模的报道。借用一个捕鱼术语，在水中有许多鱼饵。最初预计需求会很大。纳斯达克的IT团队在首次公开募股之前全面测试了其系统。

他们不辞辛劳地模拟高于实际的交易量。但他们没有为"Facebook首次公开发行前数小时里越来越多的订单取消"做准备。纳斯达克CEO罗伯特·格雷费尔德（Robert Greifeld）解释道："纳斯达克的订购系统在之前的5年里已平安无事地处理过480次首次公开募股，但却没有为这次Facebook首次公开募股时出现的混乱情况做准备。""对于增加的数量和在这一数量上会出现的取消量，测试没有说明原因。纳斯达克的高管们太过于依赖他们的技术团队做出的保证，因此没有做好充分的制衡，"他说，"我们在这一过程中没有做出足够的业务判断。"[1]

这些并不是常规运营缺陷方面出现的两个单独事故，而是两个经典事故。更糟糕的是，如果企业将重心转移到大型IT推动项目的绩效上，形势则同样不乐观。斯坦迪什集团发布了关于IT项目绩效的双年度报告，即所谓的"CHAOS报告"，该报告以对数千个大中型企业进行的全球调查为基础。2011年发布的最新报告显示，IT项目绩效已取得重大进展，尽管速度还不够快。该报告表明：

---

1. Scott Thurum, *Wall Street Journal*, June 25, 2012.

- 42%的业务用户认为他们的IT项目正面临着挑战（延迟、超出预算或缺少所需的特性/功能）。
- 21%的业务用户认为他们的IT项目彻底失败。
- 63%的业务用户认为他们的IT项目没有成功。

最后一部分受访者承认他们的项目在技术上可能可行，但总体业务目标没有达到。

人们不应该认为IT项目成功率是不可思议地突然降低的。事实上，最新报告中的IT项目成功率（37%）达到了斯坦迪什集团自1994年开始调查以来的最高值。遗憾的是，如表2-1中所示，自斯坦迪什集团1994年开始调查这一主题以来，IT项目成功率（按时交付，以及符合预算、期望范围和预期业务成果）始终不是很高。

表2-1　斯坦迪什集团CHAOS报告的汇总数据（1994—2011年）

年份 绩效	1994	1996	1998	2000	2002	2004	2006	2009	2011
成功	16%	27%	26%	28%	34%	29%	35%	32%	37%
面临挑战	53%	33%	46%	49%	51%	53%	46%	44%	42%
失败	31%	40%	28%	23%	15%	18%	19%	24%	21%

在这些数据绘制成图表并加上趋势线后，这一结果似乎也没有那么难以接受了（见图2.1）。

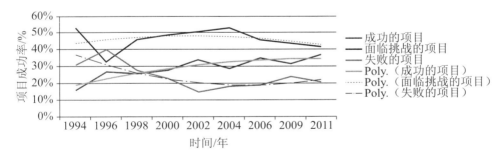

图2.1　斯坦迪什集团CHAOS报告的汇总数据

事实上，斯坦迪什集团的分析反映了很多"敏捷项目专家"在软件开发社区一直在争论的事：敏捷项目比非敏捷项目更成功。根据2011年CHAOS报告显示："敏捷过程普遍可以补救失败的软件开发项目。基于敏捷过程开发的软件应用成功率是传统瀑布式方法的三倍，时间和成本超支比率也较低。敏捷方法的使用次数及其在软件开发和项目交付中处理复杂与不确定性的方式，已经影响了项目绩效的趋势线。"[1]

---

1. Standish Group, Boston MA, www.standishgroup.com

值得注意的是，可以从该图中找到许多软件项目失败的原因，即对技术可以做什么存在过分或过度乐观的业务期望，以及对如何促使软件开发项目成功有同样简单的看法。事实上，任何一个正在阅读本书的人都应该意识到，供应商软件很少像广告宣传的那样，而设有极为明确的愿景和目标，将很难做到定制开发——两者都十分稀缺。这对建立信任而言并非是一个好兆头。

暂时不泼更多冷水了，但值得注意的是，在斯坦迪什集团发布有关项目执行的第一个报告之前，敏捷方法就以这样或那样的形式存在了。换句话说，敏捷方法的可用性与IT人员熟练使用敏捷方法无关，或者甚至与IT人员及业务主管和经理接受这种有效的迭代方式无关。然而，本书的目的不在于探究"敏捷宣言"所记载的敏捷方法的优点。

按照组织学习的说法，企业需要通过失败来促进进步和创新。实际上，失败是不可避免的。然而，通过失败长一智是有可能的。明确来讲，通过失败长一智并不是庆祝失败和以重大代价无限地重复失败。通过失败长一智意味着控制失败，使失败率保持在较低水平，即在理论上失败或模拟失败而非在木已成舟后失败。基于表2-1中描述的成功率，学习以较慢的速度在进行，这嘲讽了一个谚语，"失败要赶快，失败是常态，失败要趁早，成本也会少"，因为重复失败只是失败艺术的一部分。

尽管运营和项目绩效较差，令人沮丧，业务领导在IT推动项目和基础设施方面仍在进行巨额投入。也许他们认为自己别无选择；也许他们认为IT行业最终会成功。IT咨询公司高德纳咨询公司估计，2011年全球在IT上的花费约为3.6万亿美元，这个数字包括各种硬件、软件、服务和电信方面的投入。从另一个角度看，2011年投入IT的金额比世界第四大经济体德国的国内生产总值（GDP）略大，这一排名由世界银行和国际货币基金组织评定。不过决策者们仍然愿意为这个梦想投资，他们希望发挥IT的潜力来改善业务成果，2011年他们投入了约占世界生产总值（GWP）5.1%的金额。

或许斯坦迪什集团搞错了；或许项目绩效并没有其数据所显示的那样糟糕。毕竟，CHAOS报告测定了失败占所尝试项目的百分比，但没有计算失败项目的成本或与失败有关的机会成本。情况可能是，尽管许多项目失败了，但失败成本是合理的。不幸的是，这一论点似乎并不成立。2009年，一流系统架构师，作家兼ObjectWatch的CEO罗杰·塞欣斯（Roger Sessions）发布了《IT复杂性危机：危险和机遇》（*The IT Complexity Grisis:Danger and Opportunity*）白皮书，[1]这本书探讨了IT失败的全球成本，以及复杂性在这一过程中扮演的角色。他的分析包括直接成本和间接成本，总结出每年失败的IT项目的全球成本为6.2

---

1. ObjectWatch, Inc., Houston, Texas. http://ww.objectwatch.com/whitepapers/ITComplexity WhitePaper.pdf

万亿美元。这笔巨额超过了世界第三大经济体日本的国内生产总值。

也许使用不同的方法呈现出的有关失败及其相关成本的数据不会那么令人不悦。网络出版集团ZDnet在2012年发布了其对IT失败导致的全球直接成本的分析。[1]他们通过一种截然不同的方法计算得出，更好的管理、卓越运营和治理可以使全球节省3万亿美元。尽管规模上的差距很大，但考虑到使用方法的可变性，这一差距不会令人惊讶。IT失败的真实成本无法准确计算，所以重点不是这一数值到底是6.2万亿美元还是3万亿美元。重点是这两个数值都令人难以想象，这强调了由于IT失败，公司、政府、非政府组织和政府间国际组织正在损失巨额资金。

这一现象最多也只是警醒人们。在这一背景下，战略性IT管理的概念听起来则冠冕堂皇，尤其在危机期间。

信任与合作伙伴关系密切相关

技术从未单独创造出任何战略价值。更重要的是，IT并不是应对各种系统性业务挑战的灵丹妙药，它需要与其组织的业务伙伴间保持紧密配合。对此，人们只能想到IT与苏格兰皇家银行集团、纳斯达克业务伙伴或者CHAOS报告的受访者之间的互动。就苏格兰皇家银行集团而言，业务在描述、定义和验证测试用例中有什么用？对纳斯达克而言，人们真的应该指望技术团队独自预测所有风险变量吗？

在真空环境中，复杂的IT能力不能带来更短的创新周期、更低的缺陷率或更高的生产率。IT组织可以提供工具、能力和方法等，但是作为一个领域，IT并不是销售、营销、制造、供应链等领域的专家。相反，如果企业想要强大和富有活力，有效的领导和卓越运营是至关重要的前提条件——似乎也是未得到充分发展的特性。只有信任的氛围形成后，IT才能帮助企业实现其宏伟目标。

现在，对IT性能进行简短地介绍肯定无法促进合作和信任。因为合作是以信任为基础的，我们必须转移注意力，注重增强我们对信任的了解，发现信任对组织的影响以及学会如何加强信任。

---

1. Michael Krigsman, "Who's Accountable for IT Failure? (part one)", ZDNet, April 16, 2012, www.zdnet.com/blog/projectfailures/whos-accountable-for-it-failure-part-one/15451

客户至上的呼声，"客户是上帝"和"客户永远是对的"仅仅是脑海中快速想到的两个例子。然而，内部服务的内部客户（IT或其他部门）并不总是对的。更重要的是，IT执行的工作并非旨在使任何一个业务部门或职能部门都满意；行政领导这样设计是为了给企业带来最大化的业务价值。IT是跨组织的，IT的影响超越了任何一个地区、功能或业务部门的需要。

当创造促进信任的友好关系时，很小但重要的第一步是，避免出现与负担有关的术语，并根据实际情况称呼内部客户为"业务伙伴"。业务伙伴忙于应对增加整体合作（该公司）的价值这一挑战。在这期间，业务伙伴会与IT有争论和分歧，但是他们还是会回到谈判桌前，因为在这里，人们尊重并同意合作的需要和/或合作的价值。

考虑到其不均衡表现，IT公司通常会削减预算，失去地位也就不足为奇了，它们必须消除或改变这些负面看法。如果IT公司不真正采取已承诺的行动来改善薄弱项目的执行和交付，IT的品牌声誉和可信度也不太可能得到提升。

然而，IT公司面临的信任挑战不只包括与业务伙伴的关系。事实上，对于大多数大规模的IT公司而言，职能内的信任是很低的。应用和基础设施运作经常不一致，安全操作与运作团队及开发团队有冲突，服务台人员与技术支持部门有争执……这一系列合作方面的挑战几乎已变成不同的挑战。具有讽刺意味的是，业务伙伴认为IT是一个整体，因此对可能存在的内部争执不感兴趣。尽管如此，如果一个公司无法坚定信念且其成员不相互支持的话，那么该公司很难与业务伙伴建立起信任。

要在企业中增强信任困难重重。这件事看起来野心勃勃且十分复杂，以致人们不可能知道从哪里开始或怎么开始。事实上增强信任要分阶段逐步进行。一个人不可能突然从一个不受信赖的人变成备受信任的律师或顾问。信任不是某个随时可以转换的磁场，也不是某个随时可以打开的开关。在部门中为建立信任所要采取的行动和在人际关系上要付出的努力类似。问题是IT部门和业务部门之间布料般的信任磨损程度如何，现在的信任度又如何。

富兰克林柯维公司[1]通过信任的速度团队/组织诊断来描述目前的信任现状。这一诊断已转换成表2-3，该表为读者提供了一种快速标定信任在IT的许多职能和与业务合作伙伴关系中位置的方法。

---

1. FranklinCovey，"Speed of Trust Practice"，Available at: www.speedoftrust.com/survey/SOTDiagnostic.php

表2-3 我们对富兰克林柯维公司的信任诊断的改编

程度	组织中	人际关系上
没有信任	不正常的环境和毒文化 激进的利益相关者 紧张的微观管理 多余的等级制度 惩罚制度和结构	不正常关系 激烈愤怒的冲突或冷漠 不愉快的退出 防御性姿态和法律定位 惩罚制度和结构，将他人视为敌人或盟友 语言侮辱、精神虐待和/或身体虐待
信任度很低	不健康的工作环境 不高兴的员工 有明显阵营和党派的紧张政治氛围 过多的时间浪费在捍卫立场和决定上 令人痛苦的微观管理和官僚主义	敌对行为（责备、指责、辱骂），之后是短暂的悔悟 有防备的沟通 经常担心和怀疑 被抓住不放和当作"小辫子"的错误 没有被发现或有效处理的真正问题
信任度低	常见的掩饰行为 隐秘意图 有盟友和敌人的政治阵营 许多不满意的员工 制度和结构中的官僚主义和累赘	耗费精力和无趣的互动 收集有关他人缺点和错误的证据 怀疑他人的可靠性或承诺 隐秘意图 有保留地（大多不情愿）扩散信息
有一些信任	一些官僚规定和程序 不必要的等级制度 批准较慢 失调的制度和结构 一些不满意的员工	经常有误解 担忧目的和动机 紧张的互动 交流中有害怕、不确定、怀疑和担心情绪 花费精力维护（而非提升）关系
信任不是问题	健康的工作场所 良好的沟通 一致的制度和结构 无办公室政治	礼貌、友好、健康的沟通 注重平稳、有效率的共事 相互包容和接受 没有担忧
信任是有形资产	重心是工作 有效的合作与执行 与员工其他利益相关者有积极的伙伴关系 有效的制度和结构 较强的创造力和创新力	合作、亲密、有活力的关系 注重发现和利用他人的长处 令人振奋和积极的沟通 把错误看作学习机会 有正能量和积极的人
十足的信任	较强的合作 毫不费力的沟通 与员工和所有利益相关者有积极透明的关系 完全一致的制度和结构 较强的创新、投入、自信和忠诚	在来自家人和朋友的真正关心中感到真正的快乐 自由不费力的沟通 一起完成有目的、创新和令人愉悦的工作 完全开放、透明的关系 关系创造了令人惊讶的能量

环境和表现影响信任和合作能力

公司换掉CIO有很多原因。在有些情况下，由于公司合并，CIO就显得多余。在其他情况下，当公司内部没有足够的后备队可以提拔时，现任CIO会选择离开公司；或者公司领导可能认为公司需要新的视野或能力，而现任CIO无法提供这些。在很多情况下，不能打造富有成效的生产关系也是导致IT领导变化的一个根本原因。作为许多CIO的顾问，除了在CIO为了追求更有吸引力的职业选择而离开的情况外，我们观察到CIO经常更换是由于在执行团队中缺乏明显的信任。公司领导描述这种情况时经常会说，"这个公司需要转变"或者他们不认为该CIO"有我们需要的东西"。遗憾的是，他们很少能用详细的语言来列举他们的特殊需要。

为了提高雇用可以较好融入公司文化的人的概率，公司通常会采用心理测试和评估等工具。个性和偏好问卷、情商和社交商、九型人格和麦氏量表及大量其他心理测试工具等都试图评估知识、技能、能力、态度、兴趣或人格类型。

这些工具没有体现出对一些重要特性的了解，而这些重要特性是目前在公司的发展中必须充当特定领导角色的人需要具备的。在职业运动中，团队会雇用严格的主教练或单独运动员教练等不同类型的教练。根据团队花名册，团队所有者会评估候选者是否具备他们希望的突出的特性，然后雇用具备这些特性的人。年轻优秀的团队可能会选择注重纪律和基础的教练；由经验丰富的老手组成的团队可能强调其他管理特性。关键是除了赢得比赛外，有关教练工作的共同看法必须得到大家的理解，纪律型教练模式在由全明星运动员组成的团队中很少见。也就是说，预期确实会出现偏差。

在有关公司对于IT教练的生命周期需求方面，IT领导的想法甚至更模糊和不确定。公司可能在尝试处理卓越运营中存在明显的不足之处，但还无法提出高层次和有价值的看法或发现新的经营模式和市场。未来的CIO会认为卓越运营至少是在可接受的范围内，所以他们能够追求更有趣、令人振奋和有价值的目标。除非这些观点是合理一致的，否则在观点不符合的情况下，符合信任定义的关系很少会产生。

在考虑促使人们成为CIO的动力时，情况尤其如此。除了报酬问题外，许多未来的CIO想要这一工作是因为他们对IT如何创造业务价值和改善业务成果有远见卓识，他们可以应对自如地做出IT决策，并且想要尽责地利用IT潜力。变化速度较慢的行业的IT能力总是缺乏活力，认识到这一点是至关重要的。

在技术、竞争者、产品或客户的生命周期较长且较稳定时，IT被视为一种运营成本，其主要目的通常是减少成本以使客户交易更容易进行。而对于变化速度快的行业，情况则相反。在技术、竞争者、产品或客户的生命周期较短和不稳定时，IT可以成为提升竞争力的有力手段。在这种情况下，公司需要更有活力的IT功能。IT将致力于创造新的收入来源、组织转型方式、新的价值形式以及提高经营利润。有转型想法的CIO在变化速度慢的公司/行业工作时会快乐并取得成功吗？我们认为不会。以IT为基础的转型力量碰到组织惯性时，结果会是寡不敌众。CIO上任时，如果其工作表现与我们的期望不符，可能有助于说明为什么建立信任会如此难以捉摸。

信任和总价值绩效模型

有很多模型能够描述IT必须如何争取为经营业绩做出贡献。图2.2中显示的版本以阶梯比喻为基础，呈现了一些信息。主要信息是这一阶梯本身，它反映了IT公司要成为值得信赖的业务伙伴所必须经历的过程。IT公司每上升一个阶梯，IT产生的业务价值也会随之增加。本书中，你还会看到以这一基本模型为基础的一些更高的发展阶段。

在阶梯上跨越的每一步都代表了一定的成就和应有的表现。而进一步提升的权利并不一定是由外部评估的"卓越"或杰出表现决定的。对于你的业务伙伴而言，CMMI级别为5的表现可能没有特别的意义。因此，不应该把它看作一个成熟度模型。

能否获得每次阶梯提升的权利由是否符合或超过你的业务伙伴的期待决定。IT领先者攀爬阶梯时，应与业务伙伴建立友好和信任的关系。然而，如果IT领导者试图超越自身的掌控水平（比如在未符合卓越运营预期之前去影响项目选择或战略选择），就会被回绝。

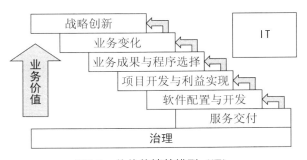

图2.2　总价值绩效模型（IT）

我们的阶梯模型有六个需掌握的阶段。第一阶段是服务交付，简而言之，就是指"火车按时出发"，即服务可靠、可信赖。一旦实现这一目标，IT领导者可以更好地处理下一阶段的挑战，即软件配置和开发。第二阶段的重点是上市速度和与IT交付软件或公司使用的第三方软件配置相关的品质。达到第二阶段就可以交付出功能完备、易于使用、架构良好、充分集成、易于修改和无各种瘫痪型技术债务的软件。第三阶段是项目部署和实现收益，主要研究与项目部署相关的质量、可预测性和及时性。

前三个阶段应被视为筹码，属于基本绩效水平阶段，由业务期望来衡量。如果没有掌握第一阶段，第二阶段和第三阶段的绩效会打折扣。第二阶段的低绩效影响和在第三阶段引发的结果也会导致相同的情况。如果这是一场大富翁游戏，你将无法过关，也将无法拿到200美元。你没有去真正影响业务运营情况。相反，IT不得不对每个行业的议程做出反应。第一、第二和第三阶段属于基本绩效水平阶段，IT必须达到这些水平才能建立和增强信任。

不过我们要记住，对于变化速度慢的公司，阶梯的顶部可能是项目交付，至少在这些公司面临威胁，并且变革的必要性变得等同于生存之前来讲是这样。

如果前三个阶段属于基本绩效水平阶段，第四阶段至第六阶段则属于更先进的绩效水平阶段。在IT领导者被认为是规划和项目或程序选择中的积极参与者、影响者和决策者时，他们则达到了第四阶段。此阶段的重点是建立信任的基础。在这一阶段，IT领导者已经证明其自身具备良好的基础水平。在IT功能可靠地实现其承诺后，则可以达到阶梯的下一阶段。

信任和治理

有趣的是，出现系统故障约两个月后，该系统故障使苏格兰皇家银行集团和其他银行的资金流动陷入危机。苏格兰皇家银行集团的CEO史蒂芬·赫斯特解释称："如果银行集团更侧重于更新现有系统而不是开发新的系统，这次重大的IT故障就可以避免。"正如《卫报》所报道的：苏格兰皇家银行在技术方面的支出大幅增加。该银行事后可能更多地领悟到增加的支出本应该用在关键的地方，即用在每天正常运行的系统上。[1]

---

1. Charles Arthur，"How NatWest's IT Meltdown Developed"，*The Guardian*，June 25, 2012,www.theguardian.com/technology/2012/jun/25/how-natwest-it-meltdown

史蒂芬·赫斯特的评论十分发人深省，也为我们的阶梯模型包含的业务价值优势的基础层面提供了有用的解释，这就是治理。IT治理的概念是一个含糊其辞的术语，因为其定义广泛且不明确。简单来说，IT治理是一个让你种瓜得瓜的过程。治理必须是一个整体的平衡行为，不能轻率地侧重于IT治理的某一个方面。

根据全球IT咨询服务机构卡特联盟的建议，IT治理的范围应包括以下各部分：

- 业务一致性。
- 项目/程序的选择和排序。
- 技术选择。
- 金融约束。
- 组织结构。
- 风险管理。
- 绩效要求和衡量。

正如图2.3所示，治理形成了联结组织，以平衡无节制的需求和无节制的供应。

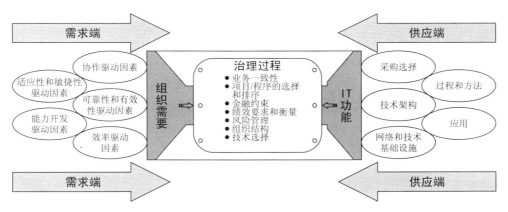

图2.3　治理过程

表现良好时，IT起到的作用很容易解释。IT通过实现其当前目标和战略目标增加其未来的机会，同时来为业务服务。实际上，业务和IT是一个生态系统，管理在其中发挥着自然法则的作用。过度强调一个领域如气球液压的话，服务不足和被忽视的领域就会产生问题。对于苏格兰皇家银行而言，史蒂芬·赫斯特的评论表明资产组合方面的基础服务没有得到组成治理过程的IT和业务经理团队的适当关注。这和IT失败不一样，这是合作失败。所以，就IT应该达到的目标而言，无数的调查和评估将许多公司的IT治理状况描述为"没有新意"和"令人沮丧"也不足为奇。

就协议和实践而言，许多组织做得并不是很好。在某些情况下，方法可能被严格执行，但是并不适合这一任务。IT治理做得好时就会成为有利的工具，将责任、能力、价值和自信更紧密地结合在一起。正是通过符合实际的现行做法和问题责任制，以及公司所面临的超越这些因素的机遇，信任才能够得以建立。

史蒂芬·赫斯特所谈到的IT对日常运作和创新的支持不够平衡，是指治理方面所存在的缺陷。同样，纳斯达克的CEO罗伯特·格雷费尔德说，"对于在Facebook首次公开募股之前进行测试的程度，他们没有进行足够的业务判断"，另外，他也描述了治理方面的不足。

信任破裂的情况

一个客户询问我们增加IT和业务经理及员工之间信任的方法。似乎是这种关系已经破裂：业务经理和IT相互不信任。这种情况是怎么发生的呢？为什么业务领导和职能性主管会像孩子一样争吵呢？

从我们的客户经验来看，IT和业务部门之间缺乏信任不是某一方面的问题，而是基于一些影响执行能力的相互关联的因素。

- 战略规划/路线图。对于业务战略意图的投资和支持缺乏一致认可的战略计划，容易导致混乱和不信任。
- 项目优先排序。与IT相同，业务也不是铁板一块，它也有不同派系。如果经过项目评估和选择后接受了对公司不重要的项目，各方相互之间都会不再抱有信任。如果投资项目的排序比较随意的话，业务领导会悄悄以其他方式投资他们的关键项目。这会导致IT无法响应或支持业务，因为这些悄悄投资的项目不在IT的路线图或关注范围之内。
- 项目所有权。在许多公司中，IT不认为自己有责任确保业务案例和成果的交付，这种情况就像"他们经营业务，我只管提供技术和工具"。因此这也加剧了不信任。

■ 项目估算。项目未按照范围和预算按时完成会导致人们对所有项目估算不信任。这就像是"无论成本估算如何，不要相信"。

■ 业务需求。动态业务在动荡中运行时，他们提供清晰完整的需求的能力会减弱。IT部门会认为业务部门变幻莫测和优柔寡断；业务部门会认为IT部门行动缓慢且存在官僚主义作风，从而最不愿意去找IT部门解决问题。

■ （不好的）项目成果。人们可能会相互指责，而好的合作伙伴不会这样。为什么我们的项目没有达到业务案例中的目标？IT部门会抱怨业务部门不了解他们的想法，不了解他们部门的流程，没有提供关键资源或没有及时做出决定，或者有其他抱怨；业务部门会抱怨IT部门不理解某个问题或技术，所以将关键资源用于解决其他事情，不了解变更管理计划或有其他抱怨。

■ IT总成本。当IT成本不透明时（项目成本和正在支出的成本），业务经理会认为IT部门把钱花在业务无法受益的事情上。当IT部门被认为正在将稀缺资源用在新技术上，而业务经理不认为这些新技术加强了业务目标时，怀疑就会产生，信任也就会减少。

行政领导的作用

任何领导过一个公司的人都知道，在一个公司内主从关系的发展是很常见的。如果个人贡献者寻求领导的批准，同事之间的竞争就会出现；如果领导不定下正确的基调，欺凌现象也会发生。这使得本章前面关于治理和各种项目的讨论更加令人沮丧。孩子们争吵时，父母既要恢复秩序，又要为孩子们要做的事情确定优先顺序。当业务部门遵循自己的计划时，谁是要站出来的领导呢？真的可以期待CIO承担起负责创造收益的经理的工作，而不产生令人畏惧的气氛吗？后者的答案是"不能，如果他们希望保住自己的工作的话"，前者的答案是"CEO"。

此时，本书的读者要么在欢呼，要么正要合上这本书。我们希望你们能够坚持下去，让我们继续探讨这一主题，因为你们的股东还指望着你们。

对孩子们来说，一个重要的"业务原因"就是他们相处愉快并玩得开心。全球审计和咨询公司普华永道进行了一个年度调查，评估了公司对技术价值的理解程度和IT在组织业务战略中的融入程度。普华永道的国际调查部门进行数字智商调查已有5年。[1]2013年的调查反映了许多行业的状况，受访者是来自12个国家（澳大利亚、巴西、中国、法国、德国、印度、日本、荷兰、俄罗斯、瑞典、英国和美国）的1100多人。普华永道称，这些受访者一半是IT人员，一半是业务领导，并指出75%的受访者在年收益超过10亿美元的公司中工作。

该项调查的发现十分发人深省和鼓舞人心。"在表现最好的公司中，对于公司战略和实施战略路线所需的成本，IT人员和业务领导更可能持有一样的看法。"重要的是，他们往往将他们的CEO视为"IT的拥护者"。通过为合作和包容来奠定基调，这些CEO确保了公司领导步调统一。调查发现，表现最佳者往往会策划"适当且具体的过程来将IT路线图和公司战略联系起来"。因此这些表现最佳者也是"很好的合作者"，且都取得了很好的业务成果。

普华永道的负责人和CTO克里斯·柯伦（Chris Curand）评论道："很明显这些公司有更高的数字智商，他们了解技术的价值并能够将技术渗透进公司的各个方面。"该调查中的表现最佳者的收入增长超过5%，并且其公司在收入、盈利和创新方面处于顶尖水平。此外，82%的表现最佳者认为他们的CEO拥护IT，"积极推动IT融入战略和运营对话"。[2]

这给我们的重要启示是，我们应增加企业高管之间的包容与合作，包括改善CIO和其他高管人员之间的关系。CEO必须为这种行为定下基调，否则"孩子们"会无法安宁。同时，我们主张IT人员必须同时采取行动来提升业务价值，否则CEO不会认真对待IT。

接下来的章节会讨论关于信任（或缺乏信任）的问题。

---

1. PwC's *2013 Digital IQ Survey: Digital Conversations and the C-Suite*, www.pwc.com/us/digitaliq(download report on lower right)

2. www.pwc.com/us/digitaliq

03 信任的阶梯

在本章中，我们会把注意力集中在信任问题上，信任是业务与IT有效合作的关键条件。首先，我们会定义信任，然后会分析信任的不同维度，以及信任是如何影响业务绩效的。业务与IT能够合作的一个重要条件是，是否可以有意地去建立信任，如果不可以，信任如何能够得到积极的支持？业务功能和IT之间的信任构成了组织信任。第1章和第2章的内容产生了一个问题：个人信任和组织信任的相互作用可以达到什么程度？

信任的一个令人信服的依据是其在过去的出色表现。受亚伯拉罕·马斯洛（Abraham Maslow，以下简称为马斯洛）及其需求层次理论的启发，我们会在本章中详述IT绩效和所需能力的阶梯模型。每一个阶梯都代表一种必须满足的IT业务需求，范围从业务支持到战略创新。每个阶梯也代表一种业务与IT的合作水平。更高的合作水平取决于之前的阶梯所创造的不断增加的信任水平。

什么是信任

俗话说："无诚信，不交易。"这简单地表明了信任在业务中扮演着重要的角色。当然，这不仅仅发生在业务中。当缺少相互的信任时，没有哪一种人际关系能够长久。在任何情况下，信任是人们和/或组织相互依存的一个关键因素。相互依存程度越高，信任就越重要。对于组织，相互信任是跨组织合作的一大前提条件。在价值链的主要活动中进行的协作，目的是建立一个更高效的供应链，这需要各部门人员共享保密的规划信息，如果缺乏信任，这很难实现。在产品开发中，两家公司之间的协作会构成一项关键的战略活动，如果没有相互的信任，完成这项活动是绝不可能的。信任也发生在跨组织合作中，它是创造卓越绩效的一大前提。如果不同层级之间缺乏垂直信任，或是组织中的不同小组之间缺乏水平信任，组织就会陷入瘫痪状态。在缺乏信任的情况下，任何合作都会屏蔽重要的信息，人们会建立控制和流程来保护自己的利益。从本质上说，信任是一种重要的协调机制。[1]

在业务中建立信任可以被定义成一种其他人（个人或组织）会以双方可接受的方式行事的期望，这包括双方都不会利用对方弱点的期望。[2]在新的充满动荡和复杂性的商业环境中，[3]人们普遍认为可持续竞争的成功需要依赖于双方之间的信任，通常双方会冒一点商业风险。处理动荡问题需要迅速行动，只有当双方都拥有强烈的信念时，这种迅速的行动才能出现。同样，当我们面对复杂的管理问题时（例如业务和IT），没有人，也不可能有人会对手头的情况有一个全面的看法。因此，与问题有关的观点和意见应当是值得信赖的。西蒙和马奇把在这种环境下产生的情况称为"不确定吸收"：[4]当结论是从证据和推论得出，而不是从证据本身得出时，不确定性就会产生，并进行扩散。因为这些信息决策者的判断力非常有限，所以她/他必须依赖信息提供者的信心来进行判断。本质上，在业务与IT关系中建立信任是相当困难的。创造业务价值需要双方之间的信任具有同步性和对称性。一般来说，只有当信任度增加时，人们才会创造更多的价值。然而，要实现这种和谐，双方都要认识到他们在背景、知识和文化等方面存在差异是一种优势，也是一种独特的价值来源。

信任维度

信任是一个具有不同维度的概念，它是建立在相关方是称职的、坦率的、有同情心的和可靠的基础上的。[5]在组织之间相互信任的情况下（例如，供应商和客户相互信任），

1. C. Lane, "Introduction: Theories and Issues in the Study of Trust", in *Trust within and between Organizations*, ed. C. Lane and R. Bachman (Oxford University Press, 1998).

2. M. Sako, "Does Trust Improve Business Performance", in *Trust within and between Organizations*, ed. C. Lane and R. Bachman (Oxford University Press, 1998).

3. 请参阅：Stacey Hamaker, "Spotlight on Governance", *ISACA Journal*, 1 (2003), www.isaca.org/ Journal/Past-Issues/2003/Volume-1/Pages/Spotlight-on-Governance.aspx

4. J. G. March and H. A. Simon, *Organizations* (Wiley USA, 1958).

5. A. K. Mishra, "Organizational Responses to Crises: The Centrality of Trust", in *Trust in Organizations*, ed. R. M. Kramer and T. Tyler (Beverly Hills: Sage, 1996).

信任还包括契约型信任。[1]基于能力的信任是指对特定领域内的其他人或组织的技能和能力的信任。另一方有能力完成她/他说的事情吗？想要对此进行评估，就需要在专业行为与标准上达成共识，这是建立在人们可以依靠他人执行流程和活动的直觉上的。从某种意义上说，他人的诚信度可以通过时间来改善，并通过人们过去解决问题的能力、人际交往的技巧和始终如一的专业素养来建立。[2]

基于坦率的信任是建立在诚实的直觉和道德高尚的行为之上的，坦率的沟通有助于建立基于坦率的信任。坦率会影响人们共享信息和知识的意愿。基于关怀的信任指的是相信另一方会支持我和我的组织，即超出另一方利用不正当优势避免机会主义行为的基本预期，相信另一方会关心自己的利益不受损害。[3]

基于可靠性的信任指的是所预期的业务合作伙伴所做的承诺和行为之间是一致的。无论是在组织内部，还是在组织之间，个人（而不仅仅是组织）的诚信和可靠性都是基于可靠性的信任的基础的。[4]总之，契约型信任取决于对方是否会履行合同协议的内容。[5]

三大维度也引出了信任层次的概念。[6]首先，更高层次的信任取决于基于能力的信任，或者在跨组织的背景下，取决于契约型信任。如果一个人不能完成和交付其承诺的事情，或不能履行自己的合同义务，那么就不会获得更高层次的信任。然而，除了能力之外，坦率（显示道德责任和积极意愿）对于另一方接受潜在的弱势地位也是非常重要的。[7]

信任提高业务绩效

人们普遍认为，信任可以提高业务绩效，问题是如何提高？首先，信任会降低协调成本，同时，它本身也是一种协调机制。通过信任，人们对广泛的程序和协议的需求就会减少，因为大量的沟通与谈判可以使人们达成一个对于特定问题的相互支持的解决方案，信

1. Sako, "Does Trust Improve Business Performance".
2. K. Blomqvist, P. Stahle, "Building Organizational Trust", in the Proceedings of 16th Annual IMP Conference, 2000.
3. Mishra, "Organizational Responses to Crises".
4. Blomqvist, Stahle, "Building Organizational Trust".
5. M. Sako, "Does Trust Improve Business Performance".
6. M. Sako, "Does Trust Improve Business Performance".
7. Blomqvist, Stahle, "Building Organizational Trust".

任还会减少人们严格监督行为及其结果的需求。此外，信任的存在使人们不再做出留存邮件作为证据的自我保护行为。重要的是，在不断变化的情况下，人们不需要去预计所有未来可能会发生的偶然事件，因为人们在必要时可以进行适当的调整（以及判断）。信任预期将有助于创新和学习。在相互信任的条件下，人们共享免费的信息和知识将成为可能，因为其他人不会以牺牲该信息的所有者为代价，来使用这些信息和知识获利。换句话说，其他人不会有投机行为。

业务和IT之间能建立信任吗

俗话说："信任来得慢，去得快。"信任是建立在人们过去值得信赖的行为之上的；信任的建立需要时间，失去信任却很容易。从理论上说，人们对是否可以积极地建立信任有相当大的分歧。然而，人们相信组织可以采取和管理促进信任的做法。

业务绩效和IT职能之间的信任的建立会被这两个领域的高度分化所阻碍。分化指的是组织内作为一个整体的细分程度。高度分化的部门的特点是其成员的目标取向、价值观、文化、知识和技能基础存在巨大差异。分化是组织运行的必要条件，因为它提供了实现整体组织目标所需的不同功能的专业性。然而，分化有一个缺点：它会建立职能领域之间的"心理围墙"。不同部门会产生不同的观点——一种基于现实和其所属企业的思维模式。

思维模式是建立在教育背景、工作环境和结构，以及影响工作的奖励和激励计划等想法和信念的基础之上的。思维模式就像是一个过滤器，允许某些信息通过，同时又阻止其他不适合我们思维模式的信息通过。心理学家把这种过滤过程称为"确认偏差"，具体是指寻找支持我们世界观的信息和拒绝不支持我们世界观的信息的过程。值得注意的是，当遇到与我们根深蒂固的信念不一致时，确认偏差就会变得更加强烈。[1]我们的世界观或思维模式会指导我们的思想和行动。在我们感知到的现实世界中，这些世界观或思维模式为我们提供了一个对迅速发展的原因和结果的解释，这有助于我们了解工作和生活的环境。心理学家把感知现实的自然创造的能力称为我们的"认知力"。

思维模式在为我们提供了一个了解周围世界的基础的同时，也限制了我们对这个世界

---

1. Scott Plous, *The Psychology of Judgment and Decision Making* (McGraw-Hill, 1993).

的看法，并使我们忽略那些可能会挑战我们根深蒂固的信念的事实。[1]当人们有着共同的思维模式时，沟通就会变得很容易，因为每个人对交换的信息有着相同的理解，甚至可能没有人会去质疑该信息（实际上这是一个问题，会导致集体性思维）。当思维模式大相径庭时，沟通就会变得很困难。有着不同的思维模式的人在解释相同的事实时，方式是不同的，他们会使用不同的术语、不同的侧重点、不同的方向以及不同的因果关系。因此，共享解释和含义会变得非常困难，甚至可能无法实现。

心理学中的认知失调理论认为：人们会有动力去减少其世界观的不一致，并会采用三个原则策略来恢复其思维模式的平衡。人们可能会改变现有的认知，增加新的认知来创建一个一致的信仰体系，或者降低任何不和谐因素的重要性。[2]一个关键的理论性的假设是，人们希望他们的期望能够满足现实的需要，创造一种平衡感。[3]同样，另一个假设是，一个人要远离引起不安或不和谐感觉的情况或信息来源。[4]

高度分化代表着对合作发展的障碍的需求。[5]尽管人们对于能否有意创造信任存在分歧，但在建立和维护关系或网络时，组织应采取相互信任的方式。[6, 7]建立信任关系不仅应考虑不同的信任维度，而且还需要我们创造组织条件来避免高度分化的后果。

克服不同思维模式的价值应该是显而易见的，重大举措和知识进步等成就总是发生在交叉学科的交点上。人们需要的只是对这些著名的项目（如曼哈顿计划、人类基因组计划或艾滋病的流行病学等项目）进行反思。

不同的信任维度可以通过一组相互依存和相互促进的策略来改善。首先，通过过去的绩效证明能力是逐步发展和建立相互信任的业务和IT功能的关键条件。绩效不仅关系到人们履行职责的能力，还关系到人们在坦率的、有同情心的和可靠的方式下合作的能力。这意味着，一方面，IT和业务功能这两者都应该能够采用正确的工具和技术来确保业务得到系统和其所需的系统支持；另一方面，采用正确的工具和技术就其本身而言是不够的。通过社交和团队发展，人们已经证明了非正式组织的良好运作是良好合作的先决条件。[8]

1. P. Senge, *The Fifth Discipline: The Art and Practice of the Learning Organization* (*Doubleday*, 2000).

2. L. Festinger, *A Theory of Cognitive Dissonance* (Stanford University Press, 1985, first published 1957).

3. Michael Ryan, *ed.*, *Introducing Communication Theory: Analysis and Application* (McGraw-Hill, 2010), 113–116.

4. Ryan, *Introducing Communication Theory*.

5. Lane, "Introduction".

6. J. Sydow, "Understanding the Constitution of Interorganizational Trust", in *Trust within and between Organizations*, ed. C. Lane and R. Bachman (Oxford University Press, 1998).

7. Blomqvist and Stahle, "Building Organizational Trust".

8. P. M. Doney, J. P. Cannon, "An Examination of the Nature of Trust in Buyer-Seller Relationships", *Journal of Marketing*, 61, No. 2 (1997): 35–51.

与良好合作相关的是第二策略。关于目标、承诺和意向的坦率沟通一直是建立信任的重要因素。每个组织层面必须定期进行沟通，并将沟通嵌入到组织的过程和程序中。

不同的组织措施可以帮助我们克服分化和不同思维模式的障碍。这些措施包括推进团队工作、鼓励进行联合培训和学习、岗位轮换、协同定位等。当开发信息系统时，战略团队可以从事与主题相关的工作。[1]IT专业人员应对其所服务的业务有充分的了解，而业务管理人员应了解IT如何为业务带来价值。通过岗位轮换，管理人员可以对业务有一个更全面的了解；IT管理人员可以承担进行业务活动的责任，而业务管理人员也可以负责IT活动。[2]人们应了解物理接近（或缺失）的组织效应。例如，从业务功能的角度了解系统，并将其集中在一个共享服务中，只会使分化结果变得更糟糕。这类行动往往是有效沟通的障碍。从最好的角度来看，它们使信任关系的发展变得更难实现；从最坏的角度来看，信任将无法建立。

我们必须记住，无法衡量的东西就无法管理。促进组织之间的信任需要我们积极衡量和监控现有的信任水平。要衡量信任，可以使用客观的工具。一些咨询公司会提供便于进行衡量的工具，如富兰克林柯维公司，这些工具一般类似于平衡计分卡。

由科罗拉多大学研究者开发的组织信任指数（OTI）就是一个很好的衡量工具。[3]组织任指数建立信任维度的基础上，并且可协助管理人员确定其组织中的现有信任水平。它提供了关于在哪里可以建立一个最坚实的信任基础，以及提高现有的信任水平需要注意哪些特别问题的信息。一旦对合作伙伴之间的信任度进行衡量，结果必须用于提高这个信任度。为此，启动营队课程是有效的，但也有必要更换一些在业务和IT交界处工作的人员。

尽管分化有其不利的一面，但它对组织实现其整体目标是非常重要的。为了缩小知识、文化等方面的差距，组织应该引入跨界角色。边界管理人员会在高度分化的组织领域之间架起桥梁。他们能够应付不同的情况，因为他们了解其文化和技术内容。他们的作用是促进沟通，以及确保那些需要不同领域的贡献来完成企业的总体目标的决策得以执行，而不是牺牲整体为代价来实现单个领域的次优目标的决策。边界管理人员能够克服消极的后果，因为领域专家知道可以使用专业知识来评估他们的陈述，这增加了整体的信任。

对于协调业务和IT，更是需要边界管理人员的加入：他们同时了解业务和IT这两个领

---

1. J. Ward , J. Peppard, *Strategic Planning for Information Systems* (Wiley, 2002).

2. M. M. Parker, *Strategic Transformation and Information Technology: Paradigms for Transforming While Performing* (*Prentice Hall*, 1995).

3. P. Shockley-Zalabak and K. Ellis, *Measuring Organizational Trust—Trust and District across Cultures* (IABC Research Foundation, 1999).

域。这些专业人员被冠以不同的名称，如混合型管理人员或IT型管理人员。他们同时具有技术和业务方面的能力；他们既不是软件开发人员，也不是基础设施安装人员。他们了解IT功能是如何转化为业务利益的。

个人信任与组织信任

业务职能与IT职能间的信任是在组织信任层面上运作的。然而，在以合作的形式努力工作时，个人信任也是必要的。[1]组织信任指的是其他组织以一种称职的、坦率的、有同情心的和可靠的方式进行工作的期望。这种期望是建立在过去的绩效、信誉、证书等其他类似的必要条件的基础上的。例如，审计可以证明适当的结构、程序和流程已经到位，并已得到充分执行，这样便可以实现可预测的和值得信赖的行为。

根据对业务和IT进行协调的研究，我们知道拥有正确的工具、模型和技术，并能够正确地应用它们是实现业务和IT间有效合作的一个必要前提条件。然而，这不是一个充分条件。根据相同的研究，我们知道，拥有主要基于个人信任的良好的工作关系同样是重要的。例如，只有正确的数据模型、过程建模技术和正式的投资评价方法，而没有人员间的相互尊重和信任的话，业务和IT就不能很好地合作。如果存在高度分化（如业务和IT之间的分化），那么发展互相尊重、良好的工作关系被认为是促进组织信任的先决条件。[2]

马斯洛的需求层次理论和IT

20世纪40年代，一个叫马斯洛的临床心理学家研究出了一个世界著名的动机理论。[3]这一理论的基本假设是，人们的不同需求会构成其行为的动机。这些需求处在一个层次结构中，也就是所谓的需求金字塔。金字塔的基础部分是基本的生理或生存需求，

1. F. Fukuyama, *Trust* (Hamish Hamilton, 1995).
2. Blomqvist and Stahle，"Building Organizational Trust"．
3. R. A. Baron, *Behavior in Organizations* (Pearson, 1999).

如食物、水和温暖。一旦这些基本需求得到满足，人们将逐步走向更高层次的需求以获得人身安全，如归属感、尊重感，并最终达到自我实现。然而，如果一个人的基本需求没有得到充分满足，其注意力会立即从较高层次回到较低层次，并将此作为最重要的优先考虑事项。

这些需求被分为两类。第一类需求是匮乏性需求，包括生理需求、安全需求、归属需求。匮乏性需求是人们为了健康和安全所必须满足的需求。如果匮乏性需求没有得到满足，人们将不会拥有一个健康的人格，也不会有个人稳定感，匮乏性需求对于提升需求层次来说是非常必要的。第二类需求是发展需求，包括尊重和自我实现需求。在基本需求得到满足后，在所认同的群体里，人们希望获得自信和尊重。在下一个层次，就是自我实现，人们最终的目的是实现他们的所有能力，发挥他们的全部潜力。

马斯洛的需求层次理论已被广泛应用于管理理论和实践中，该理论非常易于理解和运用。尽管很少有实验证据来支持它，但在研究组织和管理中的各种增长模型时，马斯洛的需求层次理论被证明是一个有用的比喻。对于IT，在考虑如何将IT与业务的其余部分联系起来时，该理论提供了一个有趣的角度。[1]对于任何业务，有一个可靠的IT基础设施是良好地生存和运营的必要条件。在实现可接受的稳定和基本服务水平后，业务的IT的重心将转向更高层次的需求。业务会希望实现交互式系统，来支持高效的业务流程和为业务决策提供可靠的信息。IT可能会用于产生一个具有竞争力的影响。然而，如果可用和可靠的IT服务的基本的基础设施需求没有得到满足或没有得到充分满足的话，IT可能不会出现在管理议程中。

根据现有的研究[2]和我们自己的经验，我们在图3.1中提出了一个IT绩效的阶梯模型，来解释IT为组织带来的不断变化的价值以及业务和IT间的相互作用。总价值绩效模型[3]是一个阶梯，它既适用于业务功能，也适用于IT功能，但侧重点有所不同。每个能力的阶梯反映了以IT为中心的绩效和以业务为中心的绩效——事实上，这二者相互依赖。阶梯模型的基石有些类似于马斯洛的需求层次。我们还需要运用必要的IS能力去满足每一个阶段中业务对IT的需求，而不是只专注于需求本身。

---

1. R.N.Urwiler , M.N. Frolick, *The IT Value Hierarchy: Using Maslow's Hierarchy of Needs as a Metaphor for Gauging the Maturity Level of Information Technology Use within Competitive Organizations* (Information Systems Management, 2008).

2. J. Peppard and J. Ward, *Beyond Strategic Information Systems: Toward an IS Capability* (Strategic Information Systems, 2004).

3. 请参阅第2章中关于IT总价值模型的介绍。

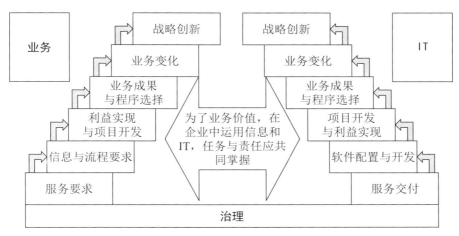

图3.1 总价值绩效模型

这不是第一个阶梯绩效模型。[1]在很长一段时间内，在管理文献中描述组织如何通过成长或成熟的层阶来进行发展的组织模型很受青睐。最著名的模型是格雷纳提出的，该模型描述了组织成长经历的阶段。[2]在其他管理领域，增长模型也已被研究出来，例如，知识管理[3]和电子政务[4]。

IT管理领域也有关于IT运用和管理的增长模型。有两篇有趣的文章对各种现有的模型进行了评论，一个是加利尔斯和萨瑟兰德关于IS管理与战略制定[5]的文章，还有一个是坡培尔巴斯与其同事在IS的研究中关于成熟度模型的文章。[6]

治理

与业务相关的部署能力需要建立在适当的治理之上。正如国际信息系统审计协会

1. 请参阅：R. J. Benson et al., *From Business Strategy to IT Action* (Wiley, 2004), 255。其中，比尔·沃尔顿（Bill Walton）建立了五绩效模型。

2. 请参阅：Larry Greiner, "Evolution and Revolution as Organizations Grow", *Harvard Business Review* (May–June 1998)。

3. 请参阅：Petter Gottschalk, "Toward a Model of Growth Stages for Knowledge Management Technology in Law Firms", *Informing Science* 5, No. 2 (2002)。

4. Kim Viborg Andersen and Helle Zinner Henriksen, "E-Government Maturity Models: Extension of the Layne and Lee Model", *Government Information Quarterly*, 23 (2006).

5. R. D. Galliers and A. R. Sutherland, "Information Systems Management and Strategy Formulation: The Stages of Growth Model Revisited", *Journal of Information Systems*, No. 1 (1999).

6. Jens Poeppelbuss, Björn Niehaves, Alexander Simons, Jörg Becker, "Maturity Models in Information Systems Research: Literature Search and Analysis", *Communications of the Association for Information Systems*, 29, Article 27 (2011). Available at: http://aisel.aisnet.org/ cais/vol29/iss1/27

（ISACA）所定义的那样："IT治理包括领导力、组织结构和过程，它确保IT组织能够维持和扩展组织战略和目标。"[1]2009年，范·格林伯根（Van Grembergen）和德·黑斯（De Haes）把重点集中在IT的企业治理上，将其定义成"企业治理的一个组成部分"，一种在组织中规定和实现流程、结构和关系的机制，它使业务和IT人员能够履行支持业务/IT协调的职责，以及创造IT投资的业务价值。[2]

接下来，我们首先会逐步讲述IT要成为一个真正的业务伙伴所需的IT能力，然后我们将继续讨论业务能力，以及必要的业务和IT之间的相互影响。

服务交付

这一层阶的重点是IT基础设施和运营。IT组织必须确保基本的IT服务是根据双方共同商定的服务水平和一个可接受的成本进行交付的。此外，正确的技术和组织能力必须到位或必须得到供应，IT资源的适当标准、方法和程序也必须进行开发和运用。现有的工作人员必须具备满足组织需求的技能。从这个总价值绩效模型的层面看，业务把IT看成一个为已部署的技术基础设施提供可接受的支持的部门。

软件配置与开发

在这里，IT组织必须展示其开发、获取和实施满足业务交易和信息需求的技术解决方案的能力。根据马斯洛需求层次理论第二层阶中重点关注安全需求的研究，总价值绩效模型假设IT组织已经拥有了能确保安全操作的技术和组织措施，这种安全操作可以保证机密性、完整性和可用性（简称CIA）。在这一层阶上这并不意外，管理层通常能够认识到IT在提供和促进成功业务运营上的关键作用。

项目开发与利益实现

这一层阶的标志是IT扩大了其影响力和价值，有能力对具有高IT含量的投资的业务利

---

1. ISACA，请参阅：Office of Government Commerce. Service Delivery. IT Infrastructure Library. (The Stationery Office, 2001)。
2. W.VanGrembergen and S.De Haes, *Enterprise Governance of IT:Achieving Strategic Alignment and Value* (Springer, 2009).

益进行优化。利益将被确定、规划、交付、衡量和监控。IT组织将有助于实现所需的组织变化，这种变化将最大限度地发挥规划业务系统的作用。

业务成果与程序选择

在这一层阶，IT组织必须证明其拥有与业务合作伙伴密切合作的能力，这样，业务策略和创新才可以转化为IT战略意图和解决方案。在这一层阶，IT技术趋势不但能够被IT组织积极地监控，而且还会为业务战略规划提供信息，包括IT战略采购的决策。

业务变化

这一层阶指的是通过对高IT含量的项目进行投资，实施业务战略的能力，包括根据业务目标优先考虑组织间技术支持的投资能力。这些业务投资总是需要重大的改变计划，因为这些计划对市场、产品、结构、流程、程序和IT方面都有影响。这些计划完全是综合性的业务和IT改变计划。

战略创新

在这一层阶，一个组织可以开发IT的独特用途，它将形成彻底改变业务模型的基础——IT成为创新的一个关键驱动力。业务发展战略是共同创造的结果。业务愿景会影响IT解决方案的运用，而新的IT解决方案则会影响企业的愿景。

类似于马斯洛的需求层次结构，嵌入这个阶梯里的三大基础阶层是服务交付、软件配置与开发，以及项目开发与利益实现，这些可被视为基本需求。[1]如果这些基本需求都没有得到满足，业务就不能发展，或至少被阻碍发展。因此，对于任何组织，即便IT是作为配角出现，拥有在这三个层阶上成功运营的能力也是非常重要的。每个组织对于发展需求（包括业务成果与程序选择、业务变化和战略创新）的处理方式各不相同，这取决于IT在行业和特定公司中所起的作用。如果IT已经起到战略作用的话，那么事实上，这些发展需求是存在的，并且需要予以满足。如果行业中的IT角色仅限于后台办公和工厂，那它就不太可能得到积极的发展。因此，没有必要每个组织都以同样的方式来提高层阶。

---

1. 马斯洛需求层次理论使用了术语"匮乏性需求"；在本书中，我们更倾向于使用术语"基本需求"。

当企业必须解决有缺陷和不稳定的基础设施问题，或者无法确定和有效地开发有利于组织的新应用程序时，发展需求不太可能得到满足。管理层会关注和优先考虑解决业务问题。正如前面所讨论的，过去的绩效（此处指IT部门的绩效）是信任的重要基础。在这些条件下，IT部门被邀请加入董事会来讨论业务战略的可能性非常小。

总价值绩效的业务要求

IT与业务的关系会在阶梯框架里产生变化（见图3.1，以及随后的讨论）。从基本的层阶向上看，IT会逐渐从一个支持部门转变为业务合作伙伴，这一转变对组织的未来至关重要。对于最初的两个层阶，业务和IT间的相互影响是很巧妙的，这种影响与交付给用户的服务有关。在最底层，业务预期将会定义其服务要求，这些都必须由IT服务交付机构来满足。在下一个层阶，业务需要定义它们的信息和过程要求，这是软件配置与开发的输入信息。对于下一层阶，和业务更紧密的合作对更好地优化IT对整体业务的功效是非常必要的。在这里，业务方面的IT能力类似于IT方面的IT能力，主要区别是其中的一个重点——IT以项目交付为导向的，而业务是以利益实现为重点的。在这一层阶，企业需要确保有足够的条件（如足够的培训）来优化安装系统。正如先前研究所表明的，[1]在IS方面取得的成功（特别是在更高的发展层阶）不应仅取决于IT部门的能力，业务部门也有贡献。业务部门同样应具有确定、选择、部署和实施新的IT解决方案（与业务战略相符）的能力。业务管理人员应：

- 了解IT是如何影响其组织和流程的。
- 确定与IT合作的战略业务机会。
- 评估技术创新在业务中的适用性。
- 了解IT的业务模型及其在所处行业中的潜在影响。
- 优先考虑投资机遇。
- 管理IT实现的变化、供应商等[2]。

---

1. Peppard and Ward, *Beyond Strategic Information Systems*.

2. Peppard and Ward, *Beyond Strategic Informtion Systems*.

下一层阶包括业务成果与程序选择、业务变化以及最终的战略创新。从这里开始，更高一层出现时，业务和IT之间的合作越激烈，各方面的信任就会变得越重要。在这一层阶，信任的影响具有重大意义，根据信任存在于成长阶梯上的评论，它必须首先从底层获取。如果公司不满意IT绩效和贡献，那么IT部门将不可能参加董事会的战略讨论。相反，如果业务不能在这些问题上表现得更称职，IT部门就会变得对其不信任，无论实际上缺陷是出在哪里。这除了会对业务与IT之间的关系产生负面影响外（从而影响长期的整体公司业绩），还将最终导致有价值的IT专业人员因失去兴趣而离开公司。

在充满动荡的时代，信任如何影响IT战略

变化和动荡会迫使组织去适应环境。业务和技术因素使公司不得不连续地监视和重新考虑它们在竞争环境中的处境。业务模式和业务流程适用于应对变化。随着变化程度的加深，这些反应会建立在业务知识与IT知识相融合的基础上。没有足够的支持，新的治理和业务模式是不可行的，甚至定义这些模式也需要具备IT趋势和可能性方面的知识。总之，定义战略以及公司的未来，是一个关于在业务功能和IT之间实现共同创造和密切合作的问题。

人们必须建立新的治理结构、业务模式和业务流程，这触及了组织的核心。除了IT变化外，还包括业务变化。业务模式中报告关系（如治理结构）的变化，以及业务流程中的报告关系会从根本上影响每个人的思维方式和参与工作的方式。部门内部所开发的文化经常需要改变。当设计合适的战略时，实现协调是很困难的；当实施新的战略时，实现协调会更加困难，因为这可能会影响到组织中的每一个人。IT和业务的各级密切合作关系是让这一切发生的一个关键成功因素，[1]没有合作关系，这些努力将不会有所回报。

当人们为未来做准备时，当前的操作必须继续进行下去，服务水平也必须保持——"在转化的同时运行"，正如玛丽莲·帕克在早期的出版物中对其的描述。[2]适当的服务交付需要IT和业务间形成良好的工作关系。

---

1. March and Simonm, *Organizations*.
2. Parker, *Strategic Transformation and Information Technology*.

总之，新战略的共同创造和实施，以及一个有效的运营绩效的保持，需要业务和IT各级形成密切的合作关系，不但是在正式的流程中，在非正式的工作关系中也是如此。[1]信任是让这一切发生的一个关键因素。我们将信任定义为"他人（个人或组织）将以双方可接受的方式行事的期望，特别是能胜任的、坦率的、有同情心的和可靠的方式"。 在这方面过去的良好绩效，辅之各种组织政策将有助于建立信任关系。考虑到业务和IT在知识、价值和文化方面的高度分化，我们应积极推行创造信任条件的政策。

基于马斯洛的需求层次理论，我们设计了一个IT绩效的阶梯，每层具有不同的绩效要求和能力。解决某些基本需求的较低层阶的能力可以确保公司能够以一个有效的方式运作。在这一层阶，IT的业务信任是通过可靠的IT服务和支持来建立的；然而，业务和IT之间的相互作用是有限的。满足发展需求的更高层阶的能力可以为公司的未来做准备，这些能力需要业务和IT更紧密地合作。虽然不是所有的组织都必须按照这个阶梯来运作，但我们预计，只有少数组织才不会这样做。尽管如此，对各级合作来说非常重要的信任是建立在较低的基本需求得到满足的基础之上的。

信任必须是相互的，IT必须信任业务，而业务也必须参与艰难的IT决策。无论是IT部门还是业务部门，都不能只作为"观众"。为此，IT部门需要发展必需的能力和功能，否则将失去业务部门对其的信任。

产生业务成果——评估

总价值绩效模型描述了为业务和IT二者建立信任基础的六个层面的绩效。了解所使用的基本方法（如战略规划或服务管理）非常简单，而信誉和信任来自实际产生的业务成果。也就是说，流程和方法是好的，但实际成果更为重要。

从业务角度来看，表3-1表明了实际上是什么创造了可信的（和有价值的）成果。该表展示了两大环境下的成果示例：那些涉及"卓越业务价值"的成果和那些涉及"对动荡和不确定性的卓越响应"的成果。也许最重要的是，根据图3.1，这些成果同时适用于业务和IT绩效。

---

1. Peppard and Ward, *Beyond Strategic Information Systems*.

表3-1 业务成果：卓越IT价值

总价值绩效模型 （IT和业务角度相结合）	业务成果示例："卓越业务价值"的执行与绩效	现状—评估
战略创新	● 业务战略有效性，战略意图的直接支持 ● 业务模式的转型变革 ● 市场和客户关系的转型变革	2
业务变化	● 业务运营效率的提高 ● 业务组织和流程的变化 ● 供应链关系的变化	1
业务成果与程序选择	● 有效的业务变化管理 ● 根据业务战略和需求优先考虑的事情	2
项目开发与利益实现	● 定义和满足整个企业的业务需求 ● 成功实施和运转项目	3
要求与开发	● 项目符合业务需求 ● 成功开发/完成项目 ● 成功获取软件和解决方案	4
服务要求与交付	● 成本和风险缓解得到支持 ● IT服务满足业务需求 ● IT服务支持和不破坏业务流程	5

评分等级：

■ 这些业务成果往往是通过信息和IT的使用产生的。（5分）

■ 这些业务成果偶尔是通过信息和IT的使用产生的。（4分）

■ 不知道，或许这不适用于我的企业。（3分）

■ 由于信息和IT绩效问题，这些业务成果的实现变得更加困难。（2分）

■ 这些业务成果受到信息和IT绩效问题的限制。（1分）

　　表3-1未提及动荡和不确定性问题，我们会在第4章和第7章中予以介绍。这里所描述的成果形成了对IT提供卓越价值的基本期望。这是信誉和信任的出发点。

　　表3-1显示了对一个典型的名为安古斯国际的企业的评估。请参阅第四部分对这家企业的描述。

　　我们鼓励读者将表3-1运用到企业中。尽管该表无法作为每一层阶特色业务成果的详细介绍，但它提供了足够的信息，让读者能够对当前的情况进行评估。因为它不是一张完整的图片，所以结果显示的是当前的绩效水平。我们希望最低层阶都是5，并在数值变小的地方定义阶梯状态。事实上，业务和IT组织能否很好地在阶梯上执行这个方法并不重要，重要的是实际产生的业务成果。

我们会在第4章和第7章中把有关的业务成果添加到动荡和不确定性中去。我们将把这些成果示例与第二部分和第三部分的战略性IT管理描述相关联，以解决为产生这样的业务成果，企业应如何建立和使用企业IT能力的问题。

参考文献

1. Bytheway, A. *Exploring Information Management*. 下载网址：www.imbok.org/docs/ExploringIM.pdf，2012年10月。

2. Lawrence, P., J. Lorsch. "Differentiation and Integration in Complex Organizations"，*Administrative Science Quarterly* 12 (1967).

3. Swan, J. E., J. J. Nolan. "Gaining Customer Trust: A Conceptual Guide for the Salesperson"，*Journal of Personal Selling and Sales Management* (1985).

04 动荡环境下的IT战略

本书的主题是动荡和变化如何影响IT战略的形成及其本身。在本章中，我们会对变化和动荡进行定义、区分不同程度的变化并解释动荡的含义。接下来，我们会讨论为了保持效率，组织通常如何应对变化和动荡。特别是，我们会讨论环境动荡对必要的组织能力的影响。我们还会讨论IT和IT战略如何受到变化和动荡的影响，以及IT和管理如何应对变化和动荡。

变化和动荡的定义

自20世纪60年代以来，管理理论中的一个观点得到了很好的发展。这一观点认为，组织活动发生的环境会影响这些活动的管理方式。在该观点的开创性论文中，两位哈佛大学的教授劳伦斯和罗尔施[1]分析了组织活动环境中的不确定性和复杂性是如何决定组织的管理方式的。他们的分析得到了很多案例的支持。"环境"是指那些超出组织管理控制的因素。对组织而言，环境因素可能是内部环境因素和外部环境因素。市场开发是外部环境因素中的一个，对于制造部而言，销售部可能做出的无法预测的决定是内部环境因素中的一个。不同的功能领域有各自的环境，不同的管理层会管理他们各自的环境。这些（小）环境因素在不确定性和复杂性中可能会有所不同，这将导致每个职能领域或组织层次中出现

---

1. P. R. Lawrence and J. W. Lorsch, *Organization and Environment: Managing Differentiation and Integration* (Irwin, 1973).

不同的管理和组织挑战。按照劳伦斯和罗尔施[1]的说法，当确保整合过的企业组织结构和表现可以实现更好的企业绩效时，管理这些差异对管理层而言则更有挑战性。

为了了解不确定性对管理的影响，我们必须区分管理可以控制和无法控制的因素。当然这是一种二分法；事实上，既有可以部分控制的因素，又有无法控制的因素，大多数情况下，会出现"灰色地带"。然而，就分析而言，这种区分是有用的。对于那些可以控制的因素，管理层会自行决策（这就是控制），具体方法是在追求预期结果时从许多可能的行动方案中选择一个方案。然而，对于那些无法控制的因素，管理层根本无法决定。例如，人们可以决定是否在北海游泳，但无法决定潮汐何时到来。对任何组织而言，盈利与否，只与组织必须考虑的因素和会影响决策的因素有关。同样，海水退去时，人们可以决定不去游泳。这些因素会影响与组织有关的活动结果，其根本原因是这些因素可能会导致成本和收入增加或减少，从而影响组织的财政状况。

在制订计划时公司会遇到这些环境因素。规划一直被定义为"预期决策"[2]：计划包括将要执行的决定和在未来会产生影响的决定。这里指的"未来"可能很快到来（短期规划，如运营规划）或是更遥远的未来（长期规划，如战略规划）。管理层能够对可以控制的因素制订规划，但对无法控制的事情进行规划是无用的。解释不可控制因素的未来影响时需要预测，这些预测涉及需要考虑的因素及这些因素所产生的影响。相比更远的未来，如果是很近的未来（如明天），预测会更加可靠。制定决策时，人们需要依赖预测，而预测的准确性也影响着决策的可靠性。

在大部分环境有一定的确定性的情况下，公司在很大程度上可以开始进行自己的变革。[3]在稳定的环境中推出新的产品线或进入新的市场时，公司会按计划对组织、战略和技术支持做出渐进式的修改。假设公司可以有条理地预测、规划和改变现有结构，那么战略和运营规划的重点则是变革管理。很多公司以前会举行年度战略规划会议来为来年的渐进式修改做规划，每2~5年制订出（或更新）一个长期计划。在相对稳定的经济环境中，这是一个有效的方法。但是，对于IT战略发展，许多公司经理在战略会议中没有将IT组织考虑进去。只有在完成战略业务计划后，在需要知道的基础上公司经理才会考虑IT组织。

动态环境有何不同？就动态环境是怎样的和组织如何应对这种环境而言，动态环境和稳定环境是相反的。动态环境时常（如果不是经常的话）以无法预测的方式发生变化。21

1. Lawrence and Lorsch, *Organization and Environment*.

2. Russel L. Ackoff, *A Concept of Corporate Planning* (Wiley, 1970).

3. Marilyn Jane Parker-Priebe, *Theory and Practice of Business/IT Organizational Interdependences*, Ph.D. dissertation, Tilburg University, 1999.

世纪初就出现了一次日益动荡和竞争激烈的商业形势。在这种形势下，变化的强度、不可预测性和多样性加快了不断变化的形势的形成。[1, 2]达维尼将这种业务环境描述为"超级竞争"，其特点是：[3]

■ 产品生命和设计周期的时间和成本压缩。
■ 技术进步加快。
■ 易变的客户忠诚度。
■ 新竞争者的突然进入和目前市场占有者的重新定位。
■ 行业和组织边界的重新定义。
■ 毫无生气的经济增长。

对于大多数公司来说，这些特点共同导致了新的环境，这涉及对潜在市场、客户和竞争者进行重新评估。问题是企业有多少时间可以用于重新评估和制订新的计划。在相对稳定的情况下，变化可以相对提前地预测出来，因此公司有足够的时间做出调整。然而，在高度不可预测和模棱两可的情况下，公司没有时间重新评估和制订计划，意想不到的变化几乎会立即发生。在这种环境中，延长战略规划过程和周期将大有裨益。公司必须能够灵活地适应变化的环境。

我们知道，如果公司有时间做准备的话，变化本身是不会引起很多问题的。在公司没有做准备，或者准确地说，对变化做出反应的可用时间短于准备和发生反应所需的时间时，问题就会出现。在变化难以预测和适应时间（反应时间）长时也会发生这种情况。根据安索夫的观点[4]，我们应该把环境挑战的可变程度当作"环境的动荡程度"。正如之前所列出的，动荡程度由许多因素决定。高度动荡的环境的特点是高度不确定性和会有意想不到的事件发生。

图4.1描述了不确定性对计划的影响，该图适用于实施计划的任何（功能）领域，也适用于我们所区分的每一个计划层次。因此，它代表了供应链管理和营销方面的IT情况。另外，该图也适用于战略和战术规划及运营层面的规划。图中表明，一名决策者"今天"

---

1. R. A. D'Aveni and R. Gunther, *Hypercompetition: Managing the Dynamics of Strategic Maneuvering* (The Free Press, 1994).

2. Peter Schwartz, *The Art of the Long View* (Currency Doubleday, 1996).

3. Ryan R. Peterson, *Information Governance*, Ph.D. dissertation, Tilburg University, 2001.

4. Igor Ansoff, *Corporate Strategy* (Penguin Business Books, 1987).

发现，在可以预见的将来，公司或部门的当前活动会受到环境变化的影响。这名决策者可以是公司管理团队、首席体验官（CXO）或部门经理。变化的环境可能是重要客户终止合同、十分重要的原材料供应商破产、突如其来的经济衰退、IT服务提供者停止支持某个重要系统等。因此，为了给即将到来的新环境制定解决方案，当前的计划需要改变或重新制订。图中虚线表示何时将需要解决方案。在该图中，实现解决方案的时间要远远晚于实际需要。

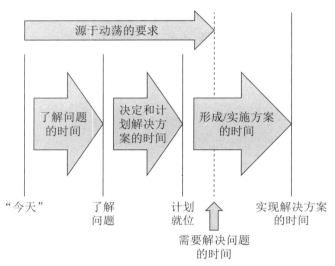

图4.1　不确定性和计划

制定方案的实际时间包括管理层了解问题与方案已经形成并需要实施之间的时间间隔的时间。我们把这段可用时间称为"反应时间"。这会产生一个重要管理问题——可用反应时间与必要反应时间之间有怎样的关系。

反应时间由几个阶段组成。第一阶段，公司需要"得知这个问题"。当前预测和商业智能等表明外部环境可能在近期发生变化，这取决于环境的可预测性。"近期"实际有多近：在五年内还是五个月内？第二阶段，已知晓问题和评估状况后，公司需要做出反应，换句话说，公司需要对这个新问题提出解决方案。这一阶段需要时间，而时间长短取决于问题的严重性和问题数目及参与决策过程的利益相关者的级别。第三阶段，解决方案需要形成并实施。这三个阶段清楚地说明了在应对环境变化时，管理层会遇到不同类型的不确定性，这些不确定性是这些阶段所固有的。第一，是否会出现问题有不确定性；第二，领导者必须在短时间内评估环境变化；第三，如果一致认为可能会出现问题和要求做出反应及可以做出反应的话，管理层必须设想出可能产生的各种结果。不确定性还包括如何应对问题以及可能做出的各种应对方法会产生什么影响。新计划是否会成功也是不确定的。

如果需要的时间比可用反应时间多，公司会处于困境之中。类似于司机在公路的较远处看到了交通堵塞后，在到达堵塞点前停车的情况。然而，如果可用反应时间短于所需时间，司机和经理都会处于困境之中。对经理而言，这意味着在发生变化时问题的可行方案（还）没有形成和/或实施（对司机而言，他可能会撞车）。如果后一种情况发生，管理层会陷入混乱。基于高度的不确定性，及时预见变化并为新的不确定性的到来做准备几乎是不可能的。

对于公司而言，如何应对变化一直以来都是一个重要的问题。变化要求公司适应性强和反应敏捷。若处于稳定的环境中，公司不会具备敏捷的反应能力。如果有足够的时间且没有其他捕食者的话，甚至失明的松鼠都能找到松子。公司主要在稳定的环境中（如稳定的市场、产品和客户等）运营时，其目的通常是提高效率以及加强控制和行为/结果的可预测性。然而，不同程度的变化对应着不同程度的反应能力。变化可以合理地预测出来时，公司必须能够及时调整结构、流程和系统。但是，当遇到陌生的变化时（如规模、范围、深度和速度变化等），这种程度的灵活性可能并不足够。在这种情况下，公司需要能够"感知和响应"[1]，即发现潜在的重要的时态发展和调整到超出正常灵活度的工作方式来进行应对。这就是业务敏捷性。接下来我们会讨论高度动荡对公司造成的影响。

企业如何应对变化与动荡

本节中，我们会讨论环境变化和动荡如何影响企业的运作。在这种情况下，企业要应对两大基本挑战：尽可能及时地了解企业受到的影响，以及快速地适应变化和动荡的环境。这两大挑战要求新的能力、结构和流程，也要求业务从IT部门得到支持。在保持一定效率的同时，业务和企业架构在创造业务灵活性和敏捷性中发挥了关键作用。

动荡对结构和流程的影响

面临环境动荡的公司会遇到两个根本问题：无法进行可靠的长期预测和无法快速地做

---

1. S. Haeckel, *Adaptive Enterprise—Creating and Leading Sense-and-Respond Organizations* (Harvard Business School Press, 1999).

出反应。在高度动荡的环境中，公司当前计划（如营销、供应链和IT等计划）中的内容会改变，因此这些计划也必须做出相应的改变，否则公司的绩效（财务和运营）就会下滑。尽管预测不可靠，但面临挑战的公司还是要尽早了解有潜在破坏性的环境或事件的情况。另外，在有破坏性的事件发生前，无论公司多早知道这一情况，都需要尽快制订和实施计划以及时应对。正如史蒂夫·海克尔（Steve Haeckel）所说，公司需要"感知和响应"。[1]

为了更好地了解情况，以制订更加符合环境条件的计划，公司需要具备一些特定的能力：

■ 进行环境侦查：调查公司的环境，包括每次职能活动（如营销、制造和IT环境等）的子环境，这样可以及早发现即将发生的事件，并随时跟踪其动态。

■ 设置警告信号，并在环境侦查活动中严密监视这些信号。

■ 开发方法和模型来改进数据分析和预测（业务分析）过程。

■ 在开放透明的沟通基础上建立一个（内部）组织，而不是在命令和控制的沟通基础上。在功能竖井和其他竖井之间，开放透明的沟通是快速决策的前提条件。

■ 与重要的利益相关者形成合作关系，这些利益相关者控制着关键的环境因素，如供应商和客户等。通过与他们合作，公司可以在重要的环境发展方面发挥一定的作用。

■ 进行情景规划，情景会呈现出可能会发生的情况。这不是数据推断，而是在与重要的环境条件有关的假设下预测可能会发生的情况。[2]重要的是，为了对公司起到作用，情景不需要按照设想的那样发生。如果做得好的话，情景应呈现出针对情景的有用响应，这些情景与已经发生的情景类似。借用美国前总统德怀特·艾森豪威尔（Dwight Eisenhower）的一句话："在备战中，我总是发现计划是无用的，但制订计划却是必不可少的。"

这一战略试图使我们更清楚地了解（"更早地知道"[3]）公司未来的运营环境，该战略的主要目的是为公司提供更多的反应时间，并使其更好地为即将发生的事情做准备。

另外一种方法是提高公司的反应速度和做出快速反应的能力。这使得公司在变化发生前可以快速产生和执行智能响应。这种战略直接影响组织设计，因为快速反应的能力需要

---

1. Haeckel, *Adaptive Enterprise*.

2. Schwartz, *The Art of the Long View*.

3. Haeckel, *Adaptive Enterprise*.

结构、流程和文化发生改变。

确定和稳定的环境强调效率的必要性、经济规模及可预测、可控制的行为的重要性。这种组织结构的特点是功能（任务）专业化，集中控制和决策制定，拥有很多规定和程序（因为大多数决定与反复出现的情形有关），强调一致性胜过发明，具备严格的等级制度和纵向沟通环境。公司主要通过纵向联系实现协调，[1]其中最重要的是等级推荐，尤其对于涉及两个或更多部门的问题而言。对于反复出现的决定，规定和程序会产生一定的效果。当应用规定和程序时，员工无须相互沟通。纵向IS支持向上和向下的等级沟通，该系统包括普通报告、异常报告和经理与下属间基于计算机的沟通。如果非重复性决定的数量增加，而既定程序不适用的话，等级制度就变成超负荷了。官僚主义对这种情况的典型反应是在等级结构中增加职位和/或纵向IS的容量。[2]

传统的机械型运作在动荡的环境中无法进行。最高层次会超过负荷，规划和决策会因太迟实施而无法真正起到作用，从而致使组织绩效严重下滑。另外，环境更加动荡经常是由于复杂程度增加，因此专家团队不能仅由中央人员组成。这种情况要求公司制定一种新的组织形式，即有机组织或灵活组织机构。[3]基于委派的有机组织、授权和跨组织（横向、水平）交流所支持的相互调整，跨组织交流可以使在不同职位和部门的人交换信息和共同做出决策。网络组织应运而生。支持这种交流类型的水平连接机制包括直接联系；进行交流和与其他部门、专业人员或充当专职整合者的部门进行协调的联络者；支持跨组织交流的IS。而适应性组织依赖开放合作。

正如之前所提到的，组织存在不同程度的变化。渐进式变化发生在任务、目标和当前组织的推动范围内。不连续式变化基本远离了当前组织。当前的市场以及采用的技术、产品和工作方式也不会发生不连续式变化。不连续式变化要求文化发生改变，并对组织结构和奖励机制产生影响。[4]在大多数情况下，当发生变化时，这两类变化的特点都会呈现，但在环境动荡的情况下，不连续式变化的特点会主要突显出来。渐进式变化的管理遵循变革管理的模式，这些变化不代表组织的特性、策略或身份会发生根本性改变。然而，管理渐进式组织变化的能力并不足以管理不连续式变化，其需要更根本性的干预。组织面临着危险的外部环境和可能的根本性危机，因此，行动必须敏捷、果断和全面。拒绝变化或管理不善导致的结果会变得更严重。当根据稳定性和重复性的概念形成传统组织时，需要具

---

1. J. R. Galbraith, *Organization Design* (Addison-Wesley, 1974).

2. Galbraith, *Organization Design*.

3. Henry Mintzberg, *The Rise and Fall of Strategic Planning* (Prentice Hall, 1994).

4. Ansoff, *Corporate Strategy*.

备相反的速度、创新和灵活性，技术和竞争力才能发生根本性或颠覆性的变化。[1]

　　管理文献中习惯概括地谈论组织环境（如在"竞争环境"和"环境的不确定性"中）。然而，是在各种环境中运作时，在组织互动时其会面临不同的挑战和机遇。每个组织在稳定性、动荡程度和复杂性方面都可能有差异。不同的产品市场组合可能由不同的业务部门或职能部门来安排，因此它们有各自的子环境。销售部门的环境可能十分不稳定，而财务部门的环境可能比较稳定。现实情况是，每个大规模的组织都必须同时应对多个拥有自身特点的环境，即使在组织以其所独有的特色来应对更狭义的环境时，情况也是如此。

　　为了有效地应对子环境，组织会制定符合自身目标和环境的结构、流程和机制。拿之前销售部门和财务部门的例子来说，由于这些部门面临的环境动荡程度不同，因此它们在工作方式、流程和结构以及IS使用方面有很大的差异。如何在确保连贯运作的同时管理这种差异对公司而言是一个重要的挑战。

动荡对IT的影响

　　业务敏捷性和IT之间的关系至少是存在问题的。[2]在很多情况中，公司所安装的IT应用会妨碍灵活性和敏捷性，因而大部分需要重新设计。由于功能竖井架构来自多个供应商且IS具有硬编码业务规则，因此最小的改变都很难实现。一直在处理这种情况的ERP系统经常太过复杂，于是流程竖井得以形成并取代了功能竖井。运行这些系统时通常要求组织能够进行复杂的变化，因此，运行这些系统的时间较长，要掌握系统的时间也很长。这种情况下，只有较少的IT资源可以用于支持业务灵活性和敏捷性。

　　然而，新的技术和较好地运用现有技术确实有可能在创造业务敏捷性的过程中发挥战略作用。公司中的端到端业务流程自动化、借助门户和控制板的实时事件监控、快速和敏捷的应用开发（如敏捷开发）、随时随地访问应用和数据，以及按需基础设施等开发项目导致敏捷性更容易实现。这些开发项目由工作流程、业务流程设计、管理工具、集成技术和标准（如XML、网络服务）、移动技术和云计算等来实现。[3]以这种方式，IT可以强

---

1. David A. Nadler, Robert B. Shaw, A. Elise Walton, and associates, *Discontinuous Change—Leading Organizational Transformation* (Jossey-Bass, 1995).

2. Marcel van Oosterhout, *Business Agility and Information Technology in Service Organizations* (Erasmus Research Institute of Management, 2010).

3. A. Melarkode, M. From-Poulsen, S. Warnakulasuriya, "Delivering Agility through IT", *Business Strategy Review*, 15, No. 3 (2004): 45–50.

化感知能力，即捕获结构化和非结构化数据，这些数据有助于人们形成对公司运营环境的看法。从社交媒体、虚拟社区和博客获得的信息可以支持产品开发，并可以帮助保险公司（举例来说）更好地评估其所面临的风险。IT也可以通过整合组织间和组织内部的业务流程，以及实现跨职能、部门和组织界限的信息流来支持响应。

企业架构的关键作用

正如罗斯、威尔和罗伯逊[1]所定义的，企业架构代表业务流程、IT应用和基础设施的组织逻辑。企业架构由许多层次组成，每一个层次都有各自的架构，这些层次相互依赖。一个常见的分类形式是对业务层、应用层、数据层和基础设施层进行区分。在过去的几十年里，每一个层次都经历了架构变化：[2]

- 业务层从严格的垂直分级职能结构发展成水平业务流程导向，再发展成注重供应链，最后变成注重灵活性的业务全球网络。
- 应用层从向单个业务功能提供支持的竖井架构发展成企业范围内的应用[如ERP和客户关系管理（CRM）]，再发展成具备"以服务为导向"的理念。
- 数据层从每个功能的集中数据发展成共享数据，再变成如今的分布式数据。
- 基础设施层从主机架构发展成C/S架构，再发展成普适计算。如今，在这一层次的架构选择面临着移动计算、自带设备（BYOD）和云计算等开发的挑战。

关于架构的常见误解是，架构只是一个属于IT职能部门和部门员工的IT技术结构。在这种误解下，当讨论架构选择时，业务功能与此关系并不大。然而，从层次模型上看，很明显，IT架构选择不能独立于以业务为主的架构选择而存在。例如，将公司功能或地区导向变为公司（企业范围）导向的话，会直接影响IT架构。企业范围导向使得业务流程标准化和共同使用企业数据（如客户和供应商数据）成为可能。做出这一选择可能是由于业务目标，其目的在于减少成本和启动交叉销售。另一方面，IT架构变为企业系统的单一实例

1. Jeanne W. Ross, Peter Weill, David C. Robertson, *Enterprise Architecture as Strategy—Creating a Foundation for Execution* (Harvard Business School Press, 2006).

2. A. T. M. Aerts, J. B. M. Goossenaerts, D. K. Hammera, J. C. Wortmann, "Architectures in Context: On the Evolution of Business, Application Software, and ICT Platform Architectures", *Information & Management*, 41, No. 6 (July 2004): 781–794.

（为了减少IT成本）可能对高度多样化公司的业务成果十分有害。这也表明，如果由于某个原因（战略或监管），公司不得不改变业务模型的话，这种变化可能会受到IT系统中以往的架构选择的较大限制。

现在带我们回到IT如何提高业务灵活性和敏捷性的问题，对此，现行方法和文献中有一些原则：

- 在业务流程和系统中使用模块结构，而非整体竖井。在多种组合中模块结构容易重新配置，并能促进变化和增强可扩展性。
- 确保模块间的接口是在开放性标准的基础上启动互操作性的。
- 使用快速和敏捷的应用软件开发方法来加速软件开发过程。
- 在基于可能的情形和有清楚的业务案例支持的软件功能中嵌入选项。
- 加强数据的可分享性；对结构化数据而言这需要语义标准化政策。
- 要意识到如果基础设施容易扩展，并且不妨碍兼容性的话，动荡对基础设施造成的影响可能最小。

结束语

我们应从使业务更加灵活的角度来管理和同步所有IT活动，并为这些业务需要创造敏捷性IT支持。这一看法推动着企业架构中各个层次的设计，直接影响业务流程的组织和管理方式，以及软件架构和数据的可访问性，并促使基础设施具备高度的连通性和可扩展性。在业务和IT管理中，人们有责任认识到这一点。当加强灵活性和敏捷性时，应该最注重哪些流程和业务部门，对此业务和IT必须有清楚且一致的看法。合作过程中IT的作用是选择和使用技术，这些技术可以最好地支持IT所需要的敏捷性。合作关系成功与否取决于各个层次中IT和业务功能之间紧密和互相信任的合作，这也是本书的主题。

评估公司中的动荡

当我们认为动荡很常见并可能适用于所有业务时，或许不是每个读者都认为这同样适用于他/她的行业和公司。在学术项目和职业项目中，我们使用简单的调查问卷帮助人们评估自己公司面临的动荡程度和受到的影响（表4-1）。为了粗略估算动荡程度，我们建议采用六分量表，计分方法（从0~5分不等）列于表4-2中。

表4-1　动荡的影响

动荡	简单描述动荡对公司的影响	适用于公司	影响IT在公司的使用
外部动荡：社会、经济、政府、竞争	规律性和合规性增强		
	竞争成本压力加剧		
	全球供应链态增加		
	全球竞争增加		
	更加关注"绿色"和可持续性		
	有经验的员工减少		
	新竞争者大量出现		
	影响公司的政治破坏因素增加		
	社会破坏情况增加（如贫富差距）		
	价格失控：行业价格降低		
	在业务和IT使用的影响中的外部动荡获得了最高分		
公司或业务部门中的内部动荡，或者管理与客户预期方面的动荡	客户期待动态增加		
	平坦、成熟增长的影响增加		
	客户亲密度/全方位观察客户的需求增加		
	解决客户问题（而不是销售产品或服务）的需求增加		
	内部供应链转型		
	个性化产品和服务要求增加		
	技术使用频率增加，减少劳动力		
	公司向业务部门的转移增加		
	后勤部门向前台的转移增加		
	在业务和IT使用的影响中的内部动荡获得了最高分		

表4-2　动荡影响自我评估评分等级

业务影响：对公司的影响		IT影响：影响IT在公司中的使用	
5	危及公司的执行能力	5	在新的IT投资中是一个关键的因素
4	增加成本或减少收入	4	在新的IT投资中是一个重要的因素
3	是管理计划和讨论中的一个因素	3	对IT没有影响
2	不是主要因素	2	对IT执行能力来说是不利因素

续表

业务影响：对公司的影响		IT影响：影响IT在公司中的使用	
1	不是考虑因素，不适用于公司	1	极大地影响IT在公司的使用
0	不知道	0	不知道

尽管这个评估不准确，但也从对业务和IT造成的最大影响方面指明了方向，因此这引起了管理层的担忧。在业务方面，任何一个4分或5分当然会令人担忧，但更重要的是，对业务和IT的影响的差异是一个问题。举例来说，业务方面评分为5分可能与IT使用有关，如果"不是"或"不知道"是评分答案的话，有一些担忧是比较合适的。

组织能力和环境动荡

为了能够实现目标，组织必须具备一系列功能和管理能力。这些能力要求取决于组织的目的、活动、外部市场和管理要求等，因此，目标取决于组织。组织实际上是否具备这些能力取决于其内部文化、结构、流程、可用技术和有特殊技能的人员。环境变化和不确定性会对这些能力产生特定的影响。因此，组织需要动态能力。

关于组织能力的静态观点

组织能力是组织实现自身目标必备的能力。组织能力取决于内部文化、结构、流程和有特殊技能的人员。提高和维持组织能力要求组织进行持续和有目的的管理和行动。良好的能力可以使组织满足客户需要，获得和保持竞争力以及在特定的环境背景下运行，等等。从本质上说，能力就是例行公事的集合，其中重要的是相比竞争对手而言例行公事的完成程度。[1]这些能力包括（一般）管理能力和（技术）职能能力。组织能力更正式的定义是"组织利用资源（通常是组合资源）来执行组织流程和影响目标结果的能力"，不过资源是"组织拥有或控制的可用要素的总和"[2]，资源是能力的基础。当应用到IT中时，能力描述了整个组织进行合作和执行任务的系统性能力，这一能力是实现以下目标的必要

---

1. S. Winter, "Understanding Dynamic Capabilities", *Strategic Management Journal*, 24 No. 10(2003).

2. Ackoff, *A Concept of Corporate Planning*.

前提：在开发IT的投资中创造卓越业务价值；更好地应对动荡和不确定性。[1]

在认为资源是基础的组织看来，组织能力这一概念有着经济基础。资源基础观注重的是公司的内部特点，这是公司在竞争中取得成功的因素。公司被认为是资源和能力的集合，这些能力必须得到维持和提高。[2]只有这些重要、独一无二和难以模仿的资源在发挥重大作用，它们是公司在业务环境中保持自身竞争地位的基础。这些资源无法单独发挥作用；公司要取得成功的话，需要选择正确的资源，以正确的方式将资源结合起来。资源观的中心思想是相比没有资源的情况而言的，如果这些资源可以减少成本和提高收入，将许多互补和专业资源以特有方式结合起来就可以促使公司从中创造价值。[3]资源有很多种：资金、设备、专利、经验、知识和技能等。有些是有形资源；有些是无形资源。有些资源容易购买和售出，而管理技巧等资源则无法如此。因此，并非所有资源都同样重要。要成为可持续竞争优势基础的话，资源必须难以购买、模仿和取代，否则，只要你的竞争对手和你做一样的事，他们就可以抢夺你的利润。另外，这些资源必须以合理的成本获得，否则它们会是负担而非资产。一般来说，知识、技能和经验等无形资源比设备或房地产等有形资源更难以获得、模仿或取代。

在关于IT的文献中，有一种观点得到了人们的普遍接受，即竞争绩效和竞争绩效中的差异不只是由硬件资源和软件资源造成的，更多的是两者与非IT资源结合的程度所导致的，如特殊业务流程中的隐性知识能力，它可以支持公司的战略意图。[4]在无形资产中，核心竞争力发挥了重要作用。核心竞争力被认为是企业的根基，具体是指集体知识库、技能和活动，基于这些，其竞争地位得以形成。[5]这个观点在分析业务模型的可行性中起到了重要作用。遗憾的是，许多组织（尤其是长期运行的组织）经常认为，形成其竞争地位的源头很难被发现，并且把能力当成竞争力。这些组织已变得僵化，它们很难应对变化的环境，甚至很难找到可以利用的发展空间。

促进公司实现目标的能力取决于环境的可变性。[6]这一假设是基于战略选择、组织结构和环境条件之间的联系的。战略选择决定公司的运作环境；反过来，从不确定性和复杂

1. 有关更多信息，请参阅前言部分。

2. J. B. Barney, *Gaining and Sustaining Competitive Advantage* (Addison-Wesley, 1997).

3. Barney, *Gaining and Sustaining Competitive Advantage*.

4. Paul Patrick Tallon, "Inside the Adaptive Enterprise: An Information Technology Capabilities Perspective on Business Process Agility", *Information Technology Management*, 9 (2008).

5. David J. Teece, *Dynamic Capabilities & Strategic Management* (Oxford University Press, 2011).

6. R. Amit and P. Schoemaker, "Strategic Assets and Organizational Rents", *Strategic Management Journal*, 14, No. 1 (1993).

性的角度来看，环境会影响有效运作和高效运作所需要的组织设计。工作组织方式会从大多数官僚组织中典型的稳定模式变为积极主动模式，这种模式常出现在要应对高度不确定性和变化的公司中。

管理能力的关键特性是文化管理，[1]而文化管理的重要特性是注重行为、促进改变、偏好风险，以及以实现预期响应为目标等。在稳定的情况下，行为的焦点是效率和重复操作。绩效不佳是引发改变的主要原因。人们对改变的反应往往是消极的，最多就是去适应改变。如何做出反应，过去的做法是主要参考。人们一般会规避风险，我们处理问题的动力是要最小化风险对组织效率的干扰。在变化和动荡的环境中，文化管理有何不同呢？这种情况下，行为的焦点是（全局）效率。人们会不断地追踪（浏览）可能影响组织的事态发展。对变化的态度应是积极主动的；以开放的心态迎接未来的机遇，包括与过去经历无关的机遇。人们不会规避风险，而是衡量潜在收获。总体目标是创造出最佳绩效潜能。

竞争力是管理能力的另一个关键特性。竞争力由解决问题、应用管理系统和环境监测等组成。在稳定的环境中，管理是由发生的问题引发的，这些问题往往会偏离计划，并且通过异常报告引起管理层的注意。政策和程序决定着工作的反应方式。这种环境中没有任何环境监测活动。在高度动荡的环境下，管理是由我们能够察觉到的机会所引发的，这会产生结构不良的问题。管理风格取决于预测和战略规划。环境监测和情景分析具有较强的敏捷性。

相比（一般）管理能力，组织也需要技术或职能能力，包括各种职能领域中的技能、知识和设施。[2]这些能力的概况主要由市场要求决定。在职能领域变得重要时，组织理论为这些领域发展提供了职能能力。20世纪初，组织理论起始于生产函数。划分工作、布置工厂和生产调度都是如何建立高效生产组织的例子。生产之后，人们会注意到销售和营销。新能力要求包括销售分析、销售策略和广告宣传，所有的这些都是为了建立高效的营销组织。第二次世界大战后，研究和开发（R&D）成了创新的动力和成功的主要因素。现在看来，各组织明显遗漏了一些重要的职能领域，如人力资源（HR）和IT。为了对安索夫的观点进行补充，我们在下一节要强调的问题是：IT部门在剧烈的动荡环境中运作时需要具备什么职能能力。

组织能力动态观

蒂斯等人最近对组织能力的研究做出了贡献。[1]为了理解公司在变化的环境中保持可持续竞争地位的本质，他们提出了"动态能力"的概念。在这里，我们不打算全面讨论动态能力这个主题；相反，我们强调的是与IT功能和能力的了解相关的那些方面。动态能力的定义是感知并抓住新的机会以重新配置和保护知识资产、竞争力和互补资产，最终获得持续竞争优势的能力。[2]这个定义的关键点是"变化"，以及在变化的环境中为生存而实现有效运作的能力。

动态能力需要和静态或运营能力区分开来。后者指经营组织的能力，使组织在特殊的环境中可以高效运行；换句话说，静态或运营能力与现有资源的高效开发有关。然而，环境改变时这些能力也需要改变。在高度动荡的环境中，必需的运营能力和当前的运营能力有差异。动态能力的存在确保了运营能力有可能改变。没有动态能力，组织会严格遵循已有的行为模式，最后失去相关性并消亡。这样看来，动态能力不是来取代运营能力的，它们是相辅相成的。

动态能力的例子包括：[3]感知和影响机遇与威胁、抓住机会，以及通过调整或重新配置业务资源来保持竞争力。在快速变化的环境中，公司需要进行投资以侦察和调查外部发展情况，并学会如何"解读"这些情况。这种感知能力可以被定义为"在环境中发现、解读和寻求机会的能力"。[4]一旦发现新的机会或风险，组织必须重视行动，并采取适当的行动来发展新的产品、服务或市场途径。在对已确定的市场和其他机会做出反应后，公司需要对变化保持警觉，并做出相应调整。组织动态能力的本质在于组织流程和管理领导的能力。具有较强动态能力的组织将有能力进行调整。

最后要强调的问题是，动态能力是否只与动态环境有关。与动态能力相关的环境是否局限于快速变化的环境，文献中对此一直存在争论，在这一点上的研究尚未得出结论。[5]从经济角度来看，人们可能认为，在动荡的环境中能够重新配置运营能力是迫切需要的。相比更加稳定的环境，在动荡的环境中动态能力的价值得到了更大的体现。[6]

---

1. Teece, *Dynamic Capabilities & Strategic Management*.

2. Teece, *Dynamic Capabilities & Strategic Management*.

3. Teece, *Dynamic Capabilities & Strategic Management*.

4. Paul A. Pavlou and Omar A. El Sway, "Understanding the Elusive Black Box of Dynamic Capabilities", *Decision Sciences*, 42, No. 1 (February 2011).

5. Ilido Barreto, "Dynamic Capabilities: A Review of Past Research and an Agenda for the Future", *Journal of Management*, 36, No. 1 (January 2010).

6. Pavlou and El Sway, "Understanding the Elusive Black Box of Dynamic Capabilities".

IT和IT管理如何应对动荡与变化

环境的动荡和变化以两种方式影响IT在公司中的使用。第一种方式，限制IT在支持或实现战略和业务模型时的作用。公司会面临各种变化，例如市场、产品和供应链变化以及监管和法律要求变化。这些变化对业务流程和信息要求有着直接的影响。因此，IT提供的信息服务也会相应地变化，这反过来可能影响软件、数据库和技术基础设施等底层技术。为了不断发挥支持和使能作用，IT需要适应业务环境的变化。第二种方式，组织所应用的IT会受到技术变化的影响，这直接影响信息服务的交付方式，同时这些技术变化也可能影响当前信息交付的效果和效率。前者的例子是引入移动业务智能以便更好地支持决策者；后者的例子是软件架构变化，这可能会提高维护的效率。技术变化也可能会影响受支持的业务模型和战略。技术可以起到促进作用，它可以直接转变为组织的工作方式和目标。

总之，影响IT的环境动荡程度的大小取决于：

■ 显示客户需求变化速度的市场变化。动荡市场的特点是产品快速过时、产品周期较短、产品替换、高客户流动率、新的竞争者出现及价格波动。[1]

■ 体现业务模型和业务流程变化的组织变化。

■ 法律和监管变化。公司必须遵守这些变化，IT及其组织必须适应这些变化。

■ 产生双重影响的技术变化。首先，技术变化对当前供应信息的效果和效率有直接影响，对当前业务没有显著影响；技术变化也可能会影响组织流程和战略的效果和效率。

IT管理要求公司具备特殊的管理和技术能力。一般来讲，IT能力可能被定义为"运用和配置以IT为基础的组合资源的能力或与其他资源和能力并存的能力"。[2]IT能力包括各种相互关联的技术和管理能力。正如之前所讨论的，每个职能领域所要求具备的能力都会随着组织运行环境的动荡程度不同而有所变化。在稳定的环境中，IT系统的特点、应用全景、数据库和IT规划实践可以体现公司运行的稳定环境。系统和规格可能会长期保持不变。系统架构的目标是符合稳定的业务要求，不是适应频繁的变化。对于面临动荡和变化

1. Pavlou and El Sway, "Understanding the Elusive Black Box of Dynamic Capabilities".

2. Paul A. Pavlou and Omar A. El Sway, "From IT Leveraging Competence to Competitive Advantage in Turbulent Environments. The Case of New Product Development", *Information Systems Research*, 17, No. 3 (September 2006).

的组织，遗留系统会成为"僵化的陷阱"。人们可以（且很有可能）在相对独立的环境中制订出业务和IT计划。调整只有在实施新内容以及系统按照要求变化时才会是问题，而这些变化也仅限于数量和范围的变化。因此，业务和IT可以在竖井中运作。

在高度动荡的环境下，情况会有何不同？系统规格需要经常变化，应用需要改变、增加或搁置。系统架构必然会反映因过时而导致的环境波动性。IS全景的基础是模块化设计、中间件技术和松散耦合，而不是完全集成。这种环境要求业务和IT在各个组织层次能够频繁密切地合作。在对于IT和业务需要战略层应如何结合以便共同创造业务战略上，董事会的观点需要一致。但是，在较低的组织层次，业务和IT之间也必须形成紧密的合作关系。在战略管理层，必需的容量、类型和IS/IT服务质量应认真规划；要避免IT组织在业务运营中受到干扰和突然提出业务要求。在运营层，实际服务交付与组织的战略方向需要一致，传递服务时也可能会遇到需要快速满足的意外要求。举例来说，无论公司注重的是客户亲密度还是低成本市场竞争者地位，这些都会直接影响到IT组织提供的服务类型和质量。

在高度动荡的环境下，IT部门必须能够改变其技能和资源以适应变化的环境要求。从上一节来看，IT部门必须具备动态能力。动态能力可以使公司感知变化、应对和适应变化及维持其竞争地位。换句话说，动态能力使公司和IT部门具备了战略行为与战略柔性。此外，IT部门需要具备的动态能力还有环境侦察、情景规划、设计适应系统的架构来快速应对变化的能力、建立紧密的业务与IT的合作关系，这些能力使组织能够及时应对环境挑战、建立学习型组织，并通过使用最佳做法来从IT中获得最高业务价值。

我们可以得出结论，在变化的业务环境中，对待IT的管理态度和有效的IT治理模型对于形成更好的敏捷性来说至关重要，其中建立紧密的业务与IT的合作关系是关键。在IT和其他业务部门之间建立紧密的跨部门关系有两个作用：第一，摧毁竖井文化，这有助于形成快速和及时响应挑战的组织能力；第二，加强业务部门和IT部门之间的信任，从而使IT部门促进（而非阻碍）敏捷性的形成。[1]

在动荡和不确定性中产生业务成果：评估

在第3章末尾处，我们介绍了评估模板（表3-1），用于评估公司通过IT价值产生业务

---

1. Tallon, "Inside the Adaptive Enterprise".

成果方面的相对成功度。在那一部分中，我们提到当时没有考虑动荡和不确定性的情况。在这里，我们补充一下那个评估模板，可能产生的业务成果可以作为总价值绩效模型中所处阶段的一个指标，该模型描述的是一个特定的企业。

我们鼓励读者使用表4-3来评估公司现状。我们加入了表3-1中的"卓越业务价值"部分，因为动荡和不确定性导致的主要结果是一样的，但要求成果产生得更快、更有适应性和更多地涉及变化。

尽管表4-3没有完全详尽地列出每个阶段典型的业务成果，但还是足以让读者评估其公司的目前情况。由于该表并不全面，成果应显示目前的绩效水平。我们希望最低阶层都是5s，即不符合所定义的阶层现状的阶层。请特别注意，我们此时没有使用流程/方法测试。实际上，业务/IT组织在每个阶层的方法执行情况并不重要，重要的是实际产生的业务成果。

表4-3　业务成果：动荡和不确定性中产生的卓越IT价值

总价值绩效模型 （IT和业务角度相结合）	第3章中的业务成果示例： "卓越业务价值"的执行与绩效	业务成果示例："更好地应对 动荡"的执行与绩效	现状
战略创新	● 业务战略有效性，战略意图的直接支持 ● 业务模式的转型变革 ● 市场和客户关系的转型变革	● 更快的战略创新 ● 灵活、可调节、可集成的业务和IT平台 ● 企业范围内的应用	
业务变化	● 业务运营效率的提高 ● 业务组织和流程的变化 ● 供应链关系的变化	● 更快地满足要求和进行改变 ● 灵活和可调节的结果	
业务成果与程序选择	● 有效的业务变化管理 ● 根据业务战略和要求优先考虑的事情	● 为变化建立平台 ● 超出业务部门的适应性 ● 企业范围内的应用	
利益实现与项目开发	● 定义和满足整个企业的业务要求 ● 成功实施和运转项目	● 可调节的方案 ● 可整合的方案 ● 动态能力	
要求与开发	● 项目符合业务要求 ● 成功开发/完成项目 ● 成功获取软件和解决方案	● 可调节的业务方案 ● 动态业务能力	
服务要求与交付	● 成本和风险缓解得到支持 ● IT服务满足业务要求 ● IT服务支持和不破坏业务流程	● 灵活和可调节的服务	

评分等级：

■ 这些业务成果常常通过使用信息和IT产生。（5分）

■ 这些业务成果偶尔通过使用信息和IT产生。（4分）

- 不知道，或这不适用于我的企业。（3分）
- 由于信息和IT绩效问题，这些业务成果更难获得。（2分）
- 由于信息和IT绩效问题，这些业务成果无法获得。（1分）

参考文献

1. Ansoff, Igor, Edward Mc Donell. *Implanting Strategic Management*, 2nd ed. Wiley, 1990.

2. Haeckel, S., R. L. Nolan. *Managing by Wire*. Harvard Business Review, 1993.

3. Prahalad, C. K., G. Hamel. "The Core Competence of the Corporation". In *Seeking and Securing Competitive Advantage*, ed. Cynthia A. Montgomery , Michael E. Porter. Harvard Business School Press, 1991.

05 信息技术中的动荡

从静态到动态的运动，从不变的尽善尽美到频繁的变化……显示了人们对于复杂系统的科学思考处于混沌的边缘。

理查德·兰纳姆（Richard Lanham）所著的《电子语言》（*The Eletronic Word*）

（芝加哥大学出版社，1993年）

从广义上来说，IT是一种抽象的应用，旨在提升人们和组织解决问题的能力。通过应用各种机制，IT提高了信息在任务的操作和战略上的效用。这一成果是通过分析人们在解决问题时的信息需求，以及将这种分析转化为一系列计算辅助工具的过程中取得的。IT通过实现其当前目标和战略抱负，同时扩大其未来机遇来为业务提供服务。

由于当代IT的存在，作为从业者、顾问、研究人员和教育工作者的我们，已经被动荡的裂缝所深深触动。我们认为动荡是一种突发性的混乱状态，它暗示人们，现状中存在着意外和突发的变化。人们预料到飞机在起飞前会有一点颠簸。然而，一旦飞机起飞，飞行中的每一分每一秒的变化都会使我们感到意外，并往往会令我们惊恐，无论我们是否经常坐飞机。

在这一方面，IT动荡就类似于空气湍流，我们知道这些情况会发生，然而当它到来时，我们依旧会惊讶得让手中杯子里的咖啡洒出来。你会认为自己应该可以准备得更充分。同样，IT或计算动荡也不是一个新现象。

在至少35000年的时间里，人类一直在开发这样或那样的IT工具。因此，有人可能会问："现在有什么不同？"我们可以满怀喜悦地说："变化的速度得到了大幅提高。"1970年，阿尔文·托夫勒（Alvin Toffler）在其名为《未来震撼》（*Future Shock*）

一书中对此进行了研究。他认为，变化的速度将会加快，并且这种变化的速度可能会使很多人迷失方向。我们认为，阿尔文·托夫勒低估了这个速度，因为充满意义的计算创新正在影响着社会。

为了得到一些论证，我们提供了一个关于人类在计算/IT方面成就的快速和粗略的回顾。本书会讲到，人类已经使用土地资源、劳动力资源和资本资源完成了十分了不起的任务，但知识的吸收、利用和转换则以一种较不确定的速度缓慢地前进。此外，正如在本章稍后会讨论的，计算技术的前进会使"技术专员"从商业等式中逐步消失。这对反应时间和复杂性的影响是非常真实的，但不一定会以人们希望的方式表现出来。事实上，某些IT产品并没有加快解决方案和创新进入市场的步伐，而是给企业带来了更多的工作和恐慌。

我们承认，描述任何领域的主要成就都是主观的。尽管我们力求合理完整，但有些方面可能会被忽视。有趣的是，我们在查阅资料的过程中发现，使用多个"权威资料"会引起日期的争议。当发生这种情况时，我们会选择引用出现频率最高的日期。

技术动荡的历史

早期人类（公元前200000年—公元前35000年）

我们将跳过旧石器时代早期和中期的大部分时间，但会指出早期人类发现了火、制造了石器、缝制了衣服和发明了矛。我们计算编年史的第一站就是克鲁格国家公园以南500英里处的一个岩石庇护所。在列朋波山（Lebombo Mountains）山脊附近，人们发现了一个最早出现的计算技术的例子。在海拔约2 000英尺的地方，有一个边境洞夹在南非和斯威士兰两国之间。就在该洞的入口处，有一个1 700英尺高的峭壁，是祖鲁族的家园。这个边境洞被认为是一个中石器时代的遗址，早期"智人"开始使用它的时期可以追溯到近20万年前。它还是早期人类历史中69 000多件史前古器物的收藏地。其中一件古器物是一只狒狒的小腓骨。

这根骨头可追溯到公元前约35000年，上面有29个明显的缺口，这表明它可能会被用来计算和监测月球周期。而农业社会直到大约2万年后才出现，有人会好奇这根有着29个零散标记的计数棒到底是用来干什么的。据推测，人类最早的数学家可能是需要推算生育周期的女人。[1]

旧石器时代晚期到中石器时代（公元前35000年—公元前10000年）

在这段时期内，人类聚集在小型社会中，靠采集植物和狩猎野生动物生活。人类不断提高制造工具的能力，但仍然是游牧民和狩猎者。早期人类发明了弓和箭、制出了初级的陶瓷和雕像，并创作了洞穴壁画，但在计算方面没有取得突破性进展。

远古时代（公元前10000年—公元前1年）

新石器时代见证了社会系统和技术的重大变化，因为永久性定居点出现了。世界各地出现了不同形式的计数棒。早在公元前8000年，人类就开始种植小麦和驯养一些动物。耶利哥城的人们已经开始用晒干的砖来建造房屋了。人们发明了锻铜工具，种植了大麦，并酿造啤酒，还种植了葡萄和橄榄，并使用公牛作为役畜来拉犁，此外，还酿造了葡萄酒。人类还发明了苏美尔楔形文字和象形文字，并写在了黏土片上。部落之间产生了贸易，人们把商业交易记录下来，而且还发明了帆船。

在这10000年里，人类社会发生了翻天覆地的变化。然而，计数棒作为一种完美的计算工具一直占据着工具领域的统治地位。事实上，计数棒仍然是一个重要的工具，一直持续到19世纪20年代。从人类创造第一个计数棒到计算领域的下一个大发展——十进制系统的发明之前，大约需要32000年。这源自伟大的埃及文化，它在公元前5500年发明了分数，以及在公元前3000年还发明了基数为10的十进制系统。那时，发展的速度非常快。大约在公元前2700年，苏美尔人发明了人类历史上第一个算盘，不过没有使用10作为基数。美索不达米亚人认为圆的周长与直径的比值是恒定的，这引起了人们关于圆周率后小数点的计算。大约在公元前1500年，埃及人发明了最早的时间计算工具——水时钟。苏格拉底、亚里士多德和柏拉图建立了理性思维和数学逻辑的基础，而丢番图（Diophantus）则发明了等号并引入了代数的符号语言。大约在公元前300年，欧几里得编写了几何的最终文本。希腊数学家阿尔库塔斯发明了第一个机器人——蒸汽动力鸽子。计数板作为另一种

---

1. 有关更多信息，请参阅：SouthAfrica.info，"Border Cave Opens forVisitors"，January 15, 2004, www.southafrica. info/travel/cultural/border-cave.htm#ixzz2LrRK2l4k; also, K. Kris Hirst, "Border Cave (South Africa)," About.com, http:// archaeology.about.com/od/bterms/ g/bordercave.htm

计算工具出现了。大约公元前200年，中国汉代哲学家提出了复数的概念和复数的使用方法。中国工匠还发明了第一支机械乐队。同时，希腊人还在这段时间里为人类提供了安提基特拉机械装置，这是一种松散的模拟计算机，可用于计算天文位置。

欧洲一片黑暗，但东方却光明无限（公元1年—公元1200年）

这一时期见证了人类提出的重要概念的持续发展，以及机械计时装置的发明。公元60年，海伦发明了人类第一个基于字符串的程序设计语言，它可以控制一个自供电机器人的运动。到了公元132年，张衡发明了地动仪。公元264年，中国数学家刘徽成功地计算出了圆周率小数点后的五位数字（3.14159）。埃拉托色尼计算出了地球的周长和地球轴心的角度，并发明了经度和纬度系统。公元276年，他还提出了一种寻找质数的方法——埃拉托色尼筛选法。大约在汉代后的650年，负数出现了，一本来自印度的耆那教的文本第一次写下了零的使用。公元618年，来自印度的布拉马古普塔是第一个把零作为数字使用的人，他使用负数和零来进行计算。也是在这一时期，即中国的唐代，人们引进了雕版印刷术。公元723年，中国数学家发明了世界上第一台全机械时钟。早期的计算机和其他计数装置利用了这些早期设备中的齿轮和弹簧技术。到了公元1202年，欧洲出现了算法与代数的概念，而阿尔·花剌子密（Mubammad ibn Musa al-Khwarizmi）的研究为其奠定了基础，他早在400年前就描述了实现这个计算的方法。

文艺复兴时期（公元1300年—公元1600年）

从计算的角度来看，欧洲文艺复兴时期迎来了计算技术的关键进展，包括力学的计算和对数的发明。14世纪，欧洲出现了机械钟。15世纪结束时，莱昂纳多·达·芬奇（Leohardo da Vinci）画出了第一个由钟摆驱动的时钟，并草拟了第一个机械计算装置。他还发明了第一个人型机器人，它可以端坐、挥动手臂、弯曲脖子/头、张开和闭合下巴。1502年，小型化技术出现在第一块手表的制作中。到了1543年，尼古拉·哥白尼（Nicolaus Copernics）以合理的精度描绘了太阳周围行星的运动。1588年，瑞士的乔伯斯特·布尔基（Joost Buerghi）促进了对数表的发展。对数表也是由约翰·奈皮尔（John Mapier）独立开发的，他还开发了一个机械计算机，大大加快了乘法运算、除法运算和平方根运算的速度。

前工业化时代（公元1600年—公元1750年）

17世纪早期，人们见证了伽利略·伽利莱（Gralileo Galilei）的温度计和几何/军用罗盘的发明，它们也被称为"袖珍计算器"。伽利略·伽利莱成功地证实了尼古拉·哥白尼的理论，行星是围绕太阳旋转的，并确认了钟摆的运动原理和落体定律，这为数学作为科学发现的语言奠定了基础。1609年，约翰内斯·开普勒（Johannes Keppler）通过发表《新天文学》（Astronomica Nova）将人类知识体系进一步扩大，除其他方面之外，它描述了行星是如何围绕太阳运行的。威廉·奥特雷德（William Oughtred）使用计算尺和对数计算盘成功地改进了计算过程。17世纪30年代，勒内·笛卡尔（Rene Descartes）提出了解析几何学和漩涡理论。同时，布莱兹·帕斯卡（Blaise Pascal）提出了液压流体原理，以及对算术三角形的论述，该论述描述了二项式系数的表格（又名"帕斯卡三角形"）。布莱兹·帕斯卡与皮埃尔·德·费马（Pierre de Fermat）合作提出了概率论。1679年，丹麦天文学家奥勒·罗默（Ole Romer）合理精确地测量出了光速。1694年，戈特弗里德·莱布尼茨（Gottfried Leibnitz）发明了第一个采用蓄电池的机械计算机，它类似于机械记忆，增加了人类对二进制的理解。同时，艾萨克·牛顿（Isac Newton）发表了他的动力学和重力定律。

第一个工业时代（公元1750年—公元1850年）

第一次工业革命是以铁、蒸汽技术和纺织生产为中心进行的。

1728年，让·福尔肯（Jean Falcon）发明了第一台使用打孔卡的机器，一种使用木制打孔卡的可编程织机。1750年，本杰明·富兰克林（Benjamin Franklin）发现闪电是电的一种形式。詹姆斯·瓦特（James Watt）于1765年改良了蒸汽机。1773年，皮埃尔和亨利·路易斯·雅凯德罗兹（Henry Louis Jaquet-Droz）发明了第一台会书写的机器人。1774年，人们发明了电报，紧跟其后的是18世纪90年代后期亚历桑德罗·伏特（Alessandro Volta）发明的电池。1801年，约瑟夫·玛丽·雅卡尔（Joseph Marie Jacquard）以福尔肯的研究为基础，成功发明了第一台商业机械织机，这台织机使用打孔卡作为存储程序，其中每一行对应一行的织物设计。1815年，维罗纳的朱塞佩·赞博尼（Giuseppe Zamboni）发明了一台静电时钟，它非常节能，一节电池可以供其使用50年。1820年，第一台商业机器原型成功诞生了，它可以进行加减乘除运算（大约生产了1 000台这样的设备）。1821年，迈克尔·法拉第（Michael Faraday）提出了电磁场的概念，并发明了电动机。查尔斯·巴贝奇（Charles Babbage）分别在1822年和1837年发明了差分机和分析机。分析机的诞生预示着现代计算机的基本结构诞生了：数据和程序存储器相分离，它的操作是以指令为基础的，控制单元可以条件转移，而且这台机器有一个单独的输入/输出单元。查尔斯·巴贝奇依靠约瑟夫·雅卡尔关于打孔卡的研究，还设计出了第一台在纸上打印输出的计算机。1827年，乔治·西蒙·欧姆（George Simon Ohm）发现了欧姆定律，该定律描述了电压、电流和电阻之间的关系。1829年，威廉·伯特（William Burt）在美国发明和制造了第一台打字机。1835年，约瑟夫·亨利（Joseph Henry）发明了继电器，它可以允许远距离传输电脉冲。1843年，阿达·洛芙莱斯（Ada Lovelace）发明了第一个计算机程序——一个由机器计算伯努利数字的编码算法。同时，佩尔·格奥尔格·朔伊茨（Pehr Georg Scheutz）和爱德华·朔伊茨（Edvard Scheutz）发明了第一台可以打印机械计算表格的机器。1844年，萨缪尔·摩尔斯（Samuel Morse）通过在马里兰州的巴尔的摩和华盛顿特区之间发送信息来演示电报的作用。两年后，亚历山大·拜恩（Alexander Bain）使用打孔来传送电报。拜恩还获得了一项传真机概念专利。1847年，乔治·布尔（George Boole）发明了逻辑代数（布尔代数），这使得人们有可能对一些逻辑问题进行代数运算。

第二个工业时代（1850年—1900年）

第二次工业革命围绕着钢铁、铁路、电力和化学药品进行。在不同的工业领域，如交通运输业、制造业和建筑业的进展是显而易见的。在这个时代，伟大的成就是建立在数字的使用之上的。公司将采用机器计算机，并使其电气化。存储功能将被采用，就像采用具有操纵存储结果的能力一样。在纸上打印结果的功能出现了。科学家、发明家和企业家（如朔伊茨、盖斯勒、贝尔、威斯丁豪斯、伯勒斯、特斯拉、惠特斯通、卡塞利、费尔特、霍尔瑞斯、菲利浦斯、马可尼、史密斯、波尔森、波尔兹曼、布劳恩和汤普森）都做出了巨大贡献。

1853年，佩尔·格奥尔格·朔伊茨（Pehr Georg Scheutz）和爱德华·朔伊茨（Edvard Scheutz）制造完成了第一台完整的差分机，他们取名为制表机。根据查尔斯·巴贝奇原则，这台机器用15位数字和四阶差异进行操作，并产生打印输出。1855年，海因里希·盖斯勒（Heinrich Geissler）发明了真空汞，它具有产生绝对真空的功能。这台设备使随后1897年的阴极射线管的发明成为可能。1857年，查尔斯·惠特斯通（Charles Wheatstone）将纸带作为制备、存储和传输数据的介质，传出的消息可以在纸带上脱机准备，之后再进行传输。横跨大西洋的第一次通信活动发生在1858年，这将北美洲和欧洲之间的通信时间由10天减少到了几分钟。1856年，乔瓦尼·卡塞利（Giovanni Casselli）展示了其发明的世界上第一台传真机原型。1868年，人们发明了第一个标准键盘，从而迎来了1873年第一台商业打字机的诞生。亚历山大·贝尔（Alexander Bell）和约翰·华生（John Watson）第一次清晰的语音通话发生在1876年，这促使了电话的商业化。与此同时，一台专门显示不同利率货币的每日利息的机器——Tachylemme计算器诞生了。1878年，拉蒙·翡雷亚（Ramon Verea）发明了内部具有乘法表的计算器。1879年，戈特洛布·弗雷格（Gottlob Frege）写了《概念演算：一种按算术语言构成的思维符号语言》（*Concept-Script: A Formal Language for Pure Thought Modeled on that of Arithmetic*），他在派别和变量中开辟出了新天地，这标志着逻辑史上的转折点。就在同一年，托马斯·爱迪生（Thomas Edison）提出了第一个商业白炽灯泡和真空管的基本原理。1883年，多尔·费尔特（Dorr Felt）制造了康普托计算机，这是第一台按键输入操作的计算机。1885年，威廉·巴勒斯（William Burroughs）获得了打印添加数字列表加法机的专利。1886年，亚历山大·格拉汉姆·贝尔（Alexander Graham Bell）利用爱迪生的留声机设计制造了第一张灌录唱片，里面的歌曲是《玛丽有只小羊羔》。也就是在这一年，西屋电气公司安装了第一台交流电（AC）电源系统。在理论方面，查尔斯·皮尔斯（Charles Pierce）认识到，布尔代数概念与电路之间的联系是以开关为基础的。1888年，海因里希·赫兹（Heinrich Hertz）用电磁波进行实验，这就是后来众所周知的无线电波。同年，欧贝林·史密斯（Obeline Smith）提出了数据磁存储的基本建议。1890年的美国人口普查的设计灵感来源于查尔斯·巴贝奇和赫尔曼·霍尔瑞斯（Herman Hollerith）精化了的打孔卡技术。1892年，威廉·巴勒斯成功制造了一台商业计算机器，开拓了办公机械计算器领域。1891年，杰拉德·菲利浦（Gerard Philips）成立了飞利浦公司。1894年，古列尔莫·马可尼（Guglielmo Marconi）发明了第一台无线电广播发射机。1897年，约翰·约瑟夫·汤姆逊（John Joseph Thomson）发现了电子，卡尔·布劳恩（Karl Braun）发明了阴极射线示波器。次年，沃尔德马·波尔森（Valdemar Poulsen）发明了磁性录音机。1899年，NEC公司在日本成立。

机器时代（1900年—1945年）

除了战争外，这个时代还见证了计算领域的几大关键性进展。计算器开始包含内置的逻辑，从科学应用转化到了商业挑战。许多著名的计算公司是在计算机进入市场时建立的。

赫尔曼·霍尔瑞斯引入了自动打卡机，这大大提高了美国的1900年的人口普查速度。1901年，克拉伦斯·洛克（Clarence Locke）获得了多滑动计算机的专利。1902年，达尔顿发明了添加列表机，这是第一个只使用10个按键的机器类型。同年，古列尔莫·马可尼（Guglielmo Marconi）成功地发送了第一条横跨大西洋的广播信息。1903年，奥维尔和威尔伯·莱特（Wilbur Wright）用机械飞机实现了飞行的愿望。也是那一年，尼古拉·特斯拉（Nikola Telsa）获得了电气逻辑电路，即开关或电闸的专利。1904年，约翰·弗莱明（John Fleming）申请了第一个真空管专利，这是一个二极管。1905年，阿尔伯特·爱因斯坦（Albert Einstein）提出了狭义相对论。就在同一时间，铝开始被用于轻便的"便携式"计算器的制造。1906年，李·德·福雷斯特（Lee DeForest）在真空管里加上了第三电极，用于制造三极管，它可以用作电子开关，并最终取代机电继电器；赫尔曼·霍尔瑞斯在制表机上加上了插接板，这样可以使设备能够适应不同的应用。哈洛德公司同样也是在1906年创立的，该公司后来改名为施乐公司。1907年，奥地利物理学家罗伯特·凡·李本（Robert von Lieben）获得了阴极继电器的专利。1908年，艾伦·阿奇博尔德·坎贝尔·斯文顿（Alan Archibald Campbell Swinton）通过讲述电子扫描的方法，提出了摄影电子系统，这预示着电视机将使用阴极射线管来进行制造。

1910年，纽约和波士顿之间的邮路上安装了电报机，日本的日立公司也成立了。1911年，查尔斯·巴贝奇的儿子亨利普·雷沃斯特·巴贝奇（Henry Prevost Babbage）根据他父亲的分析机发明了一种新的计算机。1911年，在荷兰的莱顿大学，海克·卡末林·昂内斯（Heike Kamerlingh Onnes）教授和他的同事科内利斯·多斯曼（Cornelis Dorsman）、格里特·扬·菲尔姆（Gerrit Jan Flim）和吉尔斯·霍尔斯特（Gilles Holst）发现了超导电性。同样是在1911年，制表机器公司、国际时间记录公司、计算尺公司和邦迪制造公司合并后成立了计算制表记录公司，该公司后来在1924年成为美国国际商用机器公司（IBM）。1912年，无线电工程师学会成立了，该学会是电气和电子工程师协会（IEEE）的前身。阿弗烈·诺夫·怀海德（Alfred North Whitehead）和伯特兰·罗素（Bertrand Russell）写的《数学原理》（*Principia Mathematica*）首次出版了三个版次，时间分别是1910年、1912年和1913年，该著作是形式逻辑的里程碑；它提出了"逻辑主义"防卫，有助于现代数理逻辑的发展。1915年，阿尔伯特·爱因斯坦完成了他的广义相对论。在那一年里，曼森·贝内迪克斯（Manson Benedicks）发现锗晶体可以用于将交流电转换成直流电，这预示着微晶片的使用。1918年，马克斯·普朗克（Max Planck）因为能量子的研究获得诺贝尔物理学奖。这项研究为量子力学奠定了基础，是微处理机发展的一个重要的理论输入。同年，德国工程师亚瑟·谢尔比乌斯（Arthur Scherbius）为其发明的密码机申请了专利。1918年同样也见证了欧内斯特·卢瑟福（Ernest Rutherford）发现了质子。1919年，美国物理学家威廉·埃克尔斯（William Eccles）和F. W. 约旦（F. W. Jordan）发明了触发器电子开关电路，这一发明对于高速电子计数系统来说至关重要，是二进制信息存储的鼻祖。同年，诺顿·欣克利（Norton Hinckley）和戴夫·坦迪（Dave Tandy）成立了欣克利–坦迪皮革公司，该公司是坦迪公司的前身。

1920年，计算制表记录公司（后来的IBM）推出了世界上第一台可打印数字的收银机。同年，伦纳德·托里斯·克维多（Leonardo Torresy Quevedo）演示了一种用打字机输入和输出的计算机。让·卢卡西维茨（Jan Łukasiewicz）发明了波兰表示法（逆波兰表示法的前身），该表示法可以作为一种不使用括号或大括号来书写数学表达式的方式，它的好处是可以减少计算机内存访问和利用堆栈来评估表达式。1968年，这个备受程序设计者喜爱的表示法，用HP10c找到了进入掌上计算器HP系列的方法。1923年，西屋电气公司的工程师弗拉基米尔·科斯马·佐利金（Vladimir Kosma Zworykin）第一次演示了电子电视摄像管的使用。1924年，IBM成立；1925年，贝尔电话实验室成立。第一台基于布劳恩管原理的电视接收机是在德国进行演示的。同年，朱利叶斯·利林费尔德（Julius Lilienfeld）在加拿大申请了一种使用金属半导体场效应晶体管来"控制电流的方法和装置"的专利。1927年，雷明顿打字机公司和兰德卡迪斯公司一起并入雷明顿兰德公司，同年，菲洛·法恩斯沃思（Philo Farnsworth）演示了世界上第一台电视机的使用。最先使用电视电话进行交谈的两个人是美国商务部长赫伯特·胡佛（Herbert Hoover）和美国电话电报公司总裁沃尔特·谢尔曼·吉福德（Walter Sherman Gifford）；附带的语音段采用电话线进行传输。1928年，德国的弗里茨·普卢默（Fritz Pleumer）获得了其发明的磁带的专利，该磁带可以记录和回放数据。打卡片的孔由45增加到80，并且成为行业标准，直到该技术不再被使用。同年，贝尔电话实验室的一位名叫沃伦·莫里森（Warren Marrison）的电信工程师根据电路中石英晶体的规则振动发明了一台高度精确的时钟。这台石英晶体钟开创了精确计时的新水平。约翰·冯·诺依曼（John von Neumann）的极小极大理论出现了，并成为游戏程序中一大基本元素。1929年，德国工程师鲁道夫·赫尔（Rudolf Hell）获得了传真机的专利。1930年，在麻省理工学院（MIT），万尼瓦尔·布什（Vannevar Bush）制造了一台微分分析器，该分析器可以处理多达18个独立变量的微分方程。在哈罗德·黑曾（Harold Hazen）的帮助下，它扩大到具有处理二阶微分方程的功能。同年，约翰·伯纳德·古登（John Bernard Gudden）发现纯硅可以用作绝缘体，但如果不纯，该材料就会表现为金属导体。

1931年，艾伦·布鲁林（Alan Blumlein）申请了一项关于"双耳声"或立体声的专利。同年，密歇根高中教师雷诺·B. 约翰逊（Reynold B. Johnson）发明了一种给多项选择测试题计分的方式，它可以通过感知答题卡上导电铅笔的痕迹来进行计分。之后，IBM购买了这项技术，并应用到了机械读取数据上。1932年，根据普弗劳姆发现的原理，G·塔什科（G. Taushek）在澳大利亚发明了磁鼓。同年，在莱比锡的沃纳·海森堡协会工作时，费利克斯·布洛赫（Felix Bloch）和鲁道夫·佩尔斯（Rudolf Peierls）发现了固体量子理论。EMI的工程师W. F. 泰德汉姆（W.F. Tedham）和J. D. 麦吉（J.D. McGee）通过在阴极射线管显示图像，制造了第一根电子摄像管。1933年，佳能公司成立了。1934年，一位英国邮政局研究站的研究人员汤米·佛劳斯（Tommy Flowers）设计了电子数字设备，它可以用于控制电话局之间的连接。这是真空开关的使能技术，后来被计算机所使用。汤米·佛劳斯的第一个原型在1939年上线。1935年，通过电话线的第一个传真传输产生了，大约使用了30分钟。同年，IBM推出了"IBM 601"，一种基于继电器运算单元的穿孔卡片机。同年，剑桥大学的艾伦·图灵（Alan Turing）通过描述一个抽象的数字计算机，发明了现代计算机原理，该抽象计算机由一个无限的存储器和一个扫描仪所构成，扫描仪通过存储器来回移动，逐个符号地读取它发现的东西，并写下更多的符号。反过来，扫描仪是由一个存储在存储器中的指令程序决定的。1936年，克兰德·楚泽（Konrad Zuse，来自德国）开始了世界上第一台可编程的计算机Z1的制造，这将需要三年的时间才能完成。艾伦·图灵还发表了他的论文《论可计算数及其在判定问题上的应用》，这篇论文描述了一台可以进行任何计算和逻辑操作的计算机。同样是在1936年，IBM出售了第一台电子打印机。1937年，克劳德·香农（Claude Shannon）写下了关于计算机逻辑的博士毕业论文，这篇论文解释了电路使用了和布尔代数相同的概念。霍华德·艾肯（Howard Aiken）开发了机器分步执行命令的计划；这最终成为哈佛Mark-1计算机的基础。贝尔实验室的研究员乔治·斯蒂比兹（George Stibitz）使用继电器制造了一台演示型二进制加法器。1938年，克兰德·楚泽制造完成了世界上第一台数字计算机Z1。同年，李秉喆在韩国大丘创办了三星公司。1939年，惠普公司成立，同时，卢瑟·乔治·西姆简（Luther George Simjian）发明了自动取款机（ATM），当时它被纽约市银行（现在的花旗银行）所拒用。同年，人们成功地演示了阿塔纳索夫-贝瑞计算机。全尺寸的机器在1940年完成。

1940年，复杂数字计算机（CNC）完成了；它的设计者乔治·斯蒂比兹（George Stibitz）通过特殊的电话线连接电传打字机，通过在复杂数字计算机（位于纽约）上远程执行计算进行了演示。这被认为是远程访问计算的首次示范。同年，第一个彩色电视广播出现，拉塞尔·奥尔（Russell Ohl）在提炼硅的时候，偶然发现了P–N结。克兰德·楚泽完成了Z2计算机，该计算机使用电话继电器来代替机械逻辑电路。1941年，克兰德·楚泽完成了Z3计算机，它使用了2 300个继电器。Z3使用二进制浮点运算，字长为22位。同年，第一台Bombe完成，第二次世界大战期间，它成为一种解密纳粹军事通信的机械设备。艾伦·图灵对英国Bombe的设计影响较大，还有杜邦研究员C. 马库斯·奥尔森（C. Marcus Olson），他发现了提炼高纯度硅的方法。1942年，克兰德·楚泽提供了一种改进版本的Z4（仍然是机械式的），用于计算翼和舵的气动特性。美国陆军委托约翰·莫克利（John Mauchly）博士和J. 普雷斯伯·埃克特（J. Presper Eckert）设计了一个可以快速计算弹道表的电子机器，这就是后来的ENIAC计算机。IBM发明了一台基于真空管技术的倍增器，它可以实质性地加快速度。一位名叫保罗·爱斯勒（Paul Eisler）的奥地利发明家，制造了印刷电路板。1943年，美国海军请求麻省理工学院来建立一个模拟计算机飞行的模拟器以训练轰炸机机组人员，这个项目被称为"旋风计划"。同年，贝尔实验室的乔治·史提比兹（George Stibitz）设计了继电器校对机来协助测试军队M-9炮火射击指挥仪。继电器校对机使用了440个继电器，由于是由纸带进行编程，因此在战争之后，该设备被应用于其他地方。有房子那么大的继电器式计算机哈佛Mark-1是由哈佛教授霍华德·艾肯设计，IBM进行制造，它于1944年完成。这台机器有一个可以同步机器和成千上万的零部件的50英尺长的凸轮轴。那一年，Colossus计算机也问世了，后来在英国的布莱切利公园运行。Colossus是由英国工程师汤米·佛劳斯设计的，该计算机可以用来破解第二次世界大战期间纳粹所使用的复杂的劳伦兹密码。

第二次世界大战后（1945年—1957年）

1945年，约翰·冯·诺依曼写下了"关于EDVAC的报告草案"的总结报告，在该报告中，他概述了存储程序计算机的体系结构。同年9月，格蕾斯·哈珀（Grace Hopper）（一位编程先驱）发现了第一个电脑"bug"，它就像一只蛾子被卡在了哈佛Mark II的继电器的中间一样。格蕾斯·哈珀是美国海军上将，她帮助编写哈佛Mark I和哈佛Mark II上的程序，并开发出了第一个电脑编译程序A-0。随后，她致力于研究COBOL的编程语言，这是一种指定在不同制造商的机器上操作的语言。克兰德·楚泽开始研究计划微积分，这是第一种算法编程语言。经过三年的努力，约翰·莫克利和J. 普雷斯伯·埃克特（J. Presper Eckert）在1946年完成了ENIAC计算机的制造。ENIAC计算机每秒可执行5 000个操作，是其同类产品的1 000倍。同年，盛田昭夫和井深大在东京成立了索尼公司。

1947年，威廉姆斯管赢得了一项实用的随机存取存储器的比赛奖项。曼彻斯特大学的弗雷德里克·威廉姆斯（Frederick Williams）改进了阴极射线管漆点和屏幕上磷光电荷的划线，用二进制和零来表示。同年，贝尔电话实验室的威廉·肖克利（William Shockley）、约翰·巴丁（John Bardeen）和沃尔特·布拉顿（Walter Brattain）发明了晶体管。埃克特–莫克利计算机公司为公司产品选择了名称——"UNIVAC"（通用自动计算机）。

1948年，在曼哈顿的公司总部附近，IBM的选择顺序控制计算机计算出了公共显示器中的科学数据。诺伯特·维纳（Norbert Wiener）发表了《控制论》（*Cybernetics*），这对以后人们研究人工智能有着深远的影响。克劳德·香农的《通讯的数学原理》（*Mathematical Theory of Communication*）向工程师们讲述了在计算机间进行传输之后，如何去编写代码以使其能够检查精确度。克劳德·香农将"比特"作为了数据基本单位，同时也是计算机的基本单位。

1949年，莫里斯·威尔克斯（Maurice Wilkes）制造出了EDSAC——延迟存储电子自动计算机，它是剑桥大学第一台实用存储程序计算机。同年，曼彻斯特马克一号（Manchester Mark I）计算机成为一个完整的系统，该计算机使用威廉姆斯管来进行存储。

1950年，工程研究协会制造了ERA 1101，它是第一台商业化生产的计算机；公司的第一位客户是美国海军。这台计算机的磁鼓上可存储100万比特的数据，它是最早的磁存储设备。为了设置计算机标准，美国国家标准局制造了SEAC（标准东部自动计算机），用于测试组件和系统。SEAC是第一台使用二极管逻辑的计算机，一种比真空管更可靠的技术，也是第一台美国程序存储计算机。国家标准局在洛杉矶的数值分析研究所制造出了SWAC（标准西部自动计算机）。与同类计算机SEAC不同的是，它不是用于测试组件的，SWAC有着使用已经开发的技术的计算目的。艾伦·图灵的哲学体系指导了英国国家物理实验室Pilot ACE的设计。

1951年，麻省理工学院的旋风计划完成了。英国第一台商业计算机里昂斯电子办公室可以处理办公文书问题。约瑟夫里昂食品公司的总裁使用这台模仿EDSAC的计算机，来进行日常生产调度以及给里昂茶馆配送蛋糕。交付给美国人口普查局的UNIVACI是第一台商业计算机，这台计算机获得了公众的普遍关注。尽管是由雷明顿兰德公司所制造，但这台机器往往会被误认为是"IBM公司的UNIVAC"。

1952年，海因斯·利多富（Heinz Nixdorf）在德国成立了利多富电脑公司。普林斯顿高等研究院开始使用约翰·冯·诺依曼的IAS计算机。它的设计产生了许多克隆产品，例如洛斯阿拉莫斯国家实验室的MANIAC计算机、伊利诺伊大学的ILLIAC计算机、兰德公司的Johnniac计算机以及澳大利亚的SILLIAC计算机。在1952年11月4号的选举夜，CBS新闻借了一台UNIVAC来对德怀特·艾森豪威尔（Dwight Eisenhower）和阿德莱·史蒂文森（Adlai Stevenson）的总统竞选的结果进行科学预测。民意测验预测阿德莱·史蒂文森会赢得选举，但UNIVAC的早期回馈分析显示德怀特·艾森豪威尔会毫无疑问地获得胜利。同年，数学家格蕾斯·哈珀完成了世界公认的第一台编译器。IBM 726是第一个电子数字计算机的实用高速磁带系统之一。

1953年，麻省理工学院的杰伊·佛睿思特（Jay Forrester）在旋风计算机上安装了磁芯存储器。磁芯存储器可以使电脑变得更可靠、更快速和更简易。IBM推出第一台电子计算机701。约翰·巴克斯（John Backus）为IBM的701计算机设计了快速编码。尽管快速编码需要更多的内存和计算时间，但它使程序设计减少了几个星期的时间。

1954年，德州仪器公司的戈登·蒂尔（Gordon Teal）完善了硅基结式晶体管，作为真空管替代品的硅晶体管首次得以进行商业化生产。与此同时，IBM 650的磁鼓计算机成为第一种大规模生产的计算机。

1955年，美国电话电报公司的贝尔实验室发布了第一台全晶体管计算机TRADIC，该计算机是由研究人员费尔克和哈里斯设计的。晶体管使机器能够在不到100瓦或只有真空管计算机所需的1/20的功率的电源上进行运转。同年，人们还见证了第一个IBM用户组——SHARE的产生。用户群体成为重要的教育力量，它允许公司交流创新，并允许用户交换信息。赫伯特·西蒙（Herbert Simon）和艾伦·纽厄尔（Allen Newell）发布了逻辑专家软件，它可以提供推理的规则，并证明符号逻辑定理。逻辑专家的发布是人工智能领域的一个里程碑。

1956年，通过收购南加利福尼亚的电数据处理公司，计算机制造商伯勒斯公司进入了计算机行业。合并后的公司成为计算机领域的商业巨头，并在电子和数字计算机产生时，扩展到了电子和数字计算机领域。在20世纪六七十年代，伯勒斯公司陆续开发了许多计算机系统，并最终与斯佩里兰德公司（UNIVAC计算机的制造商）进行合并，成立了优利系统公司。麻省理工学院的研究员制造出了TX-0计算机，这是第一台带有晶体管的通用可编程计算机。IBM 704的第一个操作系统是由通用汽车研究院的鲍勃·帕特里克（Bob Patrick）和北美航空的欧文·默克（Owen Mock）共同开发出来的。它的名称为GM-NAA

I/O系统，可进行批处理，以及在不增加成本的情况下，增加每班完成的工作数量。IBM将305 RAMAC用于旧金山的泽勒巴克纸业，迎来了磁盘存储器的时代。IBM 350磁盘文件可作为记录和报告随机存取法的存储部件来使用。在麻省理工学院，研究人员开始进行计算机直接键盘输入的实验，这就是当今正常运作模式的前身。

太空时代（1957年—1970年）

1957年，由肯·奥尔森（Ken Olsen）领导的一组工程师离开了麻省理工学院林肯实验室，并成立了一个基于新晶体管技术的公司，即数字设备公司（DEC）。在明尼阿波利斯，比尔·诺里斯（Bill Norris）领导的工程研究协会离开了斯佩里兰德公司，成立了一个新公司——控制数据公司，并随后发布了1604型计算机。斯佩里兰德公司为其UNIVAC计算机发布了一个商业编译器，它是由格蕾斯·哈珀进行开发的，作为她早期创新的一种改进。第一个英语语言业务数据处理编译器B-0（FLOW-MATIC）也是在1957年开发的。一种新的语言——FORTRAN语言（"公式翻译程序语言"的缩写）通过使用循环程序，使计算机用一套单一的指令来执行一个重复的任务。第一个商业FORTRAN程序在西屋电气公司执行操作。

1958年，德州仪器公司的工程师杰克·基尔比（Jack Kilby）研制出第一个集成电路，证明了电阻器和电容器可以在半导体材料片上同时存在。同年，人们也见证了半自动地面环境（SAGE）计划的诞生，该计划可以将美国和加拿大上百个雷达站连接在一个大规模计算机通信网络中。当AN/FSQ-7计算机在麻省理工学院进行研究开发时，人们在它上面运行空中防御系统，这就是著名的"旋风计划 II"。日本的NEC制造了日本国内第一台电子计算机 NEAC 1101。

1959年，吉恩·霍尔尼（Jean Hoerni）在仙童摄影器材公司发明的平面处理方法，可以使用一层氧化物来保护晶体管结，提高可靠性，并允许在硅表面上直接印制导电通道。IBM的7000系列主机是其第一批晶体管计算机。麻省理工学院的伺服机构实验室演示了计算机辅助制造。学校自动编程工具发明了一种APT语言，该语言可以用于指导铣床操作。 ERMA（电子记录机，可读）可以通过创建一种可读的字体为美洲银行提供数字化检测服务。

20世纪60年代，计算机变成一种私人公司负担得起的机器工具，并且其存储能力日益增强。人们开发出了两大主要的数据模型：网络模型（CODASYL）和层次模型（IMS）。人们可以通过低级的指针操作连接记录来访问数据库。存储细节取决于要存储的数据类型。因此，向数据库中添加一个额外字段需要重写基本的访问/修改方案。重点是记录的处理，而不是系统总体结构。用户需要了解数据库的物理结构，这样才能查询信息。

1960年，在兰德公司工作时，保罗·巴兰（Paul Baran）提出了数据通信的分组交换原理。Algol 60标准是第一个结构化的、程序化的程序设计语言，该语言是由美国和欧洲的计算机科学家共同开发的。数据设备公司的PDP-1计算机进入了人们的视线；典型PDP-1包括一个阴极射线管图形显示器，它不需要空调，只需要一个操作人员。AT&T设计出了Dataphone，这是第一台商业调制解调器，专门用于将远程网络传输的数字计算机数据转换为模拟信号。同年，雷明顿兰德公司的利弗莫尔预先研究计算机（LARC）是为科学工作而设计的，它使用了60 000根晶体管。同时，在康奈尔大学，弗兰克·罗森布拉特（Frank Rosenblatt）制造了著名的Perceptron计算机，它可以通过神经网络从试验和错误中进行学习。由几个电脑制造商组成的团队和五角大楼一起开发出了COBOL，这是一种面向商业的计算机语言。为了商业使用而设计的COBOL语言将机器独立性提升到一个重要水平。约翰·麦卡锡（John McCarthy）开发了LISP程序设计语言，该语言作为第一个专门编写人工智能程序的计算机语言进行了首次亮相。C.A.R. 霍尔（C. A. R. Hoare）在为英国电脑公司埃利奥特兄弟公司工作时，开发出了Quicksort算法。这是一种会一直成为世界上最常用的分类方法的算法。

1961年，仙童摄影器材公司发明了电阻-晶体管逻辑电路（RTL）产品，这是一种设置/复位触发器，是第一种可作为单片芯片的集成电路。IBM 1401主机，是该系列的第一台主机，它用更小、更可靠的晶体管来代替真空管，并使用磁芯存储器。第一台工业机器人UNIMATE开始在通用汽车公司工作。该机器人可以一步一步地服从存放在磁鼓上的命令，并且可以使用4 000磅重的手臂对热件压铸金属进行排序和堆叠。同年，IBM发布了1301磁盘存储装置。

1962年，仙童摄影器材公司生产出了第一根被人们广泛接受的外延掺金的NPN晶体管。NPN晶体管是离散逻辑元件的保护者。 LINC计算机（实验室仪器计算机）为人们提供了第一套实时实验室数据处理解决方案。该计算机是由林肯实验室的韦斯利·克拉克（Wesley Clark）设计的，后来数字设备公司将其改名为LINC-8，并推向了市场。同年，麻省理工学院的斯勒格·罗素（Slug Russell）、夏格·格雷茨（Shag Graetz）和阿兰·科托克（Alan Kotok）三名学生开发出了"太空战争！"，这被认为是第一个互动式电脑游戏，它在DEC PDP-1上运行。APL语言演变成了一种实用的编程语言，被广泛应用于科学、金融，特别是保险精算领域中。在曼彻斯特大学，汤姆·基尔伯恩（Tom Kilburn）领导的团队在Atlas计算机上发明了虚拟内存。Atlas引进了许多其他的现代架构的概念，例如假脱机、中断、流水线操作、交叉存储器和内存分页，这是当时世界上最完美的计算机。同年，IBM发布了1311磁盘存储驱动器，这是IBM第一个使用可移动的磁盘包的磁盘驱动器。

1963年，坦迪皮革公司和无线电器材公司合并成坦迪无线电器材公司（TRS）。在IBM的帮助下，通用汽车公司开发出了DAC-1（计算机加强设计）系统，这是最早的图形计算机辅助设计程序之一。这个项目催生了IBM 2250显示终端的诞生，以及计算机分时和由两个或多个终端使用一个单一处理器的发展。在加利福尼亚的唐尼市，瑞秋洛斯阿米哥斯医院的研究人员设计出了Rancho Arm，它有6个关节，几乎拥有人体手臂的灵活性。斯坦福大学将其用作第一个人工机器人的手臂，并由计算机进行控制。伊凡·沙日尔兰德（Ivan Sutherland）发布了Sketchpad，这是一种交互式实时计算机绘图系统，这也是他MIT博士论文的研究主题。设计人员使用一支光笔和Sketchpad，就可以在屏幕上绘制和"操作"几何图形。

1964年，IBM发布了System/360，这是6个相互兼容的计算机和40个外围设备一起协同工作的大型计算机。由西摩·克雷（Seymour Cray）设计的CDC的6600巨型计算机每秒可执行300万条指令，处理速度比其最接近的竞争对手——IBM Stretch的速度快3倍。IBM为美国航空公司建立的SABRE预订系统，首次运用了在线事务处理程序。SABRE使用电话线将65个城市的2 000个终端连接到一对IBM 7090计算机上，在不到3秒的时间内就可以提供任何航班上的数据。JOSS（琼尼阿克开放式系统）会话分时服务开始出现在兰德公司的Johnniac系统上。托马斯·库尔茨（Thomas Kurtz）和约翰·柯梅尼（John Kemeny）为其达特茅斯学院的学生们开发出了BASIC语言，这是一种简单易学的编程语言。

1965年，科莫多尔商业机器公司（CBM）成立了。数字设备公司开发出了PDP-8，这是第一台成功运行的商用小型计算机。PDP-8具有速度快、体积小和价格低等特点，这使其顺利进入了上千家制造工厂、小型公司和科学实验室。在斯坦福大学，爱德华·费根鲍姆（Ed Feigenbaum）领导的团队开发出了第一个专家系统——DENDRAL系统。在化学和物理研究中，DENDRAL采用"if-then"的规则去识别有机化合物的分子结构。由克利斯登·奈加特（Kristen Nygaard）和奥利-约翰·达尔（Ole-Johan Dahl）编写的Simula语言使面向对象的语言得到了一个早期的提升。Simula语言将数据和指令进行分类到目标块，每一个目标块代表用于模拟系统的一个方面。同年，Multics（多路信息与计算服务）诞生了，它是一个主机的分时操作系统，一直被沿用到2000年。Multics开始被用于研究计划，它对操作系统的开发产生了重要影响。

1966年，美国国防部高级研究项目局（DARPA）与伊利诺伊大学签约，一起制造一个大型并行处理计算机——ILLIAC IV，一直到1972年才在美国宇航局艾姆斯研究中心完成。第一台大规模阵列计算机——ILLIAC IV实现了每秒执行2亿条指令的计算速度，以及通过一个独特的并行体系结构和其64个处理元素重叠或"流水线"结构组合，每秒钟输入/输出10亿位信息。惠普公司通过HP-2115计算机进入了通用计算机行业，该计算机可以提供一种以前只在更大的计算机上才能实现的计算能力。它支持各种各样的语言，包括BASIC、ALGOL和FORTRAN。斯坦福研究所的约翰·范·吉恩（John van Geen）通过标准的电话听筒（陆上通信线），改进了数据位的声耦合调制解调器的检测能力，在存在背景噪音的情况下，我们通过长途电话线进行信息传输。拉尔夫·巴尔（Ralph Baer）为他的奥德赛游戏机设计了一个乒乓球游戏。

1967年，仙童摄影器材公司研制出了第一个标准的可用于数据处理的金属氧化物半导体，这是一种8位运算单元和收集器。美国美敦力公司使用集成电路开发出了第一个埋藏式心脏起搏器。西摩·帕尔特（Seymour Papert）为孩子们设计出了LOGO计算机语言。LOGO最初是一个绘图程序，它控制了一个机械"乌龟"的动作，当电子乌龟在视频显示器上被设计时，可以用笔在纸上追踪它的路线。同年，劳伦斯利弗莫尔国家实验室采用了IBM 1360 Photo-Digital存储系统，该系统可以读取和写入高达1兆位的信息。

1968年，大卫·埃文斯（David Evans）教授和伊凡·萨瑟兰（Ivan Sutherland）教授创立了以人名命名的公司——埃文斯和萨瑟兰公司（Evans&Sutherland），来开发一种特殊的被称为帧缓冲区的图形计算机。该设备是一台用于捕获视频的特殊的高速存储器。由艾德·德·卡斯特罗（Ed de Castro）领导的一组工程师离开了数字设备公司，成立了通用数据公司，并开发出了具有32KB内存的Nova计算机。阿波罗导航计算机首次用于绕地球运行的阿波罗7号。次年，该计算机又被用于阿波罗11号到月球表面的航行。同年，马文·明斯基（Marvin Minsky）开发出了Tentacle Arm，这是一个像章鱼一样的机器人。该机器人有12个关节，可以绕过障碍物并能够举起一个人。DEC PDP-6计算机可以控制使用液压流体动力的手臂。

1969年，施乐公司花费近10亿美元购买了科学数据系统。20世纪60年代早期，SDS系列小型计算机比数字设备公司的产品销售量更高。作为第一个成功的电动、计算机控制的机器人手臂，维克多·沙曼（Victor Scheinman）的Stanford Arm取得了一个突破性的进展。到1974年，Stanford Arm可以装配一个福特T型水泵，它由光学和接触传感器来引导。RS-232-C成为通信、计算机和外围设备的标准，它通过一个串行插头的25个连接器来串行传输信息。AT&T贝尔实验室的程序员肯尼思·汤普森（Kenneth Thompson）和丹尼斯·里奇（Dennis Ritchie）在一个备用的DEC小型计算机上开发出了UNIX操作系统。UNIX操作系统结合了许多Multics提供的分时和文件管理功能，因此使用了它们的名字。

信息时代（1970年至今）

20世纪70年代，E. F. 科德（E.F. Codd）在一篇关于如何思考数据库的具有里程碑意义的论文中，提出了一种数据库的关系模型。他用物理存储方法切断数据库的模式（逻辑结构）。当数据库理论引入主流研究项目时，支持者的几大阵营对这些竞争系统的优点进行了争论。关系系统的两大主要原型是在1974—1977年诞生的。第一个是Ingres，它使用QUEL作为查询语言的工具，是由美国加州大学伯克利分校开发的。该系统最终使Ingres公司、Sybase、MS SQL Server、Britton-Lee和王安的PACE得以诞生。第二个是System R，该系统由圣何塞的IBM公司开发，并导致了IBM的SQL/DS & DB2、甲骨文公司、惠普的Allbase和天腾的Non-Stop SQL的诞生。这个系统使用SEQUEL作为查询语言的工具。"关系数据库管理系统"（RDBMS）术语在这个时期产生，陈品山为数据库设计提出了实体关系（ER）模型，给出了另一种重要的对于概念数据模型的见解。这样的高级建模使设计师将精力集中在数据使用上，而不是逻辑结构上。

1970年，施乐公司建立了帕洛阿尔托研究中心（PARC），这个中心产生了许多改变计算机的突破性发明，其中包括个人计算机图形用户界面、以太网、激光打印机和面向对象程序设计。施乐公司不可以在市场上出售PARC的发明，但其他人可以，包括史蒂夫·乔布斯（Steve Jobs）（Apple）、鲍勃·梅特卡夫（Bob Metcalfe）（3Com）、查尔斯·格什克（Charles Geschke）以及约翰·沃诺克（John Warnock）（Adobe）。佐治亚州瓦尔多斯塔市的公民和南部国家银行安装了首个自动取款机。当国防部在阿帕网上建立了四个节点时，计算机之间的通信不断扩张，这些节点分别是：加州大学圣塔芭芭拉分校、加州大学洛杉矶分校、斯坦福国际研究院和犹他大学。

1971年，《电子新闻》（*The Electronic News*）上刊登了第一则微处理器Intel 4004的广告，它有2 250根晶体管，可以每秒在四位数据块中执行高达9万次的操作。Intel 4004是由佛德利克·法金（Federico Faggin）设计，特德·霍夫（Ted Hoff）进行构造的。美国无线电公司将其电脑部出售给了斯佩里兰德公司。Kenbak-1作为第一台个人电脑首次亮相。

该设备是由约翰·V.布兰肯巴克（John V. Blankenbaker）设计的，使用标准的中尺度和小规模集成电路，依靠从256B内存的开关输入和光输出进行工作。BBN公司的雷·汤姆林森（Ray Tomlinson）是第一个通过阿帕网发送电子邮件的人。最初由大卫·诺布尔（David Noble）领导的IBM团队发明了8英寸软盘，它可以允许用户方便地将一张软盘从一个驱动器传送到另一个驱动器。斯坦福国际研究院的Shakey是第一个由人工智能控制的移动机器人。这个机器人装有传感装置和由一个名叫STRIPS的解决问题的程序，它可以通过将其环境信息应用到路线上来寻找斯坦福国际研究院大厅周围的道路。Shakey使用TV相机、激光测距机和碰撞传感器来收集数据，然后发送到DEC PDP-10和PDP-15。计算机将命令传送给Shakey，然后机器人会以每小时2米的速度移动。

1972年，Intel 8008微处理器首次亮相，它是首次允许微处理器来处理所有的数字、标点符号和许多符号，包括大小写机器。惠普公司宣称，"HP-35是一个快速的、非常精确的电子计算器"，它使用一种类似于计算机的固态存储器。计算机游戏"Pong"在加利福尼亚的格拉斯瓦利市和森尼韦尔市的酒吧里进行测试，并将继续彻底改革街机行业，开启现代视频游戏的时代。由理查德·肖普（Richard Shoup）等人在施乐公司帕洛阿尔托研究中心（PARC）开发的SuperPaint完成了。它是第一个使用帧缓冲区的数字计算机绘图系统，被认为是现代绘画程序的先驱。同年，史蒂夫·沃兹尼亚克（Steve Wozniak）发明了一种音频发生器——"蓝盒子"，可以"免费"打电话。在读大学时，史蒂夫·沃兹尼亚克在加州大学伯克利分校的宿舍间出售这种盒子。诺兰·布什内尔（Nolan Bushnell）开发出了"Pong"游戏，并创立了他的新公司——雅达利视频游戏公司。

1973年，比尔·米勒德辞去了他的管理层工作，成立了信息管理服务公司，又称IMS。次年，他使用新的Intel 8080微处理器开发出了一个小型计算机系统，并用IMSAI 8080组装形式提供服务。由唐·兰卡斯特（Don Lancaster）设计的TV Typewriter可以在普通的电视机上显示字母数字信息。Micral是最早的商用非组装个人计算机，它使用Intel 8008微处理器。张·提（Thi Truong）负责开发计算机，而菲利普·卡恩（Philippe Kahn）负责软件。张·提是法国R2E公司的创始人和总裁，在不需要高性能的情况下，他开发的Micral可以代替小型计算机。罗伯特·梅特卡夫（Robert Metcalfe）在施乐公司帕洛阿尔托研究中心开发了以太网网络连接的方法。

1974年，施乐公司帕洛阿尔托研究中心的研究人员设计出了Alto计算机，这是第一个拥有内置鼠标输入设备的工作站。Alto可以在窗口中同时存储多个文件，提供菜单和图标，还可以连接到局域网。Scelbi生产出了8H计算机，这是第一台基于Intel 8008微处理器的商业宣传的美国计算机。麻省理工学院的大卫·西尔弗（David Silver）设计出了Silver Arm，这是一种小型零件装配的机械臂，使用微妙的触摸和压力传感器进行反馈。手臂的精细动作可以与人类的手指相一致。

1975年，在1969年收购了计算机制造商——科学数据系统公司（SDS），并重新设计了其著名的计算机Sigma线之后，施乐取消了计算机部门，并把该机器的大部分权利卖给了霍尼韦尔公司。《大众电子学》（*Popular Electronics*）一月版描写了Altair 8800计算机组的特征，它是由爱德华·罗伯茨（Ed Roberts）发明的，使用的是 Intel 8080微处理器。在计算机首次亮相后的几周里，客户带着订单疯狂涌向制造公司——MITS。比尔·盖茨（Bill Gates）和保罗·艾伦（Paul Allen）也在同年创立了微软公司，并授权BASIC作为Altair的软件语言。李·费尔森斯坦（Lee Felsenstein）的视觉显示模块（VDM）原型标志着人们第一次实现了个人计算机的内存映射的数字视频显示。视觉显示模块允许个人计算机用户玩交互式游戏。

1976年，英特尔公司和齐格洛公司分别推出了新款微处理器8080和Z-80。史蒂夫·沃兹尼亚克设计出了Apple-1，这是一台为计算机爱好者设计的单板计算机。之后，史蒂夫·沃兹尼亚克和他最好的朋友——史蒂夫·乔布斯成立了一家新公司，叫作苹果电脑公司。作为商业上第一台成功的向量处理器计算机，Cray I实至名归。它是当时速度最快的计算机，其高速有一部分是因为其C型的形状，这样可以缩短电线的长度和信号穿过的时间。同年，英国的Queen Elizabeth II计算机发出了它的第一封电子邮件，这是其网络技术演示的一部分。广濑茂男设计的Soft Gripper能够符合被抓取物体的形状，比如一个装满鲜花的酒杯。广濑茂男在东京工业大学的设计源自他对自然中柔性结构（如象鼻和蛇的脊髓）的研究。加里·基尔代尔（Gary Kildall）开发出了CP/M——一种个人电脑操作系统。CP/M得到了广泛采用，它使一个版本的程序可以在各种内置约8位微处理器的电脑上进行运行成为可能。天腾电脑公司开发出了Tandem-16，这是第一台可用于联机交易处理的容错计算机。银行业迅速地使用了这台计算机，它可以在修复或扩展过程中进行运行。第一个商业分组交换网络——远程网诞生了，该网络是阿帕网的民用等效网。作为拉里·罗伯茨（Larry Roberts）的杰作，远程网可以连接七个城市的客户，代表着第一个有附加价值的网络。1976年，舒加特联合公司推出了5.25英寸的软盘驱动器。这是王安电脑公司的请求成果，他要求舒加特联合公司制作一种可用于台式电脑的足够小的软盘驱动器，因为8英寸软盘驱动器太大了。到了1978年，有超过10家的制造商生产5.25英寸的软盘驱动器。

1977年开发出的坦迪TRS-80型I计算机，是将家用电脑进入大众的重要一步。个人电脑开始组装并准备运行，例如在TRS-80推出后的数月内开发出的Commodore PET和Apple II。就在那一年，Commodore公司推出了Commodore PET计算机，雅达利公司发布了视频计算机系统游戏机——Atari 2600。Atari 2600是第一个成功的视频游戏系统，在整个20世纪80年代销售了超过2000万台。美国政府采用了IBM的数据加密标准，来保护其机构内的秘密。这个标准同时也适用于普通大众，它需要一个8位的数字键来置乱和还原数据，该键盘上面70万亿种可能的组合会使人们无法破译密码。

1978年，DEC的VAX 11/780具有了访问高达4.3KB虚拟内存的能力，是大多数小型计算机的访问能力的上百倍。德州仪器公司发明了Speak & Spell，该设备可以帮助7岁以上孩子们学习说话，它的出现标志着人类声道第一次可以复制到硅单晶片上。Speak & Spell使用预测编码法来形成人类声道的数学模型，并预测先前输入的语音样本。它的关键开发人员包括吉恩·弗朗茨（Gene Frantz）、理查德·威金斯（Richard Wiggins）、保罗·布里德洛夫（Paul Breedlove）和乔治·布莱金翰（George Brantingham）。

1979年，摩托罗拉公司推出了68000微处理器。这种高性能的处理器功能非常强大，它在工程中常见图形密集型程序的工作站中占有一席之地。加州理工学院的卡沃·米德（Carver Mead）教授和施乐公司的计算机科学家琳·康维（Lynn Conway）写了一本芯片设计手册，这是一本关于超大规模集成电路（VLSI）系统的导论。这篇文章阐明了超大规模集成电路系统的规划，扩展了工程师制造这种芯片的能力范围。雅达利公司推出了Model 400和800计算机，这两种计算机的设计理念分别是：Model 400作为游戏机，而Model 800更多作为家用电脑。约翰·肖奇（John Shoch）和乔恩·海普（Jon Hupp）在施乐公司帕洛阿尔托研究中心发现了计算机"蠕虫"病毒。蠕虫起初是为了更有效地利用计算机和用于测试，但令人意想不到的是，它会入侵计算机网络，给计算机网络造成安全上的威胁。同年，来自杜克大学和北卡罗来纳大学教堂山分校的研究生汤姆·特拉斯科特（Tom Truscott）、吉姆·埃利斯（Jim Ellis）和史蒂夫·贝拉文（Steve Bellovin）创建了一个联合项目——世界性新闻组网络系统（USENET），该系统使用UUCP通信标准为人们提供一种邮件和文件传输的方法。由于埃塞克斯大学的理查德·巴图（Richard Bartle）和罗伊·特鲁布肖（Roy Trubshaw）两名学生写了一个可以允许多人在网上一起娱乐的程序，因此第一个多用户域（Dungeon）—— MUD1诞生了。1979年，自1967年就开始开发的斯坦福推车（Stanford Cart）在没有人为干涉的情况下，成功地穿过了一间堆满椅子的房间。哈佛大学的MBA候选人丹尼尔·布鲁克林（Daniel Bricklin）和程序员罗伯特·弗兰克斯（Robert Frankston）开发出了VisiCalc，这是一种为制作商用个人电脑——Apple II而设计的程序。

20世纪80年代，结构化查询语言（SQL）成了一种实际标准，DB2则成了IBM的旗舰产品。网络和层次模型逐渐退出幕后；现在基本没有人开发这种系统，但传统的系统还在使用中。IBM个人电脑的开发促使了许多数据库公司和产品的诞生，例如RIM、RBASE 5000、PARADOX、OS/2数据库管理器、Dbase III, IV（后来的Foxbase，甚至后来的Visual FoxPro）和Watcom SQL。

1980年，道格和加里·卡尔顿（Gary Carlston）成立了Broderbund公司，并在市场上出售道格开发的游戏。他们第一个游戏是Galactic Empire、Galactic Trader和Galactic Revolution。之后，他们还陆续开发了一些流行的游戏，比如Myst（1993）、Riven（1997），和许多各种不同的家庭游戏，例如Print Shop、language tutors等。1998年，Broderbund公司被学习公司收购，一年后，该公司自己又被美泰公司收购。希捷科技公司开发出了微型计算机的第一个硬盘驱动器——ST506，它可以存储5MB的数据，是标准软盘的5倍。IBM发布了它最成功的主机硬盘——直接存取存储器（DASD）。

1981年，IBM推出了个人电脑，从而引发了个人电脑市场的快速增长。第一台个人电脑在4.77 MHz Intel 8088微处理器上运行，使用微软的MS-DOS操作系统。它使IBM和微软建立了长期的合作。亚当·奥斯本（Adam Osborne）设计出了第一台便携式电脑——Osborne I，这台电脑重24磅（约11千克），价值1 795美元。Apollo计算机推出了第一个工作站——DN100，其价格比一些小型计算机稍贵。索尼公司开发出和推出了第一个3.5英寸软盘驱动器。

1982年，惠普公司采用了索尼的3.5英寸软盘的通用标准，相较于微软标准的其他竞争者，这建立了软盘的格式。Cray XMP使用每秒4.2亿次浮点运算的并行处理系统，这几乎使计算机的运行速度翻了一倍。Commodore公司推出了Commodore 64计算机。电影制作中的计算机生成图形的使用推动了迪士尼Tron的诞生。米奇·卡波（Mitch Kapor）成立了莲花发展公司，来出售他开发的电子数据表程序——Lotus 1-2-3。

1983年，麻省理工学院的研究生丹尼·希利斯（Danny Hillis）等人创立了思考机器公司，来开发一种新型的超级计算机。他们的想法是使用许多独立的处理器，而不是只使用一个强大的处理器。他们的第一台计算机叫Connection Machine（CM-1），拥有64 000个微处理器，并在1986年开始出售。苹果电脑公司推出了Lisa计算机，这是第一台拥有图形用户界面的个人电脑，其设计灵感来源于施乐之星工作站。康柏电脑公司推出了第一台个人电脑，它使用和IBM个人电脑同样的软件。高校和军队里的研究人员利用阿帕网的成功来合作，以促使其网络分布到军事（美国军用网络）和民用（阿帕网）领域。能够实现这样的可能都是因为三年前采用了TCP/IP，它是一个网络标准。阿帕网在1995年更名为"因特网"。北美第一音乐厂商在洛杉矶推出了音乐设备数字接口（MIDI）。MIDI是一种连接电子音乐合成器的行业标准电子接口。微软发布了Word软件——一开始叫作Multi-Tool Word和Windows操作系统。麻省理工学院人工智能实验室的程序员理查德·斯托尔曼（Richard Stallman）开发出了一款UNIX操作系统的免费替代品——GNU，它是Linux的前身。由于可以存储550MB的预先录制数据，CD-ROMs开始被人们知晓。Bernoulli Box在同一时间出现了，它使用一种基于专用磁盘的硬盘技术系统，允许人们在电脑之间移动大文件。

在1984年，美国"超级杯"橄榄球大赛期间，苹果电脑公司投入了150万美元的广告费用，推出了Macintosh计算机，这是第一台拥有图形用户界面的鼠标驱动的计算机。 IBM公司发布了PC Jr.和PC-AT。IBM声称，它们新的3480盒式磁带系统使用4×5英寸磁片盒代替传统的计算机中心的磁带盘，磁片盒可以持有更多的信息，访问速度更快。

1985年，理查德·斯托尔曼创立了免费软件基金会（FSF）。Commodore公司发布了Amiga 1000。当国家科学基金会形成了NSFNET，连接了普林斯顿大学、匹兹堡大学、加州大学圣地亚哥分校、伊利诺伊大学厄巴纳-香槟分校和康奈尔大学五个超级计算机中心时，现代互联网得到了人们的支持，一些区域网络不断被开发出来；最后，政府将一部分阿帕网重新分配给了NSFNET。（1991年，国家科学基金会第一次允许互联网用于商业活动。国家科学基金会在1995年退出主导地位，互联网成为自支撑产业。）斯图尔特·布兰德（Stewart Brand）和拉里·布莱恩特（Larry Brilliant）创立了全球电子链路（WELL），这是为了创建一个在线公告板系统（论坛），以构建低成本的计算机用户的"虚拟社区"。Aldus公司的创始人保罗·布莱内德（Paul Brainerd）发布了PageMaker程序，这是一个可以在Macintosh电脑上使用的桌面出版应用。

1986年，AT&T贝尔实验室的戴维·米勒（David Miller）获得了光电晶体管的专利，它是数字光学计算的中心组件，其名字为自电光效应器件或SEED，是一种由砷化镓和镓铝砷层构建的光敏开关晶体管。发布了Deskpro 386后，康柏电脑公司成功打败了IBM，成为市场上的第一台使用新的Intel的电脑。80386芯片每秒可操作400万条指令，且具有4KB的内存，它使个人电脑具有可以和过去的大型机和小型机通用的速度和动力。思考机器公司的丹尼尔·希利斯（Daniel Hillis）提出了Connection Machine中有争议的大规模并行性概念，这使人工智能向前迈出了一大步。这台机器使用了多达65 536个处理器，每秒可完成几十亿次的操作。每个处理器有自己的小内存，通过灵活用户可以改编而不是重连网络以与其他电脑进行连接。IBM公司和MIPS公司发布了第一个基于RISC的工作站——基于PC/RT和R2000的系统。精简指令使电脑20%的指令能够完成了80%的工作，包括最基本的操作，如添加、内存加载和内存储存。同样是在1986年，苹果电脑公司的创始人之一史蒂夫·乔布斯从卢卡斯影业那里收购了特殊效果电脑组，并取名为皮克斯公司。这个电脑组以前制作了电影的计算机动画片段，如《星际旅行II：可汗的愤怒和少年福尔摩斯》（*Star Trek* II *:The Wrath of khan and Young Sherlock Holmes*）。皮克斯公司在2006年被迪士尼收购。

1987年，摩托罗拉公司推出了68030微处理器，它被建立在一个32位增强型微处理器上，上面带有一个中央处理单元的核心、一个数据缓存、一个指令高速缓存、一个增强型总线控制器和一个单独超大规模集成电路装置中的存储器管理单元。IBM公司推出了PS/2 计算机，这为IBM电脑设置了3.5寸软盘驱动器和视频图形阵列的标准。IBM公司发布了一个新的操作系统——OS/2，同时它还第一次允许IBM电脑使用鼠标。苹果电脑公司的工程师威廉·阿特金森（William Atkinson）开发出了HyperCard，这是一种简化内部应用程序开发的软件工具。 HyperCard和先前的同类程序不同，因为威廉·阿特金森使它成为交互式的而不是基于语言的软件，同时还使该软件专注于用户界面的构建而不是数据处理。

1988年，康柏电脑公司和其他个人电脑制造商开发出了增强型工业标准体系结构（EISA），它使用了32位总线。苹果电脑公司联合创始人史蒂夫·乔布斯离开了公司并创立了他自己的公司—— NeXT。他设计的电脑失败了，但人们认为这是一个重要的创新，因为它是第一台包含用于光盘存储盘的驱动器和内置的数字信号处理器的个人电脑，这个数字信号处理器允许语音识别并可以简化编程的面向对象的语言。国家安全局一位计算机安全专家的儿子罗伯特·莫里斯（Robert Morris），通过互联网发送了一条非破坏性的蠕虫病毒，造成了连接到网络的60 000台主机中的6 000台电脑产生问题。加利福尼亚劳伦斯利弗莫尔国家实验室的一名研究人员发现了该蠕虫病毒。罗伯特·莫里斯说他是出于无聊才去编写蠕虫病毒程序，该病毒可以自我复制和复制电脑文件，并进入所有联网的电脑。复制文件的数量最终变得非常大以至于充满了整个电脑，然后使其失去功能。皮克斯公司的电影短片《小锡兵》成为第一部获得"奥斯卡"的电脑动画电影，它获得了"奥斯卡最佳动画短片奖"。

1989年，英特尔公司发布了80486微处理器和1860 RISC/协处理器芯片，它们都包含100多万根晶体管。它们在没有提高时钟速率的情况下，使386芯片组的性能增加到两倍。摩托罗拉公司发布了带有120万根晶体管的68040微处理器。在计算机辅助设计软件公司Autodesk和电脑公司VPL设计的技术中首次出现了虚拟现实的概念。Maxis公司发布了SimCity，一款帮助推出一系列模拟器的视频游戏。Maxis公司创始人威尔·莱特（Will Wright）和杰夫·布朗（Jeff Braun）设计出了一个允许用户创建自己的城市的计算机程序。

20世纪90年代，行业洗牌开始，只有少数提供高价的日益复杂的产品的公司生存了下来。这一时期的大发展集中在应用程序开发的客户端工具上，比如PowerBuilder（Sybase）、Oracle Developer和VB（Microsoft），等等。客户–服务器模型计算成为未来商业决策的规范。个人效能工具，比如 Excel/Access（MS）和ODBC的发展还是在最终用户工具领域中占主导地位，这也标志着对象数据库管理系统（ODBMS）原型的开始。到了90年代中期，万维网出现了。公司争先恐后地允许远程访问含有传统数据的计算机系统。当网络/数据库成倍地增长时，客户端服务器的狂热延伸到了那些对复杂事物没什么耐心的普通用户的桌面。到了90年代末期，互联网公司的巨额投资促进了网络/互联网/数据库连接器等工具市场的繁荣。Active Server Pages，Front Page，Java Servlets，JDBC，Enterprise Java Beans，ColdFusion，Dream Weaver，Oracle Developer 2000等就是此类产品的典范。随着gcc，cgi，Apache，MySQL等的广泛应用，开放源代码解决方案开始上线。随着许多商家每天使用销售点（POS）技术，在线事务处理（OLTP）和联机分析处理（OLAP）开始出现。

1990年，NewTek公司推出了Video Toaster，这是一款计算机Amiga线的视频编辑与制作系统。Video Toaster比其他任何基于计算机的视频编辑系统都要便宜，它不仅仅是家用产品。同年，Commodore公司发布了Amiga 3000，这是第一台32位的Amiga，拥有摩托罗拉公司的68030处理器和升级后的ECS芯片组。当日内瓦高能物理实验室——欧洲核子研究中心的研究员蒂姆·伯纳斯–李（Tim Berners-Lee）开发出超文本标记语言（HTML）时，万维网诞生了。众所周知，只要互联网使用其开发的如统一资源定位系统（URL）和超文本传送协议（HTTP）工具，超文本标记语言（HTML）就允许互联网扩展到万维网。伯纳斯–李成立了W3联盟，该联盟可以使万维网协调发展。微软公司发行了Windows 3.0，这是一款提供多任务处理能力，可以与第一个成功的微软系统——DOS兼容的系统。Adobe公司发行了Photoshop 1.0，这是一款由托马斯和约翰·诺尔（John Knoll）一起开发的图形编辑软件。致力于分析维也纳和喀斯喀特病毒的马克·沃什伯恩（Mark Washburn）和拉尔夫·伯格（Ralf Burger）一起开发出了第一个多态病毒家族——Chameleon家族。由逻辑学家哈斯克尔·柯里（Haskell Curry）名字命名的编程语言Haskell，是由西蒙·佩顿·琼斯（Simon Peyton Jones）和他的同事一起开发的。

1991年，莱纳斯·托瓦尔兹（Linus Torvalds）面向一些新闻组发行了Linux。几乎同时，爱好者开始开发和改进Linux，例如增加对外围设备的支持，并提高其稳定性。同年，优良保密（PGP）诞生了。它是一个电子邮件加密程序，由软件工程师菲尔·齐默曼（Phil Zimmermann）发明，他开发这种工具是为了保护人们的电脑不被世界各地的政府入侵。澳大利亚是第一个发现米开朗基罗引导扇区计算机病毒的地方。计算语言Python首次亮相。

1992年，DEC公司引入了Alpha AXP架构和基于Alpha的DEC 3000 AXP工作站、DEC 4000 AXP部门服务器，以及DEC 7000 AXP企业服务器。

1993年，英特尔公司发布了Pentium微处理器系列。该处理器进行了几大升级，使程序运行速度更快，比如同时执行几个命令的能力和支持图形和音乐的功能。微软公司推出了Windows NT 3.1，该操作系统可以支持32位程序。同年，ID软件公司发布了Doom，它是一种身临其境的第一人称射击游戏。个人电脑正在变形成一个视频游戏的平台。伊利诺伊大学国家超级计算机应用中心的埃里克·拜纳（Eric Bina）和马克·安德森（Marc Andreessen）设计并发布了Mosaic网页浏览器。Mosaic网页浏览器是第一个商业软件，它允许访问互联网上的图形内容。同年，MP3文件格式发布了。引导扇区病毒"Leandro & Kelly"和"Freddy Krueger"首次出现。松本行弘设计的编程语言Ruby是一种可以用命令式编程来平衡函数式编程的语言。

1994年，马克·安德森、吉姆·克拉克（Jim Clark）和其他人一起成立了网景通信公司，他们开发出了安全套接字层（SSL）协议。同年，斯坦福大学的研究生杨致远和大卫·费罗（David Filo）创建了流行门户网站——雅虎，也是在那个时候，Iomega公司发布了Iomega Zip Disk。起初Zip系统允许在3.5英寸的软盘上大致存储100MB的数据。Commodore International宣布破产并出售其资产。同年，贝尔·索思（Bell South）发明了第一个智能手机——西蒙个人通讯器。一个基于DOS系统的多态计算机病毒——One Half首次出现。

1995年，太阳微系统公司发布了由詹姆斯·高斯林（James Gosling）设计的Java软件平台。用于Web开发的服务器端脚本语言——PHP由拉斯姆斯·勒多夫（Rasmus Lerdorf）

设计并首次亮相。微软公司发布了Windows 95。第一个宏病毒名叫"Concept"，它攻击了微软的Word文件。索尼公司发布了首款PlayStation。亚马逊开始上线。3dfx公司发布了Voodoo，它是第一款消费者3D加速器，能够实时和高分辨率地渲染场景。

1996年，诺基亚公司推出了智能手机系列Nokia 9000。随着Navigator 2.0的发布，网景导航员成为第一个支持JavaScript的浏览器。东芝公司推出了Libretto，它是第一台小型笔记本电脑。IBM的深蓝超级计算机赢得了与国际象棋的世界冠军加里·卡斯帕罗夫（Garry Kasparov）的象棋六局对抗赛。沙比尔·巴蒂亚（Sabeer Bhatia）和杰克·史密斯（Jack Smith）在加利福尼亚的山景城成立了Hotmail公司。Ply病毒出现，它是一种具有内置置换引擎的未加密的多态病毒。

1997年，微软公司收购了Hotmail公司。英特尔公司推出Pentium II产品系列。在一个完整的国际象棋比赛中，IBM的深蓝超级计算机赢了六局比赛中的三局半，成为第一台打败国际象棋世界冠军加里·卡斯帕罗夫的计算机。微软公司购买了苹果电脑公司10万的无表决权股票，为苹果提供了关键性的资金。分布式网络标志着人们第一次大规模使用空闲计算能力来解决棘手的计算问题。

1998年，康柏电脑公司收购了DEC公司。谷歌公司成立了。苹果电脑公司推出了iMac，微软公司推出了Windows 98。第一个版本的CIH病毒出现，该病毒会擦除Flash ROM BIOS里的内容。

1999年，随着Napster的出现，人们大规模地提出对等计算的概念。Happy99蠕虫第一次出现，它会在无形中附在电子邮件中，用烟花来隐藏产生的变化，并祝贺用户新年快乐。它会修改Windows 95和 Windows 98上的Outlook Express 和 Internet Explorer的系统文件。同时，Melissa蠕虫出现，它专门针对微软的Word软件和基于Outlook的系统，并会使网络瘫痪。人们第一次发现了ExploreZip蠕虫，它会破坏微软的Office文件。Kak蠕虫是一种JavaScript病毒，它利用Outlook Express中的漏洞来进行传播。

2000年，全美达科技公司发布了Crusoe微处理器，这是一种专门为笔记本电脑设计的处理器。微软公司发布了Windows 2000。索尼公司发布了PlayStation 2。AMD公司发布了Athlon芯片，英特尔公司发布了Pentium III和Pentium IV。RSA加密算法开始进入公众领域。C#出现了，它的首席设计师是安德斯·海尔斯伯格（Anders Heljsberg）。第一个USB闪存驱动器开始出售。在ILOVEYOU蠕虫（也叫Love Letter、VBS或Love Bug蠕虫）出现后的几个小时内，就因为感染数以百万计的世界各地的Windows电脑而被世人所熟知。

2001年，Agile Manifesto发布了，它定义了软件开发中的更多的"敏捷"过程的增长趋势。苹果电脑公司发布了iPod 和Mac OS X，微软公司发布了Windows XP和Xbox游戏系统。维基百科成立了。Anna Kournikova病毒通过发送电子邮件到受害者的微软Outlook地址簿来攻击电子邮件服务器。Sadmind蠕虫通过利用Sun Solaris和Microsoft IIS中的漏洞来进行传播。Sircam蠕虫发布了，它通过电子邮件和未受保护的网络共享在微软系统中进行传播。Code Red蠕虫攻击微软互联网信息服务中的索引服务器的ISAPI扩展。Code Red II开始大举扩张到微软系统，主要是在中国。人们发现了Nimda蠕虫，它通过各种途径进行传播，包括Microsoft Windows中的漏洞，以及Code Red II和Sadmind留下的后门。Klez蠕虫第一次被人们发现，它利用Microsoft Internet Explorer、Microsoft Outlook和Outlook Express中的漏洞进行传播。

2002年，黑莓公司（RIM）发布了第一款黑莓智能手机。Simile病毒出现，它是一种用汇编语言编写的变形计算机病毒。一个基于Windows的后门木马病毒——Beast出现了，它几乎能够感染所有版本的Windows。My life蠕虫通过给Microsoft Outlook的所有联系人发送恶意电子邮件来传播病毒。Optix Pro是一个可配置的远程访问工具，它也叫Trojan。

2003年，人们开发出了Skype，它是一种低成本的网络视频和语言通话的方式。苹果电脑公司推出了iTunes商店。NVIDIA公司发布了GeForce FX 3D卡，该显卡为像素和顶点着色器的使用提供了大力支持。英特尔公司发布了笔记本专用的Pentium M和Centrino移动平台。AMD公司发布了Opteron系列服务处理器，它是一种基于64位的K8微架构的处理器。AMD公司还发布了Athlon 64，这是第一个为用户市场设计的64位处理器。SQL slammer蠕虫攻击Microsoft SQL Server和MSDE中的漏洞，成为有史以来传播速度最快的病毒，它会导致互联网在15分钟以内崩溃。Graybird和ProRat出现了，这是一种土耳其制造的基于微软Windows的后门木马。Blaster蠕虫开始利用Windows计算机上的系统服务的漏洞迅速蔓延。Welchia（Nachi）蠕虫被人们发现，它是一种试图删除Blaster蠕虫和修补Windows的蠕虫。Sobig.F蠕虫通过邮件和网络共享在Microsoft系统中快速蔓延。Swen是一种用C++编写的计算机蠕虫。Sober蠕虫首次在Microsoft系统中被人们发现。Agobot蠕虫利用Microsoft Windows上的漏洞来进行传播。Bolgimo是一种利用缓冲区溢出漏洞来进行传播的电脑蠕虫。

2004年，Facebook成立了。Google推出了G-mail。Mozilla推出了FireFox 1.0. Bagle，它是一种影响出现的所有版本Microsoft Windows的群发邮件的蠕虫病毒。L10n蠕虫是一种Linux病毒，它利用BIND DNS服务器缓冲区溢出错误来进行传播。MyDoom蠕虫出现，它是最快邮件群发蠕虫病毒记录的保持者。人们发现了Netsky蠕虫，它通过电子邮件，以及将自己复制到本地硬盘驱动器和可用的映射网络驱动器上的文件夹来进行传播。Witty蠕虫是一种在许多方面打破记录的蠕虫。它利用几个互联网安全系统（ISS）产品上的漏洞来进行传播。这是第一个具有破坏性的网络病毒，它使用零场域主机中的预填列表来迅速传播。Sasser蠕虫出现了，它利用Microsoft Windows LSASS服务上的漏洞来进行传播，在网络中制造问题。Caribe或Cabir是一种感染使用Symbian操作系统的手机的病毒，该病毒是第一个可以感染手机的电脑病毒，它通过蓝牙进行传播。核远程管理工具是一种后门木马病毒，它会感染Windows NT家庭系统。Vundo Trojan出现了，并会弹出恶意反间谍软件程序的窗口和广告；它会降低一些网站的服务功能，包括Google和Facebook。后门木马Bifrost会通过Vista感染Windows 95。第一个已知的网络蠕虫Santa出现了，它会利用phpBB中的漏洞来传播，并使用Google来发现新目标。为了防止它传播，谷歌过滤了蠕虫使用的搜索查询，但在这之前，该病毒已感染了约4万个网站。

2005年，英特尔公司发布了Pentium D，AMD公司发布了Athlon 64 X2，这两者都是双核64位台式机处理器。IBM把个人电脑的业务出售给了联想公司。YouTube成立了。苹果电脑公司宣布他们将在即将推出的Macintosh电脑上使用英特尔处理器。微软公司发布了Xbox 360。伪装成微软Windows ActiveX组件上所需的视频编码解码器的Zlob Trojan被人们检测到了。Bandook远程管理工具是一个后门木马，它会感染Windows系列系统。该工具使用进程劫持和内核补丁来绕过防火墙，让服务器组件劫持进程，并获得访问互联网的权限。

2006年，英特尔公司发布了核心品牌：移动32位单核处理器和双核处理器。苹果电脑公司推出了MacBook Pro，这是该公司第一个基于英特尔的双核移动计算机，以及基于英特尔的iMac。Twitter诞生了。索尼公司发布了PlayStation 3，任天堂公司发布了Wii。Nyxem蠕虫被人们发现了，它通过邮件群发进行传播。该病毒会在每个月的第三天激活，试图禁用安全相关的文件共享软件，并破坏某些类型的文件，比如Microsoft Office文件等。人们发现了一个被称为OSX / leap-a的木马病毒，这是一种针对Mac OS X的恶意软件。

2007年，苹果公司（2007年1月9日更名为苹果公司）推出了第一代iPhone。微软公司发布了Windows Vista。华硕公司发布了第一台ASUS Eee PC。苹果公司发布了Mac OS X Leopard。AMD公司发布了Phenom系列高性能处理器。亚马逊公司发布了Kindle电子书阅读器。受到未知的外来入侵者的拒绝服务攻击，爱沙尼亚政府网络被迫中断。Storm蠕虫是一种针对微软系统的快速传播的滥发垃圾邮件的病毒威胁，它开始将受感染的电脑凑成僵尸网络。Zeus是一种针对微软Windows系统的木马病毒，该病毒通过按键记录窃取银行信息。

2008年，Verizon Wireless推出了安卓的第一个版本。HTC Dream发布了，这是第一部运行安卓操作系统的市售手机。Hulu的推出标志着多种平台的计算和电视观看的重要整合。人们在数码相框中发现了Mocmex木马。人们发现了Torpig木马，它会通过关闭防病毒应用程序入侵Windows。该病毒允许电脑访问未经授权的用户，修改数据，窃取机密信息，并在受害者的计算机上安装更多的恶意广告软件。人们检测到了Rustock.C，它是一种有高级Rootkit功能的恶意广告软件。Bohmini.A是一种可配置的远程访问工具木马，它利用Adobe Flash 9.0.115在Internet Explorer 7.0中的安全缺陷，以及Windows XP SP2下的Firefox 2.0的安全缺陷进行传播。Koobface蠕虫是针对Facebook和MySpace用户的一种病毒。Conficker蠕虫会到处感染，900万至1 500万的微软服务器系统受到了攻击，这些服务器运行从Windows 2000到Windows 7 Beta的系统。

2009年，苹果公司推出了Mac OS X Snow Leopard；微软公司推出了Windows 7。W32.Dozer攻击了美国和韩国政府、金融和媒体网站。赛门铁克公司发现了Daprosy蠕虫，其目的是在网吧里窃取网络游戏的密码，以及拦截所有的按键发送给其开发者。2010年，苹果公司发布了iPhone 4和iPad，这标志着平板技术第一次在商业中获得了大规模的成功。

我们快速浏览人类计算领域的历史发展进程结束了。当一个人思考人类在计算能力上的进步时，两大观察结果是不可避免会产生的：第一是人类成就以一种绝对速度在不断增加；第二是这些成就是如何改变IT的"传统角色"的，包括技术看守员、结构化分析提供者（系统分析）、解决方案提供商和企业内部业务数据管家这些角色。技术进步以这样的方式发生，以消除许多IT烟囱和特性。编程语言从设计用于建立数据结构和算法（从最基本的概念到扩充陈述）的方法转变为脚本语言，这意味着计算机具备有效强大的组件，而它主要用于黏合或连接它们。随着时间的推移，编程效率在不断下降，因为人们以牺牲计算堆栈的有效使用为代价，来提高企业用户的理解能力。老笑话"安迪（英特尔公司的安迪·格鲁夫）提供什么，比尔（微软公司的比尔·盖茨）就拿走什么"现在有了更多的验证者。

内部IT的作用已经越来越多地倾向于整合这些独立的解决方案、数据模型和架构，以支持业务需求的速度。人们编写宏指令、"构建"查询或编写一些超文本标记语言的能力并不意味可以产生有意义的，或者是有用的结果。为了得出参数，人们只要避免除以零，Excel就可以进行任何计算，并产生结果。硬件已经从巨大的适用结构转变成包含许多倍的处理能力的设备，而且其现在可以安装在笔记本电脑或台式机上。

这种转变已经不再强调技术，因为它追求的是商业目标，这或许是我们应该做的事。然而，随着技术慢慢退出舞台，人们更仔细地思考后认为，以相对缓慢的速度开发解决方案，并不跟影响组织变革的速度"同步"。在这种情况下，我们开发新的解决方案的速度比以往任何时候都要快，但是我们对如何将结果整合成一个有价值的整体的理解还比较局限。任何曾经被称为金融机构的公司将都很快意识到，解决方案的开发速度已经超越了整合的速度。处于金融服务业的公司一般不注意消费者购买的产品。当呼叫中心提供有限的一体化服务时，银行账户、抵押贷款、房屋净值贷款、汽车贷款、保险产品和IRA这些项目会生成独立的营销邮件和报表。

当人类进入21世纪时，20世纪90年代的互联网泡沫已经"破裂"，但是新的竞争又隐隐出现。这标志着基于互联网的不可靠的商业模式衰落了，我们随之迎来了数据库应用的稳健增长，因为越来越多的数据可用于分析访问。数据挖掘、数据仓库、数据集市已经是常用的技术。现在大数据（T级规模+）将推出消费热潮和军备竞赛。系统的出现，比如HADOOP和Netezza，凸显了一种新的处理和分析数据的复杂程度。访问大数据的组织会对发现这些方法在不同的领域创造的见解产生强烈的兴趣，如零售、制药、国家安全和空间探索等。然而我们计算的速度越快，探索的数据越"大"，我们就会越容易暴露在新的动荡环境中。

在大数据环境中，数据及其上下文的意义是相互变化的，基于足够的洞察力，我们可以冒着风险做出"昂贵"的判断。最近，沙维坦·夏（Shvetank Shah）、安得烈·霍恩（Andrew Horne）和加米·卡倍拉（Jaime Capellá）在《哈佛商业评论》（*Harvard Business Review*）上发表的一篇名为《好的数据不能保证好的决策》（"Good Data Won't Guarantee Good Decisions"）的文章强调了这一论点。他们观察到，"对于所有的'气喘吁吁'地做出关于大数据投资回报率的承诺的公司都会面临一个挑战。分析投资可能是无用的，甚至是有害的，除非员工可以将这些数据整合到复杂的决策中"。他们的分析为良好决策提供了前提条件，即"平衡判断与分析，掌握较强的分析能力，听取别人的意见，并且愿意提出不同意见"。然而，他们的研究发现，只有38%的员工和50%的高级管理人员符合这一标准。收集和处理大量昂贵的数据，从上下文中剥离并置于人们（通常没有准备好对这些数据做出合理的判断）的手中，似乎会引入新的不稳定性。

在应用程序方面，我们看到了更多地使用个人数字助理（PDA）、销售点交易、智能手机和平板电脑的交互式应用程序的出现。也许是作为答复，"游戏化"似乎是商业应用发展的下一个阶段：在员工执行交易，以推进企业目标时，身临其境的环境会显示要点、促进竞争和提供排名板。就像大数据的消极面一样，环境也具有不适合动荡的属性和意义。

大多数组织会使用一些关键绩效指标（以下简称为KPI）来描述理想结果。然而，对于要测量的指标来讲，人们通常不知道哪个是容易捕获的指标，哪个是真正重要的指标。这发生在我们探索KPI膨胀现象之前。KPI的基本概念是它们必须是关键点。作为顾问，我们经常会回顾KPI的适宜性和有效性。客户被要求做的第一件事就是把他们的钥匙扣放在他们的前面，然后数钥匙。很少有人能数到超过6个或8个的，没有人会数到40个或者60个或者更多。通常，KPI膨胀现象只是会简单地迷惑住员工，因为他们会试图最大限度地发挥他们的本领。游戏化地构建KPI只会带来更大的业绩波动，因为企业会在某一方面完成得比预期好，然后突然变得矫枉过正。金融部门提供了明确的例子：使用关于金融交易的不平衡的激励措施。尽管监管和审查越来越严格，但违反政策和法规的交易还是继续发生着。在游戏化的概念产生之前，也许会有更多的优势来确保人们理解平衡的目标和措施，并且这些目标和措施能够在实际中推动所需的行为。意外后果法规开始盛行。

尽管发生了巨大的技术进步，但围绕结果、使命、隐私、道德、安全和可用性的动荡还是在不断加剧。

技术动荡的影响

正如我们在本章开头所说的，我们认为动荡是一种突发的、混乱的状态，它表明现状的意外和突然的变化。

技术变化和由此产生的突发性混乱状态似乎一直是IT的特征。在许多方面，这种步伐正在加快，至少在产品和服务方面，不过一些基本的定律（如摩尔定律）似乎仍然像以往一样有效。根据最近的历史，我们可以说，变化的步伐将继续加快，并将影响到IT的每一个领域。这增加了动荡、变化和不确定的程度，因为IT规划、开发和生产的传统手段正面临来自不断变化的方法和能力方面的挑战。随着IT动荡分散到整个业务中，以及成为当地组织和个人决策和使用的一个元素，这种动荡甚至更为明显。正如一个观察者所说的，这种计算"民主化"本身在企业和IT供应领域中就是一种极强的动荡力量。

在图1.1中，我们介绍了一种IT和业务间关系的思维模式。在图5.1中，我们提出了四大基本概论：

- 技术动荡正在加速，并迅速扩展到对业务可能产生影响的各种各样的事物上。
- 重大创新形式的技术动荡使新的业务战略和经营战略成为可能（而且是迅速地）。
- 新交付IT（如云端）形式的技术动荡使与现有IT组织之外的业务的新IT关系成为可能（而且是迅速地）。
- 技术动荡改变了IT组织交付IT服务的方式（而且是迅速地）。

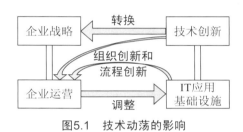

图5.1 技术动荡的影响

技术动荡正在加速，并迅速扩展到对业务可能产生影响的各种各样的事物上

本章的第一部分明确说明了技术动荡在快速加速。

加德纳技术成熟度曲线[1]提供了一种有趣的描述方法，它能定期跟踪新技术的引进，从研发到市场接受。你可以查看近年来的成熟度曲线图以了解动荡，并关注两件事。首先，特定的技术可以快速地穿过阶段，展示了一种从实验室到具体应用的快速步伐。其次，在某一年出现的技术的数量在随后的几年不会再出现，这也是动荡的本质表现。一些变化是词语和包装风格的变化，这样项目才能够得到充分地了解。但是，许多项目来来往往，这又增强了人们对动荡和不确定的感知。

加德纳技术成熟度曲线分别监测了大量的技术和应用类别，从而扩大了实际包括的技术的数量。这增强了动荡和不确定的感觉，但也增强了存在重要新机遇的感觉。正如我们

---

1. 请参阅：Gartner，"Hype Cycles"，Gartner website | Research Methodologies，www.gartner.com/technology/research/methodologies/hype-cycle.jsp。自1995年推出以来，加德纳技术成熟度曲线已发展到拥有近100个技术类别，包含近2 000项技术。

将在第18章和19章中强调的，这一观点增加了对业务和IT的领导力的挑战。正如我们在第1章中所说的那样，企业管理并不能总是明确地抓住企业面前的机遇和动荡挑战，这又加剧了技术的动荡程度。目前的形势为CIO和IT主管提供了这样的机遇，但能否抓住机遇取决于领导的技术和连接业务的能力。如图5.2所示，这需要IT和业务之间建立强大的关系。我们会在第17章中详细讲述CIO领导要求。

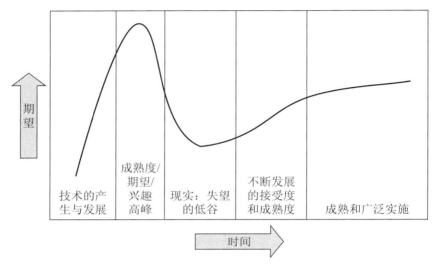

图5.2　加德纳技术成熟度曲线的简单视图

（加德纳技术成熟度曲线也强调了新技术的缺点：实际成就滞后的期望、令人失望的现实、重新部署，以及业务与IT的信任度测试。）

重大创新形式的技术动荡使新的业务战略和经营战略迅速成为可能

回顾本章的开头部分，业务创新种类的性质会变得显而易见。一些概论包括：

■ 人类越来越依靠计算机来处理信息。除此之外，根据职业和专业的种类，这种现象的社会影响越来越明显。[1]

■ IT影响不断增加的过程是通过降低成本、启用新的商业模式、提供新的服务和转换业务及其客户和供应链的互动方式来实现的。

■ 业务的商业模式发生了重大转变，从单纯的产品到服务增强型信息产品，提升了

1. 请参阅："A Special Report: Manufacturing and Innovation—A Third Industrial Revolution"，*The Economist*，April 21, 2012。

可达性、维护性和支持性。

■ 非中介化会导致重大的转变——除去供应链中的中间商外，这影响了整个行业，包括新关系的可能性，或者技术促使人们重新通过中间媒介所进行的操作。

这些都是简单的概括，但给我们带来一种产生了巨大变化的感觉，近几十年来，我们看到和感受到了巨大的变化。而且，我们不相信速度会变慢。

业务的影响通过企业战略规划和对威胁和机遇的反应表现出来。如前所述，这对业务造成了巨大的压力，人们只要理解什么是可能的，以及可能发生的业务动荡效应，同时对IT组织、CIO等技术供应商施加压力，就能明确地表达业务所认同的未来机遇是什么。

新IT交付形式的技术动荡使与现有IT组织之外的业务的新IT关系迅速成为可能

许多业务功能领域已经开始直接从供应商那里获得IT服务，举例来说，成套解决方案可以直接用于销售人员管理和医疗管理等领域。同样，外包服务的一个重要组成部分会涉及提供业务的IT访问能力的新形式。这使企业中各种各样的问题变得更复杂，例如安全、数据集成、跨业务部门和跨业务功能计划。

可以说，技术动荡的一大后果就是网络组件转变为业务和IT的关注中心，而不是用于处理（计算机本身）可能的数据/信息。网络是一个基于整个企业通用性的领域，人们很难想象不同的/不兼容的语音连接会是有用的或有吸引力的。关于通用性相同的观点也适用于其他常见的基础设施服务，例如电子邮件以及安全。然而，即使在这些IT供应相对保守的领域，技术和供应商可用性的快速变化也会使它们产生新联系。

技术动荡迅速改变了IT组织交付IT服务的方式

尽管IT组织已经寻找到稳定的和精心设计的解决方案，但人们还需要面临这些现有的挑战。即便IT与供应商关系的基本原则正在改变，技术也会促使新的做事方法的产生。例如，从基本存储（如文字处理）到数据存储和备份，再到强大的分析技术等的云交付服务的快速可用性，都显示了这些模式的应用将成为可能。企业中移动设备的快速扩散就说明了这一点。

基于IT动荡的企业影响

尽管我们不是写一本关于IT管理的书，但我们对IT动荡通常如何增强信任和合作的问题，以及动荡如何提高IT维持信任和合作（和业务）的能力感兴趣，这样才能开发有效应对动荡和不确定性的业务和IT解决方案，并提供卓越业务价值。

这的确是讽刺的，在某些方面，采购的替代解决方案（在当代术语中，指的是"云"）改变了业务和IT组织间的关系。也就是说，制定独立的采购决策的业务部门是IT的供应商，IT组织（从安全、数据完整性、数据采集和大数据应用管理的意义上说）是业务部门。

在某些方面，这是一种与第3章中所讲述的业务相同的观点，即稳定和动荡的业务环境会产生区别，以及随之而来的组织、治理等方面的差异。正如第3章所述，在IT领域这同样也可能会出现，包括流程末端的IT。

与第3章中描述的提高速度和适应性（要求找到并实现更快的解决方案的能力）的动荡一样，技术动荡也会迅速引入新技术，并挑战执行战略性IT管理的所有方法，例如规划、卓越运营和财务管理等。就一切情况而论，动荡需要具备迅速适应和做出决定的过程。这是从第3章的业务角度来看的，但在第5章中，技术中的动力来源需要同样的适应过程。

以下是关于组织影响的陈述的出发点：

- 治理。根据当前的动荡形式中IT的n到m性质，各种关于IT方式的决策是非常复杂的。对于"n to m"，我们指的是多个IT供应商（m）向多个业务部门（n）提供服务。在评估IT动荡时，下页表5-1可能会反映问题在很大程度上是IT治理（如IT领导力的行使），事实上，在企业或企业商业管理和领导层面，问题的范围更为广泛。人们所做出的决策会影响所有领域，特别是会影响业务开展的方式。

- 软件开发。在期望一体化和使用公共基础设施的背景下，软件多活动源的前景是坎坷的，重点是共同开发的政策、标准这一类的事物。

- 卓越运营。谁来负责，策略是什么，支持（如帮助桌面）在哪里？

- 问责制。关于卓越运营的问题也同样适用于此处，但会从组织角度来看待双方存在的问题。

- 成本管理。成本管理是一个复杂的问题，特别是当一些方面集中提供IT（如网络）云资源的应用等时。

■ 规划与创新。这一领域可能包括企业架构。此外，这是一个复杂的问题，会包含n
到m的关系。

本章的重点是，IT动荡如何显著地影响连接业务和IT、处理动荡以及建立信任和合作
的事物。一些建议性的原则是：我们不关心IT管理本身，我们关心的是战略性IT管理是如
何产生和维持合作/信任的，合作/信任将允许业务和IT部门针对技术动荡引起的问题，做
出有效的决策。[1]

技术动荡评估

关于技术动荡如何影响企业的问题，我们邀请读者来进行自我评估（见表5-1）。

表5-1　动荡评估

技术动荡的影响	目前对企业的影响	业务领导的认知	IT领导的认识
技术动荡正在加速，并迅速扩展对业务可能产生影响的各种各样的事物上			
重大创新形式的技术动荡使新的业务战略和运营战略迅速成为可能			
新IT交付形式（例如云）的技术动荡使与现有IT组织之外的业务的新IT关系迅速成为可能			
技术动荡迅速改变了IT组织交付IT服务的方式			

评分等级：

■ 很少或根本不会对企业产生影响，或者很少或根本没有领导认知。（1分）

■ 只会影响少数几个领域，或者少数领导有兴趣和认知。（2分）

■ 开始看见真正的影响，或者领导开始提出严重问题。（3分）

■ 当前的影响已经蔓延到许多领域，或者领导正在关注。（4分）

■ 发生重大变化，管理层正花费时间和精力来应对变化。（5分）

---

1. 请参阅：*The Cutter IT Journal* , 26, No. 7 (July 2013),这就提出了一个问题：“IT仍然与之有关联吗？”

参考文献

以下文献为关于技术动荡的讲述提供了资料。

1. Schumpeter, J. *Capitalism, Socialism, and Democracy*. New York: Harper & Row, 1942. http://basicofcomputer.com/history_of_database_and_history_of_database_management_ system. htm

2. http://ccvr.vrbandenpvs.nl/onderwerpen/rekenen2.html

3. http://cs–exhibitions.uni–klu.ac.at/index.php?id=222

4. http://hbr.org/2012/04/good–data–wont–guarantee–good–decisions/ar71

5. http://history–computer.com/Babbage/LeonardoTorres.html

6. http://history–computer.com/People/People.html

7. http://invention.smithsonian.org/centerpieces/Quartz/inventors/clock.html

8. http://math.hws.edu/vaughn/cpsc/343/2003/history.html

9. http://oberlinsmith.org

10. http://oreilly.com/news/graphics/prog_lang_poster.pdfhttp://plato.stanford.edu/entries/ principia–mathematicahttp://trillian.randomstuff.org.uk/ ~ stephen//history

11. www.asugnews.com/2011/06/20/do–ceos–know–what–they–want–from–cios

12. www.ciodashboard.com/it–strategy/does–ceo–care–about–it

13. www.computer.org/cms/Computer.org/Publications/timeline.pdf

14. www.computer.org/portal/web/computingthen

15. www.computerhistory.org/semiconductor/timeline/1931–The–Theory.htmlwww. computerhope.com/history/2001.htmwww.conference–board.org/subsites/index.cfm?id= 14514 www. dynamiccio.com/2011/12/should–ceo–understand–it.htmlwww.historyworld.net/timesearch

16. www.historyworld.net/timesearch/default.asp?conid=2&bottomsort=21808261&direct ion=NEXT&keywords=19thcenturytimeline&timelineid= www.kean.edu/~rmelworm/3040–00/ LuoDatabaseTimeLine.htmlwww.levenez.com/lang/lang_letter.pdf

17. www.smithsonianeducation.org/educators/lesson_plans/carbons/1920.html

18. www.thocp.net/index.htm

19. www.thocp.net/timeline/2005.htm

20. www.zdnet.com/blog/projectfailures/it–failure–blame–your–ceo/8401

21. http://www–groups.dcs.st–and.ac.uk/~history/HistTopics/Zero.html

22. Augarten, Stan. *BIT by BIT, An Illus tra ted History of Computers*. Houghton MiFLin, 1984.

23. *British Multimedia Encyclopaedia*, GSP.

24. *A Chronology of Digital Computing Machines* (*to* 1952). 请参阅：http://www.davros.org/ misc/ chronology.html (1994).

25. Giscard d, Estaing, Valerie–Anne, ed. *The Book of Inventions and Discoveries*. Macdonald Queen Anne Press, 1991.

26. Moody, Glyn. *Rebel Code (Linux and the Open Source Revolution)*. Basic Books, 2002.

27. Ridge, Peter M., David M. Golden, Ivan Luk and Scott Sindorf. *Sound Buster: The Official Book*. Osborne, 1994. Southamption University Archaeological Computing Lecture Notes (AY3.86, 2000).

28. Tischer, Michael, Bruno Jennrich. *PC Intern*, 6th ed. Abacus Software, 1996.

06 IT采购的影响

IT服务可由内部IT部门或外部供应方提供，这两种选择都会影响业务与IT之间的关系。首先，我们将从战略角度来讨论如何做出选择，以及该选择是如何影响与IT相关的战略、战术、运营决策的；随后，我们将继续探讨信任和动荡所带来的影响；最后，我们会提出关于未来公司内部与外部的服务交付可能会如何发展的观点。

IT服务供应方成为一个战略性问题

IT管理中的一个重要战略问题就是谁将提供业务需要的IT服务，可能由公司或业务部门的IT部门、一个或多个IT外包服务供应商，或是上述两种选择兼而有之。不仅仅是IT有这方面的考量，人力资源、会计、物流等其他职能领域也面临着同样的问题。尤其在考量从人到系统，以及从系统到系统的互联网通信中，IT一直以来都是这种发展的推手之一。宽带和互联网技术使从中心位置（如英国伦敦）向位于世界各地的员工提供人力资源服务成为可能，人们甚至可以使用所谓的"点菜服务"来定制这些服务。此外，从班加罗尔到业务遍布全世界的西方公司的会计服务同样也是如此。[1]

在诸多行业中都存在这样一个明显趋势，即业务专注于核心服务领域，而将其他领域外包给专业供应商。服务供应和与供应方建立长期关系的决策已然成为战略规划过程的一

1. 本章内容基于蒂尔堡大学研究计划成果的早期出版物：E. Beulen, P. Ribbers, J. Roos, *Managing ZT Outsourcing*, 2nd ed (Routledge, 2011)。

部分。这些决策将决定公司相对于其客户、供应商，以及其他利益相关者在竞争环境中所处的位置。当然，关于公司如何在当前的计划期内，以经济高效的方式采购特定的商品和服务的战术性自产或外包决策依然存在。

现在我们来区分一下战略性内包和战略性外包。战略性内包基于长期动机，例如保持公司内部核心竞争力与保密性。战略性外包则基于更长期的动机，例如使公司更加敏捷，并获得外部供应优于内部创造的重要互补资源。这里的关注焦点是建立更长时期的关系，在这种关系中，各公司共同规划其在相同的竞争环境中的行动。如此一来，公司间的相互依赖性更强，合同期将超越简单的较长（战略性）的规划周期。

战略性IT外包

我们可将战略性IT外包定义为基于长期合同，将执行机构的全部或部分IT服务的责任交付给一家或多家外部IT供应方的行为，其中可能存在，也可能不存在员工和资产转移。战略性IT外包包括数据中心外包、网络运营外包、桌面外包、应用外包服务、帮助台外包以及灾难恢复。根据Computer Economics公司[1]近期针对137家美国和加拿大公司进行的研究，采用IT外包的公司在过去10年间不断增加。2013年，分配给外包的典型IT预算上升了约23%。特别是，关于服务、数据中心外包、网络电子商务系统和应用程序开发、帮助台和桌面支持的软件在这方面非常重要。

IT所涵盖的各个职能都可以进行外包吗？在探讨IT管理时，人们会区分需求管理和供应管理。[2]需求管理以业务为导向，其主旨在于为信息和IS制定组织需求。从根本上说，需求管理是业务的责任。供应管理的重点是技术，其要义在于管理信息来源（人员、资产、过程），并以经济高效的方式来有效地满足组织的信息需求。

由于需求是一种整体性的业务责任，它通常并不是外包的考虑对象。而供应是一种基于安装和管理技术来交付所需信息的活动。

通常，战略性IT外包是独立于机构核心业务的活动，并且要求机构具备不同的技术

1. "IT Outsourcing Statistics", Computer Economics, Inc., 2012.
2. S. Cullen, L. Willcocks, *Intelligent IT Outsourcing: Eight Building Blocks to Success (Butteruoworth-Heinemann, 2003)*.

和知识基础。因此，供应管理可以成为工厂外包的典型考虑对象（但实际上并不一定如此）。20世纪90年代，总部位于荷兰的国际电器生产商飞利浦公司决定重组其需求和供应管理。他们首先外包了内部IT部门的应用部分，然后外包了基础设施管理。初始结构化和分阶段实施的方法使实施适当的需求管理成为可能。[1]

在任何业务活动管理中都存在三个决策等级：与该机构长期目标相关的战略决策；确保获得规划资源并将其用于实现所述目标的战术决策；以及确保按照计划执行任务的运营决策。这一分类同样适用于IT。外包对各个机构层次影响不同。通常来说，战略是无法进行外包的。由于日常IT服务交付过程中存在很多的操作任务，因此可以考虑将其进行外包。

战略层面的IT责任

IT战略涉及与供需有关的长期规划，并且属于战略组织层面。需求层面专注于实现业务战略所需的信息和系统。这些看法和计划由管理层进行批准，并旨在长期支持组织目标。

供应层面决定了技术支持所需的信息供应和系统的方式，其内容包括硬件、软件、数据库、网络和相关标准的选择，以及所需交付的服务的定义，例如计算机操作、数据管理、软件开发与维护和用户支持。供应层面还强调了哪些IT服务将由公司内部IT部门交付，哪些将外包给外部服务供应商。IT战略的供需方面都涉及信息、应用和技术，不过各自的角度有所不同。

事实上，尽管困难显而易见，一些战略层面的内容有时将由服务供应商来提供。对许多公司而言，为战略阶段配备人员十分困难。为解决这一困境，外聘顾问可能是一种解决方案。公司将仍然保持着对战略的责任和控制，而当任务量出现高峰时，将聘请外部人员填补知识差距和/或提供额外能力。

战术层面的IT责任

在即将到来的规划阶段规划所交付的IT服务的数量和类型，并确保合理利用这些服务（例如通过培训）是组织在战术上的职责。如果采用外包或公司内部IT服务交付，公司必

---

1. E. Beulen, P. Ribbers, J. Roos, *Managing IT Outsourcing*, 2nd ed. (Routledge, 2011).

须在服务水平协议中列出严格的条款。当然，就外包情况而言，无懈可击的合同将变得更加必要，因为与层次关系相比，公司与服务供应方之间仅存在合同关系。不过在实践中，预见并在服务水平协议范围内涵盖所有可能的可能性并不大。

服务供应商在其服务项目中不断增加战术活动，不仅可以增加营业收入，而且还能加强其对客户的控制。因此，外包战术活动并不总是个好主意。[1]

运营层面的IT责任

实际交付和恰当使用IT服务的责任归属于运营层面。在该层面上，我们主要关注外包的能力和活动的问题。在战术层面签订的协议和合同义务控制着关系和服务条款。然而，此类义务的动力一直是麻烦的来源，而且未来也将如此。[2]随着涉及并购和新技术开发的公司不断增多，情况会变得更加复杂，例如手机应用的兴起和自带设备策略的出现。

信任和动荡的影响

内部IT部门和外部供应商之间的取舍可能取决于信任和动荡的影响。

信任

管理IT合作伙伴关系的重点并不仅仅是"硬件部分"，我们应更多地关注其"软件部分"，尤其是信任方面。对IT合作伙伴关系的信任程度反映了服务接收方对服务供应商能否达到约定性能标准和服务水平协议中规定指标的信心。[3]总体而言，从信任角度来看，相比公司内部的生产和交付，外包会产生更大的挑战。公司拥有自己的损益表（P&L）并受其驱使。任何潜在的外包协议背后都存在机会主义行为。不是所有人都会同样诚实，有

1. V. Grover , J. Teng, "The Decision to Outsource Information Systems Functions", *Journal of Systems Management* , 44, No. 11 (November 1993).

2. M. Lacity, R. Hirschheim, *Information Systems Outsourcing* (Wiley, 1993).

3. Lacity and Hirschheim, *Information Systems Outsourcing.*

些人试图从情势中获利。当然，并不是所有人在所有时候都会这么做。但是，问题在于某些人在某些时候十分诚实，而当开展业务时，区分哪些人诚实，哪些人虚假是非常困难的。因此，大多数交易中都存在检验、控制、认证等类似举措，即使认为合作伙伴充分值得信任时也是如此。因此，机会主义行为的发生会导致成本的增加。当潜在贸易伙伴非常少时，这一点非常重要。这些合作伙伴不太注重其自身的声誉，因为即使客户对其不满意，也几乎没有任何选择余地。事实上，外包公司永远无法准确地评估其潜在供应商的质量和真实意图。因此，这些公司应收集尽可能多的关于其潜在供应商的独立信息，并在选择供应商阶段降低风险，这一点至关重要。此类信息的来源包括市场调研、熟悉供应商信用记录的现有和以前的客户，有时也可以向独立机关或机构寻求信息，这些机构可能会开展标杆管理活动。机会主义也可以解释认证程序（如ISO认证程序）在过去10年甚至是20年间兴起的原因。

一旦签订合同，服务接收方必须确保其支付的服务以最符合其利益的方式进行。不过，服务供应商拥有主要的信息优势，服务接收方很难对其行为进行评估。服务供应商可能会提高自己的利润（例如，通过花费少于合同约定的时间或资源）。降低这种风险的途径之一就是进行监控，但这种方式开销较大，因为这要求设定表现标准，并衡量（或通过独立机关进行审查）服务供应商实际进行的工作。另一种解决方法是，使服务供应商的利益与外包公司的利益保持一致，具体包括引入积极的强制措施（如激励机制）。[1]

总体来说，出于这些原因和其他原因，信任的存在提高了组织间交流的效率，因为信任允许自由和灵活的沟通，并减少了所需的正式控制措施。旨在提高外包关系信心的针对性策略包含下述几个方面。首先，最重要的是找到双方同意的冲突解决方法，并且双方认为采取这种方法是公平合理的。这种方法所产生的氛围将促使双方感受到他们是被公平对待的。其次，沟通是构建信任关系的关键，因为双向沟通已被广泛认为是信任关系的一个主要因素。例如，服务提供商必须递交关于其所交付服务的清晰易懂的报告；服务接收方应针对其供应方的表现提供明确的反馈。最重要的是，这是关乎能否有效进行沟通的问题，因此针对性策略应适用于双方之间的正式沟通协议。关于非正式沟通，信任更多地可能会在正式讨论之前的咨询中产生。最后，除组织和团体之间的信任关系外，还应在个人之间建立信任关系。信任在报告中也扮演着重要角色。报告不仅仅应关注所交付的服务，还应关注合作伙伴之间的信任程度。不言而喻，当内部IT部门负责IT服务交付时，这些措施也同样适用。不过，如前所述，外包使这一点变得更加困难。

---

1. "IT Outsourcing Statistics"，Computer Economics, Inc.

动荡

除信任之外，动态环境也会对关系产生影响。变动会影响所需服务的需求和数量。如第2章所述，难以预测的变动更具挑战性，因为这类变动给出的反应时间少之又少。在动荡的环境中，迅速地适应要求，并扩大和缩小服务的规模至关重要。这种条件所要求的灵活性可能会促进人们寻求外包服务，因为灵活性对IT服务行业中的大型供应商来说是一种附加价值。然而，在这种条件下，供应商最终提供什么样的服务将变得难以预料，即使在正式合同中进行指定，情况也是如此。信任是在相关组织之间建立灵活关系的一个重要因素，这为双方从战略规划视角保持良好的关系提供了前提条件。[1]

展望未来[2]

在不久的将来，一些新发展将扮演重要的角色，从某种意义上来说，它们将极大地影响外包关系和管理。这些新发展就是标准化和商品化，以及业务流程外包（BPO）和云计算的发展趋势。

提高标准化使IT成为一种商品。商品化发生在两个主要领域：应用和IT服务。使应用实现标准化使公司更容易相互沟通，这对于在网络组织中进行合作的公司来说尤为重要。越来越多的IT服务成为商品。单位定价不仅是台式机的常见做法，而且同样也适用于业务资源规划。商用现货解决方案（COTS）成为许多服务接收方的首选方案，服务接收方可以通过实现标准化，减少客户特定要求的数量，并将该数量降至最低，这有助于降低应用管理成本。IT服务大型供应商（如IBM、埃森哲、EDS）都在开发"按需"和"实用"的服务交付类型。[3]人们的预期是服务接收方将在需要时，获得所需数量的IT服务，甚至是

---

1. K. Sabherwal, "The Role of Trust in Outsourced IS Development Projects", *Communications of the Association for Computing Machinery*, 42, No. 2 (1999): 80–86.

2. 有关替代采购模式的详细描述，请参阅：chapter 7, "Information Systems Sourcing" in Keri E. Pearlman and Carol S. Saunders, "The Tools for Change", *Managing and Using Information Systems: A Strategic Approach*, 4th ed. (Wiley, 2010)。另请参阅：Beulen, Ribbers, and Roos, *Managing IT Outsourcing*。

3. J. Ross and G. Westerman, "Preparing for Utility Computing: The Role of Architecture and Relationship Management", *IBM Systems Journal*, 43, No. 1 (2004).

在该数量发生波动时，也只需支付他们所购买数量的服务的花费。

业务流程外包出现在20世纪80年代，并在20世纪90年代不断发展。从本质上讲，人们认为，这可能是IT外包的一种延伸。在业务流程外包中，提供商不仅交付IT服务，而且也使用这些服务来执行接收方的整个业务流程中的一个或多个流程，这通常涉及IT起核心作用的流程。为交付上述服务，提供商需要对所涉及的流程进行深入了解，并且具备行业特定特征。目前，业务流程外包多见于金融业。[1]这是因为金融公司具备高信息处理密度的特征。另一个原因就是，金融机构是第一批对其业务流程进行计算机化的组织，而这造成了一些遗留问题。

云计算的应用不断发展。这一概念是基于共享可用资源容量而建立的。云端是充满易于使用、可访问的虚拟化资源（如硬件、开发平台、服务）的大型存储端。这些资源可被动态地重新配置，以适应不同的负载（规模），从而允许最佳资源使用。[2]在云计算中，信任非常重要，因为其涉及向单个客户敞开专用环境。[3]这会对审查人员造成困扰，审查人员必须测评公司组织IT服务的方式。[4]尽管预期很高，但市场能否解决所有相关问题的隐忧仍然存在。

参考文献

1. Cullen, S., d L. Willcocks. *Intelligent IT Outsourcing: Eight Building Blocks to Success*. Butterworth–Heinemann, 2003.

2. Weinhardt, C., A. Anandasivam, B. Blau, N. Borissov, W. Michalk, and J. Stosser. "Cloud–Computing". *Wirtschaftsinfoormatik*, 51, No. 5 (2009).

1. J. Tas and S. Sunder, "New Architectures for Financial Services: Financial Services Business Process Outsourcing", *Communications of the Association for Computing Machinery*, 47, No. 5(2004).

2. L. Vacquero, J. Caceres, M. Linder, L. Rodero-Merino, "A Break in the Clouds: Toward a Cloud Definition", *ACM SIGCOMM Computer Communication Review*, 39 (2009).

3. C. Everett, "Cloud Computing: A Question of Trust", *Computer Fraud & Security*, 6, No. 06 (2009).

4. Weinhardt, C., A. Anandasivam, B. Blau, N. Borissov, W. Michalk, J. Stosser. "Cloud–Computing", *Wirtschaftsinformatik*, 51, No. 5 (2009).

第二部分

动荡时代的业务转型原则

第1章介绍了业务与IT关系的两个明显的相关要素：第一个要素是以共同目标和相互信任为特征的合作伙伴关系；第二个要素是以优良的IT服务和适当的业务期望为特征的服务关系。此外，合作伙伴关系和服务关系描述了业务和IT如何进行协作，以实现业务快速响应动荡，以及通过在业务中使用信息和IT来实现卓越业务价值的目标的过程。图II.1显示了有关该关系中两大元素的简图。

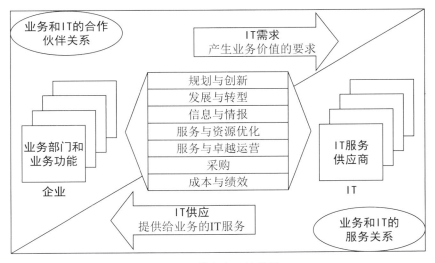

图II.1　业务和IT的关系

在第8章中，我们会将重点放在服务关系上，并会在第9章中重点研究合作伙伴关系。但最主要的一点是，在业务与IT的关系中，服务关系和合作伙伴关系都将适用。

业务与IT关系的战略性IT管理原则

战略性IT管理确定了我们对在业务和IT之间建立合作伙伴关系和服务关系的要求。

- 服务关系：业务和IT关系是建立在提供价值和建立信誉及信任的IT服务的基础上的。无论其来源（例如IT组织、外部供应商及其来源、业务内的外部供应商）是什么，IT必须执行可靠和有效的服务。IT组织和个人文化需要专注于服务和业务成果。第8章讲述了服务关系的要求。

- 合作伙伴关系：业务与IT的关系是一种合作关系。可靠的IT服务对于建立信任来说是非常必要的，但它不足以支持合作伙伴关系。人们要面临的挑战是IT文化、绩效、信誉透明度通常不支持信任的建立，且IT对发展合作伙伴关系来说没有多大助益，业务通常也不完全参与。人们需要面临的挑战是，IT部门通常会过于以IT为中心，而这给业务与IT服务之间的合作制造了障碍。IT部门需要积极地建立这种面向业务的文化。第9章讲述了合作伙伴关系的要求。

- 领导：高级业务人员和IT管理层会支持业务与IT的关系并在整个关系生命周期中进行领导。IT领导创造了一种关注业务的文化并培育了IT内部及其与业务之间的最佳关系。CEO和业务领导定义了合作伙伴关系氛围、IT与业务要扮演的角色，以及必要的承诺和动力。第10章介绍了这种必需的领导。

- 参与：业务和IT管理人员应参与到业务与IT的合作伙伴关系中。各个管理层都要参与和领导业务与IT之间的联合活动。第11章将业务和IT需要的领导、文化和参与联系在了一起。

- 治理：各个层次上的IT和业务关系都由有效的决策过程来治理。这些过程具有透明、信任等特征，并且不会成为抑制性因素和官僚壁垒。

- 成果：企业可以产生总价值绩效模型中所有阶段的成果。合作伙伴关系、领导、参与、IT服务和治理会带来卓越业务价值和对动荡和不确定性的快速响应。这些成果包括业务适应性和灵活性、企业内外部数据和流程集成，以及及时规划和决策的能力。第2章和第4章讲述了总价值绩效模型的阶段和成果。

- IT能力：业务和IT拥有工具和能力来执行每种能力所需的任务和方法。IT能力可以被部署在整个企业中，"从事"任何IT供应商（中央IT组织、业务IT活动、采购云资源、"自助式IT"）和每一个使用IT的业务部门的活动。

■ 企业IT能力：企业拥有七大基于信任、领导和合作伙伴关系的能力，可以创造卓越业务价值并对动荡和不确定性做出响应。图II.1展示了这七大企业能力，第11章将介绍这些能力的特征和要求。第三部分会详细介绍每一种企业IT能力。

所有这些原则对于成功实现系统的业务与IT的关系来说都是非常重要的，尤其是当动荡、变化和不确定性困扰企业时，它们会变得更加重要。没有这些原则，实现那些必要目标的过程就会产生巨大的障碍。

表II-1　战略性管理计分卡

战略性IT管理原则	CEO和高级领导团队的看法	业务部门主管的看法	IT管理人员和专业人员的看法
服务关系：业务和IT关系是建立在提供价值和建立信誉及信任的IT服务的基础上的	不知道	没有	有时
合作伙伴关系：业务和IT关系也是一种合作伙伴关系	不知道	没有	有时
领导：高级业务人员和IT管理层会支持业务与IT的关系并在整个关系生命周期中进行领导	意识不到需求	没有	没有
参与：业务和IT管理人员应参与到务与IT的合作关系中	没有	没有	有时
治理：各个层次上的IT与业务的关系都由有效的决策流程来治理	意识不到需求	明显抑制	意识不到需求
成果：企业可以产生总价值绩效模型中所有阶段的成果	不确定	不确定	不确定
IT能力：业务和IT拥有工具和能力来执行每种能力所需要的任务和方法	不知道	有时	确定
企业IT能力：企业拥有七大基于信任、领导和合作伙伴关系的能力，可以创造卓越业务价值，并对动荡和不确定性做出响应	不知道	没有	确定

在每一章中，我们会重申成功关系的相关原则，并告诉人们需要做什么。请注意，这些原则可能会使人们误认为"IT"是在公司中向公司的所有"元素"提供服务的单独IT组织。正如我们将在第二部分里所讲述的，这是对IT过度简单化的理解。IT来源（如表II-1中所示）可以是多种多样的：外包、"云"、内部IT组织、业务部门特定的IT组织以及"自助式IT"，但它们都遵循这些基本原则。

评分等级：

■ 意识不到要求，或者不知道或没有。（1分）

- ■ 明显抑制。（2分）
- ■ 不确定。（3分）
- ■ 有时。（4分）
- ■ 是的，确定。（5分）

然而，请注意，这些原则实质上是面向流程的。也就是说，它们会问人们应该做什么来应对动荡，以及那些任务如何完成等问题。它们忽视了一个更为根本的问题，即业务和IT思维模式的关键作用是确定业务现状和将来状况的主要元素，关于这一点我们会在第三部分予以描述。在第1章的末尾处，为了展示变化的种类，我们已经对这些思维模式做了介绍。思维模式定义了我们的现状和走向未来的根本性变化，这加强了流程（原则）的实际使用。[1]

战略性IT管理原则计分卡

我们经常会使用一个计分卡来评估业务组织和IT组织目前的状况。计分卡的细节会在随后的每一章中予以讲述。请考虑采用这个计分卡来评估你们目前的状况。我们会展示一些计分卡的示例，这些示例展现了一些北美企业的成果。

我们通过研讨会得出的结果显示了一些真正的问题：IT和业务的看法不仅不同，而且他们没有建立信任和合作伙伴关系需要的基础。根据需要取消的步骤，这种业务和IT的脱节反映了一个引人注目的主题，这会第二部分中予以介绍。

我们建议读者查看计分卡（表II-1），并使用它来对自己的组织进行测试。

最后，在第11章中，我们将开始勾勒对于企业IT能力的特定要求。在第7章中，我们专注于讲述基于动荡和不确定性的要求，以及目前IT活动的不尽如人意之处。这些内容和第8章、第9章和第10章联系在一起会产生一个要求总和，并反映出一幅企业要求的总览图。我们将对这些要求及其如何与业务和IT组织所采用的具体做法相关联做出定义。

---

1. Gary Hamel, Bill Breen, *The Future of Management* (Harvard Business Review Press, 2007).

07 战略性IT管理的要求

在本章中，我们将总结前几章得出的结论，并讨论这些结论对（战略性）IT管理造成的后果。首先，我们会专门研究动荡和信任对战略性IT管理产生的影响；然后，我们会研究业务与IT之间建立有效的合作伙伴关系的成果；最后，我们会以关系治理的必要性结束本章的讨论。

动荡和信任的影响

IT管理包括整个管理过程，这个过程涉及业务所使用的信息系统。IT管理的整个周期为：同意通过IT来追寻目标；制订计划以达到这些目标；组织资源，使计划得以实现；创造和监测情况，以保证目标会根据计划达成；当实现的成果偏离计划时，控制成果并进行干预。IT管理的战略组成部分（战略性IT管理）具体将涉及决定、实施、合理利用支持企业长期目标的IS。这些计划通常是要经过高级管理人员批准的。这里，IT这个术语会有更广泛的意义，它不仅涉及IT技术，还包括一个由组织、程序、人为因素和技术因素组成的整个"系统"。这些因素可以帮助组织来收集、存储、检索和处理数据，并向用户提供更有意义的信息。

前几章的前提是战略性IT管理的过程已经受到了影响，甚至是受到了阻碍，这主要是由两大因素造成的：业务和技术的不确定性和IT在动荡的环境下运行；参与（战略性）IT管理的业务和IT专业人员之间缺乏信任。虽然这两个因素之间相互独立，且可以分别进行讨论，但它们之间也是互相关联的。在高度不确定和动荡的环境下工作，人们需要高度信任对方。一个人必须能够指望另一个人，因为人们没有时间去检查、谈判或做其他事情。另一方面，缺乏信任也会导致信息囤积，而不是共享，这样会增加其他方面的不确定性。在讨论这些因素对战略性IT管理的影响时，我们将从动荡的影响开始论述。

动荡的影响

战略性IT管理会受到两种一般动荡的影响：一般的业务相关动荡和一般的IT相关动荡。当组织在一般动荡的环境下运转时，整个组织都会受到影响，而不仅仅是IT。产品生命周期的缩短、客户行为的多变、供应市场的改变、法律和监管条件的变化以及新兴市场出现的新竞争等不确定因素和动荡来源，都会直接影响整个组织，而不仅仅是一个部门。当然，它们也会影响公司所需要的信息服务。在这种情形下，只是让IT变得灵活是没有用的；如果一个组织像一个燃料库，那么IT就像一个灵活的喷气战斗机（反之亦然），而结构中更多的灵活性并不能对业务带来太大的帮助。

那么，在动荡的环境下，组织的特征是什么？我们认为，动荡会导致两个基本问题：

- 无法做出可靠的预测。
- 无法做出快速的反应。

让我们来分别讨论这两者对战略性IT管理的影响吧。

从本质上讲，无法做出可靠的预测必然会导致不确定性，尤其是还会导致动荡的产生。但这并不意味着组织完全不知道它们的未来，组织应当培养有助于它们在这些条件下生存的能力。当讨论"感知和响应组织"时，组织应该制定一个企业范围的战略，以实现史蒂夫·海克尔所说的"早期知晓"。[1]早期知晓是我们在第3章中提到的一种动态能力。我们把动态能力定义成"人们感知并抓住新机遇，重新配置和保护知识资产、能力和互补性资产，以实现持续竞争优势的能力"。[2]一些技术、规划和组织措施会有助于这种能力

---

1. S. Haeckel, *Adaptive Enterprise: Creating and Leading Sense-and-Respond Organizations* (Harvard Business School Press, 1999).

2. David J. Teece, *Dynamic Capabilities and Strategic Management* (Oxford UniversityPress, 2011).

的培养。

为了对长期或中长期可能发生的事情做准备，公司需要进行情景规划。情景规划是一种"长远眼光的艺术"，[1]它不会对未来进行预测；情景是可能的未来，这种可能的未来能使已知的、影响力很高的因素间产生相互依存关系，但其是否发生却非常不确定。情景规划可以在企业层面实行；例如，壳牌公司[2]就是以将情景规划纳入其企业规划系统而著称。情景规划也可以在功能层面上进行，例如使用IT应用分析新事物。

当预测不可靠时，组织可能会建立一种"感知"能力。总体来说，就是一种捕获当前环境状态的即时信息并快速适应的能力。事实证明，一些技术（如环境扫描、早期预警信号和发展卓越的业务分析等）能使组织反应变得更灵敏，这些技术还包括支持捕获结构化数据和感知非结构化数据的各种信息技术。[3]前者的一个例子是人们通过终端销售点或条形码获取数据；后者的一个例子是人们从社交网站、社区、博客等渠道收集数据。西班牙服装连锁品牌Zara在应用这些原则上是非常成功的，它创造了业内反应最为灵敏的供应链。[4,5]Zara不需要像业内其他品牌一样，用九个月的时间来进行设计、生产和向连锁店交付新的产品。它可以在两周内成功地把产品从设计概念阶段送至终端店。Zara并不是依赖（不可靠的）预测，而是通过最新的信息来管理供应链。它会不断追踪和记录潜在消费者的习惯和品味。每天，所有的店铺经理都会向拉科鲁尼亚总部汇报销售成果，包括那些尚未出售的产品的信息。为了感知时尚潮流的趋势，Zara会参观大学校园、舞厅和类似的年轻人聚集地来持续地进行市场研究。所以，当麦当娜在西班牙旅行时，十几岁的女孩能在她最后一场演唱会上穿上她首场演唱会时穿的衣服。[6]每年，通过这种方式，Zara解决了因不可靠的预测而引起的利润被其他品牌侵蚀的问题。

除了早期知晓的能力外，组织还必须具备足够快的反应能力，换句话说就是"响应"能力。[7]这种能力会大大影响组织。组织应该以随时准备迅速采取行动的方式来运作。我

---

1. Peter Schwarz, *The Art of the Long View: Planning for the Future in an Uncertain World* (Currency Books/Doubleday, 1991).

2. Kees van der Heijden, *The Art of Strategic Conversation* (Wiley, 1996).

3. Marcel van Oosterhout, *Business Agility and Information Technology in Service Organizations* (Erasmus Research Institute of Management, 2010).

4. R. Dymond, "Four Weeks", www.innovel.net/?p=26 (as cited in Van Oosterhout, *Business Agility and Information Technology in Service Organizations*).

5. van Oosterhout, *Business Agility and Information Technology in Service Organizations*.

6. Dymond, "Four Weeks".

7. S. Haeckel, *Adaptive Enterprise: Creating and Leading Sense-and-Respond Organizations* (Harvard Business School Press, 1999).

们得出的结论是，在不确定和动荡的环境下，组织应是有机结构，而不是传统官僚机制机构或机械结构。有机结构的目标是建立灵活性和快速响应能力，而不是实现可预测的、有效的和可控的行为。有机结构的关键因素是委托和授权，而不是指挥和控制；是横向连接机制和相互调整，而不是集中实施协调过程和程序；是跨组织沟通，而不是以指挥、报告和控制为目的的纵向沟通。这样一种反应系统就是史蒂夫·海克尔所说的"面向行动的结构"，而不是"行动拥有的结构"。[1]

此外，人们安装的IT应能支持或阻碍响应。信息在部门间、职能间和地理单元间进行流动，人们应安装可具有互操作性的系统来促进这种信息的流动，而不是用基于当地标准的架构竖井来约束流动。在组织间，IT系统应支持简单的信息交换和企业间的合作。IT系统本身也必须能够迅速适应不断变化的需求。可用的基础设施能力应当能够灵活地向上或向下扩展。由于业务需求快速变化，可重构的模块化组件应可以简单修改可用功能。兼并、收购和撤资都会影响IT服务的交付——信息系统必须进行耦合或重新调整，在撤资的情况下，信息系统必须要与组织脱离。快速连接和断开的能力是灵活的IT架构的关键特征之一。

如前所述，与业务相关的动荡不是影响IT的唯一动荡形式。无论是否有与业务相关的动荡，由于有现有技术和IT服务供应市场的（突然）变化，IT还是会经历动荡。这些变化可能只会影响IT部门提供的服务，但它们也有可能会直接或间接地影响业务。人们引入新技术和新实践的频率似乎会越来越高，例如移动基础设施和应用、社交媒体、云计算和自带设备。新的、易于使用的应用和混搭网站都可以从网站上下载，它们挑战着传统IT部门的地位。问题是一家公司应如何把这些发展纳入战略性IT管理的范畴，这是一个需要及时通知和对信息做出充分反应的问题。

首先，组织应积极进行环境扫描，以及时地通知会被影响的部门。像高德纳咨询公司这样的研究组织会提供对IT发展的看法，因此它可以在这方面提供帮助。对于能否充分按信息行事以及可应用IT的发展情况，这在一定程度上是不确定的；然而，在不久的将来，公司必须要去面对这些问题，这一点是可以预测的。因此，公司必须更好地为这种类型的情景做准备。对新兴技术附加值和风险的评估必须要实施到位。这需要一定的空间来进行试验，无论是在预算方面还是在资源方面都是如此。我们应当记录试验结果，用于学习和进一步使用，然后进行评估。按照定义，试验不一定要实际实施。当然，如果处于包容失败和向外界思想开放的管理氛围中，这一策略会促进人们做出改变。

---

1. Haeckel, *Adaptive Enterprise*.

信任的影响

图7.1　信任的等级结构

信任是业务组织可以依赖的基础。如果没有信任，普遍的检查和控制系统会变得非常有必要，而操作会变得很低效。缺乏信任会阻碍信息和知识的共享，并大大影响绩效。我们的结论是，信任是一个多层面的概念，它涵盖了能力、公开程度、关心程度和可靠性等维度。这些维度中有一个等级结构（见图7.1）。能力信任是一个先决条件：如果各方没有显示出能力，就不会有信任。坦率信任也是一个先决条件：如果被感知到，甚至开始怀疑对方有幕后动机，坦率的沟通与合作便不会存在。对于真正的业务与IT之间的合作伙伴关系，业务对工厂的信任取决于由经证明的能力和开放性构成的基础。从经营管理层面上讲，让系统按约定方式正常运行的能力在信任中占主导地位，这也表现在更高的管理水平上，IT是否是一个可信任的合作伙伴主要取决于其是否具有这种成熟的能力。在更高的管理阶层，其他维度的信任（有同情心的和可靠的信任）的重要性会不断增长。此外，在更高的仅次于组织信任的管理阶层，基于个人的信任是业务与IT之间的合作伙伴关系的真正基础。从IT的视角来看，这些条件也适用于业务，因为信任是一个关系概念。为了让业务与IT之间的关系更好，双方需要相互信任。也就是说，IT也需要信任业务，他们具有同样的关系基础。

信任本身就是一个问题，不管在什么情况下，它本身会对业务与IT之间的关系产生影响。然而，在动荡的环境下，它会成为一个关键的关注因素。在动荡环境下，组织能否成功运作，主要取决于开放和有效的关系。业务和IT的相关专业人员必须能够绝对地相互依赖。换句话说，缺乏信任会使组织运行速度显著减缓，并降低组织的效率。

动荡与信任：业务与IT之间的合作伙伴关系的要求

在这一节中，我们要解决的问题是：因动荡和信任而引起的业务和IT之间有效的合作伙伴关系的具体要求是什么？从传统的战略、战术和运营管理框架开始，我们会讨论每一层所需的战略性IT管理的能力。因此，本节列出了一些在迫使组织变革的环境下进行战略性IT管理的能力。

与IT相关的责任、规划水平和能力

描述战略的方法有许多种。我们把战略定义成可推动未来计划和基本政策、定义企业经营的业务的一系列决策。一般情况下，战略指的是企业的战略，一种促使企业变成一个整体的战略。大公司内部的业务部门会有涉及自己的产品市场环境的战略。公司或业务战略是由小组战略的概念推导出来的。在每一个组织中，责任、活动和角色都会分配给特定的个人和团体。这种分配方法主要基于劳动分工原则，其目的是平衡专业化的收益和协调性的成本。这就是人们所熟知的职能领域出现的原因，例如营销、财务和人力资源。

这些原则同样适用于所有与信息和IT相关的责任和活动。对于后者，人们需要将信息系统（IS）和IT与它们各自的管理进行区分。IS被人们定义为"个人和组织使用技术来收集、处理、存储、使用和传播信息的手段"。[1]因此，IS战略关注的是应用组合的总投资（例如，战略应用、关键业务系统和基础设施等）、应用组合的收益，以及交付这些收益所需要的组织和其他变化。[2]IS是一种有目的地利用和开发IT的系统。在这样的背景下，IT战略指的是支持应用组合的方式，包含硬件、软件、数据库、网络和相关标准，并定义了其所交付的服务，例如计算机操作、数据管理、软件开发、软件维护和用户支持。本书中，我们将遵照国际标准，并将IT功能作为IS和IT的责任功能。通过恰当的IT策略来确保所需的信息和IS能够提供给业务小组，这就是IT功能的责任。

任何业务活动管理都可以用安东尼的传统规划和控制框架来描述。这个框架区分出了三个管理决策层面：

---

1. John Ward and Joe Peppard, *Strategic Planning for Information Systems*, 3rd ed. (Wiley, 2004).

2. Ward and Peppard, *Strategic Planning for Information Systems*.

- 战略层面：战略决策通常涉及组织的长期目标、目标的变化、实现这些目标所需的资源，以及管理这些资源的收购、使用和配置的政策。
- 战术层面：战术层面的重点是管理活动，通过管理人员确保规划的资源可以获取并用于完成既定目标。
- 运营层面：运营层面的活动的目标是保证特定的任务是按照计划进行的。

这些规划层面会形成一个层次结构。其中，战略层面在最高层，运营层面在最底层。规划效果保持时间越长，就越难逆转，也会更具战略意义。决策的重要程度越高且更具战略意义，就需要更多的判断。然而，在实际情况下，差别并不总是那么明显。通常，这种差别往往是相对大于绝对。

战略层面的IT责任

关于IS和IT的战略明显是属于战略组织层面的。首先，恰当的业务和IT调整应能创造一个愿景，这个愿景包括IT应如何支持业务，以及IT应如何启用新的战略和业务模式。（外部）采购战略属于这一愿景，该战略定义了哪个IT服务会由公司内部的信息部门交付，以及哪个IT服务会外包给外部服务供应商。IT战略还包括结构的选择。IS/IT架构属于一个更广泛的企业架构。企业架构的范围很广，包括战略、组织结构、业务流程和IS（以及其他系统）。[1]企业架构可以被定义成把企业作为一个整体的基于深思熟虑的设计。在这一过程中，IS/IT架构问题，特别是应用程序、数据库、硬件和网络，必须适应其他层面的企业架构。

战术层面的IT责任

在即将到来的规划期内，规划即将交付的IT服务的数量和类型是什么，以及确保适当地使用这些服务（例如，通过培训），是一个战术组织层面的问题。内部部门和外部供应商之间的协议必须在合同和服务水平协议中进行规定。

---

1. Mark P. McDonald, *Architecting the Enterprise: An Approach for Designing Performance, Integration, Consistency and Flexibility*, Ph.D. dissertation, Delft University of Technology (Life Reloaded, 2005).

运营层面的IT责任

最后，还有来自交付低成本和高质量的IT服务的挑战。日常工作中，IT服务的实际交付和使用方面的责任是一种操作性问题。通过IT操作，企业可最终实现（或不会实现）其IT投资的价值。合同义务进入战术层面的方式就在这里。然而，这样的义务动态一直是麻烦的根源。IT应该更注重主动还是被动？IT如何在降低成本的同时交付高质量的服务？到底是稳定重要还是对业务的反应重要？所有的这些问题都反映了一种每天发生的微妙的平衡行为。[1]

战略性IT管理能力

在三个规划层面中的每一层，战略性IT管理都需要具备特定的能力。我们会在后面进一步讨论每个计划水平所需的能力。

在第二部分的开头，我们提出了在动荡时代实施业务转型的战略性IT管理原则。

IT能力：业务和IT具有执行每个能力所需要的任务和方法的工具和能力。IT能力可以被部署在整个企业里，使任何IT供应商（中央IT组织、业务与IT之间的活动、采购/云资源、"自助式IT"）和业务部门都使用IT（图7.2）。

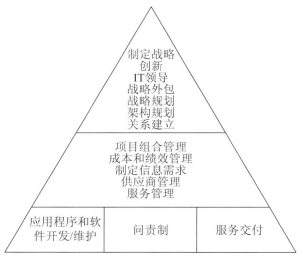

图7.2 IT能力

1. 请参阅：*ITIL: Best Practice Management*。网址为： www.best-management-practice.com/Knowledge- Centre/Publication-Reviews/ITIL/?DI=630982

战略层面能力

在战略层面上管理IT需要企业具备制定战略、创新、IT领导、架构规划、战略规划，以及关系建立等能力。

制定战略。制定战略包括设计一个战略或行动过程。为战略性IT管理制定战略就是指设想现代企业管理如何可以得到最佳支持，以及如何利用现代IT来改变业务模型和流程。IT最主要的任务就是确保业务信息和支持要求能够得到满足。因此，企业必须部署IT，使其能够对业务管理做出最大的贡献。因而，IT职能部门必须意识到IT领域及其公司市场的发展。

创新。IT是与业务和技术相关的卓越创新的驱动力。跨组织的工作和终端到终端的业务流程的巨大变化，以及对交易成本产生的巨大影响，只是其中的几个例子而已。然而，IT服务交付方式的创新也可能会对企业造成意想不到的影响，这些都是引进云计算和移动技术的结果。要想实现创新并达到预期的效果，IT需要同业务密切合作，因为其最终的影响取决于互补的组织和管理变化。

IT领导。领导层提出与IT合作的愿景和方向。业务职能部门期待一个可靠的合作伙伴来一起讨论IT在各级管理中的实施或使用效果。业务和IT规划是共同创造的结果，这个共同的结果会广泛地支持IT规划。在所有关于IT这个重要话题的业务讨论中，IT预期是一个重要的支柱。与此能力密切相关的是战略外包。

战略外包。专注于核心业务已成为许多行业的趋势，这意味着那些对业务来说不是核心的活动都会外包给专门的供应商。因此，就如何获得基本的产品和服务，以满足客户需求所做的决定是具有战略意义的。它们定义了公司在竞争激烈的环境中的地位。与内部供应商和外部供应商的长期关系是这种采购方式的结果，因此，这种关系也被纳入公司的战略规划过程中。在战略外包决策中，各方之间的依赖性、动机和合同期限与传统的外包决策并不相同。双方会更加依赖对方，战略外包更侧重于长期动机，例如使一方的组织更敏捷，以及获得由外方提供的更重要的资源。在战略外包中所做出的决定会更关注战略规划。

架构规划。企业架构把企业深思熟虑后制订的计划定义成一个整体，这与定义企业中一部分的设计形成对比，如定义IS的设计。[1]企业架构包括业务层面和IT层面的架构，如果需要的话，每一个都要尽可能详细。业务架构显然是业务管理层的责任，但是，他们必须要和IT管理层密切合作，因为IT会促进或阻碍一些业务架构的设计过程。IT架构的责任可

---

1. McDonald, *Architecting the Enterprise*.

被定义为引进支持当前和未来业务模式的技术平台，这是一个技术活动，属于IS和IT策略的一部分。另外，IT架构还涉及分析当前到未来业务管理实践的发展情况，以建立一个能适应不断变化的业务条件的架构。这样，该架构就能定义和限制业务能做的和不能做的事情。现代技术的发展和新业务模式之间的相互作用，需要IT组织和业务管理部门之间能够密切合作。

战略规划。战略规划是通过程序和项目管理等方法实现战略意图和IT功能规划的管理和技术方面的能力。

关系建立。正如大家认为的那样，人们不能单独做出IT决策或实施IT决策。建立各级协作关系是成功部署IS的关键要素。对于参与其中的人员，这个能力需要良好的人际交往能力，才能成功建立。

战术层面能力

在战术层面上管理IT需要投资组合管理、成本与绩效管理、制定信息需求、服务管理和供应商管理方面的能力。

投资组合管理。组合是一种资源的集合。在IT领域，组合代表IT资源和投资，以及与它们有关的信息的一种集合。这些信息的具体细节为：有多少应用程序、哪里需要使用它们、质量和服务水平以及与业务影响有关的信息。IT投资组合包括：应用程序、基础设施组件或IT服务。通常情况下，在一个投资组合中，具有相似特征的资源会被组合在一起。这些资源可以使用一些术语，如"战略""关键业务""支持"和"高潜能"来描述。[1]组合管理本质上是一个用于对IT投资和资源方面进行规划和制定决策的管理工具。它使管理层把整个IT组合当成一个整体看待。投资组合代表了公司的IT总成本，并能够识别公司中绩效最差或功能最薄弱的资源。它基本上是公司中IT管理的基础。

成本与绩效管理。成本与绩效管理和投资组合管理是密切相关的。通过定义每一个投资组合有多少资源，以及提供有关质量和服务的信息，管理层可以识别每一个投资组合中价值最低（在业务影响范围内）和绩效最差的资源。这会允许基于利润影响和绩效的成本控制措施的实施。这个过程很重要，因为它使管理层能够全面了解成本，而不是只了解新投资引起的差异性支出。这种能力特别重要，因为项目/发展预算平均占支出的20%。通过提供IT总支出的成本和绩效管理观，管理层具备了重新分配资源，使其从低效率变得更有

---

1. John Ward and Joe Peppard, *Strategic Planning for Information Systems*, 3rd ed. (Wiley, 2004).

前途的能力，或在低效率资源属于公司关键应用的时候，专注于提高这些资源的能力。

制定信息需求。了解业务部门和业务功能的信息需求对定义正确的IT服务来说是非常有必要的。这个能力可以寄托在项目专家身上，他们了解部门或业务部门是如何发挥功能、目标和作用，以及这些部分是如何配合业务其余部分的。制定信息需求是一个关键的能力，该能力可以保证业务需求和IT服务交付之间能够正确地配合。

服务管理。首先，IT必须注意设置、维护和认证服务交付过程，以确保交付的连续性。例如，使用IT基础架构库（ITIL）来进行指定。正如人们所预料的那样，认证（如ISO认证程序和CMM）在服务和供应商的选择方面起着重要的作用。因此，认证在外包和离岸外包关系中是必不可少的。接下来，服务管理包括根据需要的服务数量和质量，来建立未来的预期业绩。IT功能必须确保资源充足且可用，以保证服务按预期交付。

供应商管理。如前所述，IT的部分功能可能会外包给外部供应商。供应商管理包括供应商选择、根据预期监控供应商绩效和培养供应商。供应商选择需要市场知识和洞察力，以完成明智的采购。透明的招标程序和坦率的沟通对于和IT服务供应商保持良好的关系非常重要。一旦选择了供应商，和其关系必须得到管理。我们通过确保供应商遵循现有的合同和服务市场的发展来跟踪供应商的工作。对于合同监测，良好的定期报告是必不可少的，通常是每个月进行一次，在KPI的基础上进行汇报。服务协议和合同并不完美，供应商和接受者两者也都不完美。重要的是，在协议和关系的框架内，即将出现的问题可以得到迅速和公平的解决。信任——尤其是个人信任，在这一点上是非常重要的。此外，如果接受者和供应商之间相互信任，那就只需要较少的检查。

运营层面能力

最后，在运营层面上管理IT需要服务交付、问责制、应用程序和软件开发/维护的能力。

IT基础架构库中描述的所需过程可以在这里提供帮助。如果需要，IT部门必须每天与业务部门讨论日常服务供应问题，同时必须跟进业务部门和IT部门的变更请求。同样，在项目中，即将出现的问题也必须要得到解决。IT职能部门在这方面的关键运营能力与可靠的服务交付、运营问责制、应用程序和软件开发/维护，以及所有服务交付活动的卓越运营有关。频繁的和不确定的变化——环境动荡，会对这些能力产生影响，特别是对应用程序和软件开发/维护方面。传统的瀑布方法是有问题的。人们引进了一些敏捷方法（如

Scrum），因为在极端动态的环境中，这些方法将会产生更好的结果。[1] Scrum的概念是基于渐进式创新战略、精益生产和kaizen（持续改善）的理念上的。根据我们以前的分析，Scrum的应用程序框架会直接影响组织。Scrum的主要优势是拥有小巧的、灵活的和跨职能的团队，这些团队具备提供一个可交付产品的所有必要的专业知识，[2]以及可以运用这些知识的管理支持和愿景。在与最终客户密切合作时，这些自组织的团队不仅要负责执行，还负责规划、审查和制定决策。

与前面讨论的能力一样，管理IT专业人员及创建和维护技能基础也是一大挑战。供应商必须有适当的资源数量和质量来提供合同上的服务，这也许是一个问题，特别是在目前的"西方世界"。至于IT专业人员的管理，这是一个两难的问题。服务接受者对稳定性感兴趣；为了维护适当的服务交付所需的知识基础，人员的情况最好是稳定的。从IT供应的角度来看，重要的是要确保专业人员有光明的职业发展前景。从服务接受者的角度来看，向专业人员分配新的职责会导致不愉快的结果，但也会为其带来光明的职业发展前景。

IT的需求和供应管理

在战略性IT管理中，一些职责和角色还停留在业务功能中，一些停留在IT功能中。我们把这个区别称为需求与供应管理。本节会讨论这两种责任。任务和责任的分离强调了协调的必要性。在本节的最后，我们会分析需求和供给角色为完成战略性IT管理而需要进行连接的方式。

需求和供应的职责和作用

对于信息和信息资源的管理，人们可以对需求和供应进行区分，同时也要对需求管理和供应管理进行区分。[3]需求管理是面向业务的，它主要解决如何应用信息和IS，以及如何从业务的角度来管理它们的问题。供应管理重点是技术，它主要解决如何将技术应用于信

---

1. R. Mac Iver, *Scrum Alliance*, 2009.
2. 请参阅："Agile Manifesto"，http://richd.me/wp-content/uploads/2011/05/Agile-Manifesto.pdf
3. Ward and Peppard, *Strategic Planning for Information Systems*.

息交付的问题；供应管理会对信息资源（人员、资产和流程）进行管理，使组织提供的信息和支持的需求得到有效满足。作为一个整体的业务责任，需求通常不会使用外包。供应会安装和管理技术，以交付所需的信息，这往往会是一种与公司（核心）业务完全不同的活动。由于这需要不同的知识基础和技能，因此供应通常会使用外包。与此区别相关的是IS与IT的区别，我们在本章前面就已经讨论过。IS战略的重点是需求管理。IT战略规定了IT所需的应用组合将如何得到技术的支持，因此它是与供应相关的。

对于执行需求和供应方面的责任，企业可以定义不同的功能。IT功能通常是由CIO领导，他肩负着IT服务及其公司IS战略和IT战略的开发和实施的最终责任。在欧洲，CIO更趋于面向需求方面，很少会面向技术方面。因此，CIO将较少关注技术问题，而更多会关注组织的信息需求和如何去满足这些需求。在未来的业务模式和战略可能会启用各种IT的情况下，CIO也将是业务的全面合作伙伴。美国CIO的职责更倾向于负责技术方面的选择和问题，虽然我们注意到一个更倾向于需求方面的趋势出现了。

CIO会得到各种人员的支持。[1]例如，需求方面的活动人员是信息经理以及业务分析员和业务经理。信息经理负责定义IT服务和实施公司IS战略和IT战略。在大公司里，可能会有几位信息经理，每个信息经理都负责公司的一部分事务。业务分析员负责实施IS战略和IT战略，他们是定义信息需求和对业务流程负有最终责任的业务单位（和业务经理）的联络员。对于供应方面的活动，典型职位是IT主管、客户经理、服务交付经理、项目经理和IT专业人员。IT主管是IT服务交付的最终负责人，他们必须确保服务能够连续地进行交付；客户经理是供应商的管理部门，他们是负责维护与需求管理之间的关系和与公司IT服务接受者之间关系的联络员；服务交付经理主要管理负责IT服务日常交付的IT专业人员；项目经理需要建立和维护IT服务的流程和认证；IT专业人员主要负责IT服务的实际交付。

供需连接

表7-1展示的是业务部门和IT功能部门之间的合作关系，以及责任的性质。

在战略层面，设计业务与IT之间的战略是一种共同责任和共同创造的问题。IT会与业务部门主动探讨IT战略、业务模型和组织结构的未来选择。CIO不应该等到人们问他们时才想到这点，他们应是永久的、积极的参与者，应成为这种讨论的驱动力。CEO和管理团队两者都不可以把业务问题"抛向"IT，然后向后一靠等着答案。与IT成功合作也是他们

---

1. Erik Beulen, Pieter Ribbers, Jan Roos, *Managing IT Outsourcing*, 2nd ed. (Routledge, 2011).

的职责。良好的团队合作是成功的关键。此外，公司业务和IT的良好合作应始于高层。当技术选择在议程上时，与其相关的讨论（例如，以IT主管为代表）中应涉及供应管理。供应管理对设计与目标业务架构一致的目标IT架构负有直接责任。

战术层面会为即将到来的规划期积极规划交付服务的数量和类型。当出现问题或发生变化，使日常服务交付面临风险时，它还会被动性地进行干预。这个层面上的活动需要业务功能和IT供应管理间有一种密切的互动；在这种互动中，需求管理人员会密切跟踪需求管理的进行。在一些组织中，为了确保需求管理和供应管理有更强的独立性，前者可以向业务经理直接汇报。

运营层面的活动是供应管理的主要责任。供应管理需要与接受交付业务的业务功能对象保持良好的工作伙伴关系。无论何时，人们都需要咨询和了解活动当前的操作状态（表7-1）。这个层面的重点是要将服务交付从业务的角度汇报给业务和需求管理（在战术层面上）。

表7-1　责任和问责制

	CIO和IT经理		CEO和业务管理
	需求管理*	供应管理*	
战略层面			
制定战略	R		R/A
创新	R	C	R/A
IT领导	R/A	C	R/A
战略采购	R	C	R/A
企业架构设计：			
-业务架构	C		R/A
-IS/IT架构	R/A	R	
关系建立	R/A	C	R/A
战术层面			
组合管理	R	C	R/A
成本和绩效管理	R/A	R	
制定信息需求	R	C	R/A
服务管理	C	R	C
供应商管理	R/A	C	C
运营层面			

	CIO和IT经理		CEO和业务管理
	需求管理*	供应管理*	
服务交付	C	R/A	C
问责制	C	R/A	C
应用程序和软件开发/维护	A	R	C

注：R代表责任；A代表批准；C代表协商

需求和供应对外包的影响

采购IT服务，并决定是否外包它们（无论是完全地或部分地）是战略性IT管理的一个重要组成部分。外包会在每一个计划层面影响战略性IT管理能力。我们会在后面讨论这些结果。我们打算在本节分析动荡和信任对采购的影响。

作为外包的潜在选择的运营供应活动

正如我们在第5章中所说的，战略采购的重点是决定哪个能力和活动可以长期地被开发和保持，哪一个需要外部供应商提供。关于竞争地位的几大论述在关于战略采购的讨论中起到了关键作用。从原则上讲，一个公司应该专注于建立其核心竞争力。对于非核心竞争力，竞争压力可能会迫使该公司在这些活动上花费许多精力。也就是说，在这方面要"拆分价值链"，并与一个或多个外部供应商建立长期的合作伙伴关系，因为这些活动是这些外部供应商的核心竞争力的一部分。

IT外包会对表7-1中讨论和展示的每一个组织层面产生不同的影响。IT服务交付（供应）可能会被外包，因为它是一个纯粹的运营任务。确保正确地交付所需服务可能会被认为是一个技术性的活动，该活动将由外部公司处理。一般来说，战略不能外包。因为战略关系到公司未来的需求，它不可能成为外包的潜在选择。服务交付、问责制、应用程序和软件开发/维护这些项目有可能被外包。正如表7-1所示，公司需要与服务接受方的需求组织和业务职能部门保持良好的合作关系，特别是处理在服务交付过程中即将出现的问题和需要进行协调的状况时。双方的联络人员的身份必须非常清楚，因为与客户和供应商之间建立密切的客户关系是维持良好关系的关键。在这方面，组织内定期开会有助于讨论日常的服务供应问题和即将出现的变更请求。

与供应商相关的战术层面的责任（如管理成本和绩效）以及建立可靠的（和有保证的）交付流程，都能够保证运营层面的服务交付能够符合客户的期望。在战术层面上，服务接受者所要求的能力会受到外包的影响。合同必须进行管理和监控；与供应商的持续合作也是非常必要的，这可以确保供应商提供的服务与公司的需求保持一致。制定信息需求是一种战术层面的责任，需要接受者的需求组织和供应商之间保持密切的合作。为了规划近期的服务交付和审查供应商之前的表现，接受者和供应商之间的协作是非常有必要的。同样是在这一层面上，指导组织能帮助安排这些讨论。

我们前面说过，原则上，服务接受方在战术层面的责任是不能外包的。制定战略、创新、IT领导、企业架构和关系建立属于接受方的核心责任。然而，作为企业架构的一部分，IT架构在这一点上是一个例外——该架构设计是供应方的责任，是可以进行外包的。另一个可以外包的就是创新，这种情况下，一个公司可以跟主要IT供应商沟通。虽然战略是服务接受方的责任，但是供应商也可以参与战略规划。在这方面，对接受方和供应商的高级管理人员进行指导是很有帮助的。他们还会处理来自战术层面的不断恶化的问题。

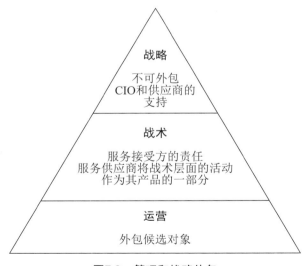

图7.3　管理和战略外包

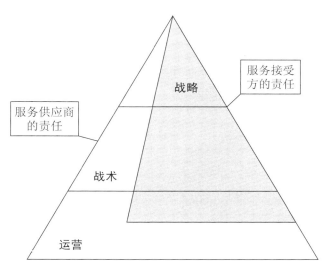

图7.4　IT管理的需求和供应责任

我们在图7.3和图7.4中总结了前面的讨论内容。正如介绍的那样，服务供应商的责任主要在于管理运营层面的活动，他们是外包的候选对象；服务接受方的责任则主要在于战略和战术层面。战略不可外包；战术层面的责任也应该属于服务接受方。然而，图7.4中这两个领域的分界线表示三个规划层面应努力合作（不过它们各自的重点不同）。虽然确保日常服务交付的可靠性显然是供应商的主要责任，但接受方也有一部分责任；服务接受方有责任制订近期或未来长期所需的服务计划，但这也需要与服务供应商合作才能实现。

动荡和信任的影响

快速和不确定的变化将会对公司的外包战略产生影响。问题是：在没有进行正确预测的情况下，一个公司如何能保证可用服务的数量充足且类型正确？快速的变化限制了组织拥有维持其竞争地位所需的所有资源的能力。在这种情况下，获得正确的资源便会显得格外重要，从经济角度来说也比建立和拥有这些资源更经济高效。在一对多的模型下，供应商可能会受益于规模的优势，并会提供较低的价格。外部服务可以将固定成本转化为可变成本，并建立满足灵活的能力需求的能力。最后，战略灵活性[1]会成为外包的主要驱动力之一，其次是关于非核心竞争能力、交付服务的质量和成本的考虑。

此外，信任是任何外包关系的一个重要组成部分。在快速和意想不到的变化的条件

---

1. David R. King, "Implications of Uncertainty on Firm Outsourcing Decisions", *Human Systems Management*, 25 (2006).

下，它是相当重要的。信任允许当事人越过正式的合同来行动，因为他们可能会期望公平的行为和互惠互利的业务活动。例如，在不确定的情况下，服务协议很少会按照约定来实施。信任会使坦率的沟通成为可能，信息和知识可以自由交换，从而使新的见解、观点和意见能够变成正式的规定。然而事实却是，外包会使信任的建立变得更加困难。服务交付会由一个或多个公司完成。合同永远不会是"完整的"，它们会存在风险，这就需要额外的控制来监控可能会产生的机会主义行为。此外，这些控制还会增加成本，经济学家称之为"代理成本"。组织间的信任也许是基于组织的信任，但同样也包括个人信任。组织信任对于服务供应商的选择来说是非常重要的，并且会得到认证、以前的经验等类似的支持。在实际的服务交付过程中，个人信任也会变得很重要。社交化、坦率的沟通和稳定的人员配备是所有信任关系的重要组成部分。没有表现出或促进可信赖行为的个人可能要从关系中被淘汰。

总结：关系治理的必要性

本章的一个总体结论是，关系是战略性IT管理的基础。无论是在组织内部（业务功能和IT之间）还是与外部组织之间，只要IT服务是外包的，就需要建立有效的关系。关系是促使组织正常运转的关键，我们有必要建立一个组织范围内的"共享视图"。这种业务和IT功能间的共享视图包含业务发展的方向和IT的支持方式。所有计划层面都需要关系：

- 战略层面，提出长远观点。
- 战术层面，确保在即将到来的规划期内能够提供正确的IT服务。
- 运营层面，解决实际服务交付中出现的问题。

最后，规划层面也需要关系，这样可以确保规划和运营能够保持一致。

在规划层次和建立有效关系的困难之间也许会有一个反向关系：规划层次越低，建立有效关系越困难，越需要更多的努力。在高级领导团队（SLT）中间达成协议会比在运营层面上要容易。

组织关系可以通过正式的措施和结构来建立。[1, 2]企业可以通过不同的方式来建立组织关系，但不能反映出已建立的层级。管理人员跨部门横向直接联系可能会产生问题，不应该用不必要的程序和规定予以阻碍。如果企业需要举行更多的会议和谈判，那么管理层和工作团队就应按照正式的方式工作。处理组织各部门之间频繁沟通的责任有可能会被分配到具体联络员或部门身上。这一组织形式在欧洲公司的一个例子是信息管理部门，该部门将业务和IT连接在一起。特别的连接角色可以促进沟通，特别是在知识基础、文化和环境高度分化的组织部门中。此外，在欧洲的公司，CIO往往是作为一个IT和业务之间的管理连接角色来发挥作用的。

具体安排是有效关系的必要条件，但是，仅有具体安排又是不够的。在私人关系中，坦率的、参与式的和协调的关系也是很有必要的。没有它们，组织会出现问题，就像是一台出现故障的机器一样，协调能力差会导致组织中的各部门不能产生共享的观点。所谓的关系机制[3]会有助于创造这些条件，比如岗位轮换（IT人员在业务部门工作，或业务人员在IT部门工作）、空间同位（使业务和IT人员在地理位置上更靠近对方）、跨公司培训、IT与业务人员之间的非正式会议。公用事业公司南加州爱迪生公司以采取这些关系机制而著称。该公司采用岗位轮换（例如，IT管理承担一部分业务的最终责任，IT工作人员禁止在IT部门以外的地方说"IT语言"等）。[4]为了提高效率，当IT作为共享服务中心时，就需要采取额外的补充措施来使业务和IT更好地融合，从而弥补额外"差距"。

正如本书不断声明的那样，信任是使这一切能够正常运行的黏合剂；如果没有信任，猜疑就会像沙子一样存在于复杂的机器中。机器会慢慢减速，最后停止运转。高层管理团队应该对业务与IT之间的信任高度重视。人们应当重视信任和制定目标，在计划和行动中也应当不断提升信任。此外，人们还要对信任进行定期检测。关于谁担任什么职位的决定也应该建立在现有的想要一起工作的员工之间的信任。无论在哪个层面上，团队的构成都是至关重要的。

一个有效的业务与IT之间的关系需要良好的具体安排，以及可以支持良好个人工作关系的措施。在变化和不确定的情况下，或在更稳定的情况下，这都是正确的选择。外部

1. Jay R. Galbraith, *Organization Design* (Addison-Wesley, 1977).

2. Richard L. Daft, *Understanding the Theory and Design of Organizations* (Thomson-SouthWestern 2007).

3. W. Van Grembergen , Steven de Haes, *Business Strategy and Applications in Enterprise IT Governance* (Springer, 2012).

4. Michael L. Mushet，Marilyn Parker，"Coping with Business and Technological Change"，in *Strategic Transformation and Information Technology: Paradigms for Performing while Transforming*, ed. Marilyn M. Parker (Prentice Hall, 1996).

环境不会对此产生任何影响，就像我们早期文章上说的那样。[1]然而，动荡环境会给业务与IT之间的关系带来更大的压力。对于未来不确定的事情及其对业务和IT的影响，相互支撑的解释是非常重要的，但人们并没有太多的时间去规划和组织。正如史蒂夫·海克尔所说，"在'感知和响应'的组织里，构建关系是一个关键点，也是高层管理人员的责任"。[2]

最后我们要说的是，在动荡的环境中，公司的运转需要将"关系治理"作为一种高级管理责任。关系治理包括以实践为基础的措施（我们讨论过），这些措施由管理层批准，目的是改善协同组织的行为。

自我评估：IT能力

思考本章中描述的IT能力的现状对你或你的企业是很有帮助的。回顾一下，能力描述了执行过程和方法所需的具体知识、技能和经验。例如，战略能力可能会包括特定的方法，如IT战略规划、远景规划和创新规划。能力是负责执行过程和方法的组织的一个特征。这些组织可能是业务和/或IT组织，也可能是企业的外部组织。

表7-2　企业的IT战略能力

	评估级别表1	评估级别表2		
	当前对企业的重要性	中央或公司IT组织	业务部门IT活动	参与交付IT的来源
IT战略能力				
制定战略				
创新				
IT领导				
战略外包				
架构规划				
战略规划				
关系建立				

1. Ryan Peterson, Pieter Ribbers, Marilyn Parker, "Information Technology Governance Processes under Environmental Dynamism: Investigating Competing Theories of Decision-Making and Knowledge-Sharing", (2002). *ICIS 2002 Proceedings*, Paper 52 (2002). http://aisel.aisnet.org/icis2002/52.
2. S. Haeckel, *Adaptive Enterprise*.

续表

	评估级别表1	评估级别表2		
	当前对企业的重要性	中央或公司IT组织	业务部门IT活动	参与交付IT的来源
IT战术能力				
投资组合管理				
成本与绩效管理				
制定信息需求				
服务管理				
供应商管理				
IT运营能力				
服务交付				
问责制				
软件开发与维护				
专业管理				

表7-3　表7-2的评估级别表1

描述	当前对企业的重要性	
重要性反映在这个能力当前对企业中成功使用信息和IT的影响上	0	不适用于本企业
	1	对本企业不重要
	2	管理层有兴趣，但没有采取相关的行动
	3	对企业中信息和IT的成功运用有一些重要
	4	对企业中信息和IT的成功运用非常重要
	5	是企业中信息和IT的成功运用的关键

表7-4　表7-2的评估级别表2

级别		企业的IT能力现状
0	不适用	不知道或不适用
1	不称职	IT（企业，或以业务单位为基础，或采购/云）是不称职的，结果很坏
2	大多是不称职的	IT（企业，或以业务单位为基础，或采购/云）大多是不称职的，结果有一些很坏
3	没有	不称职的，但没有好的或坏的结果
4	有一些是称职的	IT（企业，或以业务单位为基础，或采购/云）有一些是称职的
5	称职	IT（企业，或以业务单位为基础，或采购/云）是称职的

　　表7-2是一个很好的图表，它可以评估企业IT能力的现状。该表可以用于评估IT的各种来源，包括中央IT服务提供组织、基于业务部门的活动或外部来源，以及云服务供应商。此评估级别在表7-3和表7-4中进行了展示。

08 服务关系

IT服务管理是提供可靠的IT服务的一个重要因素，它是建立业务与IT之间的业务信任所必需的条件。下面是来自第1章的原则：

- 服务关系：业务与IT之间的关系是以传递价值与构建诚信的IT服务为基础的。无论它的来源（如IT组织、外部供应商和业务内部供应商）是什么，IT必须执行可靠有效的服务。IT组织和个人文化需要专注于服务和业务成果。
- 合作伙伴关系：业务与IT之间的关系是一种合作伙伴关系。可靠的IT服务对于建立信任是非常必要的，但这不足以支持合作关系。人们要面临的挑战是IT绩效通常不会有助于建立信任，IT也不擅长发展合作关系。第10章会介绍合作关系的要求。

换句话说，业务与IT之间的关系建立在两个相互关联的要素之上：IT作为向业务提供的一系列服务；IT是业务的合作伙伴（见图8.1）。这两种关系会受到业务和IT文化、业务和IT在合作伙伴关系中角色的模糊不清，以及IT服务的特殊（不那么完美的）绩效和使用等问题的影响。

本章介绍了必要的基于服务的业务和IT之间的关系。IT服务也是实际中IT和业务面对动荡、不确定和价值创造的基础。应该指出的是，我们所指的"业务"也许是一个独立的大企业。我们不能忘记图8.1中所讲的企业有多个业务部门和职能部门，因此以服务为基础的关系将包括每个部门，并且每个部门也有各自的特点。

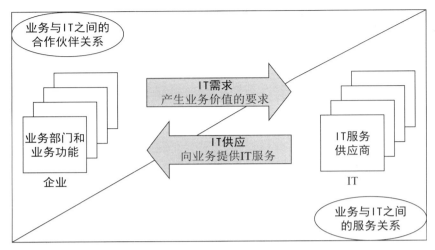

图8.1　业务和IT之间的关系

IT是服务业中的一种

从根本上讲，IT是服务业中的一种。也就是说，IT管理人员管理IT供应，其实是管理IT向业务提供的服务。[1]我们可以看到，在IT世界中，服务这个词无处不在，比如像企业一样管理IT的面向服务的架构（SOA也意为服务业），产生于IT基础架构库社区的服务目录，还有服务水平协议，等等。

目前的趋势包括以下几点：

- 许多IT组织内一直都在采用IT服务语言。最新的理念（代表例子是IT基础架构库[2]）认为，IT内部由许多服务组成，而管理好这些服务是成功管理IT的基础条件。
- 对许多公司来说，"价目表"把IT费用框定在服务范围里。电子邮件、个人电脑和应用程序操作是用户使用这些项目的最好例子。对于其他项目，人们使用服务水平协议来定义IT交付到业务的需求。

---

1. 请参阅：Jim Clifton, *The Coming Jobs War: What Every Leader Must Know about the Future of Job Creation* (Gallup Press, 2011)。

2. 例如，请参阅：the ITIL V3 Guide to Software Asset Management和John D. Campbell et al., eds, *Asset Management Excellence: Optimizing Equipment Life-Cycle Decisions*, 2nd ed. (CRC Press, 2011).

■ IT架构师采用了"面向服务"的技术观点，尽管比"应用程序操作"的抽象程度要低，但他们还是秉承这一观点。这一观点使人们更容易去构建技术和管理最终交付给业务的应用程序服务。

因此，"服务"已经变成了IT管理的要素。业务已经接受了这个过程，因为这正是业务所希望的。任何业务CEO或副总裁都希望IT能够交付以业务为中心的服务。这意味着IT管理要运行应用程序（作为一项服务）、扩展和改变应用程序并提供电子邮件这样的交付性技术服务。这些期望都属于服务条款。业务希望具备的绩效特征是：按时、在预算内、保持低成本、可靠、可用和易于使用。这些正是任何一个服务都需要具备的特征，无论是会计服务、营销服务还是IT服务。

那问题是什么

遗憾的是，这里有容易造成误解且前后矛盾的问题。甚至更为糟糕的是，还有以技术管理为基础的而非以服务管理为基础的文化和实践方面的问题。例如，IT管理人员仍然认为应用程序、项目和基础设施投资组合是资源或资产，而不是服务。软件资产管理便是一个例子。[1]（请注意"资产"这个词。）在IT基础架构库中，服务目录通常包括存储器管理和服务器管理。在绩效评估中，评估标准是被消耗的资源（例如，空间和服务器），而不是业务条款中交付的服务。

所以，问题是，虽然IT使用"服务"这个术语，但"服务"经常会被当成一种管理资产和资源的内部（IT）组成部分，而不是一种交付给业务的外部（业务）服务。前后矛盾的问题源自部分服务的使用，例如，IT基础架构库不能与规划、计费管理和期望管理（最重要的）等其他服务管理保持一致。

但还有更重要的一点，很多服务理念（如面向服务的架构和服务目录中的理念）的价值是以灵活性和选择性为评判基础的。例如，在架构中使用服务理念能使解决方案更灵活，成本可能也会更低，这很不错。然而，发展信任、合作关系和信誉的服务理念并不是服务目录或面向服务的架构中服务选择的结果，是服务绩效的必要特征。一般情况下，它只需要其他方面涉及早期规划、期望管理、适当行为，这些我们通常都可以从真正的服务

---

1. 请参阅：Office of Government Commerce，"Service Delivery"，*IT Infrastructure Library* (The Stationery Office, 2001)。

公司（例如，医生、律师、会计师或工程师）那里得到。

本书的重点是，服务的水平和质量要涵盖下面章节中所讨论的所有IT服务，它们是IT信誉的基础，也是信任的基础，而信任本身就是合作关系的基础。

五大IT服务组合

我们已经将服务的理念应用到IT中有很长时间了。但它是由组合（资产）管理演变而来的，而不是从IT作为一种服务的基本观点演变而来的。罗伯特·本森的第一本书——《信息经济学》，[1]主要关注的是就是项目组合及治理。他的另一本书——《从经营战略到IT行动》，强调了组成企业IT总支出的五大基本组合的理念。他把这五大组合描述成项目组合和四个"常设"组合，这四个组合被称为资源库，包括应用程序、基础设施、服务（指帮助桌面等）和管理人员。[2]

当我们将这些组合的理念运用到北美和欧洲的企业（包括政府和营利企业）中时，我们几乎立即认识到，虽然这些是需要耗费成本的资源组合，但它们同样也是IT向业务提供实际服务的基础。因此，应用程序和信息服务、（直接）基础设施服务、项目服务、技术（用户）服务和IT管理服务（包括IT服务组合），反映了所有的IT成本、服务绩效基础和IT对业务的价值。

（应该注意的是，即使是在《从经营战略到IT行动》中，关于资产组合中"资产"的整体讨论几乎立即呈现出了服务的特征。举个例子，那本书中描述的组合评估包括了服务水平、服务质量和服务绩效等因素，这些就属于服务的特征。）

图8.2中展示了五大IT服务组合，以下是对它们的正式定义。请注意，企业中每个组合的具体情况可能会有所不同，但整体框架还是适用的。

- 应用程序和信息服务：包括为每一个业务程序提供安装、操作、维护和故障修复服务。这些服务的成本包括所需的所有员工和基础设施的费用。
- 直接基础设施服务：包括电子邮件和互联网等直接面向用户的服务。这些服务的成本包括所需的所有员工和基础设施费用。
- 项目服务：包括项目开发的整体生命周期（无论是传统方法、敏捷方法或其他方

1. Marilyn M. Parker, Robert J. Benson, Edward Trainor, *Information Economics* (Prentice-Hall, 1988).
2. Robert J. Benson, Thomas L. Bugnitz, William B. Walton, *From Business Strategy to IT Action* (Wiley, 2004): 88.

法）。成本包括所需的所有员工和基础设施费用。

- 技术（用户）服务：包括直接面向用户的服务，如帮助桌面、个人电脑、工作站支持和培训。

- IT管理服务：包括CIO和可直接向用户提供的与所有组织和服务相关的管理服务，如IT采购和IT人力资源。

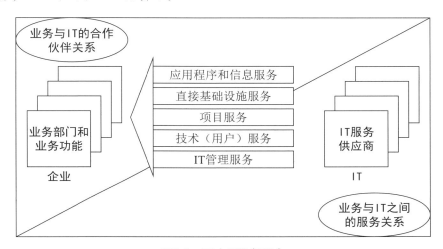

图8.2　五大IT服务组合

在这些信息服务组合中，至少可以找到一个包含所有IT成本的组合。

这里要强调的一点是，IT与业务的信任和伙伴关系会存在于IT服务中。下面几章会不断提及这一点。当然，该目标使企业能从容有效地应对动荡和不确定性，并在IT使用中实现卓越业务价值。

值得注意的是，自2004年以来，IT服务组合框架的几个巨大优势逐渐显现出来。

第一，从业务角度看，服务框架大致反映了业务希望从IT那里获得什么。例如，在应用程序和信息服务中，业务会希望应用程序及其信息与功能能够和背后的操作、支持、管理活动一起交付。这真正简化了我们在这章介绍的某些IT"作用"问题，也就是说，IT的作用（仅限于有关应用程序的讨论）是交付应用程序服务（包括前面提到的所有方面）。

第二，再从业务角度来看，部署在业务中的IT服务（例如应用程序）可以从整体上进行管理，而不用考虑它们的确切来源。换句话说，不管IT服务是由IT组织提供，还是由企业从外部获得（例如直接从供应商那里获得），或是由企业内部业务部门提供，它们都是业务部门可用的应用程序和信息。这提供了业务中IT服务的全面视角，以及持续获得和管理它们的可能。例如，我们注意到，许多企业在IT上的花费不到正式独立的IT组织的总花费的一半。从IT和企业的角度来看，这种全面的企业IT视角提供了一种非常重要的能力，它可以应对当今动荡和不确定的情况。这样看，至少企业有多个供应商和多个用户的问题可以得到理解。

第三，IT服务组合框架提供了一个有效的方式来思考对业务可用的许多IT来源。另外，研究IT预算[1]的削减基准的资料显示（500多个受访者），平均而言，中央或企业IT组织中，企业IT成本的占比大约是40%，其余款项在基于业务部门的项目、来源（例如云）或"自助式IT"项目中。然而，所有这些来源都会发挥重要的作用，以向企业提供卓越的IT成果，包括在服务关系和全面的合作关系中。例如，表8-1给了读者机会去思考其企业中IT服务来源的广度。

表8-1　IT服务投资组合和来源

	中央或企业IT服务	基于业务部门的IT活动	IT采购活动（直接面向业务部门）	"自助式IT"活动
应用程序与信息服务				
直接基础设施服务				
技术（用户）服务				
IT管理服务				
"常设"IT服务总量				
项目服务				
IT服务总量				

在表8-1中，我们应按照是否向业务部门提供来自服务源的IT服务或是每种服务的预计占比，来给出"是"或"否"的答案，这对四个服务来源来说是非常有用的。此外，我们还可以根据每个IT来源的预计成本，因为每一种服务都具有启发性。然而，总体来说，对来源的复杂性进行简单的思考是有用的。在我们考虑业务部门IT服务和合作关系时，这就显得很重要。当我们在第三部分中讨论企业IT能力时，这一系列的IT来源会变成定义能力的一个关键部分，这种能力可以战略性地向业务交付重要的IT。

表8-2　IT服务组合中的成本示例

IT服务组合	人事部门	运营和基础设施	其他	外包	总成本	运营和基础设施调整	IT服务组合成本
应用程序服务	183 764	2 528 786	0	356 138	3 068 688	0	3 068 688
直接基础设施服务	656 300	3 160 982	540 040	7 835 039	32 192 361	9 031 378	3 160 982
技术（用户）服务	393 780	270 941	0	1 424 553	2 089 274	0	2 089 274
管理服务	866 315	993 452	0	237 425	2 097 192	0	2 097 192
常设部分合计	2 100 158	6 954 161	540 040	9 853 155	19 447 915	9 031 378	10 416 136
项目服务	525 040	2 077 217	0	2 018 116	4 620 373	0	4 620 373
总IT服务成本	2 625 198	9 031 378	540 040	11 871 271	24 067 887	9 031 378	15 036 509

1. 请访问：Cutter.com，另请参阅：*Cutter Benchmark Review*，了解自2006年起的IT预算调查情况。

表8-2描绘了一个企业和其五大服务组合每年的成本。这些成本包括来自所有IT来源的服务，该表提供了支持业务的IT活动的整体视图。应该强调的是，这是一个与所有受IT影响的供应商有关的"涵盖所有"的视图，包括外包商、"云"和来自业务部门内部的本地供应商。在这种情况下，中央IT组织只占企业IT成本的50%；其余部分包含在其他来源的IT服务成本中。

所以我们会重申，业务与IT之间的关系可能是合作伙伴关系，但这种关系是建立在由五个服务维度创建的服务关系上的，这五大服务维度分别是：应用程序、直接基础设施、项目、技术支持和管理。换句话说，业务与IT之间的关系应该是一种合作伙伴关系；如果缺少合作，这种关系就仅仅是一种供应商与消费者之间的服务关系。但即使如此，对于合作伙伴关系来说，服务关系也是一个必要条件，而不是一个充分条件。

我们的目标是描述良好的服务关系的组成部分，这种服务关系可以促进合作伙伴关系的建立。这就是我们有效应对第一部分所讲述的动荡、不确定性和不信任问题的方法。

服务绩效是IT信任的基础

第一部分提到，信任对业务与IT之间的合作关系来说是至关重要的。我们还表示，敏捷和速度是应对动荡和不确定性的必然结果。但我们不能忽视IT服务绩效是信任的一个组成要素这一实际问题。我们在第2章和第6章中基于总价值绩效模型对此进行了讨论。也就是说，IT服务绩效是建立在IT有效性和能力阶段上的，这个阶段在五大服务组合中会产生必要的业务成果。

但总价值绩效模型还通过IT信誉是基于六大总价值绩效模型产生的成果这一业务结论，来介绍绩效期望的概念。最重要的是，信任是由业务和IT表现出的能力发展起来的。

图8.3描述的是成果，而不是IT流程。这些成果是由一个或多个IT组织通过使用一个或多个IT流程得到的（例如，第7章中的IT能力）。例如，一个项目开发团队（执行项目服务中的方法之一）也许会专注于软件开发，而不是业务变化。重要的一点是总价值绩效模型主要关注的是IT组织产生成果的能力。这个观点反映出，在没有出现会产生更低水平的成果的能力的情况下，IT组织不能有效地改善总价值绩效模型。

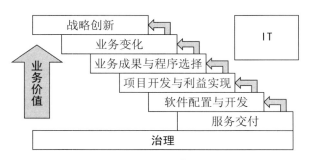

图8.3 IT总价值绩效模型

IT组织中的竖井和IT的多个来源（根据表8-2）反映了全面考虑所需的IT服务和相关能力方面的复杂性和困惑。例如，对明确性的期望就是对IT项目服务的成果的业务期望，最可能包括实际的开发活动、（卓越运营）、软件开发和部署，等等。从业务价值角度来看，还包括业务变化和战略创新成果。这些都是业务能理解的成果，它们是项目的一部分。但业务对这些成果的实际责任归属可能没那么清楚，因为其遍布在IT竖井和多个IT来源中。通常情况下，项目团队可能完成了软件的开发，并把其交付到项目实施小组，但可能不会参与实际的业务变化。关键的一点是，当业务认为这是从IT中获得的IT服务时（例如应用程序和信息服务），成果的包装（卓越运营，也许会支持业务变化等）就是建立期望和绩效的关键，但这并不能说明业务经理在成果产生过程中所需发挥的作用。

考虑到这一点，就不难明白为什么IT信誉可能难以确定了。但这并不会导致IT在交付总价值绩效模型中的成果时产生问题。值得注意的是，图8.4中的实际IT服务矩阵可能与个别组织不同，该矩阵可能涉及多个IT来源（例如，IT组织、外部来源以及内部业务来源中的各种竖井）。

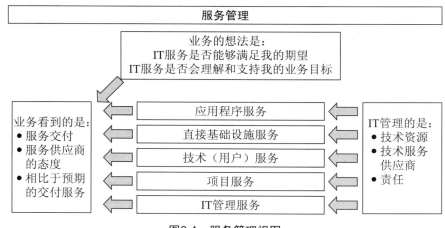

图8.4 服务管理视图

IT服务管理是关键

我们在第二部分的引言中介绍了服务管理的战略性IT管理原则：[1]

服务关系：业务和IT关系建立在交付价值和建立信任的IT服务的基础上。无论其来源（如IT组织、外部供应商以及业务内部的内部供应商）是什么，IT必须提供可靠和有效的服务。IT组织和个人文化需要专注于能产生业务成果的服务。第8章将描述服务关系的要求。[2]

IT必须要好好提供其向业务承诺的服务。这是核心问题，我们经常回避的问题是到底承诺了什么和什么是胜任的、可信的绩效。答案是这需要服务管理。虽然本书不是关于服务管理的书，有很多讨论这个问题的优秀图书，[3]但了解服务管理在实现可以促进信任的可靠的IT绩效中所起的关键作用对我们来说十分重要。当然，我们也会进入卓越运营领域，这是IT要求的最基本的成果（参考总价值绩效模型）。在第15章中，我们将服务管理描述成一个IT所需的卓越运营能力的重要组成部分。

但在本章中，我们专注于研究服务管理对信任的重要性。简单地说，IT必须管理其要交付给业务的服务，以满足业务的期望。这将两个简单的想法连接起来了。第一个是将期望设定成一种关键的（业务）IT能力，但第二个反映了满足这些期望不仅是一个现实问题（我们真的满足了这些期望吗），还是一个有关业务感知的问题（他们会相信或认为我们会满足他们的期望吗）。在前面章节里所引用的例子中，我们看到了这一点，无论这些是不是项目计划或协议的一部分，项目服务的业务期望都可能包括业务变化和创新这两个要素。最重要的是管理层的看法是什么，管理层的视角构成了其接受IT绩效的基础，并最终形成IT绩效的信誉，从而促进信任的产生。

图8.4描述了IT服务管理的三个方面。第一，它展示了在五大服务组合里，IT实际上提

---

1. 请参阅第二部分的引言。

2. 请参阅第二部分的引言。

3. 例如，请参阅基础图书：Dwayne Gremler, Mary Jo Bitner, Valarie A.Zeithaml, *Services Marketing*, 6th ed. (McGraw Hill/Irwin 2012); Valarie A. Zeithaml, Mary Jo Bitner, Dwayne Gremler, *Services Marketing*, 5th ed. (McGraw Hill, 2008); Valarie Zeithaml, A. Parasuraman, and Leonard Berry, *Delivering Quality Service: Balancing Customer Perceptions and Expectations* (Free Press, 1990).

供了什么。这个视角建立了IT的实际需要和提供的服务标准。如图8.4所示，这基本上是一个运营视角。第二，该图描述了IT管理的对象，它是绩效卓越的IT组织的标准和文化。最重要的是第三个方面，它展示了"业务在思考什么"（请注意，该图形成了从IT和业务角度来谈论卓越运营的思想，我们将在第15章中讨论它的细节）。

需要强调的是，我们正在讨论应用到向业务提供的IT服务中的服务管理，而不仅仅是讨论狭隘的服务描述和应用程序，例如在IT基础架构库中。考虑国际信息系统审计协会对于服务管理的定义具有指导意义："服务管理是指业务调整和优质IT服务中的终端到终端的管理。" 但这是一个狭隘的定义，它往往会关注供应，而不是以消费者为重点，并且也没有考虑服务业务期望的关键要素（既不是调整，也不是质量）。[1]

这个定义也没有帮助我们思考在动荡和不确定条件下IT到底需要什么。而且，需要注意的是，该定义没有明确地涵盖交付服务的"价值"（同样不是调整）。那么，为什么我们不相信调整是"业务管理"？我们的观点是，这是服务的"目标"方向（它是不是正确的方向）。但这个观点并不包括IT是否还会向客户提供预期的价值。[2]

此外，虽然本书不是一本IT服务管理的书，但我们将采用许多已知的、应用在业务中的观点。这对于IT受众来讲是比较难的，因为这个讨论不属于"最佳做法"的范畴——可以满足要求和规范、建立正式的服务水平协议等的做法。的确，这些是非常有用的，也是非常重要的，我们会在后面进行讨论。但为了达到我们通过服务交付绩效来建立信任和信誉的目的，还需要了解更多。

让我们回到关于调整的讨论，来进一步说明我们所研究的内容。举个例子，在一家使用服务管理应用的快餐店里，需要的卓越运营可能表现为店面干净、供餐及时、点餐处有能干的工作人员、厨房里有能干的工作人员、精美的包装、当然还有美味的汉堡。如果我们将调整和质量措施应用到交付服务上，我们也许会很开心，因为我们可以按照要求提

---

1. 在组织和管理方面的文献中，组织调整的内涵更广。根据所选角度不同，调整的意义也有所不同，包括：根据承诺做出的调整、根据文化做出的调整、为取得共识做出的调整、为组织联系做出的调整、为了融合目的做出的调整、为了协调做出的调整，以及为取得一致的共识而做出的调整。一般情况下，"调整"这个术语是指可确保组织达到其目标的行动、流程和状态。亨德森和文卡特拉曼也在更广泛的组织意义上使用了这个术语。对于"质量"，通常有两个定义："适合使用"和"符合标准"。而第二个定义则与国际信息系统审计协会定义的相关性更高。Brent Demoville, *The Dynamics of Organizational Alignment*. PhD dissertation, The Fielding Institute, 1999. Retrieved from demovillefamily.com , on 15 December 2013.

2. 在我们写这部分的时候，一位作者问道："我们真的想将所有的这些都纳入'服务'的定义中吗？例如，它们也不包含在'产品'的定义中；产品的定义并不包含产品交付的价值。"答案是：这的确是IT服务管理中的问题——从业务角度看，未能将必要的服务质量因素纳入其中。

供服务。但还有一个小问题：我们（IT人员）要使所有部门（包括厨师、工作人员、食物生产区和用餐区）都能明白服务规范。顾客不会在乎这些东西，他们关心的是整体的体验——入店、及时得到服务、热乎乎的食物以及一个用餐环境。实际上他们关心的是结果，而不是生产手段。

从服务的角度来看，第一个问题是客户期望的是什么，在这里我们可能会增加两个基本观点。第一是价值：客户获得想要的价值了吗？价值在很大程度上是基于期望的："牛排满意吗？""桌子上点蜡烛了吗？"当然，答案可能会在规范和要求中。但它们是否就是顾客期待的东西？第二是服务互动本身的质量："顾客认为这个服务友好吗？""有帮助吗？"

服务期望理论是服务管理的基石。一位名叫泽丝曼尔（Valarie Zeithaml）的领先研究者已经与其他人一起开发出一套服务管理的标准和措施，并在许多行业中实施。[1]正如她提出的，承诺（通过规范和服务水平协议等做出）和没有提及任何这些承诺的实际操作之间是有差别的。[2]正如我们所说的，用户期望决定了服务绩效的基础；用户体验也是不快乐的基础（最终会导致信任的缺乏）。

核心思想是服务管理会专注于服务的五个基本参数：[3]

- ■ 有形的可交付成果。在快餐店中，主要指的就是汉堡、座位和桌子、调味品和餐巾。实际上，这就是快餐店的价值主张。
- ■ 服务的可靠性。这主要指的是每次的服务体验都是一样的；这形成了期望的基础，即服务的一致性。
- ■ 服务的响应性。这不是一个时效性变量，而是客户是否相信服务会按照预期适应其要求。这包括愿意帮助客户并提供及时的服务。
- ■ 服务供应商对客户的同理心。"我们想法是一样的吗？"最终，这意味着向客户提供关心和个性化的关注。
- ■ 服务供应商的保证。这基于传递信任和信心的能力。

当然，这些都不是绝对的、不变的措施；每个企业都会有所不同。此外，一家快餐店

---

1. 请参阅第15章，了解与服务管理和IT实践的主要差距方面相关的更为全面和详细的内容。
2. Zeithaml et.al., *Services Marketing*, 5th ed. , Zeithaml et.al., *Delivering Quality Service*.
3. 这已应用到rubric SERVQUAL下的所有的行业。请参阅：Zeithaml et , al., *Delivering Quality Service*。

和一家高端的法国餐厅的这些参数事实上会大不相同……然而就基本的服务业务来说，这两家餐厅的业务都会具有上述五大参数，这是按照期望进行统计的。重要的一点是，这是每个企业中都会具有的"独特问题"：IT一般不知道其应该为业务部门提供什么服务。

服务管理与文化和态度有关

我们后面会讨论到，应该指出的是，只有前两个服务参数——有形的可交付成果和服务的可靠性能确切地说明交付服务的实质。其他三个服务参数——服务的响应性、服务供应商对客户的同理心和服务供应商的保证都是服务"如何"交付的特征。这些将作为信任和合作要求的基础在第9章中再次进行讨论。

但这可比把IT想象成一家快餐店要复杂得多。事实证明，在我们所有的IT咨询和研究经验中，服务管理的问题最终会取决于对客户的了解。正如快餐店那样，认识客户、了解客户、与客户沟通都是定义和交付可信的服务以及建立信任的核心要素。有同理心、向客户做出保证以及定义响应的极限、建立可靠性并最终定义可交付成果的特征——所有的这些要求都需要"贴心"的客户知识。在这方面，IT做得很失败。根据我们的咨询经验，我们会问IT专业人员："你真的和公司的客户谈过了吗？"或"你实际上拜访过客户的工作地点，观看过他们使用你的应用程序，并且和他们讨论了可能产生的变化或改进的后果吗？"我们对一些IT管理的学生也问了同样的问题。结果令人很吃惊（或者是令人沮丧），实际上大多数人的回答都是"没有"。我们这里说的不是CIO，甚至不是CIO的直接报告；我们说的是提供真正服务的人员，如数据中心的人员、项目成员和经理以及帮助台提供者等。IT与业务脱节（因此会不能理解这些问题）的程度是惊人的。

IT组织是否培训了其全体员工去了解这些服务元素非常值得怀疑，更不用说要在五大服务组合里去执行这些元素了。在我们与数百家公司合作近50年的时间里，我们从没有见过这样的情况。我们将在第9章中讨论合作伙伴关系，其中包含很多内容，即文化、历史和行为。

请注意，我们不是来抨击IT基础架构库和国际信息系统审计协会的。[1]它们所从事的

---

1. 请参阅：Gad Seligo Section 6.4，"What Is ITIL and Why Is It Different"，*in Implementing IT Governance: A Practical Guide to Global Best Practices in IT Management* (Van Haren Publishing, 2008)。这也是参考IT管理中涉及的所有首字母缩写词和流程的有用的资源。

工作非常重要、有效且合适。从建立信任和合作的角度来看，虽然从它们的角度来看问题（大部分是IT供应）是必要的……但还不够。我们会在第9章进一步讨论合作伙伴关系，因为我们将专注于讨论如IT文化、行为及业务和IT之间的差距等问题。

但那又怎样？我们的观点是，如果IT没有意识到和接受服务管理的基础概念，它将永远不会拥有所需的信誉和信任。这需要两个基本的要素：首先，必须接受IT属于服务业这个概念；其次，这意味着定义质量的元素除了要能够很好地执行服务外，还需要建立在期望的基础上去服务，这些元素包括我们之前所描述的。

我们现在讨论的是有关对业务价值创造进行战略性IT管理的核心问题，特别是应对动荡和不确定的能力。作为服务管理，实践性的知识和了解业务用户、业务背景、业务客户和业务所面临的问题是非常根本的。这是服务管理的核心，也是实现信任和合作关系的可靠的IT绩效基础。而且，需要注意的是，这是IT管理"最佳做法"的薄弱环节。该领域的一些领先书籍很少会讨论IT服务管理的这个最关键的元素。

盖洛普咨询公司的董事长吉姆·克利夫顿（Jim Clifton）引用了其公司将客户和其服务供应商进行联系的11个问题。他写下了业务必须怎样做才能变得成功，他认识到了创造"数十亿全球新客户"需要的是什么。[1]关于服务管理，他强调"人才和关系几乎可以击败低价格优势——它们会鼓励客户参与进来"。这也是本书的核心，业务和IT之间是一种服务关系，但更是一种在提供服务和使用服务范围内的合作伙伴关系（见图8.5）。正如吉姆·克利夫顿所说，这需要业务的充分参与。盖洛普咨询公司用于衡量客户参与的一些关键问题包括（这里我们会用"IT"来代替"公司"，并采用适合我们目的的言辞）：

- 你对IT整体上满意吗？
- 你向朋友或同事推荐IT组织的可能性有多大？
- IT组织是我永远可以信赖的。
- IT总是待我很好，很尊重我；IT对我这种人来说是完美的。

---

1. Clifton, *The Coming Jobs War*:,121–123.

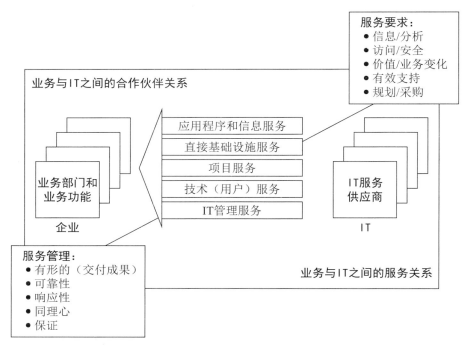

图8.5　服务关系——要求和绩效

　　这些关键问题是写给经理的。吉姆·克利夫顿接着揭示盖洛普咨询公司是如何理解客户参与标准的，有四个关键指标（我们这里提到了三个，并再次采用适合我们目的的言辞）：

■　IT（对我来说是供应商）对我们的业务问题有清晰的认识。

■　IT是一家很好合作的公司。

■　我认为IT代表是值得信赖的顾问。

　　"客户科学"可以实现这些条件和结果，这就是我们所说的应用到IT中的服务管理！

　　另外，北美和欧洲的观点有明显的差异。这最终会归结到IT的作用和使命上，是IT为业务部门提供实际服务（例如规划、项目开发等），还是业务中有其他部门在提供服务？在北美地区，答案是IT提供了服务；在欧洲，有可能是其他业务部门。然而，即使是这样，也不会改变挑战的本质。

　　让我们回顾一下我们对战略性IT管理的看法。图8.6显示了业务和（所有来源）IT间相互作用的基础。这包括从规划与创新到服务与卓越运营。请注意这些不是服务本身；这些都是为了有效地管理业务中信息和IT的开发、使用和应用而必须提供（无论从IT还是业务角度，甚至是两者）的企业IT能力。下面来回顾一下我们的价值主张。

我们已经成功地设想、实现和利用"转型的方式来运营业务"，尤其是在动荡和不确定的时代。我们的目标是使卓越的业务能够应对动荡和不确定的环境，并通过业务中信息和IT的应用来创造卓越业务价值。

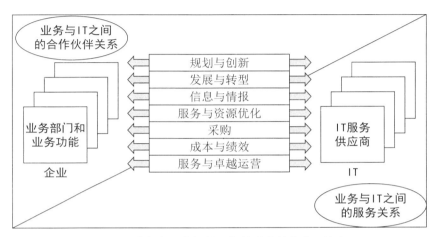

图8.6 业务与IT之间的服务关系中的企业IT能力

这些能力实际上是五大服务组合（应用、基础设施、项目、技术支持和管理服务）中的组成部分。每一种服务组合或多或少都有各自的功能要求。图8.6显示了哪一个能力最符合服务（不同于合作伙伴关系）要求。我们将在第三部分进行详细讨论这点。

企业对于应用到五大服务组合中每个组合的IT服务的态度，以及对执行这些能力因素的相对成功的态度是非常关键的。这是如何实现战略性IT管理职能的价值命题。

想要了解更多关于这些主题的有说服力的陈述，您可以访问加州政府管理论坛。[1]在那里，有一个二分形式的表格显示了IT服务中IT需求焦点和IT供应焦点（我们的术语，不是他们的）之间的区别。见表8-3。

表8-3 IT需求焦点和IT供应焦点之间的区别

IT需求焦点	IT供应焦点
服务	技术
终端到终端的服务质量	技术要素
与客户的关系	内部组织

1. Tom Jones, "Creating Business Value Through IT Operational Excellence (OpX)", a presentation to the California Legislative Council, 2007.

续表

IT需求焦点	IT供应焦点
积极主动的	响应性的
业务最佳做法	自组织
持续改进	中断/修复
团队的能力	中心人物

相比于我们讨论的内容，这个二分形式的表格有点冗余。我们真正关注的是服务理念、客户关系理念和积极的理念。但这个表格是相当令人信服的，它展示了IT所面临的挑战的程度。

顺便说一句，我们会时不时地讨论可供企业使用的IT服务的多个来源，即云、采购、内部业务部门的活动和"自助式IT"。这提高了可用于业务的IT能力，也提升了IT组织的竞争力。换句话说，差的服务管理会对IT组织产生不好的影响。

那又如何

我们将会在两个高度相关的目标的讨论间不断切换。第一个目标是改善和提高业务所接收的基本信息服务绩效。我们一直在讨论这一部分，因为必须要这样，通过IT绩效的信誉来促进业务和IT之间的信任和合作是非常重要的。第二个目标是在业务和技术这两个领域里，更好地促使业务和IT来应对日益恶化的动荡和不确定的环境。

第一个目标——提高IT绩效，人们需要认识到IT是一种服务，是一种在每一个五大IT服务组合中能够有效执行的IT服务，并且IT组织、职责和能力应与IT服务相一致。我们将在第三部分对此进行详细讨论，我们会探讨每个基本的IT服务组合是如何运用七大战略性IT管理能力的。

这引出了两个关于诚信的核心理念，乃至于信任是如何产生的。第一个核心理念是IT需要为每个区域的服务的设定期望绩效，业务需要了解和接受这些期望，然后再始终如一地满足这些期望。

服务管理领域的学者和顾问们已经对期望与绩效的概念进行了三十多年的研究。根据他们的结论和我们的经验，我们提出了服务质量的核心要素，IT组织的信誉取决于这些核心要素。关键的问题是：IT能否设定和满足每一个服务元素的期望（从操作到系统开发，到规划到业务变化再到创新)？遗憾的是，答案往往是否定的。例如，许多企业根本无法完成这些项目（按时、按预算满足业务需求）。这完全侵蚀了关于信誉（谁会相信IT所做的承诺）的任何希望和信任。然后当然，还有合作伙伴关系。

表8-4　IT服务结果示例

企业IT能力	示例：企业具有产生这些服务结果的能力（IT视角）
规划与创新	为IT寻找最佳业务机遇和创新机会
发展与转型	确保业务成果；用每个项目创造价值
信息与情报	应用分析和数据
服务与资源优化	管理IT资产；管理价值和风险
采购	在备选方案中为IT做出最好的决定
成本与绩效	了解所有信息和IT的成本和价值
服务与卓越运营	在五大服务组合中执行卓越服务

第二个核心理念是，IT无法满足服务的期望，因为它不仅仅与卓越运营相关。也就是说，表8-4中（例如，确保业务成果；识别与控制成本；做出关于价值和风险的最好的决定；用每一个项目创造价值以及为IT寻找最好的机遇）展示的战略性IT管理目标都是服务管理的基础；并且往往会超过当前大多数IT组织的能力范畴。这一点将在第三部分中进行详细讨论。

总体来说，服务管理在执行五大服务组合的整体过程中是至关重要的。七大战略性IT管理能力会向每一个IT服务领域提供所需的内容。

服务管理与合作伙伴关系的联系是什么

我们已经讲述了由服务和合作伙伴关系组成的业务和IT（见图8.1）之间的双重关系的特征。在第8章中，我们一直在专注于研究服务、绩效的概念以及满足业务的服务期望。然而，事实证明，正如我们在关于服务特征部分所简要介绍的那样，良好的合作关系是服务管理的一大要素。在第9章中，我们将详细探讨这些细节，包括信任与相互尊重的基础、不同业务与IT之间文化的挑战、IT适应业务的难度、对建立共同目标的要求，以及对明确业务和IT相互作用的要求。这些细节指的是前面讨论过的同理心、保证和响应性，这些也是信任的基础，是合作伙伴关系以及服务的一个组成部分。因此，服务和合作之间的分离并不是很明显；实际上，合作伙伴关系取决于服务的信誉，它在很大程度上依赖于本章提到的常见因素。

服务管理与动荡和不确定性之间的联系是什么

无论外在条件是什么，先前所有的讨论都适用于IT。但是，当动荡和不确定同时出现时，最重要的是什么？

我们在第7章提到过，最重要的是，能否快速制定解决方案，并对当前的服务做出修改，以迅速做出反应。但这需要一些其他东西，如充足的数据、良好的基础性能，以及业务和IT竖井之间的良好合作关系。

仔细考虑其他服务业务（如建筑师、工程师、医疗保健和食品服务）等如何处理动荡和不确定问题，了解他们的使用要点是非常有用的。

战略性IT管理的要求

下面的计分卡提供了一个针对现有做法（为什么他们不解决本章中的问题和要求呢？）和战略性IT管理中的新观念的计分模板。

结论和计分卡

第8章和第9章都会将业务和IT之间的关系描述成一种服务和合作的关系。[1]服务关系主要是一种供应商与消费者之间的关系，但是双方都负有责任义务和期望。第8章定义了这种关系。

IT服务管理计分卡

服务绩效涵盖了五大IT服务组合中的每一种组合。表8–5是一个计分卡，它可以确定当前服务是否符合标准（业务）服务管理参数。[2]

---

1. 请参阅：Mark D. Lutchen, *Managing IT as a Business* (Wiley, 2004)，了解IT作为服务业务的影响的长篇讨论。
2. 我们将在第14章中给出更为完整的计分卡。

表8-5 IT服务管理计分卡

服务管理参数	服务管理描述	应用程序与信息服务	直接基础设施服务	项目服务	技术（用户支持）服务	IT管理服务
有形的可交付成果	实际成果符合预期的价值主张					
服务的可靠性	服务满足并符合绩效期望					
服务的响应性	愿意帮助客户；客户相信服务会符合要求					
服务供应商对客户的同理心	给予客户关心和个性化的关注					
服务供应商的保证	传递信任、能力和信心的能力					

这个计分卡用五个级别进行计分：

■ 服务绩效不可接受。（1分）

■ 服务绩效很差。（2分）

■ 服务绩效可以接受，但没有与业务建立合作伙伴关系。（3分）

■ 服务绩效非常好。（4分）

■ 服务绩效非常出色。（5分）

计分卡评估[1]

IT（业务）服务管理的成功或失败是IT信誉的基石，并会产生和业务之间的信任。评分不到4分表示效果非常不好。回到第2章和第4章，服务的失败，尤其是可靠性和可交付成果的失败会给信任和合作带来巨大障碍。

第二个服务管理计分卡

第1章介绍了关于交付IT价值和交付手段的五大企业IT能力目标。表8-6可以用于评估信任、领导和产生的业务价值将IT服务与业务进行连接的方式。

1.请注意，我们已经将这些参数分为服务可交付成果（前两个）和服务环境（第三个到第五个）。

表8-6　服务管理计分卡

战略性IT管理目标		战略性IT管理：利用服务管理产生成果的系统性能力	IT服务的现状
在业务和IT间建立信任和合作	A-1	IT服务通过执行和绩效建立信誉	
	A-2	在组织里增加IT服务和信任	
	A-3	向利益相关者的信任添加IT服务	
提供业务和IT领导以及个人责任	B-2	IT领导提供必要的服务管理领导力，并强调文化、信任和合作	
	B-5	IT服务管理建立流程和结果的责任	
适应企业和领导文化	C-2	跨领域、组织和其他流程整体应用IT服务管理	
	C-4	IT服务管理产生预测、测量和监测结果	
战略性IT管理IT目标		战略性IT管理：业务成果	
产生或支持卓越业务价值	D-3	IT服务管理提供或支持业务运营的有效性	
	D-4	IT服务管理提供或支持降低成本和降低风险	
产生或支持对动荡和不确定性的卓越响应	E-3	IT服务管理促进或支持快速开发解决方案	
	E-4	IT服务管理提供或支持适合的和灵活的解决方案	

表8-7介绍了服务管理计分卡的等级。

表8-7　服务管理计分卡等级

等级		在一定程度上，所描述的结果是企业IT活动的成果
5	往往产生成果	企业IT能力，总体而言，执行并产生成果
4	很少产生成果	目前企业的IT活动往往会产生成果
3	没有成果	目前企业的IT活动，总体而言，没有对所描述的成果产生影响
2	偶尔会使成果更糟糕	目前的企业IT的活动偶尔会以这样的方式执行，并使成果更糟糕
1	往往会使成果更糟糕	目前企业的IT活动往往会以这样的方式执行，并使成果更糟糕
NA	没有反应	不适用，或不知道

09 合作伙伴关系

本章将业务与IT之间的合作关系描述为"为实现共同目标而进行的平等合作"。这种合作关系不仅是建立在组织层面上的，它描述了业务和IT人员一起工作的各种情形，如项目团队、治理流程和规划小组（图9.1）。（请注意，我们这里所说的合作关系是一对一的形式，只有两个组织参与，一个是独立的业务部门，一个是独立的IT组织。我们一直在说，这是为了简化问题。现实中，往往是多个业务合作伙伴和多个供应商伙伴参与共同追求目标的过程。）

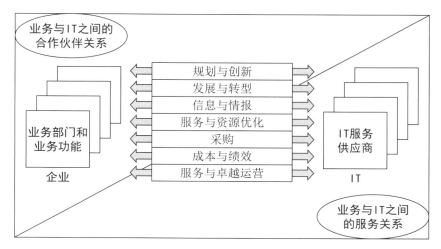

图9.1　合作伙伴关系

第二部分的引言阐述了合作伙伴关系战略性IT管理的原则。

合作伙伴关系：业务和IT的关系是一种合作伙伴关系。可靠的IT服务对建立信任来说是至关重要的，但这不足以支持合作伙伴关系。我们要面临的挑战则是IT文化、绩效、信誉和透明度通常不支持信任，IT也不擅长发展合作伙伴关系，并且业务通常也不会完全地参与这种关系。IT过分地以自我为中心也是一种挑战，这会产生与业务进行合作的障碍。因此IT应主动积极地构建这种以业务为核心的文化。[1]

本章介绍了应用到业务和IT中的合作关系的基本特征，并指导读者如何用业务和IT来加强这种关系，使其变得成熟。但更重要的是，本章介绍了合作关系的"原因"，即为什么合作关系对于实现卓越成果来说是必要的，尤其是在动荡和不确定的情形下。

本章分为四个部分：

- 建立业务与IT之间的合作伙伴关系的原因。
- 定义业务与IT之间的合作伙伴关系。
- 解决文化、行为和竖井的问题。
- 利用业务与IT之间的合作伙伴关系。

建立业务与IT之间合作伙伴关系的原因

合作伙伴关系是一种几乎广泛应用于每个商业和政府领域的术语之一。人们很容易在各种领域找到相关的参考资料，如税法、卫生保健系统、公共/私人联合活动、专业服务组织（如医生和律师）、建筑、工程、房地产等领域。几乎每一个专业领域都发展出了不同的概念，如什么是合作、合作需要什么、与失败相比什么是成功。我们可以简单地将这些概念和合作模型运用到业务与IT之间的关系中。

但这忽略了一个更为根本的问题：为什么我们需要企业与IT之间建立合作伙伴关系？如果IT仅仅是一个服务供应商，也许我们就不需要合作关系；正如彼得·理伯兹所说，为了获得优质的服务，他不需要和他的理发师或电话公司建立合作伙伴关系，就能获得优质的服务来满足其要求。第8章中描述的服务关系难道还不够吗？

---

1. 请参阅：第3章，"IT Management Is about Relationship Management"，in Mark Lutchen, *Managing IT as a Business: A Survival Guide for CEOs* (Wiley, 2004): 57。

回顾第一部分和第8章、第9章的内容，我们确定了一些业务和IT关系方面的问题，以及为业务提供的服务方面的问题，如信任和信誉。动荡和不确定性是这些服务的背景，业务和技术的复杂性也增加了不少动荡和不确定性因素。所以，也许这些问题使得IT和业务之间的必要关系更像是一种合作伙伴关系。

例如，不确定性、定制的必要性（资产专用性）和服务本身的复杂性可能会使合作伙伴关系变得非常有必要。服务本身的复杂性需要业务和IT对目标有着共同的理解和承诺。复杂性也需要知识的共享和信任。不确定和复杂性需要业务与IT能够做出有助于促进各方共同目标的决定和计划，而不只是一方参与进来。从企业的角度看，这意味着在所有业务部门和IT来源中确定和实现目标，或者是摒弃重复的服务。从整体上看，所有这些都对企业更有利。换句话说，只有当存在一个或多个这些条件时，业务与IT之间的合作关系才可以建立。

建立合作关系听起来像个好主意。当查阅商务专业和社会科学文献，以及回顾一个人在服务公司工作的经历时，成功的合作关系的特征一般会用五个关键词语来描述。第一个当然是对合作伙伴关系本身和有效关系的要求，这在本章中会予以陈述。第二是信任，我们在第2章中已经介绍过了，并在第7章和第8章中进行了阐述，这里我们还将进行进一步的讨论。第三是积极主动，这意味着在整个关系中和执行合作时，IT人员需要采取一种受目的感驱使的和渴望得到结果以及充满激情的行动。第四是理解，这需要业务（和IT）对其问题和目标进行相互认知，并了解可以部署什么样的合作伙伴关系来实施这些措施和并达成目标。

当然，共同目标是合作伙伴关系的核心，通过理解、积极行为和信任制定这些目标，人们才能具有构建合作伙伴关系的能力。迈克尔·艾斯纳（Michael Eisner）在他的书中说："合作关系会促进一系列的特征——信任、团队合作、与他人的关系，以及持续的制衡，与这些特征背道而驰，就是导致过去二十年经济危机的原因。"[1]好吧，这是经济方面的状况，我们对将IT应用到业务上的相同原理更感兴趣，导致经济危机的因素（或者错过机遇，这也许更重要）听起来也十分有趣。

这里用于描述合作关系的词汇和短语中，有两个比较重要：共同目标和信任。每一个合作关系都必须有共同目标（以及满足这些目标的承诺）。拥有不同议程、期待不同结果的伙伴之间根本不可能建立合作关系。当然，业务和IT目标在关键方面是有区别的，但它们肯定是有共同之处的。共同目标是信任的一部分，信任还有许多其他方面需要我们进一

---

1. Michael D. Eisner, Aaron Cohen, *Working Together: Why Great Partnerships Succeed* (HarperCollins, 2010): xv.

步关注。总体来说，我们有建立合作伙伴关系的领导力——这是一个人具有的构建合作伙伴关系、确定共同目标并使所有相关方之间产生信任的能力。

但是，为什么我们需要建立合作伙伴关系？我们在第一部分就开始愉快地把"合作伙伴关系和信任"作为核心目标，它是我们在业务和IT关系中所需要的核心特征。但是目标到底是什么？为什么我们认为其是有价值的？

人们可能会产生疑问：为什么一个功能强大的服务关系不足以满足业务需求？毕竟，我们在IT服务交付过程中添加了服务管理的特点，如同理心、响应性和保证（我们在第8章讨论过），这难道还不够吗？

这是个关键问题。对于一些组织来说，也许确实不够。我们用图9.2简要地进行了介绍。该图用于对业务与IT之间的关系进行分类。当然，该图的原型是麦克法伦、麦肯锡和派伯恩在20世纪80年代早期讨论过的一个经典图形。[1]这里我们对原始图形进行了改编。

然而，关键的一点是，在一些业务情形中，服务管理可能足以满足IT的业务需求。支持象限可能是这些业务。但即使这样，根据前面的段落描述，变化和合作关系仍然是必需的。动荡可能会随时出现。此外，本图（图9.2）适用于业务部门；一个企业和IT组织有可能会在每个象限里都有业务部门。

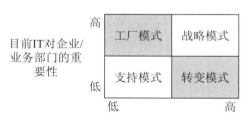

图9.2　企业/业务部门中IT的作用

在学术界，服务管理领域显然已经演变成一种"服务营销"领域。这个领域的课程和研究会评判服务的各个方面，特别是当服务是公司销售的产品时。服务营销领域提出的一个关键概念就是"了解客户"。并且，IT组织经常会遵循这一概念。

可能发生的一种情况是，服务供应商（在此案例中指IT）会参与业务的规划会议，参与跟需求有关的业务对话，支持业务的真实战略，等等。这是一种了解客户的最有效方式。为此，我们经常看到IT经理和专业人员参加业务部门会议。他们大概希望能更好地了解和应对业务的口头要求、关注点和战略。当然，这是一件好事，但似乎也是一种挑战。

1. F. Warren McFarlan, "Information Technology Changes the Way You Compete", *Harvard Business Review* (May 1984).

IT精神是自愿的，但显然这个任务是比较难去完成的。这个结论到底想要指出什么？我们总是看到技术管理人员和专业人员（当然除了CIO外）在业务会议中完全沉默。他们似乎认为自己是来这里倾听的，不是来参与的。也就是说，他们的角色更像供应商，而不是合作伙伴。

从几个角度看，这是存在问题的。第一，他们可能没有去现场或只是阅读报告和规划会议的总结。第二，他们没有机会对那些不理解的地方提出问题，或者搞明白那些不清楚的地方。第三，他们不把业务经理当成合作伙伴，他们之间没有任何意义上的平等。第四，他们错过了建议IT或信息如何为正在讨论的业务问题提供解决方案的机会。他们似乎不愿意让别人知道他们不太了解业务，因此不太愿意参加业务讨论。

这是一个更大的问题：他们可能确实不太了解业务。主要原因有两个。首先，业务过程有运营、交易和流程因素：如何准确地完成工作？是谁完成的？对于业务或交易活动的执行和管理来说，什么代表成功，什么代表不成功？其次，还存在着战略问题：确切地说，公司该如何赚钱？公司参与行业竞争基础是什么？

这并不是说IT经理和专业人员看不到工作和行业因素。当然，他们很熟悉业务的要点及其流程。他们的困难在于吸收"那么如何"的问题——什么抓住了管理人员和组织的本质需要，是变化、改善还是转变？人们通过常识和直觉判断，IT管理人员（和专业人员）总是对业务缺乏了解。当然，他们了解操作系统、ERP、商业智能（BI）和分析，等等。他们只是不知道怎么使用这些才能取得真正的成功。但更重要的是，他们并不愿意与业务伙伴们谈论这些。

这种行为对于简单的服务供应商来说也许是完全可以接受的，但实际上还需要更多的东西。关键是要进入关于业务方向的有用对话，抓住信息/IT提供的创新和改进的机会。这里所需要的不只是服务管理。

定义业务与IT之间的合作伙伴关系

合作关系需要合作伙伴，这一点是显而易见的。但是，IT组织和IT经理以及专业人员可以有效地扮演合作伙伴的角色吗？业务也面临着同样的问题。我们提出了许多业务和IT关系的问题，如第8章中服务接受者和供应商，以及早在前言中就说过的每个领域内业务和IT竖井效应的问题。在下面的章节中，我们会论述IT和业务往往在地理位置上是分离的，而不仅仅是在文化和行为方面相互分离的观点。IT和业务能否成为合作伙伴，这一问题的突出之处在于它们的独立性。

文化和行为不是此问题的核心。我们都熟悉坊间的业务投诉：IT不说我们的语言；IT位于另一栋大楼，我们从未见过他们；他们不了解我们的问题；他们只是对出色的技术解决方案感兴趣；他们会实施那些不适合我们业务的解决方案；他们很傲慢，或者更糟的是，他们对我们漠不关心；他们不能按时提交项目；他们的应用程序会中断；他们不可靠。这是各种各样的个人意见，它们不会适用于所有的情况。但IT有足够的理由担心，如果文化、行为和绩效都不是积极的因素，对于一般关系——特别是合作伙伴关系来说，它们肯定会是一种消极的存在。

在卡特联盟的赞助下，我们对业务与IT之间的关系进行了数年的研究。我们关注了从治理到IT价值交付再到成本等课题。在付出这种努力后，我们已经吸引了500多个组织参与这些研究。总的研究成果和直接的实践经验足以支持这些坊间评论。也就是说，IT不是一个好的合作伙伴（就此而论，业务也不是）。与此同时，我们已经对100多个组织进行评估和研究。当然，现在这些都不是正式的统计数据，但从广义上说，领导本节的评论准确地描述了我们所遇到的大部分问题。

我们还为IT专业人员和管理人员进行了培训并制订了发展计划，旨在改善其与业务之间的关系。除了少数例外，其他参与者完全同意三个基本问题："我们是有责任的"，他们承认；当然，现在的问题是"那么怎么办""要做什么"。

（请注意，虽然这种讨论听起来像描述一个IT组织和一个业务部门，其实这些建议适用于企业的每一个方面，以及IT传递到组织的每一种方式，不管是机构内部、企业的IT组织、外包还是"自助式IT"。同样，该建议还适用于各业务部门和功能领域的服务关系。）

细想一下其他业务合作关系。成功的合作关系会具备一个"一般协议"的关键属性。我们所说的"一般协议"指的是在合作关系的专业领域（例如，法律、医学、工程、建筑）和谈论人与人之间的合作关系的社会科学文献。此外，关于业务合作的文献介绍了描述两家公司如何走到一起，并创造一个新产品、一家新公司以及一种新的分布关系等用我们已经使用过的大多数词语。这不足为奇，因为任何合作关系，无论是在业务和IT之间实现业务目标，还是在业务组织之间，或是在个人（如律师和注册会计师这样的专业人员）之间或演奏者（如乐团）之间，确实都有相同的基本特征。

成功的合作伙伴关系的条件（及原因）

虽然我们专注于研究业务与IT之间的合作伙伴关系，但其他行业的研究人员和管理人员也大致讲述了三个对企业成功具有关键作用的合作关系，以及需要从一开始就建立合作伙伴关系的原因。

合作的能力

通过合作可以共享专业知识、构建完成每个合作伙伴无法单独完成的事情的能力，并且还能让不同的部门聚集到一起，或者仅仅是搞定一些事情。合作的能力包括以下几个。

合作。例如，在过去的几十年里，IT可能已经完成了一些简单的工作，如后台功能的自动化之类的工作。这些工作大多数可能是在缺少业务合作的情况下完成的。但是由于高级业务价值的需要，IT会提供许多优良的服务，这些业务价值包括获取商业消息，在整个客户和业务生命周期内提供"卓越"的客户联系方式，在企业内和企业整体价值链中实现业务功能的高级集成，完成制造和分配的转型等。它们都需要业务和IT这两方面的有效技能。（此外，真正的一大挑战是让所有各方明白建立合作伙伴关系的重要性。我们后续会对这点进行讨论。）"在动荡时代中改变企业"会使合作的风险更大。

协调。随着业务发展（如整合、速度、多业务关系等）的环境日益复杂，企业中会出现大量多变的部分。

沟通。这将合作和协调与下面讲述的额外的信任因素联系了起来。

响应性。考虑到动荡和不确定性，协作、沟通和共享的价值可能会促使人们改善对这些问题的响应情况。

就目标和达到目标的方式达成一致

合作伙伴关系可能会使各方对合作的目标、角色和承诺造成误解。

共同目标。这当然是最重要的。一个没有共同目标的合作伙伴关系是没有任何意义的。当然，合作关系可以促进可能更有利于一方的行动，但这只实现了共同目标的一部分。在业务和IT之间，重点是追求共同业务目标，无论是整体的（如治理和优化）还是特定的（如个别项目中）。它们都有IT目标，也许是简单的基础设施，也许是改进的基础设施，等等。但关键是，这些都是它们作为一个整体的小组所共同追求的目标，即合作关系的共同目标。

共享。这涵盖了许多基础知识：共享业务和IT的专业知识、共享资源、共担成本、共担风险。当然，具体细节取决于合作伙伴关系。

包容行为。这是信任的研究结果。如果合作伙伴的行为存在幕后动机，或是某一方不跟其他合作伙伴一起参与活动，那么合作关系的结果是有害的。

角色。虽然这似乎是次要的，但明确每一个合作伙伴的具体角色有助于合作能力的发挥，最终会形成合作伙伴间的信任。

承诺。这反映了合作的动机。各方都应当承诺它会为了共同目标和合作关系而努力。

所有权。这是所有合作伙伴承诺合作，确立共同目标并采取行动（更重要的）的需求衍生物。

信任

信任。我们讨论信任，是因为它是建立合作关系的一个要求；但当研究合作关系的原因时，我们确定，信任也是合作关系的一个重要结果。很多组织发展和设计理论家以及评论家已经研究了业务部门如何在合作关系中进行有效的合作。一个共同主题是，合作伙伴关系取决于信任和尊重。这是一个简单明了的观点：当组织中的每一个人都能感受到对方的信任和尊重时，组织便能很好地运作。

打破竖井。业务和IT中都会存在竖井，在竖井间进行的有效沟通、共享和计划总是存在问题。在这两个领域中，在多个竖井间建立合作伙伴关系可能是一种很好的弥合差距的战略，特别是在考虑到其他合作伙伴关系问题时。

透明度和公开性。当然，这属于信任的一部分，但当合作伙伴对于相关事项保持公开和透明的态度时，合作关系会得到很好的发展。有时是在财务问题上，有时是在某个行动和其他事项上。秘密肯定会是一种障碍。

幕后动机。当然，这属于信任和透明度。很明显，存有幕后动机的合作伙伴会破坏合作关系。IT存在幕后动机可能会产生问题，至少会被业务部门发现。这就是IT文化（稍后会讨论）发挥重要作用的时候了。如果IT被发现其技术议程不透明，业务将不会参与合作。

虽然这些只是合作伙伴关系中一些典型的讨论，但无论是在对合作伙伴关系的社会科学研究还是实用指南中，它们都包罗万象。当然，值得注意的是，这些讨论都是围绕着信任的，所有合作伙伴协同工作，没有产生妨碍实现共同目标的幕后动机、秘密或行为。考虑到服务中的IT绩效时，信任是很重要的；在讨论所有合作伙伴的行为和承诺时，信任则会显得更加重要。

建立合作伙伴关系是个好主意

由于上述原因，建立合作伙伴关系似乎是一个更好的主意。[1]本章的主张是，合作伙伴关系和服务关系建立在角色、价值、文化、绩效和最终信任的清晰透明的基础上。然而，这并不是在所有情况下都适用，因为每一个IT组织和业务都拥有一个独特的、可以影响IT与业务之间关系特征的独特性。[2]

那么，这个所谓的合作伙伴关系到底是什么？它指的是业务和IT一起实现竞争和卓越运营的共同目标。正如我们在前言中说的那样，我们写这本书的目的是解释如何成功地设计、实现和运用"完成业务的转型方式"。这通常会是一个挑战，尤其是在动荡和不确定的时代，业务和IT要像乐队一样共同演奏。其结果是使企业产生对动荡和不确定性的卓越业务响应，并会通过业务中的信息和IT来创造卓越业务价值。

因此，尽管稍后我们会讨论合作伙伴关系的要求，但需要合作伙伴关系的原因也同样重要：打破IT和业务之间的障碍并寻找共同目标。

解决文化、行为和竖井的问题

IT和业务的文化和典型行为都是建立信任以及合作伙伴关系的重要障碍。虽然这经常会被认为是IT问题（"他们不说我们的语言，他们不了解我们的业务，他们只有技术目标"），很显然，业务拥有自己的文化。[3]这本身不是什么坏事；每个业务领域和IT组织都需要具备自己的文化和行为来使其更有效地运行。[4]我们面临的挑战是了解文化，而不是让文化无意中变成合作伙伴关系的阻碍。

业务和IT的文化和行为之间存在巨大差异。最重要的是业务对文化和行为抱有期望，

---

1. 团队和协作也是如此。请参阅：Amy Edmondson, *Teaming: How Organizations Learn, Innovate, and Compete in the Knowledge Economy* (Jossey-Bass, 2012)。
2. 合作伙伴关系计分卡位于本章末尾。
3. 请参阅：Edgar H. Schein, *Organizational Culture and Leadership*, 4th ed. (Jossey-Bass [Wiley], 2010)。他在序言中写道：文化的定义为"一个群体解决问题时共享的基本假设模式是非常有效的，被认为是正确的思维方式"。（第18页）我们认为这同样适用于"被认为是正确的行为方式"。这对我们对文化术语的使用进行了定义。
4. Lawrence和Lorsch将此称为"区别"。P. Lawrence and J. Lorsch, "Differentiation and Integration in Complex Organizations", *Administrative Science Quarterly*, 12 (1967). 关键点是，每个功能群体都需要其文化和行为能产生效果，这些区别不应该是良好的合作伙伴关系的障碍。

而IT无法满足这些期望。

有时，业务在火星上，而IT则似乎是在金星上。很多评论家注意到业务和IT之间存在许多问题，如不同的语言和词汇、不同的解决方案、同事之间合作的巨大差异，等等。传统观念认为IT人员与别人是不同的，这种不同会妨碍其与业务建立信任。也就是说，一个人的行为模式会产生重大影响，无论是在整体组织文化方面还是在个人方面。这点对于业务方面也是适用的。

人们已经在研究中定义了合作关系中信任的概念；例如，杰克·吉布曾写过一本名叫《信任》[1]的书，这本书是我们了解组织和人们一同把工作做好（或没有做好）的基础。但是，如何衡量IT和业务组织在这方面做得怎样？IT专业人员如何衡量？业务和IT制定一个文化/行为的评估清单绝对是大有益处的。组织行为的一大部分取决于组织、管理人员和员工之间的相互关系。

表9-1　沟通的态度

文化/行为	与业务沟通时表现出的典型IT态度
防守对支持	这不是我的工作。不是！你选择了那个供应商！你的人拒绝了这项服务。有什么能帮到你的吗？让我找到问题再回复你
控制对自发	谁允许那样做的？你没有安全批准。不！当然！好主意，咱们试试。我们来看看这个的可能性
封闭对开放	不。请将其制成表格。（沉默。）让我和经理核实一下。这是我们的想法。这儿有一些选项。你的看法是什么
评判对中立	你这么做目的是什么？不。我们不能那样做。你的想法是什么？那可能会奏效。这儿有一些选项
竞争对合作	不能让他们这样做。不能让业务那样做。不能让开发部门那样做。我们开始行动吧。我们怎样帮助你们

出自：改编自杰克·吉布（Jack Gibb）的著作；例如，请参阅：J. R. Gibb, "Defensive Communications", *The Journal of Communication*, 2, No. 3

表9-1提供了一个文化/行为评估结构的例子。[2]该表表示的是文化/行为的五个对立方面，它们对组织的特征造成了影响。该表显示了业务与IT之间的团队的成果，该成果中要求提出每一个对立行为的例子。这些行为的背景是服务供应商向客户提供服务，但它们对合作伙伴关系同样适用。

---

1. Jack Gibb, *Trust: A New Vision of Human Relationships for Business, Education, Family, and Personal Living* (Newcastle Publishing, 1991), p. 223. 例如，四个"根本的主张"是：个人行为产生信任；持真诚的开放态度能更好地融入某个流程；内部实现使生产率提高；互相依赖产生协作优势。
2. 改编自杰克·吉布的著作。例如，请参阅：J. R. Gibb, "Defensive Communications", *Journal of Communication*, 2, No. 3 (1961): 141–148, and "Climate for Trust Formation", in *T-Group Theory and Laboratory Method*, ed. L. P. Bradford, J. R. Gibb, K. Benne (Wiley, 1964)。

我们可以很容易地看到，这五个用二分法呈现的特点可能会在建立信任和尊重，阻碍或支持合作关系产生正面和负面的影响。如果合作的目的是共同协作，追求共同目标和建立信任，一方要比另一方更有用。实际上，一方（防守、控制、封闭、评判、竞争）似乎会阻碍信任，甚至会阻碍尊重的建立。

这里讨论的对象往往是IT人员，那些所谓的"坏人"。例如，一个人问业务经理，每个二分法终结点描述的是哪个IT专业人员，如果答案是做出这些"负面"行为的也许就是描述者本人，我们是不是会感到惊讶？换句话说，从业务角度来看，这些特征似乎描述的就是IT和业务之间的隔阂。此外，各种业务组织同样也可能会表现出一些"负面"行为。举个例子，一个人肯定会想象会计是刻板的。当然，行为样本中的一个基本要素是词汇。使用技术和/或业务术语和缩略词是一种描述防守、控制、封闭、评判和竞争行为的很好的方法。

表9-2提供了一个计分卡样例，我们可以使用它来讨论IT行为和文化。

表9-2　IT文化/行为计分卡

文化/行为	IT文化/行为的业务管理评估	IT文化/行为的自我评估
防守对支持	防守	支持
控制对自发	控制	控制
封闭对开放	封闭	转型中
评判对中立	评判	中立
竞争对合作	竞争	合作

当然，虽然这主要针对的是IT，但在IT如何感知业务和业务如何感知其本身方面，业务组织文化/行为可能也会表现出类似的结果和差异。

在这个例子中，有两件事很重要。第一个是两个组织的观点差异；第二个则是业务观点的一致性。根据我们的经验和相关研究，防守、控制、封闭、评判、竞争的文化和行为不会对合作关系产生积极的作用。在一定程度上，表中所示的业务评估是IT行为的主要特征，认为这将带来成功的合作关系和信任、尊重的确是不寻常的。更糟的是，我们相信，大多数业务关系不好的IT组织会认识到他们采用的就是这些典型的行为模式。

当然，现实比这更复杂。部分业务本身就有不同的特点（例如，人们可以研究企业的财务领域、工程领域或营销领域的文化和行为）。重点是这会产生影响：了解文化/行为双方的看法是非常有益的。当然，仔细分析如何重新分析IT文化/行为，以及如何以提升信任的方式来对其进行改善并建立合作伙伴关系是很有用的。

但我们确实使这个过程变得困难了。一个有趣的现象就是IT组织和企业的其他部门并不在一起。我们往往会看到IT在一个独立的办公楼，或是在一个独立的楼层。这促进了竖井思维模式的产生，不同部门之间没有定期的社交或人际关系往来。我们往往会看到治理流程中，工厂和业务会使用纸张或电子形式来进行相互传递，这限制了人与人之间的接触。IT的"流程化"（例如，IT基础架构库）会对这个过程产生明显的负面影响。有时，我们会认为，只要我们"执行正确的流程"（例如，规划和优先级排序），我们就是很出色的。更糟糕的是，如果我们能够衡量某个流程，我们就认为我们能真正地了解它。

与业务进行密切的合作？打破这些文化和行为障碍？事实证明，这最终只是一个个人承诺，IT经理和专业人员还要解决很多问题，包括学习业务、行业和业务对IT的看法。而且，很多工作都是与业务和IT人员对其关注点和目标进行简单持续的沟通和互动。但所有的工作都是基于接受履行工作的承诺的，这绝对是一个人的私事。另外，这也是一种受领导力影响的强势的文化。我们会在第10章中对此进行讨论。

除此之外，在第16章中，我们还将提出一个实现合作的计划，该计划包括旨在建立信任和合作关系氛围的一系列活动。此外，我们为什么要关注这些？因为我们相信合作关系是处理信任和不确定性问题的核心。更重要的是，我们认为文化/行为在成功的服务管理中起着重要的作用。

（请注意，我们对文化概念有一个非常简单的看法。人们只有阅读了沙因[1]等研究者的文章后，才能了解文化概念的复杂性和广泛性。然而，我们的目的是专注于研究信任和合作伙伴关系的基础，这意味着分享信仰等"文化"是一种通过建立信誉和合作伙伴关系可以解决的东西。）

克服竖井

最终，"打破竖井"是具有合作伙伴关系的业务与IT的主要目标。有的IT组织不屑于与业务部门谈话，更不用说和业务部门处于同一空间。但我们会继续和这样的IT组织进行合作。最近，我们与高级IT项目管理人员一起工作，他们还是把未来的目光停留在技术层面——开展项目和管理IT。在另一个案例中，我们和IT管理人员一起合作，他们想要包括高级业务经理在内的业务人员加入IT规划，结果治理活动被认为是与企业目标不相关的，并且受到了强烈的抵制。"哦，不，"他们说，"我们（"IT人员"）可以提供业务输入。"在第三个例子中，IT管理人员不能准确地认出业务管理人员，而这些业务管理人员

---

1. Dorothy E. Leidner , Timothy Kayworth, "A Review of Culture in Information Systems Research: Toward a Theory of Information Technology Culture Conflict", *MIS Quarterly*, 30 No. 2 (June 2006): 357–399.

可能会参与规划活动。他们不认识组织中除"业务联系人"以外的其他人员。

我们的观点是，IT组织似乎并没有更接近业务，至少肯定没有比10年前或20年前做得更好。我们使用以下四个非正式的衡量方法来判断IT和业务的差距：

■ 业务组织问题（对业务来讲是非常重要的东西）在IT培训预算中的占比与IT问题的占比相比，应该是多少？（根据我们的经验，是零。）例如在一家金融机构，IT能在银行业务中能接受多少培训？

■ 在IT管理层和项目人员的职业生涯中，拥有实际业务经验的人员占比多少？

■ IT管理层和项目人员与使用其服务的业务组织位于同一地理空间的时间，占比多少？

■ 关于IT做什么会有助于实现特定的业务目标（不同于实现IT目标的手段）的IT战略计划的讨论，占比多少？

业务也面临着同样的问题。业务花在IT问题的使用上的培训费用的占比是多少？

在这两种情况下，我们发现，在我们经手的大多数组织，以及我们主要在北美进行的研究中，这些问题的答案往往是零或接近于零。请注意，我们不会造成误解，组织确实有投资教育，例如，派遣关键管理人员去进修MBA课程。但这太笼统了（例如，是涉及一般业务，而不是针对特定的所属组织），对大多数人员并不适用。

换句话说，对于IT，更重要的是，我们几乎看不到IT想要拥有与业务成功合作和打破竖井的能力。我们看到的是另一种情况——IT组织和其专业人员与业务之间正变得越来越遥远。那么会怎样？当然，很明显有些东西便会产生。许多美好的东西正在出现，例如社交网络、业务 3.0、云、业务智能，等等，它们预示着重大动荡变化的产生。我们的顾问和评论员，以及想要成为CIO的人对IT将要与业务紧密地结合在一起这种观点是不能产生误解的。但IT组织和其专业人员越来越接近业务的证据在哪里呢？

一个更大的挑战是目前的IT领导正在变老。在未来的10年里，他们中很多人会退休。这还不是主要问题，更大的问题是年轻的IT人员在业务和IT关系方面的表现很不乐观。通过客户经验我们意识到，年轻一代的IT人员比当前的IT领导更"重技术轻业务"。这确实令人头疼。

重点是，在IT服务作用和IT与业务服务关系中（我们不能忽视服务管理的重要性及其价值，如同理心和响应性，它们与合作伙伴关系的价值有相似之处），分离、不愿参加业务活动和具备有限的业务知识等行为也许会被人们接受。但仅有这些是难以实现我们的目标的，这只是对"转换方式来成功完成业务活动"的设想、实现和利用。在动荡和不确定的时代，这绝对是不够的。

为了实现对动荡和不确定进行卓越业务响应，以及使用业务中的信息和IT来创造卓越业务价值的目标，业务和IT之间必须要建立合作伙伴关系。最为根本的是，还需要保证与业务有共同目标以及对业务有全面的了解。这需要的不仅仅是服务管理。请不要产生误解：服务管理（第8章）的原则和做法也是必需的。然而，它们不足以满足目标的要求。

业务的情形如何

到目前为止，本章一直在关注IT。虽然对于业务和其对合作伙伴IT的承诺也可以进行同样的讨论，但这里的情况有点不同。这种差异缘自业务可以以多种方式采购IT服务，而不只限制于一个IT组织。最近的事态发展（例如云采购和日益提高的"自助式"能力），会使业务有可能忽略准备就绪的IT组织。所以，虽然早期的问题是相同的，但在业务方面，情况可能会有所不同。这种观点的差异对我们来说可能是不幸的，因为它意味着IT组织在建立业务与IT之间的合作关系方面会遭遇更大的风险。如果合作伙伴关系得不到很好的发展，IT会失去更多。

这种情况强调的是，IT特别需要意识到合作、文化和行为方面存在的问题。也许这些不需要去平衡，但它们会具有一些问题特征。

企业内部和IT内部存在竖井怎么办

这种竖井可能是一个跟挑战一样重要的一般性的业务和IT竖井。在业务内部，每一个业务部门和功能领域可以成为一个独特的竖井，它们具有不同的文化、行为、目标和动机。在IT内部，这同样也适用，例如操作、开发、用户服务和结构领域往往会成为竖井。在某些方面，第8章所讲述的五大服务组合表明了组织内存在着潜在的竖井。

实施业务与IT之间的合作伙伴关系

根据我们的研究和实践经验，我们总结了关于IT作为业务合作伙伴的三个基本问题。

- 关于合作需要的协议。业务和IT大致同意合作的行为是不是成功所必需的吗？
- 任务。关于IT将要为业务提供什么服务，IT和业务拥有相同的观点吗？（展开来说，业务明白自己想要什么结果吗？）问题是人们经常会混淆IT的任务，这使得将合适的和有效的文化带入业务与IT之间的关系中的过程变得更加复杂。
- 合作要求。IT会大致上和业务部门一起以取得成功所需的方式行事吗？
  - ➤ 关于IT作为一个合作伙伴，还存在不少困惑。
  - ➤ IT文化和行为会成为阻力。
  - ➤ IT（差的）服务绩效会阻碍信任，乃至于潜在的合作。

问题是：业务和IT通常会同意合作和合作行为是必需的吗？这个问题适用于所有层面，不管是组织层面还是个人层面。这也是一项艰难的挑战，尤其对于IT一方，它的文化倾向于自我依赖和排外。IT往往会说："我们知道自己需要什么。"而且，业务也是这样，不愿意同意他方的观点。毕竟，IT人员只是扮演简单的管道工角色。

我们的客户经验验证了这一点。例如，当我们和IT组织进行IT战略规划时，让业务人员参与讨论似乎很令人吃惊。业务被视为合作伙伴而不是IT服务的接受者的想法则会令人更加惊讶。当我们与业务召开规划会议时，我们得到了相同的（反应）反馈。然而，当我们进行联合会议时，我们得到的反馈是："哇，这是我们关于相互需求、问题的共同理解以及潜在的解决方案（业务和IT）进行的第一次卓有成效的对话（跨越业务与IT之间的差距）。"

在某些方面，业务一方的问题更严重。在我们的客户工作中，我们看到的业务的态度是"那是我们使用IT时要做的事情"……这意味着他们（业务人员）没有时间或没有意愿要与IT进行对话。他们常见的态度是不插手，把问题抛出去，拿回结果就算完成任务。

参与业务

除非业务管理完全参与且不会讨价还价，合作关系才能发挥作用。这特别适合战略性IT管理。在第二部分的引言中，我们提出了一个原则：

参与：业务和IT管理人员应参与业务与IT之间的合作关系的建立。每一个管理人员都会参与进来，并领导业务/IT联合行动。第11章将业务和IT领导所需的领导力、文化和参与度联系到了一起。

这种管理参与是治理活动的一部分，适用于每一个战略性IT管理的企业IT能力，如规划、优化、项目发展、卓越运营和财务管理等。只有业务和IT双方完全参与，他们之间才能建立合作和信任。

在许多方面，前面章节中的讨论是适用于业务的，并且适用于所有的信任维度（包括信誉）。这种情况下最严重的问题是，业务负有担当合适的IT"接受方"的责任。而且，IT行为会成为一种阻力。第2章和第5章中关于总价值绩效模型的所有讨论的重点都是IT组织的绩效信誉或能力。

事实证明，在绩效和信誉方面，本书中对业务组织的描述是差不多的。事实上，这是本书的一大主要贡献，它反映了业务组织在IT宣称要为其做的事情中所发挥的重要性。更为关键的是，对信息和IT的运用带来了业务上的成功。在许多方面，业务并不关心IT管理中的IT供应。这些IT供应会被视为"他们的"问题，因此不是业务的兴趣点或关注点。正是业务机遇和利用的转型造成了这种差异。

当人们仔细思考基本的能力（IT服务交付）时，也就是当观察IT供应时，我们无疑可以识别出一些关键部分（例如可靠性、功能性、易用性、灵活性等），这些都是IT需要交付的服务。但重点是，除非业务也有能力管理信息和技术的使用，并能够将其转化为卓越运营，否则一定会产生问题。

这才是真正的重点。除非业务能够切实使用或应用IT所提供的服务，否则即使是最出色的IT组织，也只能对业务产生很小的影响（或根本不会产生影响）。当然，也有IT本身是"真正"客户的联系点——提供"真正的"产品和服务等。但这误述了基本主张。在这些情况下（例如，自动取款机、公用电话、自助服务、网站等），IT无疑是交付媒介，但它代表着业务，并且会实施具体的业务流程。

关键的问题是：由谁负责？

示例1：业务参与

为了说明业务是如何参与的，我们列举了业务在项目中发挥作用的例子。对于任何IT

治理活动，我们都需要这些领域的主动参与和业务管理的决策：

- 项目审批（例如项目赞助）。
- 决策过程（例如为优化决策而设置规则）。
- 优化决策（哪个项目对业务最有价值？）。
- 确定优化决策（应该完成哪个项目？哪个项目是"强制的"或"合规的"？）。
- 调度决策（哪个项目应该优先完成？）。
- 内容参与（例如业务战略意图、业务目标和业务变更管理的协议）。
- 监测和减缓（例如，制订和同意减缓计划，包括项目中止、延迟等项目或组合中的风险）。

在描述这些关于管理项目组合的参与角色时，我们可以为其他IT治理活动制定类似的"需求"列表，例如IT规划、财务管理和成本控制。在所有这些领域中，我们需要企业管理能够根据企业需求来平衡功能竖井，以及执行标准和定义流程。

一个重要的挑战是，业务经理往往不想花费时间和精力在这种方式上，或者不愿意冒风险。我们经常会发现，业务管理层关于如何进行治理工作的意见会局限于以下几点：

- "审批"是指对个别项目不经审查就批准的一个过程。
- 高级经理说"这是我们雇用你们做的事"，然后让IT自己做决定。
- 业务经理认为，他们在IT治理中的作用是看管他们的项目，而不是为了企业发展得更好而做出决定。
- "优化"被视为个别业务部门和个别项目的问题。业务经理会问"我们的项目什么时候才能完成"而不是"项目怎样才能做得更完美"。[1]
- 很少有业务经理关心其他业务部门的项目是否得到了优先处理。业务的竖井化非常明显。每个组织都在与跨越竖井的优化进行斗争，但大多数都以失败告终，最终结果是IT资源变成了竖井。

我们中有多少人耐着性子看完了指导委员会批准所有事项的公开演示？（"毕竟，我们怎能在明知他将给我们投票的情况下拒绝他的项目？"）我们中有多少人去参加治理会

1. Lutchen, *Managing IT as a Business*, Chapter 3.

议时没有遇到指定的经理，而是遇见她的"代表"，即使那个代表没有参加以前的会议或没有费心去阅读辅助材料？出现这些情况的部分原因是目前的IT治理方案只专注于参与，而不是实际的决策过程。还有一部分原因是项目治理决策的零和博弈；这些决策指对业务的其他部分说"不"，这是不容易做到的。

我们如何才能在项目组合管理中有效地改变这一切？在过去的25年中，我们的客户面临的最紧迫的问题是让业务管理在IT组合管理和IT规划中持续进行。每个人都会在第一个周期参加，但之后热情就会减退，最终只能由IT经理推动投资组合管理和IT规划过程，并做出决定。

基本的困境是，我们需要设立有效的治理角色和以这种角色从事业务管理，并证明结果比我们现在所拥有的更好。这说起来容易，但难的是鼓励和奖励参与以及获得热情支持。其结果是仅仅告知了管理层要参与，但从来没有达到效果。

示例2：让管理层参与进来

在最近的一个客户工作中，我们提出了一个观点，即让业务一直参与IT治理的任何事项是一件非常难的事。我们注意到，根据过去25年的经验，这对每个客户来说都是如此。

对于这类客户，我们将带领管理层使用一种"三阶段"方法，来成功实现管理参与，最初是专注于应用程序和基础设施服务的组合管理。

- 阶段一：给业务管理层提供一个明确的例子，展示一般的IT治理和特殊的组合管理究竟能给予他们什么。学术争论并没有用处，他们需要一套完整的例子，来显示他们的具体应用与可能的报告和分析。这将使他们明白得到的价值是什么。请注意，这是一个相对被动的阶段；我们并没有要求他们做任何事情，而是向他们出示具体的成果范例。这也意味着IT组织必须提供这个阶段的基础数据。

- 阶段二：给业务管理层提供一套完整的应用程序和基础设施服务的成本核算清单。虽然知道他们依赖的应用程序是什么，他们是如何匹配的，以及他们执行得有多好是有趣的，但没有什么比成本更能引起人们的注意。洞察成本花在哪些地方并没有得到重视，应用程序和基础设施服务一般是最昂贵的。尽管IT也许只占很小一部分成本（整体收入流的2%~5%），但它是业务部门的主要成本。[1]

- 阶段三：让他们参与一个完整的应用程序和基础设施服务的业务价值评估过程。这是一个可以促使其更好地管理他们的IT工作和获得更完美的业务成果的价值评估。这当然是IT治理的重点。一旦他们看到了可能实现的事项，即看到了成本，他们参与的障碍会明显减少。

阶段三使我们拥有了一个初始的参与水平。随着时间的推移，保持这种参与水平需要再次进行价值评估的治理循环，这可能会成为年度预算周期的一部分。

在我们的经验中，关于IT治理的重要性，以及业务管理参与的重点很难用抽象概念来表示。这就是为什么这三个阶段会显得如此关键。阶段一和阶段二提供了业务管理者能认识到的例子，也显示了努力的价值。这将减少他们参与阶段三的障碍。此外，看到可能会产生的结果将鼓励他们提供必要的现实数据（例如以业务为重点的评估）。

实施合作伙伴关系需要合作伙伴对角色分工达成一致

人们面临的挑战是，使业务和IT管理人员同意IT在业务部门和企业中作为一个整体来发挥作用。当然，原因则是随着责任和努力的适当分配，业务与IT之间的合作伙伴关系将会继续存在，以满足共同目标的要求。如果没有关于这些目标究竟是什么，要做什么以满足他们的协议、明确或假设，事情会变得很难办。

一个简单的测试：对于主要IT任务的优先级应设定情况，每个业务和IT执行人员怎么说，尤其是从合作关系中扮演的角色方面看？从业务的角度来看，IT组织可以扮演四种角色。这些角色的焦点和主要目标追求都存在着显著的差异。（请注意，这些角色可能包括外包方面）。这将有助于建立IT预期的业务期望（尤其是与IT的合作关系），以及目前IT如何处理业务的期望。[2]

---

1. 请访问Cutter.com来获得Cutter Consortium Advisors。为了进行讨论，请参阅：Our Cutter Consortium Advisor，"Knowing the Cost of IT"，September 12, 2006, and "If You Don't Know Cost, You Don't Know Anything"，August 23, 2006）。

2. J. F. Rockart, M. J. Earl, J. W. Ross, *The New IT Organization*: *Eight Imperatives* (Center for Information Systems Research, Sloan School of Management, Massachusetts Institute of Technology, 1996). http://18.7.29.232/handle/1721.1/2623

问题是，业务中优先考虑的IT任务是什么？并不是说这些任务是相互排斥的，但它们之间总得有基本的优先次序。表9-3总结了我们获得的中型公司（平均收入为10亿美元）的主管们和北美政府机构的答案。（这些IT任务的讨论会涉及第1章中关于欧洲和北美之间的差异的讨论。）问题是：IT在业务中扮演业务发展和伙伴关系的角色时，什么是最重要的和最不重要的？对于不同企业，答案可能会不尽相同。

表9-3　任务

IT任务	CEO/高级领导团队	业务部门主管	IT主管和高级领导团队
IT操作服务。为业务所使用的应用程序和服务提供操作和技术支持	最后且最不重要	最后且最不重要	最高且最重要
改造IT。假设使用最新的技术；为业务提供采用新技术的领导	第三重要	第三重要	第二重要
支持业务流程。为业务和其流程提供直接支持——即使是执行业务任务	第二重要	最高且最重要	第三重要
改造业务。为业务组织在竞争和业务上的重大变革提供领导和方向	最高且最重要	第二重要	最后且最不重要

当然，这并不是说技术操作对业务来说不重要。后面要讨论的服务和卓越运营会证明这一点——业务是高度依赖IT的。相反，从管理层的角度来看，这表示IT的业务发展和伙伴关系的角色也许会超出简单的操作范围。因此，虽然技术操作也许是重要的，它是一个必要条件，但不是保证推动业务向前发展的信任和合作伙伴关系的一个充分条件，正如我们所认为的那样，它能够成功地解决动荡、变化和不确定性的问题。

总之，这些不是相互排斥的。然而，业务的主要期望与IT的期望会产生巨大的差异，甚至会与共同目标和共同责任产生差异。同样，IT会期望业务能够执行不同的功能并履行职责。这可能解释了目前一些业务和IT间存在障碍的原因。如果我们不能就最重要的任务达成一致，那就会妨碍合作的进行。

所以，我们提出了三个基本论点。一是了解任务期望，正如表9-3中所示，这是对于合作关系和信任发展很重要的第一步；二是管理层之间产生分歧的可能性很大，这会妨碍信任和合作关系的发展；三是对产生战略性IT管理的不同配置的IT任务的认识。我们会在第12章中讨论这一点。

请仔细思考表9-4中所示的战略性IT管理的七大基本领域，然后思考它们的特点，这些特点受任务优先级的影响。

表9-4　任务和战略性IT管理

IT在企业IT能力中的作用	业务改造	业务支持	IT改造	操作IT服务
规划与创新	高		高	
信息与情报	高	高		
发展与转型		高		
服务与资源优化			高	高
采购			高	
服务与卓越运营				高
成本与绩效				高

当IT的作用是操作IT服务时，我们的重点不是确认这个答案是否正确，而是了解管理层之间是否存在关于任务要做什么的协议。而这只是关于主管们（CEO和CFO等）的简单测试，真正的问题是企业中的每个经理、主管和专业人员能看到任务并知道谁负责什么任务。如果IT和业务之间存在误解和不同的期望，合作关系的基础将会变得薄弱。这个例子只反映了操作IT服务作用的一种可能性，其他作用也会存在类似的情况。

表9-5描述了公司中可能存在的差异的例子。每个业务和IT主管都会被要求对与IT将要执行的任务相关的理解和看法进行等级排列。

表9-5　任务示例

IT的主要作用和任务	CEO	CFO	业务部门主管	CIO和IT主管
操作IT服务	1	1	1（平局）	2
改造技术	2	3	3	1
支持业务流程	3	2	1（平局）	4
改造业务	4	4	4	3

对于这个特殊的公司，它存在一些协议，但还是存在相当大的分歧和误解，即使该公司试图去澄清，情况仍然如此。这种极大的意见差距会影响合作伙伴关系和信任的发展。对于IT要做什么和侧重点是什么，人们希望能够带着不同的看法一起探讨。当不信任产生时，大家并不会感到奇怪，因为大家都认为每个人有不同的想法，事实上确实如此。

这是一个真正的问题吗

人们可能会怀疑，我们这里所讲述的问题是否真的存在于现实中的组织里。你可以走进一家典型的IT组织，并询问一线的主管和项目经理："你在IT中扮演什么角色？""你预计会产生什么样的结果？"以及"业务经理扮演什么角色？"然后，再去业务部门，向业务部门主管和其直接下属询问同样的问题。毫无疑问，大多数IT人员把软件生产、基础设施和应用程序的操作当成工作目标，并且，他们希望业务管理层能够明确地定义他们的需求，以及为了有效使用IT技术成果做任何需要做的事。除了扮演开发和运营角色外，业务经理也不要求IT来支持业务和明白他们的需求；他们对于其本身在IT中的作用毫不知情。这种理解上的差距确实是真实存在的。有趣的是，无论是正式的外包还是云，替代形式的采购都会扩大理解上的差距；业务往往会认为外包或云仅仅只是一种IT技术交付方式。

人们可能会认为服务水平协议会解决这些问题。虽然它会有一些作用，但更容易扩大差距，因为服务水平协议必然会专注于运营和发展，而不会特别关注业务方面。对于业务和IT对IT的作用和任务的期望以及相关业务的责任问题，我们鼓励读者对此进行自我评估，可参考第1章中的自我检测工具。

问题是这个讨论是抽象的，只适用于最高级别的业务与IT之间的组织。领导也许会大声回答："当然，我们有合作关系！"

然而，为了实现目标，企业需要协调合作关系并联合行动。更为关键的是，这种合作关系的概念适用于业务和IT各层次的相互作用。每个项目团队都是一种合作关系；每个治理小组（例如服务管理、优化等）也是一种合作关系；架构、敏捷活动或规划中的每个工作小组也都是一种合作关系。

"团队"是新的合作伙伴关系

埃米·埃德蒙森的著作[1]对团队作为一种多组织和多人工作的一大关键元素进行了专门研究，简单来说就是合作伙伴关系。下面是她描述的例子。

大多数人都认识到，21世纪的以知识为基础的组织依赖于跨学科的合作、扁平的等级结构和持续的创新。

---

1. Edmondson, *Teaming*.

扁平的等级结构和分布式的领导力，是强大领导力衰落的原因吗？

第一种——正式领导；

第二种——员工领导……在这个组织里……位于开展影响客户体验的关键工作的前线。

这正是我们在谈论的主题——在业务和IT间建立合作伙伴关系、团队关系的能力。这是为了每一个人，即位于前线的员工领导。为了实现业务利益而致力于提高IT能力对于合作来说是非常必要的。

合作伙伴关系存在于每一个层面

我们有探究合作伙伴关系和合作伙伴的想法，尽管这是两个组织之间一对一的关系。然而，合作关系的概念适用于业务和IT间的每一个相互作用，甚至在个人层面上也是如此。合作伙伴的概念甚至适用于在一个项目中合作的两个人。该概念还包含了每一个潜在的参与者，这意味着IT拥有多种来源，业务具有多个定位。我们之前已经说过：全面的业务与IT之间的合作关系是包容一切的。

人们要面临的挑战比多层次的合作关系更微妙。对于让CIO和高级业务主管讨论业务/IT合作来说，这并不罕见。这个想法很容易让人觉得冠冕堂皇。我们面临的挑战是有必要接受该想法以及各级业务和IT因此产生的行为，并且该行为实际上已经发生了。获得在高层名义上的同意似乎很容易，但付诸于行动却很难。

说到这里，提醒自己为什么需要合作伙伴关系是有益的。当想要在"动荡和不确定的时代实现业务轻型"时，合作、沟通、协作、共同目标、共享、信任和响应性都是非常可取的特征。但扩展基本的服务管理关系同样也很有必要。

总结

成功的基于合作伙伴关系的业务与IT之间的关系需要具有任何业务或个人合作伙伴关

系具备的一切。我们需要信任、共同目标、每个合作伙伴明确的角色和任务、相互尊重、合作努力、包容的行为、领导力和文化。

同时，这些重要的合作伙伴关系特征也解释了业务与IT之间的合作伙伴关系为什么不仅仅是一件好事，还是应对动荡和不确定性挑战的关键因素。除非存在这些关系的描述，否则，为解决业务面临的问题，寻找可靠的、灵活的和快速的解决方案的挑战可能是无法克服的。

合作伙伴关系计分卡

表9-6是一个用于判断业务和IT目前合作伙伴关系水平的简易计分卡。

表9-6　合作伙伴关系计分卡

合作伙伴关系参数	合作伙伴关系描述	业务视角	IT视角
协作	业务和IT进行有效的合作，寻求共同的目标和具有明确的角色和职责		
协调	业务和IT在互相影响的活动中进行良好的协作		
共享	业务和IT共享必要的信息、技能和专业人员		
响应性	快速进行合作和协作，并对动荡和变化做出响应		
信任	信任的重要特征表现在业务和IT的行动中：共享、透明、共同目标和纯洁的动机		
打破竖井	业务和IT成功地抵制了官僚机制。行动、解决方案和努力跨越了业务和IT间的组织障碍		

该计分卡采用五分制计分方式：

- 该合作伙伴关系很少描述业务或IT的行为。（1分）
- 该合作伙伴关系有时描述业务或IT的行为。（2分）
- 该合作伙伴关系偶尔描述业务或IT的行为。（3分）
- 该合作伙伴关系经常描述业务或IT的行为。（4分）
- 该合作伙伴关系几乎总是描述业务或IT的行为。（5分）

同样的计分卡适用于每一个IT服务领域，如表9-7所示，它也使用了表9-6中的五个等级。

表9-7 服务组合计分卡

合作伙伴关系参数	合作伙伴关系描述	应用程序与信息服务	直接基础设施服务	项目服务	技术（用户）服务	IT管理服务
协作	寻找共同的目标和明确的角色					
协调	相互影响的协调活动					
共享	共享必要的信息、技能和专业人员					
响应性	快速响应动荡					
信任	共享、透明、共同目标和纯洁的动机					
打破竖井	克服官僚主义，完美地跨越障碍					

10 领导力要求

第二部分的引言将领导力战略性IT管理的原则定义为：[1]

高级业务和IT管理支撑并一直领导着业务与IT之间的关系。IT领导创造出了以业务为导向的文化，并使IT内部及IT与业务之间的关系达到最好状态。CEO和业务领导为合作、需发挥的作用及必要的承诺和动机创造了环境。

领导力不仅与CEO、CIO及他们所发挥的作用相关，而且与企业中应用信息和IT的每一个人（包括业务和IT员工）相关。[2]但是什么是领导力？领导力就是简单良好的管理能力，它使事情得以顺利进行。领导力的作用更多的是明确前进的方向，上升到并包括我们所定义的战略管理——激励和动用可用资源来实现公司的战略目标。

我们发现对战略性IT管理的领导力至关重要的两个方面。第一方面是积极主动地实现公司短期和长期的IT目标，这些目标实际上与管理有关。一些研究人员把其称为交易型领导力。第二方面是从根本上改变任务、业务或IT活动结构时，领导力至关重要。一些研究人员把其称为转换型领导力。[3]CEO、CIO和其他业务及IT组织都需要具备这两方面的领导力。

这两种领导力都需要战略性IT管理中所有重要的因素：信任、合作和业务的体现与IT文化。此外，那些行使领导权的人还需要在追求的方向和目标上有自信、信任及信誉，从

---

1. Edgar H. Schein, *Organizational Culture and Leadership*, 4th ed.(Jossey-Bass [Wiley], 2010).

2. 请参阅：chapter 8, "Leadership", in Amy C. Edmondson, *Teaming: How Organizations Learn,Innovate, and Compete in the Knowledge Economy* (Jossey-Bass, 2012).

3. James MacGregor Burns, *Leadership* (Harper Collins, 1978). 例如，请参阅：Edmondson, *Teaming* , chapter 8.

而影响其他人去参与必要的活动。

这一章节描述了建立信任和合作伙伴关系所需的组织领导力和个人领导力以及如何成功地应对动荡和不确定性的情况。组织领导力要求中有四个重点：CEO、CIO、IT人员和业务经理。对于所有IT经理和专家而言，IT和业务人员的个人领导力体现了对主动行为的需要。我们将在第17章和第18章详细描述这些需要。

我们的领导力目标是更好地应对业务和IT中的动荡，并使用信息和IT来创造卓越业务价值。这需要合作和信任以及基本管理能力，而面临的挑战是克服文化、信任缺乏和绩效等障碍。处于被动位置的话，这些挑战将无法克服。这要求人们积极主动地去领导有关的各个方面。领导力是关键。

关于领导力、领导力在战略性IT管理中的作用及领导力对于实现基本目标的必要性，我们提出五个观点：

- 合作、信任和共同目标需要领导力。
- 领导力需要领导者需要很好地理解这些要求。
- 需要（主动）交易型领导力。
- 需要转换型领导力。
- 通过信誉、信任和文化获得领导力。

第17章和第18章会讨论对CEO和CIO（及其他业务和IT经理）提出的建议，其中包括满足领导力要求。本书阐明，领导力的真正作用及其含义是——使改变可能发生和使改变真正发生。

目标1：合作、信任和共同目标需要领导力

简单地浏览文献和各种网络资料会发现，领导力的定义非常简单，用我们的话来说就是：领导力是一个过程，在此过程中，一群人在一个人的影响下一起来实现一个共同目标。其他人对制定这些目标的领导过程进行了补充，也就是说，领导确定方向，并通过自

己的影响让其他人听从指引。[1]

有趣的当然是大多数与领导的业务描述、领导和合作有关的书籍都倾向于关注最高管理层——CEO和管理团队。[2]但我们讨论的是更基础的层次。本书中列举的是领导技能。为了进行合作和取得成果，整个IT组织需要领导技能，领导技能体现在业务组织的各个方面。这些技能注重建立业务与IT之间的关系，产生所需成果和促进企业认识到IT是核心业务职能。每一个项目经理、主管和IT总监都需要具备这些领导技能。为什么是这样？因为战略性IT管理的前提是在业务和IT间建立合作关系来实现共同目标。这种领导力要求在规划、项目开发、卓越运营和服务管理方面也适用，这些是为了完成业务要求（IT要求）IT执行（提供）的所有事情。

IT需要有效的领导力才能更好地服务业务，这是一个旧观念，IT（和CIO）需要CEO的领导力支持也是一个旧观念，这个观念约于20世纪六七十年代形成。[3]

为什么领导这么重要？谁应该进行领导？我们认为领导对于各个业务和IT管理层而言都是必要的，要实现成功地应对动荡/不确定及产生卓越业务价值的目标时，领导力是至关重要的。

但是领导力究竟是什么呢？商业期刊和学术研究报告中有很多关于领导力的内容。当代文献中一些共同观点是：领导力是成功地鼓励人们跟随你，领导力是确定一个方向，让组织朝着这个方向努力，领导力是使所有组织内部人员共同促进成功，等等。

我们提出了一个简单的领导力要求：鼓励他人采取一个目标和一系列行动，激励和支持他人提高实施这些行动和实现这一目标的能力。领导有一些子类别：催化剂（catalyst）、协作（collaboration）、啦啦队长（cheerleader）、教练（coach）、合作者（collabrator）、合作（cooperation）、坦诚（candid）、关怀（caring）和沟通者（communicator）。这些以"c"开头的单词无疑体现了鼓励和激励要素的特点。

我们选择这种广义的要求，因为这是公司为了实现目标所必须具备的，目标是更好地应对动荡和从IT中产生卓越业务价值。正如我们有时所说的，业务与IT之间的关系中有许多移动的部分，一些全是业务，一些有关技术，许多是介于两者之间的部分。这些移动的

---

1. 经理的工作可以用一句话总结：创造一种氛围，在这种氛围下，好的运动员想去做正确的事情。这是带领波士顿红袜队赢得两次世界系列赛后特里·法兰柯纳法兰柯纳（Terry Francona）的观点。请参阅："Girardi Stands, and Jumps Up, for What's Right", *New York Times*, August 20, 2013, www.nytimes.com/2013/08/20/sports/baseball/girardi-stands-and-stands-up-for-whats-right.html?hpw

2. 例如，请参阅：Warren Bennis, *Leaders: Strategies for Taking Charge*, 2nd ed. (Harper-Business, 2007), and David A. Heenan, Warren Bennis, *Co-Leaders: The Power of Great Partnerships* (Wiley, 1999).

3. 例如，John Dearden, "MIS Is a Mirage", *Harvard Business Review*, (January-February 1972): 90–99.

部分在各个层面都有：主管、经理、监督人员和助理；也可能是另一个组织的一部分，例如伙伴、采购商和供应商。为了更好地应对动荡和运用IT，所有的这些移动的部分需要共同努力以实现共同目标（回顾第9章中的合作伙伴关系），提供和利用信息/IT（回顾第8章中的服务管理），以及在应对动荡和不确定性时实现业务开展方式的轻型。正如我们所见到的，这需要领导力。

关于领导力的一个更好的说法是"管理处理复杂性；领导处理变化"。[1]但是实际上不仅是处理。领导力是积极主动地调动资源来更快更好地应对动荡；领导力是积极主动地提供必要的卓越服务，以及服务所需的信息和技术；领导力是在业务中积极主动地运用信息和IT来实现转型；或许最重要的是，领导力是建立一种环境，在这种环境中"说服并动员他人实施一系列行动"的能力可以得到有效的运用。

目标2：领导力要求领导者深刻理解领导力要求

许多业务和研究文献描述了两种类型的领导力：交易型领导力和转换型领导力。[2]交易型领导力以任务为导向，转换型领导力以方向或变化为导向。我们的要求是有领导能力去鼓励并动员他人实施一系列行动，这个要求倾向于联合两种领导力，即执行细节方面使用交易型领导力；追求的总体目标和所需完成的所有重要事情有重大变化时使用转换型领导力。

这归结于两种基本的战略性IT管理领导力要求：

■ 交易型领导力，调动资源，动员他人在合作过程中共同努力，为实现预期业务目标提供环境和动机。

■ 转换型领导力，调动要素，运用这些要素来确定所需的根本变化，并提高实现这些变化所需的合作程度和能力。

当然，这些都是紧密相关的。

---

1. John P. Kotter, *Force for Change: How Leadership Differs from Management* (Free Press, 1990).

2. 当然，这源于Burns, *Leadership*。

问题有很多。首先是不相容的文化和信念体系。不接受改变就无法解决这些问题（也就是与动荡相关的问题）。确定方向，进行交流以及鼓励他人追求这一方向——所有这些任务都需要完成。这与领导力有关，而领导力需要领导者。

所需的领导成果是：

- IT文化、行为和绩效专注于业务。
- CIO和IT高级领导团队对信任和合作伙伴关系进行领导。
- 业务部门经理完全参与形成信任和合作伙伴关系的IT流程。
- CEO和企业高级领导团队为信任和合作伙伴关系提供合适的环境和指导。
- 动员各个组织朝着共同目标一起努力。

总体而言，关键是需要有人对所有的这些进行领导。无论在业务还是在IT中，领导力都来自领导者。每个人都有一个领导者角色。

目标3：（主动）交易型领导力要求

从许多方面来看，交易型领导力就是良好的管理。例如，用于描述管理和领导力的一个典型网站说："领导力是管理方面的一个重要职能，有助于最大化效率和实现组织目标。"使用交易型领导力的行动包括发起行动、提供动机和指导、建立自信和士气，进行协调与合作等。[1]

这些都是重要的目标。但是这还没有深入合作、信任、共同目标和信誉等重要方面。领导者必须能将所有IT资源和所有相关业务组织的优势结合起来。实际上，领导者必须能建立更大的合作关系来实现目标。

任何符合第7章中描述的IT能力的人都需要具备这种形式的领导力——至少理解领导力需要有所收获。例如，仅实现良好合作需要对合作、协调、沟通、分享和打破总体竖井（见第7章）进行领导。仅实现合作的基本特点的话，需要通过领导力来实现共同目标、透明度和开放性、无隐藏议程、包容性行为、承诺和所有权（见第9章）。

---

1. www.managementstudyguide.com/importance_of_leadership.htm

但是仅有交易型领导力和完成相关任务并不够。这种领导力需要领导者能够积极主动、精力充沛地寻找机会和方法来克服实现目标过程中遇到的挑战。（主动）交易型领导力要求领导者能够在具有业务和IT行为及文化障碍的环境中实现这些结果。交易型领导力重点关注妨碍合作的事物，如防御性、控制导向性、封闭性或评判性的行为。

目标4：转换型领导力要求

正如我们之前所描述的，转换型领导力指发现转换的目标，调动公司要素来寻找所需的根本变化，提高合作伙伴关系程度和能力以实现这些变化。后一部分与（主动）交易型领导力要求相吻合，但这里注重的是帮助发现以及实现创新和突破性愿景，也就是业务转型。转换型领导力的核心要素是考虑当前的思维模式及这些模式必须如何被改变。这也适用于业务和IT，正如第9章中关于合作伙伴关系的描述那样。

我们应该忽视所有华丽措辞，问一个简单的问题：什么需要提高领导力？这里我们谈论两个相关观点。从IT角度来看，首先当然是挖掘所需竞争力和能力以应对动荡并创造业务价值。竞争力本身可以是动态的，但是根据之前的叙述，竞争力可以是（相对）简单的事物，例如IT供应领域中的"敏捷性"或"架构"。其次是完成所需改变的能力。从使用信息和IT应对业务动荡和不确定性的能力来看，这两个观点在业务中也适用。所以我们是在谈论愿景（我们所需要的）和改变（我们如何实现愿景）。

事情很简单，转换型领导力包括这些能力：

- **愿景**：发现预期结果状态和清楚地交流愿景及其重要性。
- **思维模式**：发现必要的改变去调整公司和/或IT愿景。[1]
- **任务和角色**：发现何人参与实现愿景和所需团体合作。我们在第9章中谈到了这点，且提到了关于IT要扮演的角色的不一致和模棱两可的问题（由此延伸到业务）。
- **解决摩擦**：发现实现愿景过程中面临的障碍和消除障碍的重要性。
- **规则**：发现成功的条件。

---

1. 我们一直在强调业务和IT中心的思维模式的重要性。请参阅：Peter Senge, *The Fifth Discipline: The Art and Practice of the Learning Organization* (Doubleday, 2006)。

■ 紧急性：发现为什么所有的这些是必要的。

回顾我们对领导力要求的定义：鼓励并激励和支持他人实施一系列行动的能力。下一节中的领导力计分卡将要探讨每种能力的领导力水平。

目标5：通过信誉、信任和文化实现领导力

一个人可能渴望成为领导，但要让别人接受被领导则要去争取。尽管经过几十年研究，关于这个话题的材料有很多，实现领导力的因素可以归结为信誉和信任。

■ 人际信任（基于尊敬）[1]：
    ➤ 权威性。
    ➤ 可靠性。
    ➤ 动态性。
■ 组织信任（基于尊敬）：
    ➤ 竞争力。
    ➤ 诚信。
    ➤ 和谐。

如果在这些维度中没有做出积极性的行为，则无疑会影响尊敬。

绩效信誉[2]

■ **执行**促成卓越运营。
■ **透明度**是信任和尊敬的基础。

---

1. 请参阅：Pamela Shockley-Zalabak, K. Ellis, R. Cesaria, *Measuring Organizational Trust* (New York: IABC Research Foundation, 2000).

2. 请参阅：James C. Emery, *Organizational Planning and Control Systems: Theory and Technology* (Macmillan, 1969), James C. Emery, *Management Information Systems: The Critical Strategic Resource* (Oxford University Press, 1987).

- **合作**意味着找到共同任务。
- **能力**不只是执行，还要掌握主体对象。这导致相比业务能力而言IT能力存在更大的问题。

人们把这些相互关联的方面放在一起来评判IT的集体能力和个人能力时，很容易就能发现问题。但是最根本的是领导力是争取来的，并且最终是以别人感知到的个人和组织行为为基础的。

在领导力方面，过去的经历教给了我们什么

业务和IT需要的领导力不是一成不变的。业务和IT动荡产生了新的元素，并且速度比过去更快。实际上，通过信誉和信任实现领导力的基础在变化。例如，个人电脑大概需要五年才能成为IT活动中稳定、可识别和重要的一部分，并与其他的（集中式）IT活动完全集成；然后会出现分散式/集中式的行为冲突，最终集中式行为是基于学习曲线的，与之前的两个学习模型一致。对不同的技术和技术应用而言，钟摆以不同的周期摆动。

应用到领导力上时，基础的变化包括每次重大技术变化、文化、最佳做法、实行变化面临的障碍、组织混乱、与组织、做法和领导力有关的问题（CIO应该向哪里报告？），以及可以克服障碍的组织面临的巨大机遇。此外，重要的是，很明显每次重大技术变化不是持久的：影响之前固定技术模式的其他事物还会出现。

我们承认这一部分在描述动荡和相应的领导力问题时是以IT为中心的。尽管一些人可能认为大规模的业务变化更为根本，其特点也无法通过经常用于描述IT动荡的集中式/分散式钟摆体现出来，但是许多同类型的模式也存在于业务方面。第4章中的"速度"表格是改变中的基础方面：要取得所需进步的话，业务方面需要做出重大改变，这或许让人想到很多年前的"再造理论"。作为一种模式，那次经历使人们产生了这样的看法：业务方面也需要积极的领导力。

领导力计分卡

我们鼓励读者评估公司当前的领导力，因为这与IT及战略性IT管理有关。表10–1显示

了所需领导力的范围。

表10-1 领导力计分卡

	CEO和高级领导团队	业务经理	CIO	IT人员
愿景	业务成果–共同目标	在业务中使用信息	实现共同目标所需的能力	倡议和项目成果
思维模式	接受新的思维模式	接受新的思维模式	接受新的思维模式	接受新的思维模式
任务和角色	责任	必要的业务角色	必要的IT角色	服务、管理、发展
解决摩擦	建立文化；授权所需行动	建立文化；授权所需行动	建立文化；授权所需行动	服务、管理和项目团队
规则	确认要求	确认要求	标准	标准
紧急性	确认和沟通	确认和沟通	确认和沟通	确认和沟通

评分等级：

■ 没有领导力。（1分）

■ 讨论过领导力。（2分）

■ 偶尔有领导力。（3分）

■ 良好的交流。（4分）

■ 良好的交流、明确的动机和期望。（5分）

11 企业IT能力

有太多的书籍、文章以及学者和顾问认为，IT和业务之间产生的困难和不信任（和对所获得的IT服务的失望）是由于IT组织和各种规划、管理和执行IT的流程有错误。对于他们来说，"修复"就是指升级流程、重组IT组织和将更多的注意力集中在业务上。"如果IT能更好地了解业务那该多好！"也许这会被定义成一种治理问题，治理指业务控制IT所做的工作且决定IT的支出。而且，解决方案也许会被视为业务和IT之间的合作，即为达到产生卓越IT价值和对动荡和不确定性做出卓越响应这一共同目标的合作。

有三个问题会使这个简单的以IT组织为中心的解决方案变得更加复杂，该解决方案可以发现什么使业务与IT的关系变得更糟。第一，这确实是一个以IT为中心的视角。正如我们前面所指出的，合作伙伴关系需要合作伙伴，而且业务和IT必须成为合作伙伴。不知何故，即使是在对"合作伙伴关系"的描述中，主动性、能力和结构似乎都必须来自IT。这种观点的证据则是人们对于将业务和IT整合成"IT流程"的过程有强烈兴趣。第二，在企业内部和供应商/客户环境中，每个企业都会因IT活动很分散而感到苦恼。我们谈论的"云"和采购以及"自助式IT"，就是IT活动分散的显著征兆。而且，其他形式的IT供应也将很快出现。例如，从集结（优化）业务中IT的使用和供应的角度来看，众包、微制造技术和组织虚拟化等新思路不断出现。这将产生一个更广泛的合作范围，包括潜在的多重性IT来源。没有这么多的单一IT组织来形成一个供应商集合，也许其中可能包括现有的企业IT组织。第三，本书主要的"潜台词"是动荡和不确定性，以及对更快更容易地适应每件事物的绝对要求，包括业务和IT两者。

换句话说，"修复"适用于业务和IT。我们的目标不仅仅是"修复IT"，还有使业务与IT之间的关系更加牢固。

虽然拥有结构良好的治理流程（从IT角度来看）和架构是令人欣慰的，但是人们要面临从速度和适应性的维度来看待这些所谓的解决方案的挑战，当然，还一定要用业务中需要解决的相同问题来平衡它们。很明确的一点是，一开始，仅仅能提出流程、治理或架构的解决方案是不够的，这听起来像简单的企业改革。大规模破坏创新、产业转型和巨大但不可预见的混乱所带来的恐惧，几乎会影响每个企业。我们不会重新调整；我们只会应对未知和不确定性领域的挑战，并使流程顺利实施。我们所需要的是使企业成为一个整体，并具有这些基本能力——提供卓越业务价值和卓越地响应动荡和不确定性所需的IT能力。简单地说，对这些企业IT能力的三个基本要求是：全面处理业务和所有形式的IT；提供适应性；创造合作伙伴关系的氛围。所有的这些都需要七大企业IT能力，这些能力可以部署和执行第7章中描述的IT能力。

第二部分的引言介绍了战略性IT管理的原则：

企业拥有基于信任、领导和合作的七大能力，可以创造卓越价值和应对动荡和不确定性。

为了防止你认为这一切只是一种动荡现象和对动荡的反应，那就让我们把事情讲明白。企业IT能力可以从根本上解决当前IT与业务之间关系不适的问题，无论是应对动荡还是不确定性都是如此。我们曾说过，大多数IT流程在任何方面运行得似乎都不太好，这在不信任的业务与IT之间的关系、治理、战略规划甚至项目开发中都可以看到。例如，第2章指出，IT只是在执行方面存在问题；第6章把这个问题放在了绩效水平的背景下，在确实能够参与战略业务创新（换句话说，创造卓越IT价值）前，IT需要先实现六大层面的成果。因此，应对动荡和不确定性肯定是需要这七大企业IT能力的，更为根本的是，它们需要实现企业的IT承诺，也就是提供卓越IT价值。简单来说，这些能力需要建立所需的信任和合作伙伴关系。

图11.1与总价值绩效模型建立了关联性，并将企业IT能力定位为联络、协作，以及促进业务与IT之间的合作来完成所需任务的能力。正如第2章和第3章中定义的模型所示，为了提升层阶，IT和业务的阶梯反映了每个组织需要完成的事情。企业IT能力使这成为可能，并且企业在执行能力方面的现状也突出了这种能力。

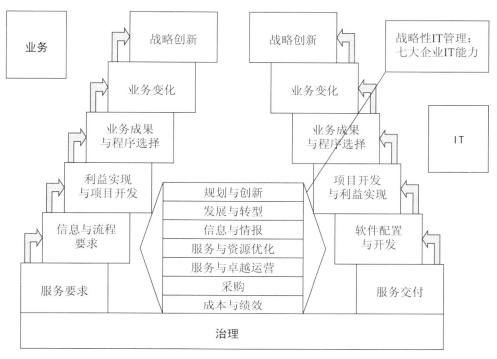

图11.1 连接业务和IT的七大企业IT能力

把IT价值、IT能力和企业IT能力联系在一起

IT总价值绩效模型描述了当前企业在创造卓越IT价值时在所需的实际成果方面取得的（或未取得的）成功，也许更重要的是体现了具体绩效成果和作为业务与IT之间的信任基础的信誉。总价值绩效模型对业务和IT都有益处，另外，该模型还包括对这些成果的排序（绩效和信任是在模型中一步一步建立起来的）。

IT能力描述了实际执行过程和方法所需的专业知识、技能和经验基础。能力是能够产生预期结果的任务的发布命令。

企业IT能力是指企业的整体能力，具体是指履行合作所需的工作和任务，利用IT以及对动荡和不确定性的卓越响应来创造卓越业务价值的能力。

用IT方法和流程来连接IT能力

在第7章对IT能力的讨论中，大量以IT为中心的流程可以在每个领域内执行。其中一些可用的流程会在表11-1列出来。

表11-1　IT能力

IT战略规划	项目管理办公室	IT财务
远景规划	软件开发生命周期（SDLC）	IT指标
企业架构	敏捷性	架构
业务智能	项目组合管理	战略采购
业务分析	应用组合管理	IT基础架构库和信息及相关技术控制目标（简称为COBIT）
数据架构	基础设施组合管理	服务管理

我们想要强调的是，这些流程代表了典型的组织管理以及企业、业务部门和IT专业人员的能力，即在每个领域中的理解、沟通、合作、领导和执行的能力。我们还要强调的是，这些IT能力并不仅仅限于业务或IT领域。许多流程都只在一个领域中执行，这是一种偶然的特定组织文化（例如，第1章中关于北美和欧洲对IT组织的各自看法）。关键是企业内部有人带头负责监督重要的活动，并带来所需的合作、服务和经营活动。

这并不是说，IT能力不重要，它们在将IT服务交付至业务这个过程中是非常重要的。

当然，已经出现了很多涉及业务和IT元素的流程和方法。我们在表11-1中列出了其中的一部分。这些流程和方法都是经过几十年的发展而得出的，总而言之，就是在它们的具体目标范围内做得更好。我们将其中的一些称为最佳做法。

然而，问题会妨碍这些最佳做法的实施。方法的"竖井化"通常意味着方法之间很少有协调性和共同性。例如，情景规划中的业务战略很少涉及IT基础架构库或IT指标。执行这些方法的过程会以IT为中心。一般来说，这些方法不是建立在动荡、信任、合作和完全关注业务等期望的基础上的。重要的是，这些流程和方法通常会在业务或IT的特定领域内执行，一般不涉及其他领域。文化、目标和基本术语往往会影响方法的组成部分，如合作伙伴关系的透明度和信任。

打破IT和业务的障碍：企业IT能力

战略性IT管理是建立在七大企业IT能力上的，它对于创造卓越业务价值和应对动荡和不确定性来说是十分必要的。这些企业IT能力本身并不是IT能力的方法或流程；相反，它们是业务和IT的企业IT能力，指可以成功全面地被采用的流程和方法。而"成功"则意味着实现将IT应用到业务中的基本目标：卓越业务价值和对动荡和不确定性的卓越响应。

综合起来，战略性IT管理会产生一种系统性能力，它能够在整个企业中管理和运用IT，以实现卓越业务价值和对动荡和不确定性的卓越响应。

我们采用了企业IT能力这个术语，哈格尔和布朗是这样描述术语的："我们使用能力这个术语，而不是技能，是因为后者往往是指技术和生产技能，而能力则泛指为交付超过成本的独特价值而经常调动资源的本领。"[1]他们对战略性管理和竞争性成功进行了广泛的讨论，特别是动态专业化——一种我们之前已经描述过的动荡产物。重点是，企业使用信息和IT调动（IT）资源来传递独特价值的整体能力正是人们所需要的。

正如我们在第1章中介绍的那样，企业IT能力反映的是企业在业务和IT合作伙伴关系中能够做的事情。

对业务中的IT战略性思考和行为的企业IT能力：

规划与创新。企业需要用业务和IT（两者）能力来定义业务的未来及其对信息和IT的使用。

为了IT以及在动荡条件下实现成功，这种能力包括建立战略、产品/服务以及业务模式的能力；描述影响业务的动荡和不确定性的能力；预测应对不确定性的要求和方法的能力；了解竞争和绩效要求的能力；应用可行的计划、目标和指南满足要求和应对不确定性的能力。

通过信息和IT交付价值的企业IT能力：

服务与资源优化。企业需要具备从各种方面优化采购、开发、IT服务和资源应用程序的能力，包括内部IT、业务部门IT活动、采购活动和"自助式IT"活动。

发展与转型。企业需要具备使用卓越的回报来开发、实施应用信息和IT能力以实现业务转型的能力。

信息与情报。在所有相关的企业领域内，企业需要具备获得、管理、分析和应用其庞

---

1. John Hagel III, John Seely Brown, *The Only Sustainable Edge* (Harvard Business School Press, 2005).

大的信息资源的能力。

在与业务的合作伙伴关系中执行IT的企业IT能力：

服务与卓越运营。企业需要具备应用卓越运营和正确的适应性/灵活性来运行IT服务，以达到标准性和稳定性的能力（总体而言，全面覆盖企业及其IT）。

采购。企业需要具备从各方面定义、规划、获取、管理并有效部署IT服务的能力，包括内部IT、业务部门IT活动、供应商和"自助式IT"活动。

成本与绩效。企业需要具备捕捉和分析所有完整的信息、IT来源和应用程序的IT成本，并从业务的角度来描述其IT绩效要求和指标的能力。

这七大企业能力在企业的整个IT绩效和贡献中扮演着重要的角色。此外，我们不是狭隘地讨论这个过程和方法以及IT能力。在IT组织和业务领域内，这些过程方法通常由技术经理执行。回顾我们的研究，关于某种企业能力有许多不同的形式，例如美国和欧洲在关于谁主要负责监督工作和企业IT能力方面就是如此 。这里的关键思想是，企业作为一个整体，它拥有和执行每一个企业IT能力。此外，企业活动的多样性、业务方面的业务部门和IT方面的IT来源，都会包括每个企业IT能力的执行活动中。

企业IT能力概述

基于总结的结果和一组IT能力、流程和方法的示例，表11-2展示了七大企业IT能力。第12章到第14章将会对这些能力进行详细描述。

战略性IT管理的风险

表11-2有效地说明了我们所说的战略性IT管理，即七个重要的企业IT能力、业务成果和企业所需的IT能力。我们已经在本书中列举了很多这样的例子。这会产生一个问题：这给人们留下了一个深刻的印象，即战略性IT管理是一个终结点。事实上，我们确实使用了企业IT能力描述中的"终结点"这个术语，而且终结点意味着一个会停止进一步发展的目的地。

表11-2 七大企业IT能力的成果和能力

企业能力	企业能力的战略性IT管理目标示例	卓越价值所需的业务成果示例	卓越响应动荡所需业务成果示例	IT能力示例（第7章）
运营：与业务合作执行IT的企业IT能力				
成本与绩效	用IT成本和绩效的透明度建立信任	实现成本和绩效的基于业务的可见性	变化条件下的综合成本和绩效	● IT服务财务 ● IT绩效指标
采购	将IT采购（内部和外部）与业务要求进行匹配	与实现业务竞争和卓越运营标准相匹配的采购	适应性、响应性、合作伙伴关系；框架（例如响应架构）	● 架构 ● IT基础架构库 ● 供应商的选择和管理
服务与卓越运营	管理服务和卓越运营的期望	与业务要求相匹配的优越性能；能力	适应性、响应性、合作伙伴关系	● IT基础架构库 ● COBT ● 服务管理
战术：提供信息和IT价值的企业IT能力				
信息与情报	利用信息和分析实现业务转型	信息的卓越使用；业务预测和决策的竞争和创新	快速、全面、响应、智能、预测	● 业务智能 ● 业务分析 ● 数据架构
发展与转型	使用IT投资和项目提供转换和变化的业务价值	每个项目都提供与企业战略意图和目标挂钩的业务价值	适应性、响应性、合作伙伴关系、合作	● 项目管理办公室 ● 软件开发生命周期 ● 敏捷/争夺 ● 业务流程重组
服务与资源优化	创造有效的业务价值并制定基于风险的IT投资决策	优化服务和成本、绩效和风险的资源组合	降低风险，提高服务和资源组合的适应性和响应性	● 应用程序、基础设施的投资组合管理
战略：针对业务中IT战略性思考和行动的企业IT能力				
规划与创新	为业务转型和变革提供指导和支持	企业竞争和卓越运营	业务适应性与响应性合作	● 运筹帷幄 ● 远景规划 ● 企业架构

这为我们提出了两大关键风险。首先，我们对于战略性IT管理的描述说明终点是稳定的，这是一种其本身不会发生变化的愿景。我们将这两种想法结合到了战略性IT管理中。由此，人们产生了一种观念：当前IT的最佳做法在很大程度上并不能使人满意，因为它把关注点集中到了IT上，而不是业务上（即以IT为中心），七大企业IT能力解决了这个难题。其次，我们对变化、动荡和不确定性的描述可被解读为一个次级任务，首要任务还是通过弥合与业务的鸿沟来修正现行做法的不足之处。

动荡和不确定性形成了整体的背景，战略性IT管理解决了这个问题，并成为关键成果，但这是一个连续的过程，而不是简单地创建一个终结点。同样，基于业务和技术动荡产生的环境、组织和要求的变化，选择当前做法的过程也是持续的。因此，我们强调，我们不要把这些企业IT能力想成一种固定不变的终结点；相反，我们正在创造一种环境，即将业务和技术整合到一个持续变化的过程中，这个过程可以在动荡和变化的条件下面对业务的要求和机遇。

我们面临的风险是不太重视动荡和变化。

企业IT能力要求

合作、信任、领导和从整体上管理企业是企业IT能力和其部署IT能力的要求。真正的挑战是明确指出一家企业应该做什么来进行改变，以及如何管理IT。这不像挥一挥魔杖并宣称当前使用的流程和方法（如IT基础架构库、IT战略规划、敏捷开发等）足以满足要求那么简单。另外，并不是每家企业都有相同的要求。因此，在我们对于要求的描述中，虽然我们需要关注企业IT能力的特点和成果，但我们也必须能够推荐实际的行动方式来满足这些要求。

这些特点主要集中在信任、合作和动荡方面。我们将用它们来描述每个企业IT能力，并且为读者提供一个自我评估清单。但是，这些特点并不与特定的IT能力相关联。也就是说，评估和讨论的基础不包括特殊IT规划方法的具体表现，每种方法或流程都将被视为有效。这里的问题是如果一个特定的方法或流程运行得很好，那么战略性IT管理的关键特点是否也会发挥得很好。

总体而言，与文化相关的合作伙伴关系和领导力是IT与业务关系成功的主要贡献因素（如果没有这些因素会失败），也是应对动荡和变化的贡献因素。这方面的背景是IT和业务之间的基本服务关系。合作伙伴关系、领导力和文化、服务这三个关键要素在第9章中有所讨论，服务关系是在第9章中讨论的，合作伙伴关系是在第10章中，下面要讲的就是领导力。与此同时，在后面介绍的企业IT能力的特定要求方面，第1章到第7章中讲述的内容会被具体化。

企业IT能力要求

这些要求反映了前几章的讨论，涵盖了以下元素：业务成果；对动荡的响应；业务与IT的合作伙伴关系；企业和其所有的IT服务来源的适用性。我们会在本节介绍一般性要求。我们将在第12章到第14章中，确切描述每一个企业IT能力实际上是怎么满足要求的。更重要的是，我们会在第15章中讲述一家特定的企业是如何确定其目前的地位，并采取行动来改进其活动的。

需要记住的是，我们谈论的是这些企业作为一个整体的IT能力要求，它会全面涵盖所有的IT来源（企业、业务部门、采购、"自助式IT"），并将所有的业务部门当成一个整体。虽然业务和/或IT竖井可能会有效地应用一种特定的IT能力（如应用程序开发），但当考虑到其如何在企业IT能力中适应所有活动时，赌注就会加大，尤其是在动荡和不确定性的时代。这些企业IT能力包括发展与转型、信息与情报，以及其他企业能力。

有时，人们会忽略如何对相应的企业IT能力活动进行跟踪和衡量的问题：管理层如何才能知道绩效水平和改进措施的效果？除了追踪业务影响外，我们也有兴趣了解IT本身进展得如何。这是我们在第12章和第13章中要讨论的重点问题。

最后，这些要求适用于每一个企业IT能力（例如规划与创新、采购等）。然而，并不是每一个要求都适用于每一种能力。因此，例如，下面的D组中的第一个——"寻求和交付业务战略有效性"当然是非常重要的，但其应用程序的能力（如企业的服务与卓越运营能力）也许会比规划与创新能力有所减弱。而且，某一种能力也可能会比另一种能力难以适用。这些差异会在随后的章节中进行讲述。

企业IT能力的核心理念

我们已经花了相当多的时间来讨论企业IT能力的重要性，以及涉及的问题和挑战。这些内容可以概括为五大基本思想，即战略IT管理的核心理念。

战略性IT管理——产生成果的系统性能力：

- A组：在业务和IT间建立信任和合作：方法和过程。
  - 通过IT执行和绩效建立信誉。（A1）
  - 增加组织间信任。（A2）
  - 增加利益相关者的信任。（A3）
  - 共同目标和共同参与促进各级合作。（A4）
  - 流程支持决策并克服官僚主义。（A5）

当然，这些似乎是显而易见的。但企业需要关注的核心问题是企业IT能力中流程或方法的添加程度，或信任、合作等障碍的建立程度。影响信任和合作发展的明显因素包括：

- ■ B组：提供业务和IT的领导力和个人责任：方法和流程。
  - ➤ 专注于业务、战略意图和目标的流程。（B1）
  - ➤ IT领导提供必要的信任和合作领导。（B2）
  - ➤ 业务领导提供必要的信任和合作领导。（B3）
  - ➤ 流程的特点是对业务环境做出积极的响应。（B4）
  - ➤ 为流程和结果建立问责制。（B5）

然而，企业需要关注的核心问题是在特定的企业IT能力背景下，该方法和流程的添加程度或转移这些因素的程度。个别流程和方法往往会有特定的局限性，规划和创新活动的参与者的思维模式也会这样。

- ■ C组：适应企业和领导力的特征和文化：方法和流程。
  - ➤ 应用业务领域和行业视角。（C1）
  - ➤ 整体应用竖井、组织和其他流程。（C2）
  - ➤ 与企业和业务部门的文化相匹配。（C3）
  - ➤ 产生可靠的预测、测量和监测。（C4）

一个标准并不一定适合所有情况。每个企业在不同文化、领导力和运作的行业/业务的背景下都不同。企业需要关注的问题是企业IT能力与每一个企业的匹配程度。

战略性IT管理——业务成果：

- ■ D组：交付卓越业务价值。
  - ➤ 寻求和交付业务战略的有效性。（D1）
  - ➤ 寻求和交付业务运营的有效性。（D2）
  - ➤ 成果包含风险缓解。（D3）
  - ➤ 成果包含成本降低。（D4）

这四个成果都包含IT的价值。企业需要关注的问题是企业通过IT产生的这些成果的程度。

- ■ E组：交付对动荡和不确定性的卓越响应。
  - ➢ 快速识别项目和要求。（E1）
  - ➢ 更快地开发解决方案和计划。（E2）
  - ➢ 更快地部署解决方案。（E3）
  - ➢ 确保解决方案是强调适应性和灵活性的。（E4）

为了实现IT价值，每一种能力都需要具备这些流程特征，这些特征集中在响应动荡方面。重点是要做到"更快"，而且还需要考虑到这样做的障碍。这是一个很大的挑战，该挑战取决于IT能力（如规划方法等）的实际工作的特征，这些特征会在下面进行讨论。这是一个关于鼓励和建立个人和组织间的关系特征的问题；当然，这也是企业专注于信任和合作的基础。

并不是每一个因素对企业IT能力来说都至关重要，我们将在后面进一步讨论。但它们影响了信任和合作伙伴关系的基础，并能够应对动荡和不确定性。

根据要求评估企业绩效

思考每一家企业的每一个要求的相对重要性是很有益处的。我们鼓励读者思考一个简单的问题：我的企业在多大程度上会表现出这些特征？这为第三部分对每个企业IT能力和为了产生所需的结果而采取的步骤的详细讨论奠定了基础。

战略性IT管理的要求：产生成果的系统性能力

A组：在业务和IT间建立信任和合作伙伴关系。

这包括为建立共同目标奠定基础，也是战略性IT管理的精髓。

通过IT执行和绩效建立信誉。第2章确定了IT绩效在建立信任和合作伙伴关系中的重要性，这是战略性IT管理的必要条件。（A1）

增加组织间信任（例如信誉、绩效）。作为执行能力的一部分，业务和IT之间的合作伙伴关系更能够执行企业的IT能力、执行特定的IT服务、交付IT价值和战略性思考企业中的IT，尤其是产生具体能力（例如规划与创新能力、有效的和可实现的计划）的目标。企业能做到吗？（A2）

增加利益相关者的信任（例如，透明度、公开性、信誉）。参与过程的各种组织相互作用、管理风格和决策、绩效衡量与管理的组织方法、解决问题的方式也会面临同样的问题。

在本书中，我们重申了信任的本质：信任本身在很大程度上基于绩效满足期望的信誉，但又基于透明度、公开性和合作。这是一种交换情况：业务信任IT吗？IT信任业务吗？文化和组织背景可以使企业具备所需要的公开性和透明度吗？（A3）

利益相关者的共同目标和共同参与促进各级合作。合作的关键是（除了信任外）拥有共同目标和满足这些目标的承诺。例如，虽然采购的特点可能是服务管理原则，但人们往往会倾向于认为这是供应商和消费者的特点，其背景大多是提高业务绩效。服务管理的一大关键理念就是同理心和保证（见第8章）。将IT服务视作一种纯粹的服务可以掩盖更大的实现业务目标的关系问题。但是，这不足以提供一种优质的服务（尽管这无疑是必需的）；了解和努力实现整体业务绩效是非常必要的。我们已经强调了业务中、IT中以及业务和IT间竖井的问题，这对合作伙伴关系来说是一大关键性的障碍。（A4）

流程和方法可支持决策并克服官僚主义。"克服官僚主义"这个短语是企业IT能力的精髓；并且随着竖井（也许是一个相对较轻的动荡遗留物的后果）的减轻，复杂决策的背景和/或复杂决策的审查就会发生。此外，流程和方法也是一种支持关系治理的手段。传统的分层组织，以及业务和IT内的竖井存在很大的问题；使用一个更水平的、更吸引人的框架来处理规划、决策等问题是非常重要的。第7章中介绍的关系治理会包括这个。（A5）

目前，人们会使用现有的方法、流程和组织结构来思考企业IT活动是如何进行的，该企业IT活动可由七大企业IT能力（如图11.1所示）来描述。企业可以使用表11-3来对达到所期望的结果（例如，A4"当前启用或加强合作伙伴关系"）的程度进行评估，这可以反映企业IT能力。

企业IT活动往往不仅对积极改进信任、合作伙伴关系或决策没有帮助，反而使事情变得更糟糕。例如，差的规划活动可能会削弱信任和合作；差的IT服务也是这样。

企业可以使用表11-4中所示的以下各组的评分等级。

表11-3 信任和合作伙伴关系的评估

业务和IT间的业务信任和合作伙伴关系	等级
在何种程度上，目前企业IT能力通过IT执行和绩效建立信誉	
在何种程度上，目前企业IT活动在组织间增加的信任	
在何种程度上，目前企业IT活动在组织间增加利益相关者的信任	
在何种程度上，目前企业IT能力使用所有IT来源启用或加强的各级合作	
在何种程度上，目前流程和方法支持决策和克服官僚主义	
目前平均评估：在业务和IT间建立信任和合作伙伴关系	

表11-4 评估等级

等级	所描述的成果在多大程度上是企业IT活动的成果	
5	经常产生成果	目前企业IT活动，总体而言，会产生预期的成果
4	往往会产生成果	目前企业IT活动往往会产生预期的成果
3	无效	目前企业IT活动，总体而言，对所描述成果无效
2	偶尔会让成果变得更糟	目前企业IT活动偶尔会以这样的方式使所描述的成果更糟糕
1	经常会让成果变得更糟	目前的企业IT活动经常会以这样的方式使所描述的成果更糟糕
NA	没有反应	不适用，或不知道

B组：提供业务和IT的领导力和个人职责。

这包括结果的个人问责制，以及克服合作伙伴关系的文化和信任障碍的企业和IT领导。

方法和流程会专注于业务、战略意图和目标。虽然这可能不仅仅是发展和投资组合调整的问题，但是其显然会对采用新要求、新形式和新生产方式的文化和背景产生影响。（B1）

IT领导会为与业务之间的信任和合作伙伴关系提供必要的领导。第10章强调了领导力要求，即处理文化和关系问题，它为提高企业能力奠定基础，从而实现创造价值和应对动荡和变化的目标。（B2）

业务领导会为与IT之间的信任与合作伙伴关系提供必要的领导。第10章也强调了CEO、CXO和业务主管创造和支持企业IT能力的环境要求。（B3）

流程能积极应对业务环境。在绝大多数情况下，IT管理流程的性质是被动的，会等待刺激、方向或领导。（B4）

建立流程和结果的问责制。在绝大多数情况下，所有相关人员都无法理解个人责任在实现企业IT能力目标过程中的作用。（B5）

表11-5　业务和IT领导力的评估

提供业务和IT的领导力和个人职责	等级
在何种程度上，目前企业IT活动采用专注于特定业务、战略意图和目标的方法	
在何种程度上，IT领导提供专注于文化、信任和与业务合作的必要领导力	
在何种程度上，业务领导提供专注于文化、信任和与IT合作必要的领导力	
在何种程度上，业务和IT积极应对业务环境	
在何种程度上，业务和IT建立流程和结果的问责制	
目前平均评估：提供业务和IT领导力	

企业可以使用表11-5来思考目前七大企业IT能力（图11.1中所示）是如何执行的。（使用表11-4所示的评分等级。）

C组：适应企业和领导力的特征以及文化。

一个解决方案不一定能满足所有企业的需要，战略性IT管理可以处理每家企业的独特问题。

应用业务领域和行业视角。大多数企业倾向于专注于企业内部的业务和IT。IT专业人员和业务主管以及一线管理人员，很少会明确指出在特定企业外部的特定客户以及供应链参与者发生了什么。有关改进和优化企业运作过程的需要使这一视角产生了局限性。想要有效地应付动荡还需要做得更多。（C1）

整体应用竖井、组织和其他流程。大多数企业倾向于建立阻碍流程的竖井，这减弱了组织和利益相关者之间的相互理解和信任。（C2）

与企业和业务部门文化的相匹配。第10章介绍了评估文化的方式。IT必须支持和提供满足业务期望的IT服务。业务组织同样会在文化背景下工作，这有时会与业务部门和业务方法大不相同。但正如我们经常说的，一个解决方案不一定适合所有企业，还有许多企业文化变体。了解并适应这些变体是一种关键能力。（C3）

产生可靠的预测、衡量和监测。这涉及关于企业需要追踪每种企业IT能力的绩效和其产生的业务成果的早期言论。（C4）

企业可以使用表11-6来思考目前七大企业IT能力（图11.1中所示）是如何执行的。（使用表11-4所示的评分等级。）

表11-6　企业和领导力的特征和文化的评估

适应企业和领导力的特征和文化	等级
在何种程度上，目前企业IT活动应用业务领域和行业视角	
在何种程度上，目前企业IT活动整体应用竖井、组织和其他流程	
在何种程度上，目前企业IT活动与企业和业务部门文化相匹配	

续表

适应企业和领导力的特征和文化	等级
在何种程度上，目前企业IT活动产生可靠的预测、衡量和监测	
目前平均评估：适应企业和领导力的特征以及文化	

系统IT管理的要求：企业成果

D组：产生卓越业务价值。

正如关于企业竞争力的文献所说的，企业战略的有效性和企业运营的有效性会使价值不断增加。[1]价值也包括业务和技术成本以及风险缓解。企业要面临的问题是：战略性IT管理活动能力是如何专注于和实现业务价值交付方面的改进措施的？

寻求和交付业务战略有效性。无论企业是作为一个整体，还是作为单独的业务部门，它都期望使用信息和IT来实现战略上的成功，以提升竞争绩效，使企业在竞争环境中脱颖而出。问题是企业是否拥有为实现目标而发展和部署IT的能力。也就是说，每种企业IT能力和其伴随的IT能力所交付的业务战略的有效性达到了何种程度？每一种企业IT能力都有可能增加IT对企业战略有效性的贡献，但问题是目前企业内部所了解和使用的能力能否实现这种可能性。（D1）

交付或支持创新和变化。我们预计变化会在业务中发生，无论是在流程、组织、产品、客户界面等，都是如此。这就需要变更管理和承诺遵循业务和组织的要求。[2]

寻求和交付业务运营有效性。从流程改进到服务管理的过程可以解决如何运营业务来实现卓越目标的问题。问题是企业部署专注于这些期望的运行成果的IT能力，也就是每种企业IT能力对成果产生的益处达到了何种程度。[3]（D2）

成果中包含风险缓解。风险包括业务风险、战略风险和运营风险，IT风险包括绩效风险和开发风险。问题是企业能否在其IT工作中专注于风险——不管是运营风险还是部署风险，即每一种企业IT能力对风险缓解产生的益处达到了何种程度。（D3）

---

1. Michael E. Porter, *The Competitive Advantage: Creating and Sustaining Superior Performance*. (Free Press, 1985; republished with a new introduction, 1998.) Michael E. Porter, *On Competition, Updated and Expanded Edition*. (Harvard Business School Publishing, 2008). 另请参阅：Robert J. Benson, Thomas Bugnitz, William Walton, *From Business Strategy to IT Action: Making Right Decisions for a Better Bottom Line* (Wiley, 2004)。

2. 请参阅：Gary Hamel, *What Matters Now: How to Win in a World of Relentless Change, Ferocious Competition, and Unstoppable Innovation* (Jossey-Bass, 2012)。

3. Keri E. Pearlman, Carol S. Saunders, "The Tools for Change", from *Managing and Using Information Systems: A Strategic Approach*, 4th ed. (Wiley, 2012): 141.

成果中包含成本降低。当然，IT会受控于一些降低成本的目标（包括其自身和应用IT的业务活动的成本）。问题是企业IT是否具有通过管理和部署降低成本的IT的能力，尤其是在竖井间和在动荡和不确定性的情况下，即每一种企业IT能力对成本降低产生的益处达到了何种程度。（D4）

刚阅读本书时，人们也许会问，为什么D组要求包括在企业IT能力的讨论中，因为它们是成果，并不是必要的流程或方法。当然，这些成果肯定是任何IT投资或业务规划都能达到的预期结果。与成为障碍相比，关键的是IT流程和方法可以相互作用来实现这些目标。这些成果是连接业务和IT的主要目标吗？关于每种企业IT能力的讨论会使强调这一优先观点的需要变得明显；此外，当被问及如何评估企业目前的状况时，读者可能会发现目前的行为并没有像人们所希望的那样得到重视。

表11-7　业务价值的评估

产生卓越业务价值	等级
在何种程度上，目前企业IT活动交付或支持业务战略有效性	
在何种程度上，目前企业IT活动交付或支持创新和变化	
在何种程度上，目前企业IT活动交付或支持业务运营有效性	
在何种程度上，目前企业IT活动交付或支持成本降低和风险缓解	
目前平均评估：产生卓越业务价值	

企业可以使用表11-7来思考七大企业IT能力（图11.1中所示）是如何执行的。（使用表11-4中所示的评分等级。）

E组：对动荡和不确定性产生卓越响应。

这包括对环境以及适应性和灵活性的更快响应（第4章曾强调过）。处于快速和灵活的状态是件好事。在面临动荡和不确定性时，快速和灵活地提供可行的解决方案、有用的预测和业务流程、更好的客户体验等是很好的响应方式。此外，"我们还需要比我们的竞争对手做得更好。"

快速识别项目和要求。做出可靠的预测是非常好的，但当预测很难时，要是能通过捕捉即时信息和应用卓越业务和运营分析来做到提前知晓则会更好。如果企业能够全面了解动荡、并且对速度也有要求，"预测一直很重要"这个概念则会被削弱。然而，获取数据和具备使用数据预测分析的能力更重要。预测的概念不局限于涉及业务领域和行业视角要求的特定企业问题。问题是企业IT是否有能力快速地识别问题。（E1）

快速开发解决方案和计划。这一目标要求企业具备快速响应解决方案和设计的能力。动荡要求企业快速做出反应。企业内外漫长的周期、冗长的批准流程以及长期的协调活动会

妨碍其快速做出反应。官僚主义和不再相关的技术实践也许会产生妨碍作用。[1]（E2）

更快地部署解决方案。该目标要求企业具备快速地响应解决方案和实施的能力。变更管理和实施也需要企业具有这样的能力；漫长的周期等问题会妨碍企业对动荡的快速反应。（E3）

确保解决方案强调适应性和灵活性。该目标要求企业能够提高其适应性和灵活性，[2]这与之前的讨论密切相关。接受新环境和变化的环境的整体能力——不管是组织、服务要求、服务采购和资源寻找，还是集成和整合方面的能力，是环境需要的支持。这个目标还可以解决拆分和采购能力问题。对于采购是不是一种需要寻求应对动荡的成果这一问题，这里不做过多讲述。相反，当采购发生时，采购过程也会进行得非常好。此外，修改和响应运营背景下变化的能力变得非常重要。关键是，动荡会产生变化；变化会产生快速响应的要求。简单来说，运营能力会造成企业的不便；对变化产生快速响应的拆分能力是最重要的。例如，如果做不好会产生变化的企业架构，这会是变化的一大障碍。（E4）

企业可以使用表11-8来思考七大企业IT能力（图11.1中所示）是如何执行的。（使用表11-4中所示的评分等级。）

表11-8　动荡和变化的评估

对动荡和变化产生卓越响应	等级
在何种程度上，目前企业IT活动促进要求的快速理解	
在何种程度上，目前企业IT活动促进业务解决方案和计划的快速发展	
在何种程度上，目前企业IT活动促进或支持解决方案的更快部署	
在何种程度上，目前企业IT活动交付或支持解决方案的适应性和灵活性	
目前平均评估：对动荡和变化产生卓越业务响应	

回顾初步的企业IT能力评估

在第12章到第14章中，你可以完成对七大企业IT能力的整体评估。并不是所有的评估因素都适用于企业IT能力，这在描述这些因素的单独部分已予以讲述。

我们会在下面的几章中分别描述七大企业IT能力的主要目标、示例流程和方法。我们

1. 请参阅：chapter 7，"Stopped: First Beats Best"，in Dave Ulrich and Norm Smallwood, *Why the Bottom Line Is Not: How to Build Value Through People and Organization* (Wiley, 2003)。
2. 例如，请参阅：a section titled "Structural Flexibility" in Hamel, *What Matters Now*, pp. 128－132。

在表11-1中列出了其中的一些IT能力、流程和方法。主要的一点是，简单执行流程或方法是不足以交付卓越业务价值和对动荡与不确定性产生卓越响应的。例如，简单地执行有效的软件开发生命周期实际上会按时间和预算来满足项目要求。但交付卓越业务价值还需要具备于转换和变化的企业IT能力，这是一个更广泛的要求。

关注点是整体的。所有这些企业IT能力需要与共同目标、共同业务问题和对技术解决方案的看法结合在一起。避免存在于这些活动中的竖井对我们来说是最重要的。例如，IT战略规划中使用的业务战略表述用于描述组合管理、项目优化和项目目标的频率是多少？我们几乎没有经验；这样的表述只会出现在一个竖井中，但在其他领域会变成不同的表述。

这意味着什么呢？这意味着企业会受到基本的业务和IT关系（信任、合作、领导和服务方向）问题的驱动。如果没有这些特征，软件开发生命周期的运行就不能实现。这意味着企业需要具有信誉、透明度等特征。换言之，流程和方法就是遵循机械步骤、根据生产指南和手册得出指定成果，这肯定是非常有必要的。但想要达到更高水平，必须要拥有基本的特点——产生合作成果，而相应的重点则是实现基本的业务目标、处理动荡和不确定性问题。

第10章描述过，领导力是一个关键的因素，它将单纯的流程和方法提升为解决问题和交付价值的活动。促使事情发生的不仅仅是领导力，领导力只是将活动与文化、背景、组织的现状和文化相匹配。而这种领导力适用于所有方面：业务、IT领导和活动中的每一个IT专业人员。它能积极地帮助合作伙伴关系中的利益相关者确保其拥有实现成功的条件。

企业IT活动综述

通过把之前评估的分数填入表11-9中，你可以获知目前企业IT活动运行的总体情况。

表11-9　企业目前的状态

目前企业IT活动的评估	等级
A组：在业务和IT间建立信任和合作伙伴关系	
B组：提供业务和IT的领导力和个人职责	
C组：适应企业和领导力的特征和文化	
D组：提供卓越业务价值	
E组：提供对动荡和不确定性的卓越响应	
整体平均评估	

IT变更能力：动态IT能力

花点时间研究IT变更能力非常有价值，尤其是在面对业务和技术动荡时。在业务术语中，我们称之为动态能力。这一领域的学者将其定义为一种"组织有目的地创造、扩展或改变其资源基础的能力"。[1]

继续从业务的角度来看，公司根据其环境不断提升对快速变化的环境和客户要求做出响应的竞争能力逐渐受到人们的关注。整个业务战略管理的研究会倾向于这种观点。企业在接受动态能力作为其基本战略和组织承诺中重要的一部分要求和意愿方面会产生不同观点。当然，IT在这里会发挥巨大的作用。例如，如果人们想要制造（机器人等）和设立服务组织（客户信息、产品的快速开发），那么很显然，IT是企业动态能力的核心部分。

然而，对于IT组织，IT肯定会有其自己的动态能力问题。也就是说，根据不同的情况，IT需要满足可能会不断大幅变化的业务需求。如果IT实际上是业务动态能力的推动者，则其成了需求变化的另一个因素。实际上，我们谈论的是IT动态能力的两个特点。保罗·帕夫洛（Paul Pavlou）是一名领先的IT学者，他对这个领域进行了很长时间的研究，并得出结论，IT动态能力实际上包括两种不同的东西：

- 动态能力（使用相同的术语，但更狭隘）是一种支持快速变化的计划能力。这种计划能力有其自身的局限性。例如，一个模块化结构可以让变化更容易实行，只要该结构的参数本身不发生改变。事实上，这一类IT动态能力有许多需要设计的方面。从广义上讲，预期变化的性质是已知的。
- 即兴变化，这是一种以新的无法预知的方式产生快速反应的能力。因为是不可预知的，所以这不是一种设计好的方法；相反，这是一种超出开发和利用信息和IT的正常参数范围，响应新要求的能力（和意愿）。

这两者是大相径庭的。在第一种情况中，所有架构的优势、良好的软件设计方法，以

---

1. "意识到并抓住新机会，重新配置和保护知识资产、能力和互补资产以实现持续竞争优势的能力，" S. Winter, "Understanding Dynamic Capabilities", *Strategic Management Journal*, 24, No. 10, 2003.

及敏捷方法都可以进行部署；第二种情况实际上是"什么都可以运行"的情况。在第一种情况中，坚持（支持技术的）标准和流程是一件好事；在第二种情况中，坚持标准和流程也许就不是一件好事。

从战略性IT管理的角度来看，我们直到现在才开始关注IT供应管理问题的细节。也就是说，软件开发生命周期或敏捷的选择，以及不属于IT的部署等都属于"黑盒"，不一定具有巨大利益。然而，现在我们需要注意IT组织准备和能够提高帕夫洛所定义的动态能力的方式。因为答案既有可能支持又有可能抑制IT满足业务要求的能力。

IT文化会妨碍动态能力。一般来说，IT文化倾向于稳定和巧妙的处理，即完美就是最好，失败就是最差，为了良好的绩效去冒风险是不值得的。例如，任何为了实现卓越运营的目标，使信誉和良好的服务绩效面临风险的新事物都是不好的。此外，这种文化对于狭隘的动态IT能力没有什么影响，但它有可能会对即兴变化产生不利影响。

另外，这一领域可能是业务部门"云"、软件即服务（SaaS）和"自助式计算"的一个关键驱动力。如果业务可以从项目开发方法、项目管理办公室和数据中心卓越运营等官僚主义中解脱出来，则可以获得更多的动态能力。不过没关系，相应的处罚是包含在内的：安全、数据集成等，更不用说像用户支持（帮助台）之类的东西了。

因此，从IT供应的角度来看，人们需要对一些严重的问题进行质疑。

- 要想既支持动态能力（狭义）又支持即兴变化，IT组织需要怎么做？这将反映在架构、流程、决策、预算和人员培训方面。
- 涉及的风险是什么？
- 怎样与完善的企业实践（如采购、安全等）进行互动？
- 存在什么架构能力？它们可以适应必需的动态变化吗？

参考文献

1. Lutchen, Mark D., *Managing IT as a Business*. Wiley, 2004.

第三部分

实现战略性IT
管理之路

　　在第一部分中，我们专注于讨论影响业务和IT的当前状况，尤其是动荡和不确定性，以及业务和IT的关于更快完成事情的压力。我们所需要的结果是适应性——业务和IT对新情况的快速反应能力。我们还专注于讨论信任和合作伙伴关系，它们是业务和IT共同努力实现适应性和对动荡和不确定性的响应的必要条件。我们还介绍了这样的一个概念：企业和业务部门有许多获取信息和IT的机遇和手段。在这些机会蓬勃发展之时，能够抓住它们并采用正确的采购方式变得越来越重要。同时，我们承认，目前旨在连接业务和IT的最佳做法的运行效果并不好。因此，业务和IT之间建立信任和合作伙伴关系的条件根本不存在，而这种信任和合作是应对动荡和不确定性所必需的。

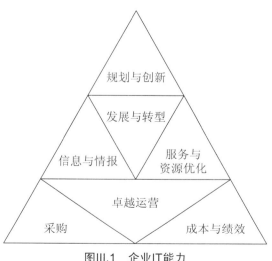

图III.1　企业IT能力

　　在第二部分中，我们专注于讨论建立信任和合作伙伴关系的必要条件，以提高适应性能力和对动荡和不确定性进行响应的能力（图III.1）。我们将这些条件进行组合，使其可以解决目前最佳做法的局限问题。这些条件的总和就是战略性IT管理，它包含信誉和信任等因素。

在第三部分中，我们将详细探讨每个组织需要的七大企业IT能力，以及人们需要采取什么措施来加强这些能力。这些都是满足第二部分中所描述的要求和对第一部分中所描述的问题和机遇产生响应的实用方法。虽然我们在前面的章节中已经介绍了企业IT能力，但是我们现在还要仔细研究每一个要求，以及满足它们所需要的IT能力，并解释为什么每一种能力都非常关键。

我们的目的不是详细说明每个实用方法是如何实施的。当然，实用方法的实施确实有许多详细的流程和方法。我们意在强调战略性IT管理原则必须能得到满足，这样才能成功地培育信任和合作伙伴关系，解决动荡和不确定性的问题，实现总体目标，向业务提供更好的IT服务价值。

我们在第11章中说过，通过定义明确的治理活动来制定结构化和工程化的解决方案，以及满足创新性、灵活性和对动荡产生响应的要求的流程和方法之间存在着根本性的冲突。实际上，企业应做到在业务和IT之间发展信任和合作伙伴关系，并促进对动荡的卓越响应，这是核心要求。

企业七大基本能力

图III.1中描述的七大企业IT能力在第1章中已经介绍过，第11章又进一步进行了讲述，这里也会再次进行详细讲述。

- **战略**：对业务中的IT进行战略性思考和行动的企业IT能力：
  - ➤ 规划与创新。
- **战术**：通过IT交付价值的企业IT能力：
  - ➤ 发展与转型。
  - ➤ 服务与资源优化。
  - ➤ 信息与情报。
- **运营**：与业务合作执行IT的企业IT能力：

➢　服务与卓越运营。

➢　采购。

➢　成本与绩效。

　　企业IT能力遵循价值交付和动荡响应的基本原理。当然，每一家企业的情况都不相同，在其活跃的行业中都有各自独特的文化、历史和地位。所以，这不是一个"一刀切"的命题；相反，这七大能力应该适用于特定企业的具体特点和特殊情况。

　　第11章提出了形成战略性IT管理基础的五个核心思想。每一个企业都需要先列出七大IT能力，而且每一种能力都要能够满足这五大基本要求。

■　战略性IT管理：产生成果的系统性能力

➢　A组：在业务和IT间建立信任和合作伙伴关系；

➢　B组：提供业务和IT的领导力以及个人职责；

➢　C组：适应企业和领导力的特征以及文化。

■　战略性IT管理：业务成果

➢　D组：交付卓越业务价值；

➢　E组：对动荡和不确定性做出卓越响应。

　　本部分的几章会对每一个IT能力如何满足这些要求进行描述。读者应该注意的是，虽然我们在这一章中列出了五组，共22个要求，但是每一种企业IT能力只能使用一个子集。

良好的方法和流程是不够的

　　本书讲述了各种有效的方法（详见第7章中关于胜任力及其书籍和文章的延伸笔记，它们都提供了有效的方法），如表11.1所示。

　　我们提出的观点是，要使用这些方法，必须结合本书提出的合作伙伴关系、信任、领导力和服务方向的要求。另外，还需要关注业务战略、业务要求和业务组织，在实践中我们往往会忽略这些。这些特点在每种企业IT能力方面都是不同的；例如，与卓越运营或成本管理相比，规划需要一组不同的特性。原则是相同的，但优先级可能不同，症状和指令也可能 不同。

但我们的主要观点是，一个卓越的方法（例如远景规划）虽然很重要，但其根本不能解决那些只有战略性IT管理才能解决的问题。

CEO和CIO面临的挑战：到底应该做什么

第12章的大部分讨论都是关于七大企业IT能力的特点的。这些企业IT能力是什么？它们应该产生什么样的成果？所需的IT能力（方法和流程）及其执行（合作伙伴关系、信任、领导力）的固有价值是什么？

然而，本书不打算讨论特定的流程或方法。正如我们所说的，许多书籍、文章、咨询实践和学术课程[1]已经对流程和方法的具体细节加以讨论过。这些流程和方法代表了必要的技术和业务能力，我们在第7章中对这些能力进行了讨论。但是，我们不会在这里描述细节。例如，我们讨论了规划与创新，但不会对如何执行特定方法进行确切描述。相反，我们的目的是确定信任、合作伙伴关系和领导力所产生的成果和具体特点。

换句话说，我们关心的不是方法，而是企业以合作伙伴关系、信任等特点来执行方法的能力。真正的挑战是确定一个企业和其领导实际上应该做什么。这不像挥舞魔杖并宣称目前使用的流程和方法足够好那么简单（例如，IT基础架构库、IT战略规划和敏捷开发等）。对于每个企业来说，情况都是不一样的。

因此，虽然关注能力的特征和成果至关重要，但我们必须能够建议实际行动来实现这些目标。这是我们面临的挑战！

个人要面对的挑战——这很重要

企业IT能力是从企业方面来描述的，虽然这说明这些措施对CEO和CIO来说是非常必要的，但是每个企业和IT专业人员都扮演着重要的角色。在能否理解或适应文化、行为或

---

1. 例如，请参阅：Wendy Robson, *Strategic Management and Information Systems: An Integrated Approach* (Pearson Education Limited, 1997)。

技能的效果方面，个人（不管其角色如何）都是实现战略性IT管理目标的主要因素。第三部分（以及第二部分中的服务、信任、合作伙伴关系和领导力）的各章都定义了个人行为的期望终结点。每个业务和IT专业人员都需要注意每一部分的信息，以提高其利用企业IT的能力。个人行为和技能是非常重要的！

一个尺码并不能适合所有人

本书的一大核心观点是一个尺码并不能适合所有人。在前几章中，我们已经介绍了一些具体的测试方法，这些方法可以对企业进行分类。其他书籍和文章介绍了许多突发事件。虽然选择很多，但是我们仅选择了五种。重要的是要对企业确定要采取的行动过程特征很敏感。

制定创造价值和应对动荡和变化的总体目标对每一个人来说都是必要的。只是不同企业采纳的解决方案是不同的，实际上，企业的每一部分采纳的方案可能也会不同。我们强调这点的原因是，人们习惯声称每家企业都需要我们提供具体建议。但情况不是这样的；虽然具备七大企业IT能力是一个理想的目标，是一个终结点，但出发点和每种能力的优先级肯定是不同的。对于一些企业来说，并不需要所有的能力。

我们认为，企业可以根据决定哪个企业IT能力是优先事项，以及哪些具体特征符合企业的基础方式来进行分类。我们会在第16章中介绍这些内容，并会在整本书中适当地提及和应用。

根据绩效能力对企业进行分类。第2章和第3章中介绍了总价值绩效模型。我们可以通过评估企业的立场在哪里和总价值绩效模型的六个步骤中的哪一个代表了最高水平来提供企业IT能力的优先级指导。

根据复杂性对企业进行分类。我们引入了一种象限评估法来描述企业治理的复杂性（多个业务部门、年度和响应计划周期）。这种分类有助于确定实现企业IT能力，以及将它们与特定治理模式相关联的难度。

根据动荡对企业进行分类。我们引入了一种象限评估法来对企业面临的业务动荡和IT动荡进行描述。这种分类方法有助于确定企业在其业务和IT组织中所需的敏捷程度。

根据IT作用对企业进行分类。我们采用经典的"麦克法伦分析法"来分析IT在操作性与竞争性方面的不同角色，以此作为示例，使用现在著名的工厂、支持、转变和战略分类法。[1]这可以非常直接地确定一个特定企业当前的现状，分为两种：动荡可能会导致企业迅速发生改变的情况；企业内每个业务部门和功能的情况会有所不同。这种分类法既可以使企业了解其目前的状态，又能展示复杂性和动荡可能会产生的后果。

根据IT治理实践对企业进行分类。第2章引入了一个七大治理因素活动图（图2.3），它包含了各种决策和对企业如何进行这些治理活动的自我评估。这种分类法为操作企业IT能力和治理能力提供了指导。

根据目前和未来动荡的可能性对企业进行分类。虽然动荡的环境肯定会对一切事物产生影响，但它对企业的意义会有所不同。我们提供了一个自我评估方法，并且在其中对每一种企业能力进行了描述。

根据企业/管理文化对企业进行分类。第10章对管理文化的重要性进行了讨论和演示，它会对治理、决策和企业IT能力所提供的各种事物产生影响。

这些分类方法中有大量的重叠，例如，企业/管理文化肯定会与IT作用和IT绩效能力重叠。我们不打算提供机械化的流程来调和这些因素。但我们期望读者能够意识到一个解决方案并不一定适合所有问题。此外，针对特定企业的分类方法，我们提供了一些自我评估工具。在结论中，我们会将其带回进一步行动的路线图中。

有两个重要的观点比较突出。第一个是我们强调"适用"的概念，这个概念与一个解决方案并不一定适合所有问题的观点相一致。也就是说，企业能否实现企业IT能力在很大程度上取决于这些能力是否适合企业的具体情况。第13章介绍了关于企业特征的几个测试，其结果可以用于针对特定组织定制企业IT能力要求。第二个则是速度和适应性的相关概念，这是每个企业实现企业战略性IT管理时最先考虑的事，但具体情况会根据企业的种类而有所不同。

然而，不论企业如何根据给定的分类方法进行定位，业务和IT间的信任、合作伙伴关系和IT服务都是成功运营的先决条件。

战略性IT管理不仅仅适用于目前的IT组织

图III.1描述了连接业务和IT的七大企业IT能力，这些都不是更好的IT流程或IT管理活

---

1. F. Warren McFarlan，"Information Technology Changes the Way You Compete"，*Harvard Business Review*，(May 1984).

动。虽然第7章中描述的像IT能力那样好的流程和活动也许是理想的，但它们是以IT为中心的，并没有抓住战略性IT管理的基本问题——业务合作伙伴关系、信任、动荡和不确定性，以及企业中IT资源的分散。这需要企业IT能力，而不仅仅是IT能力或方法。表III-1显示的是IT能力和方法示例。

表III-1　IT能力和方法示例

战略能力	战术能力	运营能力
制定战略 创新 IT领导力 战略外包 结构规划 战略规划 关系建立	组合管理 成本和绩效管理 制定信息需求 服务管理 供应商管理	服务交付 问责制 应用程序和软件开发/维护 专业人员管理
方法示例	方法示例	方法示例
IT战略规划 远景规划 企业架构	业务智能 业务分析数据 结构组合管理 应用程序、基础系统 开发生命周期管理	IT基础架构库 COBIT 服务管理 架构 系统开发生命周期 IT财务管理

战略性IT管理不仅适用于IT组织，还适用于所有的IT来源，当然还有业务部门。换言之，企业IT能力适用于所有的业务部门和IT组织，它解决了企业通常会把这些组织分开的竖井问题。

需要的业务成果

第2章和第3章介绍了总价值绩效模型，其目的是分步描述影响业务部门和IT组织信誉和信任的绩效级别。图11.1显示了六大步骤和连接业务和IT的七大企业IT能力。

第3章和第4章介绍了一些因有效执行每一步骤而取得的业务成果的示例，这些会在表III-2中进行重点讲述。

表III-2 战略性IT管理的业务成果示例

总价值绩效模型 （IT和业务结合角度）	来自第3章 业务成果示例：卓越 业务价值的执行和绩效	来自第4章 业务成果示例：卓越 业务价值的执行和绩效	目前状况
战略创新	● 业务战略效益，直接支持战略意图 ● 转变业务模式 ● 市场和客户关系的转变	● 更快的战略创新 ● 灵活、适应性强和可集成的业务和IT平台 ● 企业范围的适用性	
业务变化	● 改进业务运营效益 ● 改变业务组织和流程 ● 改变供应链关系	● 更快的要求和变化 ● 灵活和适应性强的结果	
业务成果与程序选择	● 有效的业务变更管理 ● 基于业务战略和要求的优先级	● 建立变化平台 ● 比个别业务部门具备更强的适应性 ● 企业范围内的适用性	
利益实现与项目开发	● 定义和满足企业业务要求 ● 成功实施业务操作项目	● 适应性强的解决方案 ● 集成解决方案 ● 动态能力	
要求和开发	● 项目符合业务要求 ● 成功开发/完成项目 ● 成功获得软件解决方案	● 适应性强的业务解决方案 ● 动态业务能力	
服务要求和交付	● 支持成本降低和风险缓解 ● IT服务满足业务要求 ● IT服务支持和不破坏业务流程	● 灵活和适应性强的服务	

评分等级：

■ 所有这些业务成果都不会发生。（1分）

■ 目前会产生一个或两个业务成果。（2分）

■ 目前会产生许多业务成果。（3分）

■ 目前会产生大多数业务成果。（4分）

■ 目前会产生所有业务成果。（5分）

  这些成果示例肯定并不详尽，但是它们描绘了各种可能会发生的事情。在第三部分，我们会将这些成果和产生它们所必需的企业IT能力联系起来。

  此外，这不是对流程或方法的描述，尽管它们是产生成果的必要条件。相反，这些成果需要企业范围内的能力，这些能力会将其所需要的业务部门和IT组织与第二部分中描述的服务、合作伙伴关系和领导力联系在一起。

12 企业IT的功能与能力：战略

之前本书一直专注于讨论一般的战略性IT管理，特别是企业IT能力的总体要求。在第一部分中，战略性IT管理指的是动荡、不确定性、信任和绩效，在第7章中概括为战略性IT管理要求；在第二部分中指的是高效的IT服务、合作伙伴关系和领导力所要求的总体企业IT能力。此外，本书还介绍了整体视角和聚焦业务的具体要求，并给出了核心概念的共性和企业及其IT活动信息。

企业的IT能力与图12.1中所示的安东尼三角（Anthony Triangle）[1]分类法相匹配，分为战略、战术、运营的管理活动。这一综述展示了处理动荡时企业所需的目标、结果和具体成果，以及示例方法。为了对企业管理人员进行指导，这里展示了一个简要的当前企业IT能力自测法，后文会对此展开更多细节。总体理念就是通过评估企业"今时今日"的水平，来充分认识差距所在，并找出潜在的可改进之处。

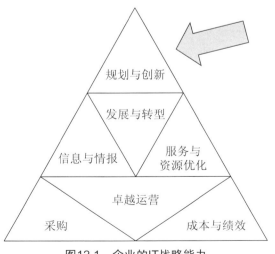

图12.1 企业的IT战略能力

---

1. Robert N. Anthony, *Planning and Control Systems: A Framework for Analysis* (Harvard University Press, 1965).

第7章介绍了在业务与IT之间建立合作伙伴关系所需要的IT能力，重点是战略、战术、运营职责以及战略层面的能力。第7章确定了所涉及的管理角色。在这里，我们将展开这些要求，关注提高企业IT能力的方法和过程何满足这些要求并产生更高的IT价值，并讨论做出更好的响应来应对动荡和变化。

企业IT能力：规划与创新

这项企业IT能力将业务与IT规划的许多方面——从战略到运营规划方面都联系起来。典型方法包括：企业战略规划[1]、平衡计分卡[2]、IT战略规划[3]、场景规划[4]和企业架构[5]。

大多数企业通常使用这些典型方法中的一个或多个。[6]是否具备所需的特定能力（例如，在企业架构中所需的特定能力）始终是一个问题，但这不是挑战。

在对业务中的IT进行规划与创新的背景下，企业需要考虑合作伙伴关系、信任、领导力和动荡的挑战。例如，许多企业以竖井的模式制定IT战略规划，即专注于各个业务部门，或者甚至采用可能会产生更多问题的做法，将规划做成一个以IT为中心的活动。企业的规划与创新IT能力需要：所有业务的参与；明确专注业务创新；在动荡时期改变形势的能力；与业务和所有IT来源一起合作。表12-1概括了规划与创新的目标、结果和示例方法。但是这些并非是方法问题，例如场景规划和企业架构等工具可以很好地发挥作用，这些反倒是能力问题，它们确定了文化、领导力、组织理解与执行意愿的存在。

---

1. Henry Mintzberg, Bruce Ahlstrand, Joseph Lampel, *Strategy Safari: A Guided Tour Through the Wilds of Strategic Management* (Prentice Hall, 1998).

2. R. S. Kaplan and D. P. Norton, "Using the Balanced Scorecard as a Strategic Management System", *Harvard Business Review* (January-February 1996).

3. R. J. Benson, T. L. Bugnitz, W. B. Walton, *From Business Strategy to IT Action: Right Decisions for a Better Bottom Line* (Wiley, 2004).

4. Nicholas C. Georgantzas and William Acar, *Scenario-Driven Planning: Learning to Manage Strategic Uncertainty* (Quorum Books, 1995). Also, Peter Schwartz, *The Art of the Long View: Planning for the Future in an Uncertain World* (Doubleday, 1991).

5. Jeanne W. Ross, Peter Weill, David C. Robertson, *Enterprise Architecture as Strategy: Creating a Foundation for Execution* (Harvard Business School Press, 2006).

6. 请参阅："Brief Overview of Business Strategy Frameworks" in Keri E. Pearlson and Carol S. Saunders, *Managing and Using Information Systems: A Strategic Approach* (Wiley, 2009).

表12-1　规划与创新目标和成果的示例

企业IT能力	战略性IT管理目标	卓越价值成果示例	对动荡卓越响应成果示例	示例方法
规划与创新	为业务转型和变化提供领导和支持	业务竞争力和卓越运营	业务适应性和响应性；协作	● 运筹帷幄 ● IT战略规划 ● 远景规划 ● 企业架构

然而，即使存在不错的方法，在力争有效的创新与规划方面，企业往往也不会成功。同样，这些都不是方法问题，而是企业在最关键的信任、合作伙伴关系和领导力方面的失败，在IT和业务方面均是如此。

因此，总体来说，存在的问题是一个企业为规划与创新所付出的努力会遭遇很多挑战，如竖井、周期挑战、有限的愿景、适应性和灵活性的要求，以及快速解决问题的障碍。如何解决这些问题是挑战所在。在所有这些挑战中，竖井也许是最大的挑战。它会限制任何致力于发起竖井的规划的影响，并为企业行动制造冲突（或并不存在的）基础。[1]

什么是规划与创新企业IT能力

我们认为，一家企业需要业务和IT能力（两者皆有）来定义业务的未来以及信息和IT的使用。

规划与创新能力关注的是在动荡时期能够应对挑战。这种能力要比简单的方法复杂得多。它会组织业务和IT资源，将它们用到规划中，并将规划的范围扩展到整个业务和IT竖井。这是定义业务、IT和信息使用的全面练习，同时也是战略能够成功并克服动荡的机遇。

业务和IT必须能够建立战略、产品/服务和业务模式；描述影响业务的动荡和不确定性；预测其要求或对不确定性做出反应的方式；了解竞争与绩效要求；通过所有IT的可行计划、目标和发展蓝图对要求和不确定性做出反应，并且在动荡条件下也能成功做到。[2]

从广义上讲，企业IT能力与三种方案规划相关——企业规划、IT规划和创新流程。运用这种能力需要企业能够在无竖井环境下完成三种方案规划、将结果联系起来、与利益相关者接触，提出能够快速完成且具有适应性的解决方案，并能够及时做出反应。

---

1. 这个问题不是说多数企业并不完全了解战略规划（举个例子）。很多书籍和文章都描述了关于这方面的概念和方法。问题在于执行规划，以及将规划成果和结果和企业管理活动的其他方面相关联，特别是那些与IT相关的方面。

2. 请参阅：Chris Bradley et , al.， "Have You Tested Your Strategy Lately?" *McKinsey Quarterly*, (January 2011)。在他的问题中有："你的战略考虑到不确定性了吗""你的战略在承诺和灵活性间找到平衡了吗"。我们会在第18章中的写给CIO和IT经理的话中回答后一个问题。

目前可以采用的方法有很多，例如场景规划、IT战略规划，或平衡计分卡的规划组成部分。将成果与治理、规划、预算、项目开发等方面进行整合是一个巨大的挑战。在这种背景下，竖井问题非常突出。例如，我们不难发现，IT规划并不包括任何业务场景规划工作。通常来说，一家企业可能在不同业务领域内采用几种方法，不过这也会加大竖井作用。同样，每种方法也会成为自己的竖井。例如，企业架构会直接使用场景规划的成果吗？不过这些方法仍然非常重要。举例来说，每家企业在面对动荡时都应考虑采取场景规划。

终结点

那么，从规划与创新企业IT能力中，我们需要得到什么。虽然我们对动荡、信任、领导力和合作伙伴关系的担忧定义了实现终结点的手段，但是终结点的目标是，业务和IT实现了实际的业务目标，以及在实现上述目标的过程中扮演IT所扮演的角色。返回到战略管理的定义，正如我们在第1章中所讲述的，这是企业"对其可用资产和资源进行整体检查，并最终部署上述资源来追求所需战略目标和成果"的能力。

规划与创新的终结点包括：

- 业务、IT、创新规划在所有业务部门和IT来源之间的明确联系。
- 了解业务和技术环境、机遇和变化的力量。
- 明确说明业务（企业和业务部门）的战略目标和战略意图，以及IT如何帮助业务实现这些目标。
- 业务适当参与（即整个企业和各业务部门）和在其各自描述中的IT（包括公司、业务部门、外部采购和"自助式IT"）在为获得期望成果，制定决策和计划方面有明确的问责制。
- 随着环境变化明确注意速度、响应性与适应性。[1]
- 着眼于整个信息周期，从收购到利用。[2]
- 业务成果（如表12-1中所示）得以实现。

---

1. 读者应回顾第11章中的"战略性IT管理的风险"部分。该部分专注于讨论不严肃对待动荡和不确定性所带来的风险。

2. 请参阅：chapter 2, "How We Use Information Strategically", in Pearlman and Saunders, *Managing and Using Information Systems: A Strategic Approach* (Wiley, 2009)。

读者可能会问，这些终结点属性是否准确地描述了企业内部的做法，以及是否适用于IT生态系统内部的全部IT来源（如采购者和云）。

这份清单不包括具体规划方法或过程的属性，尽管它们在实现上述方法或过程的过程中发挥着重要作用。相反，这份清单描述的是企业能力——通过所有与之相关的方法和流程、管理和组织，连同必要的资源、领导力和承诺实现终结点的能力。

表12-2 规划与创新业务成果的示例

总价值绩效模型 （IT角度）	执行和绩效——业务成果	
	规划与创新示例 "卓越业务价值"的执行与绩效业务成果	规划与创新示例 "对动荡和不确定性的卓越响应"的执行与绩效业务成果
战略创新	● 战略分析 ● 转型战略效益 ● 对战略意图的直接支持 ● 业务模式的转型变化 ● 对市场和客户关系的转型变化	● 战略创新进行得更快 ● 灵活、适应性强和可集成业务和IT平台 ● 企业范围的适应性程度
业务变化	● 操作效能的改进 ● 业务组织的变化 ● 业务流程的变化 ● 供应链关系的变化	● 更快速地满足要求和变化 ● 灵和适应性强的结果

总价值绩效模型包括卓越业务价值的实际绩效成果，这说明信誉是信任的基础。表12-2列出了规划与创新的业务成果示例。这些示例说明了规划与创新能力能够产生怎样的总体思路。

当然，这些示例就是问题所在。尽管不是所有时候都一定要有一个成果，不过所有成果都有出现的可能性。我们在本章开篇提到，企业要求业务和IT（一起）能够：定义业务的未来，并建立战略、产品/服务和业务模式；预测其要求和/或为适应变化而改变要求；了解竞争与绩效要求；用所有的IT可行计划、目标、发展蓝图对其要求做出反应并在动荡和不确定性环境条件下也能成功进行。这里我们运用列举的方式进行了强调。表12-2中的业务成果进一步解释了我们的观点，即企业能力应当能够产生什么成果。

我们曾在第3章中使用带有特定企业当前情况的自我评估工具来介绍这些成果，现在让我们来一起回顾一下。

企业IT能力要求

正如我们一直强调的那样，我们在此不关注具体细节，或IT战略规划的方法、场景规划等。相反，我们关注的是企业能否有效应用上述各项的能力来创造所需的价值和对动荡做出反应。还有，最重要的不是追求具体的方法，而是确定企业是否具备这种将业务和IT用信任和合作伙伴关系联系起来的能力。

我们在第11章中介绍了五组企业IT能力要求。

■ **战略性IT管理：产生成果的系统性能力**
  ➢ A组：在业务和IT间建立信任和合作伙伴关系。
  ➢ B组：提供业务与IT的领导力和个人责任。
  ➢ C组：适应企业和领导的特征和文化。
■ **战略性IT管理：业务成果**
  ➢ D组：交付卓越业务价值。
  ➢ E组：交付对动荡和不确定性的卓越响应。

现在，我们具体地将它们应用到规划与创新中。如我们在第11章指出的那样，对某一特定企业而言，并不是任何一个要求都会对其产生同等效力，不过考量每个要求的过程非常具有指导性。但是整体问题在于企业需要具备在整个企业内部执行这种能力、整合业务和IT、在实现更佳价值与对动荡做出反应的道路上协调并结成合作伙伴关系的能力。与技术细节或方法相比，这是最被人所关注的。

以下是从我们在第11章中定义的11项关系中选出的最密切的"要求"，它们主要与信任、合作伙伴关系和领导力问题有关。这些要求大致可以分为两方面：反映了企业中如何执行规划与创新，以及企业在规划与创新工作中期待的业务成果。这些并不能反映具体的方法，例如，我们不会特定指出一个给定的IT战略规划方法可能是怎样执行的。不过，如果这一方法已经得到了执行，并且使用了规划与创新能力，那么这些就是战略性IT管理要求。

战略性IT管理：为规划与创新创造成果的系统性能力

第11章列出并描述了战略性IT管理所需的流程和方法的三个关键特性——信任、合作伙伴关系、领导力，还包括对企业环境的适应能力。14个详细特性进一步充实了要求的内容。在这一节中，我们将讲解实现成功的规划与创新的9个至关重要的特性。

通过IT的执行和绩效建立信誉（A1）[1]

这个问题比较简单，企业是否进行了规划与创新，业务部门和IT来源参与进来了吗？它们发挥作用了吗？具体来说，就是最终目标实现了吗？各种各样的业务和IT方面的参与者，发挥作用并创造成果了吗？正如我们一直所强调的那样，信誉很大程度上是通过展示绩效得到的。

使用所有IT来源促进合作伙伴关系与协作（A3）

合作伙伴关系的关键是拥有共同目标并致力于实现这些目标，以及第9章中所描述的合作伙伴关系的其他属性。不过在具体实践中这确实存在障碍。

- 业务人员参与程度并不高。通常情况下，与IT相关的战略规划都是在业务没有大量参与的情况下完成的。
- 如果不能以IT为中心，那么缺乏良好的合作伙伴关系会使创新变得很艰难。
- 合作伙伴关系需要信任、共同目标、透明度和致力于实现这些目标的承诺。规划方法的实行是否鼓励以及业务和IT文化是否支持这项工作，以及企业和IT领导是否推崇这一点永远都值得商榷。

建立合作伙伴关系是可取的，但真正的关键在于针对业务目标进行沟通，并达成一致。虽然我们已经为目标设定提供了方法，但是这些方法能否被所有相关方真正接受，以及能否顺利过渡到针对目标的行动，还是个问题。

我们在这种合作伙伴关系环境下提到了IT来源。这意味着所有IT，包括公司、业务部门，以及业务部门中云和"自助式IT"的外部供应商，都是这一环境的实际操作者和合作伙伴关系的潜在参与者。

---

1. 字母前缀（如A2和B4等）指的是第11章中的企业IT能力，用于本章中的计分卡自我评估表以及接下来的路线图章节中。

采用专注于业务、战略意图和目标的方法（B1）

虽然人们可能认为这个问题更像是发展和组合整合的问题，但是这显然会对采取新要求、新发展、生产的新手段的文化和背景产生影响。很多时候，IT规划与解决方案将问题的技术层面当作目标；而且，实际进行规划的人员并不十分清楚真正的战略意图和目标。

当多个业务部门和功能业务领域将创新与规划方法纳入其中时，这一问题就显得更加重要了。例如，战略规划过程通常是典型的"一刀切"，只会根据具体企业或业务部门的特征、文化，或历史进行微调。这些过程可能局限于治理结构中，对企业实施"一刀切"的引导。

与面向IT与业务的共同目标相连接的企业IT能力的目标，正在适应每一个独特业务环境的特定要求。"共同"目标，并不意味着我们期望每个人都拥有相同的目标；相反，这意味着企业应将相关业务和IT部分与其共同目标关联起来。

应用业务领域和行业视角（C1）

目前的大趋势是专注于企业内部的业务和IT问题。能够具备对除具体企业、其具体客户、供应链参与者以外所发生的情况持有较强构想的IT专业人员和业务监督，以及顶级管理人员是非常少见的。提升和优化企业运作的需要导致了这种闭塞的视野。然而有效应对动荡需要的远远不止这些，因为相关因素并不来自企业内部。

企业经常受到因鼓励超越具体业务背景方面的视角而造成的挑战。这于创新而言是一种实质性的阻碍，因为这常常需要那种外在的视角。文化、实践、治理可能成为非常巨大的阻碍。企业IT能力的意义就是，通过共同视角、目标和合作伙伴关系远离这些阻碍。

跨越竖井、组织和其他流程进行整体应用（C2）

对企业竖井来说，阻碍流程是非常常见的，它会导致所有利益相关者和组织之间缺乏了解和信任。对企业和行业其他部分的现状视而不见，是将规划与创新扼杀在摇篮中的自我限制的典型特点。

竖井的后果是，规划工作也竖井化了。通常情况下，这种企业会专注于一两个业务部门或功能区域，而且几乎总是局限于提供赞助的IT机构中。很少考虑到企业（除非类似于ERP举措）；我们从未见过规划举措包括所有IT来源（公司、业务部门、采购/云和"自助式IT"）。偶尔当行业或政府的外部机构提供IT时，通常都不会包括这些内容。

战略性IT管理：规划与创新的业务成果

这些要求反映了预期的业务成果。表12-2给出了这些业务成果的示例。

交付业务战略有效性（D1）

很明显，所有规划与创新都应提供业务战略有效性。实际上，企业很难从相对战术的角度出发，主要关注IT供应机会。任何针对行动的管理倾向都有利于短期和战术解决方案的形成。许多IT战略规划都只针对IT的交付方式，而不是明确定义对业务的变革影响。

尤其是，企业IT能力需要重点关注实现业务的战略意图。这似乎是显而易见的，前文也提到过，但在实际操作中确实存在一些障碍。

- 在规划中，最根本的要求是确定业务战略意图管理追求，以及可以通过哪种变革方式部署IT来实现上述追求。这适用于公司和业务部门的战略意图。但非常重要的一点是，业务的战略陈述往往非常零散，而IT则无法注意到它们。尤其是关于从众多高级战略陈述到管理层"如何"实现战略转型的陈述少之又少。
- 潜在问题是整个业务和IT的合作伙伴关系以及信任要求是否包括企业规划与创新活动。规划与创新活动真正强调的是共同目标和透明度的要求。就共同目标而言，IT方面很容易将重点放在IT关切的问题及创新技术上，例如当业务方面将目标设定在战略和创新的根本问题上时。
- 专注于创新与规划的业务和IT人员往往缺乏对动荡的认识，这种认识会对企业以及信息和IT提供的机遇造成困扰。通常情况下，相关IT人员不能从业务角度进行"战略性思考"。

■ 人们（特别是IT参与者）缺乏对竞争挑战的认识。

■ 业务和IT领导力不专注，为成果提供的愿景或支持很有限。

根本问题在于采用的流程和方法是否能够真正识别和实现业务战略的有效性，并且在执行的过程中，是否建立了合作伙伴关系和信任，企业（业务和IT）是否有这样执行的能力。让我们再强调一遍，我们在这里探讨的不是实际方法的问题：存在如此多的战略规划、远景规划和企业架构，它们都被希望得出所需战略成果。问题在于企业是否有执行的能力；这也是企业IT能力的含义所在。

支持业务创新与变化（D2）

企业的文化、实践、治理和领导有时会阻碍创新。[1]竖井的问题也会成为创新的障碍，就如同对短期业务绩效提升产生正常偏差一样。克服这些障碍要依靠互信和业务与IT的领导力，这一点是非常重要的。没有支持和合作伙伴关系，创新就不会发生。

开发业务解决方案并快速实行计划（E3）

具体来说，现有企业要做到何种程度才算具备足以快速应对动荡和不确定性结果的能力？

■ 动荡要求反应的速度。周期长、审批流程长，以及企业内外协调活动时间长都是"拦路虎"。此外，官僚主义、不再相关的结构和流程也会增加障碍。

■ 问题在很大程度是周期和治理。通常情况下，规划流程与年度业务规划和预算周期紧密相连。获得成果管理支持与审批的流程可能会陷入公司政治和冗长程序的泥潭中。

■ 业务和IT规划的竖井可能会延长整个周期时间。

问题在于业务和IT的这些方法、流程和管理，是否足够快捷，并且能够有效地发挥

---

1. 对于这些问题，存在大量文献。例如，Clayton Christensen, *The Innovator's Dilemma: The Revolutionary Book That Will Change the Way You Do Business* (Harper Collins, 2011)。

协同效用。

在其解决方案中要注重适应性和灵活性（E4）

虽然精心设计的解决方案非常具有吸引力，而且像架构一样的实践对实施成功的解决方案至关重要，但是关注这些问题无疑是本末倒置。在动荡环境下，任何新的解决方案都必须具备应对未来变化要求的能力，因为可以肯定的是，未来是一定会发生变化的。

- 这个问题的部分原因在于文化：IT方面倾向于工程和稳定性，尤其是基础建设，这对大多数企业而言无疑非常重要，不过这会对适应性和灵活性的平衡发起挑战。这是一个在关注适应性的情况下，企业架构具有很大价值的领域。
- 战略规划工作是从其他管理流程中分离出来的，无论是在业务方面还是在IT方面都是如此。从一方面来说，架构与业务年度规划和项目计划相关，而从另一方面来说，架构往往并不与任何战略规划结果相关。

这也与前面提到的规划和管理周期有关。对于适应性而言，一大障碍就是满足诸多观众的需要，而且竖井的存在让这一问题变得尤为困难。

问题在于企业能否调动规划与创新活动，来克服诸如竖井式的流程、管理所造成的障碍，并将重心放在具备适应能力的必要的架构和解决方案上。毫无疑问，这强调了一些流程（如场景规划和企业架构）的重要性，它们是实现适应性所必需的。

规划与创新的现状如何

充分了解这一问题是一个良好的开端。进行自我评估有助于定位企业现状和规划与创新能力。我们首先来讨论一下如何通过执行IT和绩效（A1）来树立信誉，其中的评估是关于产生必需的业务成果的真实绩效的现状的。这里，我们注意到了之前具体描述过的9个因素。我们会根据研究和客户经验（有一家企业的情况有所不同），就这些因素对卓越价值和对动荡的响应方面的相对重要性给出我们的观点。当前状态评分等级为1~5，1分说明对要求的反应程度和匹配程度几乎为零，而5分则表示与要求高度匹配。请注意，我们已经对该评估进行了适应性处理，仅纳入了被视为对规划与创新应用程度最高的那些因素。第11章还介绍了一个企业能力的完成计分卡，在第13章中还会提到。下一节将简要介绍前文描述的11个要求。

规划与创新计分卡

该计分卡可用于快速观察目前规划与创新在特定企业的重要性和地位。不过请注意，该计分卡是三维简化版。首先，对每家企业来说，其业务范围的重要性和状态可能不同；其次，尽管计分卡反映了所有IT来源（公司、业务部门、采购和"自助式IT"），但在考虑这些问题是如何单独施加于IT时，将IT来源看成一个单独的IT组织（可能是公司的）会非常容易思考。第三，在第11章中所述的22个要求中，这章只纳入了11个；我们已经选择了那些在这种情况下最适用于规划与创新的要求。

其目的在于将战略性IT管理要求应用到企业目前的规划和创新实践中（表12-3至12-5）。

表12-3　战略性IT管理：产生成果的系统性能力

信任、合作伙伴关系、领导和服务管理的要求	重要性	当前状态
在何种程度上，企业现有的规划与创新IT能力通过IT执行和绩效来建立信誉。请具体说明，是否实现了终结点		
在何种程度上，企业现有的规划与创新IT能力使得所有层次及所有IT来源的合作伙伴关系与协作得以实现或强化		
在何种程度上，企业现有的规划与创新IT能力采用了专注于具体业务、战略意图和目标的方法		
企业现有的规划与创新IT能力应用到业务领域和行业视角的程度如何		
在何种程度上，企业现有的规划与创新IT能力进行了贯穿竖井、组织和其他流程的全面应用		
信任、合作伙伴关系、领导和服务管理的平均程度		

表12-4　战略性IT管理：业务成果

成果要求	重要性	当前状态
在何种程度上，企业现有的规划与创新IT能力提供或支持业务战略的有效性		
在何种程度上，企业现有的规划与创新IT能力提供或支持创新与变化		
在何种程度上，企业现有的规划与创新IT能力提供或支持更快地部署解决方案		
在何种程度上，企业现有的规划与创新IT能力提供或支持其解决方案的适应性和灵活性		
平均成果		

表12-5　自测表

对企业的重要性			规划与创新现状	
重要性反映了管理层的关注程度，以及该要求在何种程度上将在未来影响业务成功；现状反映了该要求的陈述目前的实现程度	0	不适用	0	不适用
	5	该要求对企业至关重要	5	目前的规划与创新活动往往会产生所需的成果
	4	该要求对企业十分重要	4	目前的规划与创新活动有时会产生所需的成果
	3	该要求对企业比较重要	3	目前的规划与创新活动不会产生所需的成果
	2	对该要求感兴趣但不重要	2	目前的规划与创新活动有时会使得成果差于要求
	1	该要求对企业不重要	1	目前的规划与创新活动往往会使得成果差于要求

　　我们鼓励读者重温第11章中"根据要求评估企业绩效"一节，并在规划与创新中应用所有22个要求。

底线：规划与创新的绩效

　　绩效可归结为以下三个根本问题：

■ 在规划与创新的参与者（IT、业务、顾问等）中，哪位真正执行了行动，并创造了所期望的业务成果？

■ 规划与创新活动是否会被纳入到信任和合作伙伴关系中？

■ 规划与创新的成果能否足以应对变化和灵活性？

　　战略性IT管理和企业IT能力的目标在于为这三个问题获得肯定回答。

关于规划与创新，企业应做些什么

　　第16章将强调企业对可用的短期和长期行动的选择。但是请注意，我们不会深入挖掘可用流程和方法的具体细节（例如，平衡计分卡和场景规划）。这里的重点在于，因为这些流程是某个特定企业具体采用的，所以根据给定的要求严格衡量绩效是至关重要的。

对个人管理者和专业人员而言有哪些影响

对于读者来说，关键问题在于：我能否帮助企业进行规划与创新，特别是在反映信誉、信任和合作伙伴关系的要求下。各个管理者或专业人员可以通过自我评估来衡量其在实现要求成果的道路上所做的贡献。关键是在建立业务与IT之间的合作伙伴关系、发展信任、聚焦业务而不是技术成果的问题上，个人可以做出多大贡献。

一旦完成个人自我评估后，请考虑如何培养所需能力。第19章为大家提供了一些建议。

13 企业IT的功能与能力：战术

本章的重点是通过信息和IT交付价值的企业IT能力。

我们将战略性IT管理定义为战略性管理原则的应用。第1章中介绍了"组织企业所有相关资源以实现企业战略的成功"。组织企业所有相关资源是这三个战术方面的企业IT能力（图13.1）的基础，这些能力重点关注：

- 信息与情报：业务和IT中的信息和分析资源。
- 服务与资源优化：贯穿企业的所有IT流程、服务和技术资源。
- 发展与转型：企业的全部发展资源，通过技术发展和实施延伸到业务流程变化。

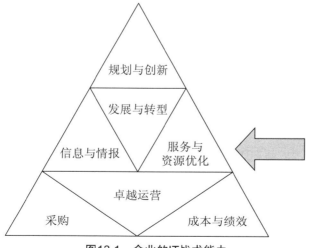

图13.1　企业的IT战术能力

这三大能力要面临的挑战是相同的。特别是，每一个资源的范围大于通常考虑到的传统IT相关流程。例如，信息资源遍布整个企业，且超越客户和供应链以及经济环境。发展资源包括传统软件开发方式，以及文化、流程、组织和个人发展；IT服务资源包括企业内部和外部的所有IT资源。在这些情况下，企业面临的挑战则是在提供价值以及处理企业、业务和IT竖井和文化的过程中了解范围、提供手段并充分协调资源（和利益相关者）。

这意味着我们要注意本书中所涉及的一些相同的基本点，即合作伙伴关系、信任、领导力和IT服务。在这种情况下，执行这些特征的背景都是组织和管理资源，并提供所需目标和成果一体化的共识。

企业IT能力：信息与情报

这一能力强调了业务组织其庞大的信息资源（包括那些从外部获得的资源）、应用管理、决策、控制和分析技术的能力，其目标是获得最大利益并对企业绩效产生推动作用。这种能力将业务能力和所需的管理、部署IT以及适合业务的工具技术相连接。（表13-1总结了广泛使用的目标、预期结果和方法示例。）

表13-1　信息与情报目标和成果的示例

企业IT能力	战略性IT管理目标	卓越价值成果示例	对动荡的卓越响应的成果示例	方法示例
信息与情报	利用信息和分析实现业务转型	信息的卓越使用；具有竞争力和创新性的业务预测和决策	快速、全面、响应、智能和预测	● 业务智能 ● 业务分析 ● 数据结构

IT最初的功能是"数据处理"。从那时起，IT便有两面性：一面是流程，一面是数据。过去，系统分析人员一直在争论哪个应该排在前面，即先分析业务流程之后再定义所需的数据，还是先定义所需的报告和交易数据之后再定义产生数据所需的流程呢？当然，答案是"都正确"。目前，随着大数据分析的应用，重点开始偏向于数据一方。

流程当然是重要的，它可以进行优化、降低成本和提供客户服务，许多规划过程（如企业架构）在流程方面投入了大量精力。但是增加了智能（例如，分析和"大数据"等）的数据给IT的能力开辟了一个崭新的维度。（当然，这就是"信息"技术。）企业IT能力的目的是改变业务中信息和分析的使用方式。

方法分别属于业务智能和业务分析的范畴。这些都反映在过多的工具和企业技术能力上。数据结构是企业架构的一个重要分支，其目标是更好地使用信息（与竞争相比），提供具有竞争力和创新性的业务预测和决策。动荡增加了对快速、全面和响应及时的情报与预测的要求。

信息与情报企业IT能力的关键是改变企业对庞大数据资源的理解，并将这些资源与它们在推动业务向前发展过程中的运用相联系。这不是一个技术问题，它涉及文化和业务的重大参与。[1]

我们有一个重要的问题需要明确。我们可以断言，在不久的将来，确实会出现企业信息与情报的无人化管理，即使存在CIO，企业的业务组织也会将重点放在信息处理，而不是集中的企业范围方式上。问题是在当代IT文献中，人们并不经常使用文字信息，也许永远不会使用。但是信息会依附在文字上，例如管理、组织和架构，它们是获取、管理和传递所说信息的主要方式。

简言之，这在很大程度上是一种IT供应讨论。实际上，目前每一本关于信息和IT的书和文章都会使用信息战略、战略信息规划或信息管理等词语，并且它们大多数是指IT企业，包括规划、发展和交付。比如，信息战略的定义是"信息战略可以被看作一种确定组织信息与沟通能力的可持续发展目标和框架的计划"。[2]我们的合著者及其同事写下了这个定义：组织中与正式信息的供给和需求相关的隐式或显式的愿景、目标、指南和规划的一种合成体，受管理制约，并且旨在支持长期的组织目标并同时能够适应环境。[3]

"信息使用"会在企业中被运用，但其大多数注意力还是集中在信息管理上。一些关于CIO的优秀书籍中没有提及这样的信息；相反，这些书籍讨论的是关于CIO和IT组织的角色、功能和效益。[4]当然，这些都是关键问题，但它们不是信息与情报的重点。

因此，企业IT能力的问题不是结构或组织或控制信息的问题。相反，问题是是否所有的参与者（无论是业务还是IT）都会为了业务利益，考虑特定的外部组织，并能够了解信息和与IT一起发展的智能的机遇和力量。这是一个整体的、跨越竖井的综合性问题，而不是结构问题。

但真正的挑战在于，人们对每一个业务领域的信息与情报都有非常浓厚的兴趣。似乎

---

1. 请参阅：chrapter 2，"Strategic Use of Information Resources"，in Keri E. Pearlman and Carol S. Saunders, *Managing and Using Information Systems: A Strategic Approach*, 4th ed. (Wiley, 2012), page 46。

2. Robert D. Galliers, Dorothy E. Leidner, Bernadette S. H. Baker, *Strategic Information Management: Challenges and Strategies in Managing Information Systems* (Butterworth Heinemann, 2001). page 156.

3. M. T. Smits, K. G. van der Poel, and P. M. A. Ribbers, "*Information Strategy: Assessment of Information Strategies in Insurance Companies*"，in Strategic Information Management: Challenges and Strategies in Managing Information Systems, 3rd ed., ed. R. D. Galliers and D. E. Leidner(Butterworth Heinemann, 2003): 64.

4. 请参阅：Richard Hunter and George Westerman, *The Real Business of IT: How CIOs Create and Communicate Value* (Harvard Business Press, 2009); Dean Lane, *The Chief Information Officers' Body of Knowledge: People, Process, and Technology* (Wiley, 2011).

每一个业务功能（如市场营销、销售、客户服务、物流和制造等）都非常重视信息在其活动中的作用，随着矿业公司或行业数据吸引力的日益增加，这种现象会更加明显。这造成了巨大但孤立、充满能量和显著的动机，该动机绕开了那些被认为可能是企业（IT组织）决策过程的官僚主义和限制。供应商增加了这个服务——向业务直接提供具体解决方案。虽然这是令人兴奋的，也是非常重要的和有效的，但累积的结果将会变得混乱。此外，数据的真实价值可能是跨功能和跨业务的获取或分析，这使竖井问题变得更为重要。

举个示例，IBM网站[1]发布了一个关于分析能力的四阶段措施：

- 新手阶段——个人或团队用电子表格或基本查询工具分析它们自己的数据。
- 创建者阶段——团队合作分析数据和趋势。
- 领导者阶段——使用多个系统进行分析，该组织定义了跨部门的业务和财务指标。
- 专家阶段——数据驱动的决策是普遍的，组织可以基于实时洞察力来设定目标和分配资源。

这说明了信息与情报企业IT能力的特征：没有那么多的工具和技术，如整体的跨组织活动特征，该特征专注于决策和分析方面。跨企业的数据获取可以超越个别竖井和应用的局限性，这些也是重要的能力。

什么是信息与情报企业IT能力

我们在第1章中说过，"企业需要具备在所有相关企业领域获取、管理、分析和应用其庞大的信息资源的能力"。两个相关的领域包括这些能力：一个是技术本身的相关能力，另一个则是业务应用信息的相关能力，包括从简单的应用到企业范围分析。越来越多的技术能力包括完整的信息生命周期（包括从获取到分析）。我们应关注业务方面的能力是如何应用这些资源的。

因此，企业面临的挑战是最大限度地提高数据的可用性和企业使用数据的能力。这些领域的参与者包括企业架构师和数据架构师，以及市场营销的业务功能分析师。供应商也是一个很重要的因素。因此，总体问题是企业的信息与情报工作会存在许多我们在规划与创新中提到的类似问题，例如竖井、周期性的挑战、有限的愿景、适应性和灵活性的要

---

1. http://www-01.ibm.com/software/analytics/aq/index.html?i.user1=-web_ibm_mte%20&mc=-web_ibm_mte

求，以及快速制定解决方案的障碍。如何克服这些问题是一个挑战，所需要的是转变业务使用信息和分析的能力。

问题在以下情况中则更为严重：不管是在业务或IT中，没有真正的流程和方法来特别关注信息与情报，不像规划与创新中大量的规划流程和其他企业IT能力那样。可能除了数据架构（企业架构的子集）外，所有信息处理都是另一个过程或方法的一部分，例如系统（项目）开发、软件工程、业务流程管理、开发运营（开发运营一体化）、市场调研、产品开发等。一切事物都包含信息与情报，但却不能为人所掌握。这是一个真正的问题，企业IT能力，即IT和业务之间跨竖井的联系，必须了解和相应地提高意识到问题的能力。这不是一个"控制"问题，而是一个关于协调、意识、合作和共同目标开发的问题。

这将带来真正的机遇，并同时带来真正的风险。每一个IT活动，即每一个业务活动，都会用一些方式来处理信息，例如交易、网络互动、维护的数据库，或其他简单活动收集的数据（例如，计量器、相机和监视器等）。企业的流程和设施中存在着大量的数据，企业应积极地了解和利用这些数据（采用的方式可能有悖于传统的IT观念）。这个机遇既是高度孤立的也是高度整体的，每个功能和业务领域都有机会利用它的数据，你可以在专业的行业期刊中看到这些。只有跨企业、跨功能和跨业务竖井的数据被整合到一起的时候，改革的见解和能力才能被人们所了解。

虽然这些陈述倾向于强调数据智能和数据分析，但管理数据的基本技能也是很重要的。的确，第二个主要问题（即可持续发展与风险管理）也潜伏在背景中，它涉及了安全、诚信和架构等。大部分信息与情报能力都基于这样的假设，即其实施将具备必要的可持续性等特点。然而，竖井会妨碍企业提供这些素质；合作伙伴关系和信任是成功的蓝图的一部分。（当然，分析的某些方面会涉及大量原始和非结构化数据的使用。然而，结构问题仍然是一个障碍。）这一问题会在服务与卓越运营、采购、服务与资源优化企业IT能力中进行更加详细的讨论。

第三，早在第三部分引言中我们就提出了很少有计划能成型的问题。主要原因有两个：一是结构与设计之间的文化碰撞，二是灵活性/速度/动荡。对稳定性和确定性（例如，控制、安全、数据结构和架构）的渴望是IT所特有的，但是IT也需要有灵活性，甚至可以接受不完美。例如，IT应可以接受在数据分析中使用非结构化的，甚至可能是不可靠的（传统意义上的）数据进行分析。

最后一点是，业务和IT两者需要认识到企业IT能力，并协调整个企业范围内的解决方案。而在一些像应用程序开发和基础设施这样的领域（如标准和安全等）也存在这种问题，这使我们强烈地感受到这些领域的重要性（很大程度上是基于信息解决方案的诱惑）。在某些方面，这克服了IT中所谓的"数据文化"。例如，目前人们狭隘地强调大数据和分析，视其为技术问题，并且在充分发挥企业中信息作用的同时，不放弃"设计"文化中的确定、控制等重要"美德"。

真正的企业IT能力建立在协调和构建期望之上，但它又更复杂一点。虽然整个业务和IT都对大数据和分析这样的事物表现出了极大的兴趣，但该背景中却出现一个声音——"真的要实现这些，你得改变使用决策制定中的信息的业务管理的文化和假设（思维模式）"。就此而言，整个决策过程本身必须改变。因此，真正的企业IT能力是一个更全面的要求，它将技术问题（如安全）和业务问题（如满足客户需求的战略机遇）以及实际问题（到底是谁要这样做）"绑定"在一起，更为重要的是，如何使需要的技能在企业中传播开来。

传统意义上，这些技能会与数据库、数据收集和数据分析资源相结合，通常还包括应用它们的基础设施、软件和技术技能。当然，这种方法会与大数据和分析一起爆发，其中的资源包括非传统的信息资源和拥有不完全结构化特点的数据。这些资源肯定会跨越IT中的竖井和业务部门，并延伸到企业外部资源中。与此同时，机遇也会跨越业务部门竖井和外部企业来源。虽然业务部门和业务功能组（如营销）拥有巨大的能量，并会在它们的领域内追寻机遇，但未来还是跨领域、跨竖井机遇占主导地位的时代。

因此，在这方面建立人力资源是一个重大的挑战，并可能会引发对所有信任/合作/共同目标的挑战。同时，所有形式的IT都会被卷入其中，而不仅仅是传统的交易系统。还有在数据收集和分析中发挥重要作用的外包采购（例如云）和"自助式IT"解决方案也包括在内。因此企业需要人力资源。

终结点

表13-2　信息与情报的业务成果示例

总价值绩效模型 （以IT为中心）	执行和绩效：作为信誉和信任基础的业务成果	
	信息与情报 示例："卓越业务价值"的执行 和绩效业务成果	信息与情报 示例："对动荡和不确定性产生卓越响应"的 执行和绩效业务成果
战略创新	● 战略分析 ● 为战略分析提供信息基础 ● 转型的战略效益 ● 战略创新的直接支持 ● 业务模式的转型 ● 市场和客户关系的转型	● 更快的战略创新 ● 灵活的、适应性强的和可集成的业务和IT平台 ● 企业范围的适用性

续表

总价值绩效模型 （以IT为中心）	执行和绩效：作为信誉和信任基础的业务成果	
	信息与情报 示例："卓越业务价值"的执行 和绩效业务成果	信息与情报 示例："对动荡和不确定性产生卓越响应"的 执行和绩效业务成果
项目开发与 利益实现	● 访问大量有价值的相关数据	● 适应性强的解决方案 ● 可集成的解决方案 ● 动态能力
软件配置与 开发	● 成功开发项目 ● 成功获得软件和解决方案	● 适应性强的解决方案 ● 动态能力

信息已经成为一种关键的资源，获取、维护和分析的管理能力给企业提供了丰富的信息财富。表13-2显示的是基于业务的成功示例。然而，总体而言，在数据生命周期中执行的企业IT能力，即各种形式的数据是至关重要的。但仅仅得到数据是不够的，产生真正的业务成果才是至关重要的。

但是，什么是信息与情报的执行能力？我们需从两个维度看待这个问题。首先，我们关注的是企业所期望的结果的执行能力，尤其是在动荡和不确定性的背景下；其次，我们研究的是这种能力是如何与一般的合作/信任/特征配合的。

信息与情报的关键终结点包括以下属性：

- 在竞争或政府的背景下了解整个企业的业务信息。
- 反映出企业范围内的信息观——跨越业务部门和职能的整体视角。
- 与业务战略规划流程和成果相联系。
- 查看信息和业务流程之间的联系。
- 了解决策、企业规划和战略性思考中信息的潜力。
- 声明已了解外部信息来源，包括行业信息、与客户和供应链相关的战略信息。
- 拓展可信信息的来源。
- 实现表13-2中所列出的业务成果。

读者可以询问这些终结点能否准确地描述企业目前的做法，以及它们能否被应用到所有IT生态系统的来源中（例如，采购者、云）。

这对于IT生态系统中大多数IT组织和供应商来说是一项挑战。虽然业务组织可能会意识到业务信息及其巨大的潜力，但是IT管理人员和专业人员可能无法意识到这一点。文化则倾向于强调信息交付，依靠业务来了解这一切意味着什么。这对业务来说也是一大挑战，尤其是如果业务对技术手段不熟悉的话目标就会很难实现。

总价值绩效模型描述了卓越业务价值的实际绩效成果以及信誉（信任的基础）。

跨领域的固有性质、跨竖井的业务问题和类似的跨领域、跨竖井的IT资源促使了合作伙伴关系的成功建立。这增加了对积极的业务和IT领导力的要求。例如，对先进的分析目标会影响业务和IT如何做出决定，并会提供工具来支持这些决定进行评论的人会指出这本身就是一个巨大的领导力和文化挑战。这种挑战不是技术问题的，而是潜在的业务环境。

虽然存在像架构、安全和技术数据管理等技术问题，但核心价值还是来源于整个企业的信息开发。这个流程至少需要建立在绩效、透明度、共同目标和共同（业务）语言以及合作伙伴关系和协作的所有属性的可信性基础上。在没有信任的情况下，业务部门不太可能会分享他们的信息，业务功能领域也不太可能会跨越竖井。参考越竖井，业务和IT部门不太可能开展合作。同时，业务和IT领导会设定合作的背景和文化。这大大影响了企业IT能力在信息与情报方面的评估，适用于第9章、第10章和第11章中的经验教训。

越来越多的数据源改变了合作伙伴关系，这不仅限于传统的交易系统，以及传统的在线或互联网应用程序。典型的企业有着各种形式的数据，它们是通过业务的日常活动来被感知、监督和获取的。利用这些数据需要合作和领导力。

企业IT能力要求

在某些方面，这些要求反映了规划与创新的要求。这些要求应该是整体的，并且能够连接信息来实现业务成果等。区别在于组织资源的概念，在这种情况下，信息资源和识别获取的流程会管理和利用信息。

在第11章中，我们介绍了五组企业IT能力要求。

- 战略性IT管理：产生信息与情报成果的系统性能力：
  - ➢ A组：在业务和IT间建立信任和合作伙伴关系。
  - ➢ B组：提供业务和IT领导以及个人职责。
  - ➢ C组：适应企业和领导力的特征以及文化。
- 战略性IT管理：信息与情报的业务成果：
  - ➢ D组：交付卓越业务价值。
  - ➢ E组：对动荡和不确定性进行卓越响应。

考虑到这些要求，我们应该认识到，许多企业还没有基本的方法和流程，问责制是分散的，相当多的活动是在传统的IT组织的轨道之外进行的。因此，除了其他的企业IT能力外，还会有更多的关于这些问题的发现。与其说是重组或组织许多现有活动（例如，可能是在规划方面），不如说是首先认知到这些活动的必要性。我们至少应该认识到需要把许多业务领域的新兴活动集中到一起，来实现其价值的最大化，并加快学习进度。同时，许多现有方法和流程会包含一个显著的信息组件，如软件开发、设计、网络支持或客户服务等，这些也应该包括在这些要求中。

那么我们到底在问什么呢？此外，在规划与创新中，我们能够很好地认识到关注点是企业进行各种规划活动的方式。是的，规划不是一个控制或治理问题，因为许多独立的规划活动是贯穿于整个企业的。然而，我们了解的企业IT能力指的是什么，即应用于所有规划活动。此时，考虑到与信息相关的活动是嵌入其他活动中的，并且在实际情况下没有人负责，所以对企业IT能力了解得不是很清楚。不过，这不是CIO应该做的吗？

然而，正是这种信息相关活动的分散性，使了解和发展信息与情报企业IT能力更为困难。

战略性IT管理：产生信息与情报成果的系统性能力

通过IT执行和绩效建立信誉（A1）。IT对业务的基本贡献是提供精确、适当的信息，使业务可以有效和高效地使用这些信息。具体而言，前面章节列出的终结点实现了吗？此处的失败是缺乏信誉和信任的关键。

在组织间增加信任（A2）。组织间的信息分享打破了障碍且克服了竖井。业务分析的大部分能力是基于跨越所有组织和业务部门的数据的整体应用的。这里的不良数据或共享障碍会破坏业务组织中以及业务与IT间的信任。

使用所有IT来源来促进各级合作和协作（A3）。至少有两个元素在这里起作用。第一个元素是IT和业务间的关系。信息管理过程不仅仅是一个技术问题，还会参与业务以了解整个信息生命周期（从收集到分析和报告）的机遇和要求。这同样适用于客户直接交互和客户访问相关客户数据的过程。

第二个元素是跨越所有IT来源的合作。IT实施的强烈的竖井趋势，无论是在应用程序、数据库、云采购能力，还是在"自助式IT"中，都使跨越边界的信息集成和共享更加具有挑战性。合作是一种核心能力。

支持决策和克服官僚主义（A5）。经验表明，分析、规划和决策中的信息的有效使用需要的不仅仅是简单的信息获取功能；还需要改变做出决策的方式。一些评论家已经讨论过，一个关于企业管理决策文化的基本变化是必需的。

同时，业务和IT竖井会使跨竖井决策（包括所采用的治理过程）变得困难。

IT管理提供必要的领导力，并强调文化、信任和与业务的合作伙伴关系（B2）。我们已经在第9章、第10章和第11章中讨论了克服文化和合作障碍需要的领导力。克服信息分析中的竖井，并提供在组织中看到信息分析的力量的方向都需要领导力。

业务管理提供必要的领导力，并强调文化、信任和与IT的合作伙伴关系（B3）。业务领导力也许比IT领导力更为关键，因为企业面临的主要挑战是克服文化和许多业务组织中的竖井。因为信息分析和业务分析变得更加普遍，所以克服不愿意改变的决定需要强有力的业务领导力。这是一种文化方面的变化。

采用业务领域和行业视角（C1）。虽然跨竖井的信息分享功能是强大的，但是将内部企业信息与从经济环境中获得的信息、从价值链中获得的信息、从终端客户获得的信息和从终端客户的客户获得的信息联系起来，将产生巨大的力量和潜力。

跨竖井、跨组织和跨其他流程的整体应用（C2）。如前所述，跨越竖井和业务部门的信息共享会增强实力，并在很多方面带来机遇。

战略性IT管理：信息与情报的业务成果

第11章定义了企业IT能力所需的两组成果，即"产生卓越业务价值"和"产生对动荡和不确定性的卓越响应"。

交付业务战略的有效性（D1）。这强调的是业务领导力的作用，重点是使用信息与情报来达到具有竞争力和绩效的目的。简单地拥有信息与情报是不够的。

支持创新和变化（D2）。为新产品和服务提供新的业务机会洞察力以不同方式与客户互动、重组供应链以及业务的任何方面是至关重要的。没有这种能力，信息是没有价值的。

提供业务运营的有效性（D3）。深入了解成本、获得客户满意度以及创建新的业务工作方式是信息与情报的核心。

信息与情报计分卡

我们可以根据下面的计分卡中所述要求的重要性和现状来进行自我评估。表13-3涵盖了本章前面所述的系统性要求；表13-4涵盖了所需的业务成果；表13-5提供了自我评估的评分等级。

读者可以重温第11章中的"根据要求评估企业绩效"，并在信息与情报中应用这22个要求。

表13-3　战略性IT管理：产生信息与情报成果的系统性能力

信任、合作、领导和服务的要求	重要性	现状
在何种程度上，现有的信息与情报企业IT能力通过IT执行和绩效建立信誉；具体而言，可以实现终结点吗（A1）		
在何种程度上，现有的信息与情报企业IT能力促进各级IT来源合作和协作（A4）		
在何种程度上，现有的信息与情报企业IT能力支持决策和克服官僚主义（A5）		
在何种程度上，IT管理为信息与情报企业IT能力提供必要的领导力，并强调文化、信任和跟业务的合作（B2）		
在何种程度上，业务管理为信息与情报企业IT能力提供必要的领导力，并强调文化、信任和跟IT合作（B3）		
在何种程度上，现有的信息与情报企业IT能力采用业务领域和行业视角（C1）		
在何种程度上，现有的信息与情报企业IT能力整体跨越竖井、组织和其他流程（C2）		

表13-4　战略性IT管理：信息与情报的业务成果

成果要求	重要性	现状
在何种程度上，现有的信息与情报企业IT能力提供业务战略有效性（D1）		
在何种程度上，现有的信息与情报企业IT能力支持创新和变化（D2）		
在何种程度上，现有的信息与情报企业IT能力提供业务运营有效性（D3）		
在何种程度上，现有的信息与情报企业IT能力提供成本降低和风险缓解（D4）		

表13-5　自我评估的分值解析

描述	重要性栏		现状栏	
重要性反映了管理层的关注程度，以及该要求对未来的业务成功的影响程度；现状反映了需求的陈述目前的实现程度	0	不适用	0	不适用
	5	这一要求对企业来说是至关重要的	5	目前的信息与情报活动往往会产生所需成果
	4	这个要求对企业来说非常重要	4	目前的信息与情报活动有时会产生所需成果
	3	这个要求对企业来说有一定的重要性	3	目前的信息与情报活动不会产生所需成果
	2	这个要求是有趣的，但不重要	2	目前的信息与情报活动有时会使所需成果变得更糟
	1	这个要求对企业来说是不重要的	1	目前的信息与情报活动或许往往会使所需成果变得更糟

底线：信息与情报绩效

信息与情报绩效归根结底是三大基本问题：

- 那些参与信息与情报活动（例如，IT、业务、顾问等）的人员在实际中执行得好吗？能产生所期望的业务成果吗？
- 信息与情报活动会增加信任和合作吗？
- 信息与情报活动有足够的变化和灵活性吗？

战略性IT管理和企业IT能力的目标在于为这三个问题获得肯定回答。

关于信息与情报，企业应该做什么

毫无疑问，我们对大数据和业务分析有着极大的兴趣。这里的问题是如何调动企业的能力来成功完成这些事。正如我们所说的，这是一个与技术问题差不多的文化问题，它更多的是一种跨竖井的能力，而不是一种简单的功能或业务部门的倡议。这些我们会在第16章中进行讨论。

对个人管理者和专业人员有什么影响

对于读者来说，关键问题是：我有关于企业信息的视角和可见度吗？怎样去使用它？我作为一个管理者或专业人员为了取得进展在这方面可以发挥什么作用？自我评估可以作为一种方法来解决这个问题。第16章将提供一些步骤的思路。

企业IT能力：发展与转型

这种能力将企业资源组织在一起，并通过应用、业务流程和软件开发来发展和实现业务转型。表13-6概括了发展与转型的目标和成果示例。

表13-6　发展与转型目标和成果示例

企业IT能力	战略性IT管理目标	卓越价值成果示例	对动荡卓越响应的成果示例	方法示例
发展与转型	使用每一个IT投资和项目提供业务价值——转型和变化	每一个项目都提供了企业战略意图和目标的业务价值	适应性、响应性、合作、协作	● 项目管理办公室 ● 软件开发生命周期 ● 敏捷 ● 项目组合管理

项目开发是业务的IT服务的最前沿，当然，对于许多企业来说，这是一个具有挑战性的领域。第2章介绍了该领域的成功现状，但项目完成情况不太好。基于两种方式，这是有很大问题的。首先，成功的项目开发是衡量业务和IT关系中合作、信任、信誉等的主要指标之一。我们在第3章（关于信任阶梯）和总价值绩效模型中主要讨论了这个问题。其次，项目开发是响应动荡和不确定性的主要活动。在时间变短，速度加快时，项目中本来就困难的事会变得更加困难。此外，这是一个经常会进入"自助式"现象的领域（当项目很困难，进展得很缓慢或不成功时，做别的事情的动机就会变强），而且还会影响动荡和不确定性的因素。

总体目标是提供业务价值，也就是用IT投资和项目来进行业务转型。虽然每一个项目都需要提供业务价值，但动荡增加了对适应性、响应性和更多地关注合作的要求。许多方法和流程包括传统的软件开发生命周期手段和敏捷的类似流程。无论是在治理方面，还是在总体项目绩效和风险缓解方面，项目管理办公室与全面项目组合管理的作用都至关重要。

一个关于发展与转型的讨论将"技术债务"这个术语引入了业务领域。这反映了在持续增加的成本和风险下发展产生结果的程度，尤其是在维护和无法产生变化方面。[1]

什么是发展与转型企业IT能力

我们在第1章中说，"企业需要用优越的回报来发展、实施和应用信息和IT能力以及改变业务"。发展与转型企业IT能力的重点不仅仅是项目发展过程的完成，虽然这很重要。这种企业IT能力还会延伸到实现项目承诺的业务变革的目标方面。这是合作和重要的业务与IT的角色进入的地方。变更管理一直是有问题的，而这是制定整体目标需要关注的首要问题。然而，退一步讲，这个领域需要强大的企业IT能力，即确保总体IT和业务领域方法的绩效的能力。

一个特别的问题是，IT项目往往是竖井最密集的活动。项目通常是由一个单独的业

---

1. 例如，请参阅：Joshua Kerlevsky, *Refactoring to Patterns* (Addison-Wesley, 2004)。

务部门或功能支持的，并倾向于由IT系统开发组所拥有，或者是由外部来源（如特定的供应商）提供。当然，每个人都参与的大型项目（阅读ERP）则是一种例外。在这种情况下，竖井不会消失，可能会变成各种形式的障碍。而且，不论好坏，真正重要的事情是推动企业发展和保证响应动荡的创新项目是企业范围内的，或者至少是跨竖井的。

这会导致第二个主要问题：项目本身不会完成任何事情。成功的实施和采用发展的成果是关键问题，这指的是详细有效的变更管理，但更多的是指组织变化、流程变化和所有的业务转型工具。这在大多数组织中可能会是一个明显的弱点，尤其是当范围跨越了竖井的时候。

第三个问题是存在大量的以IT为中心的方法和流程，它们可能会相互竞争或无法完全实施，其范围涵盖敏捷开发、软件开发生命周期、项目管理办公室和项目优先级的特定方法。这些方法和流程中的竖井很密集，而且倾向于技术密集型，这促进了协调、信任发展和合作关系的建立。增加到这个组合中的是企业里各种不同的项目管理办公室角色。在某些情况下，项目管理办公室会仅仅专注于IT和IT项目；在其他企业，它已经演变成一种"程序"管理，包括业务和IT组件。

第四个问题是业务部门开始使用"自助式"解决方案或供应商提供的解决方案，绕过IT项目管理的更为正式的部分，例如架构审查、测试和一般的风险管理。我们在这里已经能够清楚地看到基于业务组织和IT组织需要的绩效，企业能力应包括什么。两个组织需要进行合作，并在受影响的组织中进行全面整合。

终结点

发展与转型企业IT能力的关键元素包括：

- 在整个IT生态系统中，为所有开发工作提供透明度——成本、绩效、风险。
- 通过实现业务变化开展项目。
- 知道正确的项目规模，避免巨大的和无休止的项目开发。
- 将业务案例和项目明确地与业务战略和战略意图相连接。
- 提供快速的解决方案；提高响应速度。
- 对信息及其捕捉、管理和使用给予高度重视。
- 适当地优先考虑，并结合业务战略和战略意图。

- 在IT生态系统中，跨越所有IT资源整合发展工作。
- 在没有官僚主义的情况下，适当提高标准。
- 不要增加"技术债务"。
- 实现表13-7中所列出的业务成果。

表13-7 发展与转型成果示例

总价值绩效模型 （以ICT为背景）	执行与绩效：信誉和信任以实际成果为基础	
	发展与转型示例："卓越业务价值"的执行和绩效业务成果	发展与转型示例："对动荡和不确定性的卓越响应"的执行和绩效业务成果
业务成果与程序选择	● 有效的业务变化管理 ● 基于业务战略和要求的优先考虑 ● 明确和同意业务优先事项	● 建立变化平台 ● 适应个别业务部门 ● 企业范围的适用性
项目开发与利益实现	● 成果实施和操作项目 ● 访问相关有价值的数据领域	● 适应性强的解决方案 ● 可集成的解决方案 ● 动态能力
软件配置与开发	● 成功开发项目 ● 成功获取软件和解决方案	● 适应性强的解决方案 ● 动态能力

读者可以询问这些终结点属性能否准确地描述企业目前的做法，以及它们能否被应用到IT生态系统中的所有IT来源上（如采购和云）。

所有这些内容的重点是，企业IT能力不仅仅是指按时和按预算完成项目的能力，虽然这肯定是我们第2章中介绍的总价值绩效模型的一部分。从更根本上说，企业IT能力是指制定企业真正发展与转型的正确方式和对动荡产生快速响应的能力。

作为提供价值和与动荡相一致的最前沿的项目，所有的企业IT能力要求（见第11章）都适用。但有些则比其他项目还要重要，如表13-7中所示。

企业IT能力要求

适用于所有信息与情报活动的评估因素现在正在企业中实施，包括从技术设计和实施到信息生命周期。我们的目的是展示差距，从而为未来的改进提供指导。我们不专注于讨论方法和流程细节本身，而是使用具体方法和流程的结果。

战略性IT管理：通过发展与转型产生成果的系统性能力

第11章中定义的14个详细的系统性企业IT能力要求中的6个需求特别适用于发展与转

型。七大业务成果需求也适用。

企业发展与转型能力通过IT执行和绩效建立信誉（A1）。第2章证明了一个论点，即未能交付的IT项目会损害信誉；简单地完成项目会反映在总价值绩效模型（请查看第4章中价值阶梯）中。企业只需要完成项目。因此，发展和转型是重要的要求。挑战则不仅仅局限于IT完成项目，其可以扩展到所有IT来源完成项目。

但这不仅仅是建立信誉的问题。发展与转型真的会产生业务成果吗？具体而言，以前章节中列出的终结点实现了吗？软件是成功开发出来的，还是通过适当的方式获得的？外部服务合同有效吗？变更管理完成了吗？

因此，这也不仅仅是简单的IT执行。这是企业背景下的执行，它由业务和其他利益相关者参与。简单地说就是，企业可以完成吗？

企业发展与转型能力用IT来源促进或加强各级合作（A4）。很多企业倾向于将项目保持在竖井内，只允许一个业务部门或功能领域参与，企业级项目例外。但一般来说，即使是一个独立的业务部门的发展活动，也会由于其他部门的参与得到显著加强；或是在IT参与的情况下，通过其他IT组织部分得到加强。

然而，这可能会使竞争议程的难度增加，使透明度降低，并使组织部门间产生不信任。企业需要关注的是现有的开发过程对这些问题和积极努力克服这些问题的理解程度。

企业发展与转型能力支持决策和克服官僚主义（A5）。治理的一部分是关于优化和项目组合管理的，往往通过项目管理办公室或类似的活动来进行。这会延长决策的时间，增加决策的障碍。同样，业务部门和企业作为一个整体可以使用业务规划或IT规划流程来管理基本的投资和绩效管理决策，这也会增加决策的时间和障碍。其他的审查流程（如结构审查委员会和采购流程）在获取软件或合同采购的情况下也会受类似的影响。

挑战则是这些治理和审查过程"希望"：架构要好、采购标准要好、规划要好、项目组合管理和监督也要好等。综合来看，这里的问题是企业是否有能力来克服这些过程的官僚主义特征，优化决策活动并减少所需时间。

企业发展与转型能力采用专注于具体业务、战略意图和目标的方法（B1）。在这样的背景下，这是非常关键的。项目开发可以基于愿望清单和快速的反应，而不是谨慎关注（真实的）业务要求。衡量指标是项目文档（例如，业务案例）与业务战略的一致程度。总而言之，问题是未来的IT投资是不是根据企业业务重要程度进行审查的。

企业发展与转型能力采用业务领域和行业视角（C1）。这涉及先前的要求，即设置和排序要求过程中开发过程的使用程序取决于业务环境。

企业发展与转型能力整体应用竖井、组织和其他流程（C2）。这涉及之前强调的业务部门、功能和IT竖井参加项目开发中的要求。这也提出与使用新发展方式的标准与方法的一致性相关的问题，包括内部开发和采购的能力（如软件和云功能等）。

战略性IT管理：发展与转型业务成果

企业发展与转型能力提供或支持业务战略的有效性（D1）。发展与转型的核心就是——产生真正的业务变化，即通过整个变更管理周期来识别机遇，从而带来业务战略绩效的持续提升，甚至转型。

这需要的不仅仅是软件开发或采购，也不仅仅是技术方面的IT。这是一种企业综合能力，可以显著评估系统性能力能否产生前面章节中阐明的成果。

企业发展与转型能力提供或支持创新和变化（D2）。这扩展了之前论述的企业IT能力的问题。这里的重点是，通过必需的创新发展和日新月异的变化来使实际的变化成为可能。

挑战是双重的。第一重挑战强调了在创新思考和规划中参与业务和IT的方法；第二重挑战强调了企业对实际需要做什么的意愿和做这些的能力。这两者都是企业IT能力问题，而不是简单的方法。这必须能够吸引所有有需要的利益相关者，包括业务和IT。

企业发展与转型能力提供或支持业务运营的有效性（D3）。这是业务战略有效性这一硬币的另一面，即业务绩效改进的重要成果。

企业发展与转型能力提供或支持成本降低和风险缓解（D4）。这也和业务运营的有效性有关，但重点是成本和风险。

企业发展与转型能力促使要求被更快理解（E1）。动荡和不确定性需要快速反应的能力。企业有这种能力，或者有这种流程、方法、治理以及决策来完成这些事情吗？

企业发展与转型能力促使业务解决方案和规划快速发展（E2）。虽然之前的要求是重点关注理解问题，但这个问题与交付有关。无论是选择敏捷方法还是简单的开发流程方法，企业有能力让事情完成得足够快吗？

企业发展与转型能力提供或支持其解决方案的适应性和灵活性（E4）。主要的IT文化往往会强调工程化、完美和标准。虽然这些要求都是好的，但它们也会阻碍灵活性和适应性。同样，架构是一个非常重要的活动，但在这种情况下，企业需要特别关注适应性和灵活性。

发展与转型计分卡

表13-8和表13-9提供了一个目前发展与转型现状的自我评估表。表13-10给出了评分等级。

表13-8　战略性IT管理：产生发展与转型成果的系统性能力

信任、合作、领导和服务的要求	重要性	现状
在何种程度上，现有的发展与转型企业IT能力通过IT执行和绩效建立信誉；具体而言，列出的终结点都实现了吗（A1）		
在何种程度上，现有的发展与转型企业IT能力使用所有的IT来源促进和加强各级合作达到何种程度（A4）		
在何种程度上，现有的发展与转型企业IT能力支持决策和克服官僚主义达到何种程度（A5）		
在何种程度上，现有的发展与转型企业IT能力采用专注于特定业务、战略意图和目标的方法达到何种程度（B1）		
在何种程度上，现有的发展与转型企业IT能力运用业务领域和行业视角达到何种程度（C1）		
在何种程度上，现有的发展与转型企业IT能力整体运用竖井、组织和其他流程达到何种程度（C2）		

表13-9　发展与转型成果

成果的要求	重要性	现状
在何种程度上，现有的发展与转型企业IT能力提供或支持业务战略有效性达到何种程度（D1）		
在何种程度上，现有的发展与转型企业IT能力提供或支持创新和变化达到何种程度（D2）		
在何种程度上，现有的发展与转型企业IT能力提供或支持业务运营有效性达到何种程度（D3）		
在何种程度上，现有的发展与转型企业IT能力提供和支持成本和风险减缓达到何种程度（D4）		
在何种程度上，现有的发展与转型企业IT能力促使要求的快速理解达到何种程度（D5）		
在何种程度上，现有的发展与转型企业IT能力促使足够快的业务解决方案和规划发展达到何种程度（E2）		
在何种程度上，现有的发展与转型企业IT能力促使或支持解决方案快速发展达到何种程度（E3）		
在何种程度上，现有的发展与转型企业IT能力在解决方案中提供或支持适应性和灵活性达到何种程度（E4）		

虽然22个企业IT能力要求都很重要，但我们根据经验只选取了最重要的发展与转型能力。我们鼓励读者重温第11章题为"根据要求评估企业绩效"部分，并将22个要求运用到发展与转型中。

表13-10 发展与转型自我评估等级

描述	重要性栏		现状栏	
重要性反映了管理层关注程度，以及该要求对未来业务成功的影响程度；现状反映了要求的陈述目前的实现程度。	0	不适用	0	不适用
	5	这一要求对企业来说至关重要	5	目前发展与转型活动往往会产生所需的成果
	4	这一要求对企业来说很重要	4	目前发展与转型活动有时会产生所需的成果
	3	这一要求对企业来说有些重要	3	目前发展与转型活动不会产生所需的成果
	2	这一要求很有趣但不重要	2	目前发展与转型活动有时会使成果更糟
	1	这一要求对企业来说不重要	1	目前发展与转型活动往往会使成果更糟

底线：发展与转型绩效

这可以归结为三大基本问题：

■ 那些参与发展与转型活动（例如，IT、业务和顾问等）的成员执行得好吗？有没有产生所期望的业务成果？

■ 发展与转型活动能增加信任和合作吗？

■ 发展与转型成果能充分地应对变化和灵活性吗？

战略性IT管理和企业IT能力的目标在于为这三个问题获得肯定答案。

关于发展与转型能力，企业需要做什么

发展与转型是最前沿的企业IT能力。它是将变化引入业务的载体，当然也是应对动荡和变化的解决方案的载体。在业务（业务部门间）和IT（不同的IT来源、IT企业不同的部分）内，该能力往往是业务和IT之间相互作用的主要手段，但它也会受到竖井的影响。因此，企业管理层对这里提出的问题的回应很重要，这种能力贯穿于整个业务和IT管理之中。有效行为的影响力很大，这么做也很重要。

对各个管理者和专业人员的影响是什么

无论是作为要求设置和管理实现的一部分，还是作为制订解决方案的一部分，几乎每个人都曾经参与过发展与转型活动。因此，几乎每个人都会对这个问题产生一定的影响：文化、合作伙伴关系、信任和及时的响应性等。采用自我评估来判断一个人到底是帮助还

是阻碍需求的实现是有效的第一步，然后再考虑如何加大合作伙伴关系、信任、信誉和速度方面的贡献。第19章给出了相关的建议。

企业IT能力：服务与资源优化

服务与资源优化覆盖了所有的IT服务（如应用程序、基础设施服务和用户服务）和提供IT服务所需的基础资源。表13-11概括了服务与资源优化的目标和成果示例。

表13-11　服务与资源优化

企业IT能力	战略性IT管理目标	卓越价值成果示例	对动荡的卓越响应成果示例	方法示例
服务与资源优化	做出具有有效业务价值的和以风险为基础的投资决策	成本、绩效和风险的优化服务和资源组合	适应性强、响应性强的服务和资源组合，并降低风险	应用程序、基础设施的组合管理

企业中完整的IT投资包括不间断的"常设"项目，这在五大服务组合中有所描述：

- 应用程序和信息服务。
- 直接基础设施服务。
- 技术（用户）服务。
- 管理服务。
- 项目与开发服务。

我们在第11章中对其进行了详细讲述。

从IT供应角度来看，基于成本、绩效、风险和价值的优化服务和资源组合是投资优化的结果。优化服务组合也从业务角度解决了质量和价值问题。在动荡时期，这种优化会包含适应性、响应性和灵活性等因素。流程和方法通常专注于核心的IT组织投资组合，但投资和投资组合的优化会覆盖所有IT，甚至是业务部门的外包和"自助式IT"。[1]

---

1. 请参阅："IT Portfolio Management" in Keri E. Pearlman and Carol S. Saunders, "The Tools for Change", in *Managing and Using Information Systems: A Strategic Approach*, 4th ed. (Wiley, 2012):291。这不包括服务概况，但却介绍了制定成本策略的方法。

什么是服务与资源优化企业IT能力

在第1章中我们说，"一家企业需要优化其采购、开发和所有IT服务和资源的应用，包括各种来源，如内部IT、业务部门IT活动、采购和'自助式IT'活动"。

我们分别用两种方式看待优化。第一种方式关注的是实际提供给业务的IT服务。图13.2展示的是IT资源提供的五大服务。优化的概念是：确定服务的成本和价值是被优化的，这意味着IT应以合适的成本满足业务要求。不过，优化大多用于考虑风险和总体拥有成本的情况，以及那些应对动荡环境所需的能力（即适应性、响应性和灵活性）。一个更有趣的问题是，多个IT来源也是有可能的（例如，由业务活动或个人提供的机构内部IT、业务部门内部IT、采购、云、"自助式"服务）。当然，建立多个业务部门是这些服务的目的，这使评估/评价基础更为复杂。例如，优化探讨了IT服务应与业务战略和要求的相一致问题；多个业务目标使评估在多方面得出最好的结果。[1]

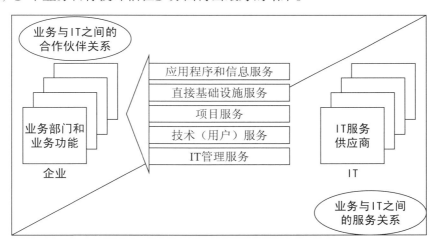

图13.2　IT服务组合

终结点

关键元素：

■ 包括整个IT生态系统的所有IT服务和资源。

---

1. Stephanie Overby，"RIP. IT Value"，*CIO Magazine*, May 15, 2011, pp. 21–26. ""IT价值已到尽头。业务成果是唯一重要的东西。"衡量指标必须"与业务价值保持一致"。这要求企业将传统的条目迁移到经衡量的条目，如服务中断的成本、所避免风险的成本、收入、市场份额以及与竞争者相比提供服务的速度。

- 记录IT服务中的技术和业务风险。

- 记录IT服务成本。

- 确定减缓规划低绩效的服务执行，这涵盖价值、质量和绩效。

- 用IT生态系统中的所有IT来源来确定并描述IT服务。

- IT服务组合包括IT生态系统中的所有IT来源。

- 支持所有IT服务的分析和决策。

- 优化提供和支持IT服务所需的资源。

- 关于服务和资源的信息透明度；改善每个服务和资源的决策（例如，成本降低、风险缓解和价值提升）。

- 实现业务成果，如表13-12中所列出的那些成果。

表13-12　服务与资源优化成果示例

总价值绩效模型	执行和绩效——作为信誉和信任基础的实际成果	
	服务与资源优化示例："卓越业务价值"的执行和绩效业务成果	服务与资源优化示例："对动荡和不确定性卓越响应"的执行和绩效业务成果
业务成果与程序选择	● 有效的业务变化管理 ● 根据业务战略和要求优先考虑 ● 明确和同意业务优先	● 建立变化的平台 ● 超越个别业务部门的适应性 ● 企业级的适用性
项目开发与利益实现	● 成功实施和运行项目 ● 访问相关有价值的数据领域	● 适应性强调解决方案 ● 可集成的解决方案 ● 动态能力
软件配置与开发	● 成功开发项目 ● 成功获取软件和解决方案	● 适应性强的解决方案 ● 动态能力
服务交付	● 支持成本和风险缓解 ● 满足要求 ● 提供成本透明度 ● 提供绩效透明度	● 灵活性和适应性

读者可能会询问这些终结点能否准确描述企业目前的做法，以及它们是否适用于IT生态系统中的所有IT来源（例如，采购和云）。

对于企业，从整体角度来看，基本问题集中在总体风险（服务中的安全，如应用程序服务和项目服务）、绩效（如停止在低绩效服务上浪费时间）和重复（也许是最重要的）上。任何规模合理的企业都会有许多版本的应用程序和服务；云和"自助式IT"会使问题变得严重。

看待优化的第二种方式是"拼凑零件"的基本设置构成了整个IT组织，无论其位于组织的哪个部位。这些拼凑的部件可以是硬件、软件、工作人员、合同安排（如承包维修）

或外部服务。这种方式从投资组合的角度看零件的集合，并询问问题，例如关于最佳水平、融资方式（如购买或租赁）和风险方面的。在这两种方式中，核心能力包括：知道组成部分是什么（例如，确切的服务、应用程序和零件）；知道谁提供了它们；知道谁是用户；采用适当的方法来进行评估和决策。

很多都是老套的说法；IT组织一直关注他们的资源组合，并用适当的方式来进行评估，包括筛选出重复和表现不佳的部分所浪费的资源，或者至少他们应该这样做。相当多的工具和方法可以使这成为可能。现在的问题是其本身是具有双重性的。首先，考虑到IT生态系统中IT来源（如采购和云等）的分散和IT利用问题，优化的企业观点而不是竖井的观点说明了制定成本和价值贡献的显著洞察力和影响力。但即便如此，目前动荡和不确定性的环境所要求的评估和优化活动超过了大多数组织一直在做的。

企业IT能力要求

这种企业IT能力是企业治理和合作的核心，因为它明确了提供给业务的服务及服务的性能和成本，并且提供了评估这些服务能否成功地产生业务价值的工具。

第8章利用了大量的篇幅来描述这些服务是什么。这种能力可应用这些信息的特定方式，以确保这些服务能在实际中按需要和承诺执行。此外，这种能力还会关注问责制，以及从业务角度看这些服务能否满足实际上的要求。

利用服务资源优化产生成果的系统性能力

第11章定义了14项企业IT能力的系统性要求中的5项，适用于服务与资源优化。

企业服务与资源优化能力通过IT执行和绩效建立信誉（A1）。一个基本的问题是服务与资源优化活动是否会在企业中发生，以及这些活动是否适用于所有的IT来源（中央/公司、业务部门、采购、"自助式"）。具体而言，终结点实现了吗？

优化的治理流程可对服务和资源进行监测和决策。在一定程度上，这是一种业务部门和IT组织之间的合作，所提供的透明度是一个记录和传达IT执行和绩效的强有力因素。企业需要关注的是发生这种情况的频率。

企业服务与资源优化能力支持决策和克服官僚主义（A5）。服务与资源优化的精髓适用于服务和IT资产的组合管理。服务与资源优化活动会在治理和审查过程中执行，也许会在年度规划活动、预算活动及类似活动中执行。这些工作能否及时进行并避免官僚主义行为还是一个问题。

企业服务与资源优化能力采用专注于具体业务、战略意图和目标的方法（B1）。任何优化必然会涉及将服务和资源与业务要求、战略和目标相联系。企业需要关注的是这种情况发生的频率。

企业服务与资源优化能力采用业务领域和行业视角（C1）。与其他业务和行业相比，结合对诸如风险和成本等元素的认识，这便成为优化决策过程的一部分。企业需要关注的是这个角度在优化过程中所占的比重。

企业服务与资源优化能力的整体应用跨越竖井、组织和其他流程（C2）。企业级服务与资源优化活动的性质是允许跨竖井的对比与比较，以做出有效的决策。

服务与资源优化的业务成果

第11章定义了企业IT能力八大业务成果要求中的三个要求，这三个要求特别适用于服务与资源优化。

企业服务与资源优化能力交付或支持业务战略的有效性（D1）。服务与资源优化的性质是分析根据业务要求部署的服务和资源之间的联系，以确定业务战略的支持。这是优化的核心部分。

企业服务与资源优化能力交付或支持业务运营的有效性（D3）。同样，这种分析也适用于目前对业务运营成本的要求。这也是优化的核心。

服务与资源优化交付或支持成本降低和风险缓解（D4）。优化决策是要考虑的核心要素，包括风险和成本。

服务与资源优化计分卡

服务与资源优化的系统性能力和业务成果要求在表13-13和表13-14中列出，可用于自我评估。表13-15提供了评分等级。

表13-13 战略性IT管理：产生服务与资源优化成果的系统性能力

信任、合作、领导和服务力的要求	重要性	现状
在何种程度上，现有的服务与资源优化企业IT能力通过IT执行和绩效建立信誉；具体而言，列出的终结点都实现了吗（A1）		
在何种程度上，现有的服务与资源优化企业IT能力支持决策和克服官僚主义（A5）		
在何种程度上，现有的服务与资源优化企业IT能力采用专注于特定业务、战略意图和目标的方法（B1）		

信任、合作、领导和服务力的要求	重要性	现状
在何种程度上，IT管理为这些服务与资源优化企业能力提供必要领导力，并强调文化、信任和与业务的合作（B2）		
在何种程度上，业务管理为服务与资源优化企业IT能力提供必要的领导，并强调文化、信任和与IT的合作（B3）		
在何种程度上，服务与资源优化企业IT能力积极解决业务环境问题（B4）		
在何种程度上，服务与资源优化企业IT能力建立流程和成果问责制（B5）		
在何种程度上，现有的服务与资源优化企业IT能力运用业务领域和行业视角（C1）		
在何种程度上，现有的服务与资源优化企业IT能力整体运用竖井、组织和其他流程（C2）		

表13-14　战略化IT管理：服务与资源优化业务成果

成果要求	重要性	现状
在何种程度上，现有的服务与资源优化企业IT能力交付或支持业务战略的有效性（D1）		
在何种程度上，现有的服务与资源优化企业IT能力交付或支持业务运营的有效性（D3）		
在何种程度上，现有的服务与资源优化企业IT能力交付或支持成本降低和风险缓解（D4）		

表13-15　评估计分卡

描述	重要性栏		现状栏	
重要性反映了管理层的关注程度，以及该要求对未来业务成功的影响程度；该现状反映了要求的陈述目前的实现程度	0	不适用	0	不适用
	5	这一要求对企业来说至关重要	5	目前服务与资源优化活动往往会产生所需的成果
	4	这一要求对企业来说很重要	4	目前服务与资源优化活动有时会产生所需的成果
	3	这一要求对企业来说有些重要	3	目前服务与资源优化活动不会产生所需的成果
	2	这一要求是有趣的，但不重要	2	目前服务与资源优化活动有时会使成果更糟
	1	这一要求对企业来说不重要	1	目前服务与资源优化活动往往会使成果更糟

读者可以重温第11章题为"根据要求评估企业绩效"部分，并应用所有22项服务与资源优化要求。

底线：服务与资源优化绩效

服务与资源优化可归结为三大基本问题：

■ 参与服务与资源优化活动（例如，IT、业务、顾问等）的成员实际上执行得好吗？有没有产生业务成果？

■ 服务与资源优化活动会增加信任和合作吗？

■ 服务与资源优化成果足以应对变化和灵活性吗？

战略性IT管理和企业IT能力的目标在于为这三个问题获得肯定答案。

关于服务与资源优化，企业需要做什么

大多数企业不会像关注项目排序一样关注正在进行的活动。这是可以理解的，因为项目是IT创新的最前沿事项，但实际上，资金是用在正在进行的服务和成本上的。此外，正如第8章中所指出的那样，从业务角度看，对IT作为一组服务的设想是与企业应用的服务管理理念相关的。因此，企业会面对来自文化和实践的挑战，这些挑战使业务IT来源的分散状况更加复杂。网罗所有管理/治理目标是一个重要的步骤。第16章和第18章中的"信息五"提供了一些建议。

对各个管理者和专业人员的影响是什么

从业务视角把IT看作一种业务服务的观点对各个管理者理解和管理IT来说是大有益处的。实际上，业务中的每个人既是IT服务的提供者，也是使用者。了解这一点及其可能性对在资源优化过程中可能产生的绩效改进的影响，是成功实现IT的关键因素。自我评估可以做到这一点。

总结：战术方面的企业IT功能和能力

组织相关企业资源以成功实现其战略和运营战略为目标形成了战略性IT管理的基础。战术管理能力专注于管理这些资源，并促使业务和技术管理人员一起努力来实现业务目标。

企业在这方面面临的挑战要比在简单的IT管理中所面临的挑战多，因为这方面涉及了所有IT来源和所有业务部门的资源。这些资源包括信息和分析资源、开发资源和服务技术资源。我们的目标则是了解和部署这些资源，以获得卓越业务价值，实现对动荡和不确定性的快速响应。评估资源目前的能力并规划其改进流程也是一大目标，读者可以通过这一章提出的工具来实现这一目标。

14 企业IT的功能与能力：运营

考虑到运营能力对信任、绩效和执行方面的重要性，可以将上述三种企业IT能力放在首要位置。

第14章描述了三个企业的IT运营能力，如图14.1所示：

- ■ 成本与绩效
- ■ 服务与卓越运营
- ■ 采购

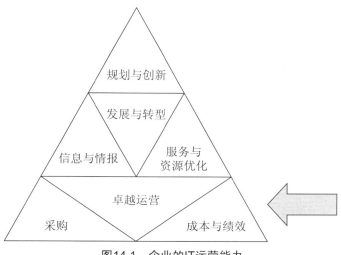

图14.1　企业的IT运营能力

当运营作为企业IT能力的特征时，上述能力对动荡和不确定性、信任以及合作伙伴关系方面的反应问题会产生均等的作用。可以说，如同在这种运营能力中总是出现官僚主义的不灵活与不情愿的变化一样，上述能力在两者中都是最重要的。同样，采购将业务与采购源头之间，以及IT组织之间的关系问题（例如，安全、网络使用等问题）上升到新高度。

企业IT能力：服务与卓越运营

这种企业能力涵盖IT服务，并包含卓越运营的多种元素（见表14-1）。

表14-1　服务与卓越运营

企业IT能力	战略性IT管理目标	卓越价值的成果示例	对动荡卓越响应的成果示例	示例方法
服务与卓越运营	管理对服务与卓越运营的期望	与业务要求和能力相匹配的卓越绩效	适应性、响应性和合作伙伴关系	● IT基础架构库 ● COBIT ● 服务管理

"卓越运营"这个词语往往主导业务和IT管理的对话。本书中，我们使用这个词语来描述企业展示IT绩效的六个阶段中的第一阶段。这里的问题在于企业是否有能力指定和交付IT服务，并达到卓越运营的标准。

像IT基础架构库和COBIT一类框架的核心部分都是管理IT卓越运营的基础。在业务环境下，服务管理聚焦卓越运营，这是良好服务的成果。甚至在业务战略领域，卓越运营（或运营效益）也是两大竞争成果[1]、三大战略重点之一。[2]

因此，作为业务绩效和IT绩效的服务与卓越运营是非常重要，甚至可以说是至关重要的。当然，对这一概念包含哪些内容进行精确定义会很有益处。从IT供应角度来看，卓越运营通常包括可靠性、对中断或缺陷的响应能力、性价比，以及类似的面向供应商的概念。上述概念适用于业务及其流程，同时还包括业务向客户延伸的服务。

从IT需求或IT用户的角度来看，上述概念也是非常重要的；并且从以业务为基础的服务角度来看，也是同等重要的：（IT服务）供应方是否符合业务要求、服务中的由人及人的各个方面，以及类似概念。这里再重复一遍，上述问题在业务流程和服务中也是非常重要的：业务在其客户和供应链合作伙伴方面存在对服务与卓越运营的担忧。从业务角度来

---

1. 请参阅我们在第12章中对战略有效性和运营有效性的讨论，这些内容也可在Robert J. Benson, Thomas Bugnitz, William Walton, *From Business Strategy to IT Action* (Wiley, 2004) 中找到。
2. 请参阅：M. Treacy and F. Wiersma, "Customer Intimacy and Other Value Disciplines", *Harvard Business Review* (January-February 1993): 84–93。另请参阅：M. Treacy and F. Wiersma, *The Discipline of Market Leaders: Choose Your Customers, Narrow Your Focus, Dominate Your Market* (HarperCollins, 1995)。

看，IT在业务至客户、业务至业务服务的交付中至关重要。

　　说成是卓越运营或许在选词方面是个不太慎重的选择，因为这倾向于仅仅意指以数据为中心的运营服务。我们在第8章探讨过，IT服务贯穿于其业务活动各个过程的始终。图8.2展示了五个基本服务组合，其中包含应用程序、项目开发、基础设施和用户支持，不过在上述种类中，同样包含与战略规划、信息交付与分析等相关的服务。所以尽管我们指的是"基本"服务，但是我们仍关注IT所进行的所有活动，不论全方位IT服务是在何处实现交付的。

　　我们对这一企业IT能力抱有哪些期望？本质上讲，这并不是一个由类似IT基础架构库的机构或（业务）服务管理流程来回答的流程问题。这些都是运营细节，确保万无一失非常重要，它们肯定受到企业IT执行能力的影响。但我们在探讨的是一个更为基础的问题。

什么是服务与卓越运营企业IT能力

　　在第1章中我们提到，"企业需要执行其卓越运营的IT服务，并在标准和稳定性方面保持恰当的平衡适应性/灵活性的能力（总体而言涵盖整个企业及其所有IT）"。

　　这不是一个以IT组织为核心的问题或能力，而是一个与业务与IT视角相结合的企业问题。在第2章中，我们引入了总价值绩效模型（图14.2），该模型建立在服务交付与服务要求的基础上。尽管如此，请注意，上述各个连续步骤中也包含服务，不论是开发、规划，还是本质分析，这就使得IT服务的IT（作为供应方）和业务（作为"客户"）都会充分参与进来；企业IT执行能力要求上述两者都充分参与。但是撇开这一点，我们饶有兴致地发现，清楚了解基于业务的服务管理与IT卓越运营之间联系的IT专业人员非常少，这好像是因为服务的概念一直被搁置在"IT围墙"之外，而且不在IT"客户"范畴之内。第11章对上述问题与服务管理的关系投入了相当多的注意力。另一方面，我们可以回想起n对m的关系：企业中可以存在多个IT来源和多个业务用户。本章后续所描述的IT来源/IT供应情况提供了一种简单方式来阐释各种不同的IT服务供应方和所交付服务之间的关系。

　　尽管我们关注的焦点并不是具体流程（例如IT基础架构库的一系列内部IT服务管理流程），不过思考卓越运营的痛点仍然是极具启发性的。在第2章中，我们探讨了导致业务和IT之间产生（不）信任的信誉元素。如果IT不能恰当发挥作用，那么IT就会成为运营和项目开发中的痛苦之源。成本会聚焦这种痛苦（"IT成本太高"），并且即便改善数据中心管理情况也不会缓解这种不舒服的感觉。从IT供应角度来看，衡量绩效的方式包括：

可靠性（中断）以及绩效/响应时间。以业务为中心的衡量绩效的方式包括功能性、易用性，以及类似以用户为中心的问题。未能实现上述领域任何方面均会戳中企业的痛点。毫无疑问，IT必须得以执行。（并且针对业务客户而言，业务必须得以执行。）这实现了图14.2反映的这种IT绩效的核心。企业必须弥补IT和业务流程的缺陷以改善卓越运营。

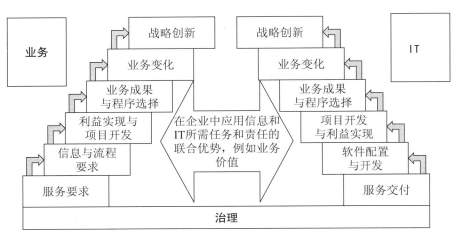

图14.2　总价值绩效模型

顺便说一下，读者不要认为上述问题都是过去（20世纪）的问题，不要以为现在我们已经完美地解决了它们。不论是在美国还是在其他国家，上述问题仍然存在。不过面向IT供应的措施（如可靠性）确实可能得到了改善，但大多数以业务为中心的措施（如功能性、易用性等）仍然没有得到改善。目前业务服务期望（按照第11章的说法，是运营预期的中心）仍然没有得到满足。[1]不过企业对当前流程的关注掩盖了之前提出的问题，那就是，企业实现卓越运营能力的特征是什么？

终结点

企业IT能力的关键要素有：

- 服务与卓越运营适用于所有IT提供的服务（五种服务组合，参见第8章）。
- 生态系统涵盖所有IT服务；包含所有IT来源。
- 将IT作为一种真正的服务来运营。服务绩效指标注重业务使用和服务的影响。

1. 例如，请参阅："Failures of IT Operations", in Charles T. Betz, *Architecture and Patterns for Services Management, Resource Planning, and Governance* (Morgan Kaufman, 2007): 6。

- 服务绩效指标的预期相互发展，建立服务绩效和卓越运营的问责制。
- 服务管理和卓越运营流程参与所有IT和业务活动。
- 服务要求与企业特性及其业务范围联系在一起。
- 包括反映服务业务角度的成本和指标。
- 适用于所有IT来源（例如，中央IT组织、业务部门活动、采购/云供应方等）。参见本章后面的IT供应源简表。
- 已经实现了表14-2列出的业务成果。

表14-2 服务与卓越运营成果示例

总价值绩效模型	执行与绩效：以实际成果作为信誉与信任的依据	
	服务与卓越运营 示例："卓越业务价值"的执行与 绩效业务成果	服务与卓越运营 示例："对动荡和不确定性的卓越响应" 的执行与绩效业务成果
项目开发与效益实现	● 成功实施和运营的项目 ● 进入相关且有价值的数据领域	● 适应性强的解决方案 ● 可集成的解决方案 ● 动态能力
软件配置与开发	● 成功开发的项目 ● 成功采购的软件和解决方案	● 适应性强的解决方案 ● 动态能力
服务交付	● 支持成本降低和风险缓解 ● 符合要求 ● 提供成本透明度 ● 提供绩效透明度	● 灵活且适应性强

读者可以询问上述目标属性是否准确地描述了企业当前的做法，以及上述做法能否应用于IT生态系统的所有IT来源中（如采购和云）。

战略性管理的核心组成部分就是"组织企业资源，实现预期业务战略成果"。[1]在服务与卓越运营中，这意味着两点：从供应角度来看，它是实现服务与卓越运营的必要资源；从业务角度来看，它是定义IT服务要求的必要资源。在总价值绩效模型中，上述事项通过将服务要求与服务交付作为一对基础要素被反映出来。这里我们更关注前者，不过在前文中也对诸多可用流程及方法做了适当的介绍。

我们一直都重点强调合作伙伴关系与信任。回顾前面的章节，我们强调的是构建共同目标、透明度，以及基于绩效、服务和响应速度的信誉。

在过去几年中，IT组织始终游离在外，他们采用"IT是业务"思维模式，而不考虑这样做的影响。例如，该思维模式将业务企业作为购买和接受IT服务产品的"客户"角色，

---

1. 请参阅第1章、第11章和第12章中给出的定义。

这与在具有共同目标和信任的合作伙伴关系中，将IT作为服务提供方的思维模式是不同的。服务提供方模式为服务绩效提供了良好指导，但其与业务之间的关系则表现为目标与成果、成本，以及绩效等达成一致。"IT是业务"的模式过于重视IT自身的利益，而将IT作为服务提供方的模式为普通目标、信任，以及合作伙伴关系透明度提供了充分发挥的空间。（参见第9章）

然而，潜在的要求是真正的合作伙伴关系和共同目标。信誉无疑是建立在服务绩效的基础上的，但这也是共同目标、信任和合作伙伴关系透明度的一部分。同样，我们关注的焦点不在于IT服务管理的内部构件（如IT基础架构库）。我们着重于定义和交付真正的卓越服务，以及对其进行管理的IT需求部分。但是从业务角度来看，许多构成良好服务的要素还没有被覆盖到。这是第9章中的内容，我们需要将这些内容纳入服务与卓越运营企业IT能力中。

在IT向业务交付服务过程中需要信誉，这一点是肯定的。如前所述，这个信誉是总价值绩效模型和信任的基础。所以必须执行IT。

上述执行的重点为从业务角度出发的卓越服务。正如第9章中所强调的，卓越服务观是建立在业务服务管理原则基础上的，包括同理心、可靠性、响应性，以及保证这类概念。这不仅仅是满足技术规格要求（如99%的正常运行时间），更是作为服务关系来整体处理关系的做法。

因IT供应商不断增加，执行IT也变得更加复杂，我们之前在探讨公司、业务部门、外包，以及"自助式IT"时提到过这一点。所有上述事项都在IT服务交付中扮演特定角色，并最终在IT与业务关系中占有一席之地。通常情况下，终端用户分辨不出其中涉及哪方，因为可能存在几个来源组合供应终端服务的情况。在执行需求中企业应对上述所有情况，以及必要技术（例如，正常运行时间）和所需业务服务（例如，响应性、共鸣）都进行考虑。

服务与卓越运营中的流程与方法

表14-3　IT来源/IT采购组合

IT服务组合				
IT服务 （第8章介绍）	由中央IT组织 提供	由基于业务的IT 活动提供	由采购供应商提供， 包括云	由业务"自助式IT" 活动提供
应用程序服务				
项目服务				

续表

IT服务组合				
IT服务 （第8章介绍）	由中央IT组织 提供	由基于业务的IT 活动提供	由采购供应商提供， 包括云	由业务"自助式IT" 活动提供
直接基础设施服务				
技术（用户）服务				
IT管理服务				

正如我们所强调的，业务与IT之间的关系是合作伙伴关系（如共同目标）和服务关系（如IT供应的五种基本服务）中的一个。并且我们还强调，IT不是一个单一组织，而是包括所有来源，如以业务为基础的、采购的和"自助式IT"。因此该评估按照表14-3进行了组合。服务与卓越运营企业IT能力是所有IT能力的总和：不管从总体来看企业能否执行具有此处描述的属性的服务。表14-3为这些问题提供了背景。

出于评估需要，企业应当考虑所有来源。问题的关键是，不论IT活动怎样发生，企业都需要具备交付具有适当质量、绩效和服务特点的服务的能力。

我们引入了契合的概念：IT服务是否与业务的特点和要求契合？在对动荡响应的环境下，我们强调的是速度。我们探讨了整体角度（如涵盖所有IT来源）以及合作伙伴关系角度。我们在第二部分中强调过，这些问题是基础。

不过动荡仍然对服务与卓越运营企业IT能力产生了影响。诸多规模巨大的IT组织都是围绕着稳定性目标建立的，这些稳定性目标包括稳定的环境、稳定的运营流程、稳定的组织关系、稳定（可预测的）的技术及典型用户要求。业务与技术两方面的动荡都会削弱稳定性。那么企业应如何处理呢？持续实现卓越运营所需的企业IT能力的本质是什么？例如，考虑一下，准备直接提供给业务的云供应方服务的最新倾向是什么。举例来说，我们最近与一家制造公司进行了合作，这家公司在过去数十年间都没有根据市场调整过其产品，不过它们客户的要求也没有变化。但是业务组织给IT组织强加了67个应用程序包，命令道"运行它们"。你或许会问，安全性如何呢？这只是动荡形式的一个例子，不过这确实破坏了IT组织之前一直依赖的稳定性。在某种程度上，卓越运营包括上述事项的有效绩效，而该制造公司的IT组织无疑受到了挑战。

了解这些问题就成功了一半。进行自我评估对企业了解其目前服务与卓越运营能力非常有帮助。我们首先从执行和绩效方面进行探讨，这部分的测评是关于在制造所需业务成果方面目前的实际绩效的，特别强调了9个我们感兴趣的因素。我们在研究和客户体验的基础上提供了我们对卓越价值及动荡响应的看法，不过特定企业可能会有不同。

第11章列出了企业能力的完成计分卡。下述10个评估因素反映了我们对服务与卓越运营的重要特点的看法。这些看法是从第11章所介绍的22个要求中选取出来的。

表14-4提供了服务与卓越运营的当前自我评估方法与流程。表14-5提供了实现业务成果的等级评估方法。

战略性IT管理：使用服务与卓越运营制造成果的系统性能力

14个企业系统性能力中有6个特别适用于服务与卓越运营。

通过IT、执行和绩效建立信誉（A1）

正如总价值绩效模型强调的那样，服务质量是信誉之本，也是业务与IT之间的信任基础。具体来说，所列出的终结点都实现了吗？

目前的挑战是定义"执行与绩效"的意义。这不仅仅是个技术难题；像正常运行时间和数据质量这样的参数都非常重要，但它们不是核心问题。从业务角度。而不是IT供应方角度来说，核心问题是构成信誉根基的服务管理的各个方面。

此外，服务与卓越运营的概念适用于IT和业务之间的整体服务关系，即五个基本服务组合，不限于网络和数据中心的传统、运营观点。将服务与卓越运营和系统开发和项目服务、用户服务和管理服务整合起来，适用于所有IT来源——无论是内部还是外部。

问题是业务和IT的合作伙伴关系（涵盖所有IT来源）能否执行企业IT能力。相关IT活动能够在企业中执行具体IT服务，交付IT价值，并进行关于IT的战略性思考吗？尤其是，各个具体能力（如关于规划与创新的有效、可实现的计划）的目标能实现吗？企业有这样的能力吗？

增加组织之间的信任（A2）

随着IT服务被交付给业务，这一问题也适用于在管理方式和决策、用组织方法实现绩效评估和管理，以及问题解决中，即各个组织通过流程参与互动的方式。透明度与按承诺交付才能创造信任。

IT管理提供必要领导，重点强调文化、信任，以及与业务的合作伙伴关系（B2）

考虑到IT作为技术组织，在功能为主的思维模式下被管理了50年的历史，领导的重要性再强调也不为过。新的思维模式将IT看作一种服务，关注业务及传统业务服务管理原则，这是一个巨大的变化。将IT从原来的关注内部管理技术的组织变成了以外部为中心的服务管理组织，IT领导必须在这一文化变革中起到推动和鼓励的作用。

当问题焦点落在业务上的时候，在IT竖井间和可能的IT来源中都要求有同样的信任与合作伙伴关系因素。以整个服务供应方角度来看，需要提供服务的共同看法，更重要的是共同目标和目标的潜在业务方向。

业务管理提供必要领导，重点强调文化、信任，以及与IT的合作伙伴关系（B3）

虽然不如IT文化变革那么戏剧化，但是业务方面也发生了思维模式的变化，从仅仅将IT看作技术经理和服务供应方发展为将其视作合作伙伴。这种思维模式的变化要求业务管理开始变化，并定义整个业务的文化。

与IT类似，业务也有自身的竖井，并且注重局部优化。打破壁垒、将IT作用和发展看作企业的一个事项是很重要的。

为流程和结果建立问责制（B5）

考虑IT来源可能达到的广度时（考虑表14-3），你可能会发现服务管理的问责制不够集中或者根本不存在。这里的问题在于，在管理自身IT服务，并着重确保服务绩效达到适宜标准和期望的情况下，企业可以实现的程度上限是多少？

跨越竖井、组织和其他流程整体应用（C2）

企业和IT竖井阻碍流程、减少同所有利益相关者和组织的理解和信任的现象是十分常见的。这特别适用于卓越运营，其中质量、绩效、服务管理的共同标准应当应用于IT服务交付的各个方面。这一点适用于IT的不同来源，同样适用于服务的业务期望。

在企业中整体应用服务与卓越运营失败将使服务供应方与客户双方困惑不已，最终将导致服务供应方监管困难，并且难以一致响应用户期望。

战略性IT管理：服务与卓越运营的业务成果

企业IT能力中有四个因素特别适用于服务与卓越运营。

交付或支持业务运营的有效性（D3）

这反映了IT与业务之间的合作伙伴关系的重要问题。有效地提供服务是很重要的，同时这也是构建所需信任的直接因素和聚焦IT与业务之间共同目标的合作伙伴关系的重要元素。实际上，未经事先安排，使服务上下波动，并对实现业务目标，特别是业务运营有效性目标（如业务质量、及时性、灵活性，以及对业务客户的响应性）毫无兴趣对IT来说是稀松平常的。IT逐渐成为上述业务服务的一个主要组成部分，不论是在互联网中还是在诸如公用电话亭、门户网站一类的流程中。

IT在业务产品与业务交付中的作用日益重要，因而IT需要对业务有充分的了解，并充分参与实现其服务和产品交付的业务目标的过程。

交付或支持成本降低与风险缓解（D4）

虽然可以说这是企业运营有效性的一个组成部分，但当专注于IT时，成本降低的目标在所有IT来源中都非常重要。在所有IT来源中，包括如安全风险、技术风险、供应商风险一类的风险都是同样重要的。

允许或支持更快部署解决方案（E3）

可悲的是，聚焦卓越运营可能会增加IT服务交付中有关各类标准与官僚主义的元素，这点在纯运营服务、数据中心等处最易观察到。这一情况可能会导致企业对新技术或新应用产生一些怀疑。从许多方面来看，IT服务供应方的思维模式强调了作为确保可靠性的核心组成部分的稳定性。

交付或支持其解决方案中的适应性和灵活性（E4）

这是上述问题的延伸内容。IT需要真正致力于实现服务交付的灵活性，这也是领导力的一个功能。同样，这也是一个文化和承诺的问题。

服务与卓越运营计分卡

表14-4和表14-5为服务与卓越运营的自我评估计分卡。表14-6给出了评分等级。

表14-4 战略性IT管理：使用服务与卓越运营产生成果的系统性能力

信任、合作伙伴关系、领导力和服务要求	重要性	现状
在何种程度上，现有服务与卓越运营企业IT能力通过IT执行与绩效构建了信誉；具体来说，目标实现了吗（A1）		
在何种程度上，现有服务与卓越运营企业IT能力在所有IT来源方面实现或加强了各层次的合作伙伴关系与协作（A3）		
在何种程度上，现有服务与卓越运营企业IT能力采用了聚焦于具体业务、战略意图与目标的方法（B1）		
在何种程度上，IT管理为服务与卓越运营企业IT能力提供了必要领导力，并强调文化、信任，以及与业务间的合作伙伴关系（B2）		
在何种程度上，业务管理为服务与卓越运营企业IT能力提供了必要领导力，并强调文化、信任，以及与IT的合作伙伴关系（B3）		
在何种程度上，现有服务与卓越运营企业IT能力整体应用竖井、组织和其他流程（B4）		

表14-5 战略性IT管理：服务与卓越运营的业务成果

成果要求	重要性	现状
在何种程度上，现有服务与卓越运营企业IT能力交付或支持业务战略有效性（D1）		
在何种程度上，现有服务与卓越运营企业IT能力交付或支持创新与变化（D2）		
在何种程度上，现有服务与卓越运营企业IT能力实现或支持更快部署解决方案（E3）		
在何种程度上，现有服务与卓越运营企业IT能力交付或支持解决方案中的适应性与灵活性（E4）		

表14-6 评估分值解析

描述	重要性栏		现状栏	
重要性反映管理层的关注程度，以及该要求对未来业务成功的影响程度；现状反映了该要求的陈述目前的实现程度。	0	不适用	0	不适用
	5	该要求对企业至关重要	5	目前的服务与卓越运营活动往往会产生所需的成果
	4	该要求对企业十分重要	4	目前的服务与卓越运营活动有时会产生所需的成果
	3	该要求对企业比较重要	3	目前的服务与卓越运营活动不会产生所需的成果
	2	对该要求感兴趣但不重要	2	目前的服务与卓越运营活动有时会使得成果差于要求
	1	该要求对企业不重要	1	目前的服务与卓越运营活动往往会使得成果差于要求

建议读者重温第11章中"根据要求评估企业绩效"一节，并在服务与卓越运营中应用所有22个要求。

底线：服务与卓越运营绩效

归结为三个基本问题：

- 那些参与服务与卓越运营活动（如IT、业务、咨询顾问等）的成员实际上执行得好吗？是否创造了所需的业务成果？是否执行了IT？
- 会在信任和合作伙伴关系中加入服务与卓越运营活动吗？
- 服务与卓越运营成果足够应对变化和灵活性吗？

战略性IT管理和企业IT能力的目标在于为这三个问题获得肯定回答。

关于服务与卓越运营，企业该做些什么

管理层大多关注的是服务成本，以及与替代方案相比的相对质量。不过这对合作伙伴关系/信任发展，尤其是建立成本与绩效透明度来说，也是一个机遇。这成了一个不错的治理领域，尤其是它能使企业了解IT服务的所有来源。

对各个管理者和专业人员的影响

每个人在IT服务中要么是供应方，不然就是客户。了解所涉及的角色，以及改善质量和（最重要的是）服务业务影响的潜力是一个巨大的贡献。

企业IT能力：采购

采购的重点放在关于IT供应服务的决策与为获取IT供应服务监控的多种选择上。表14-7概括了采购目标、成果示例和示例方法。

表14-7　采购

企业IT能力	战略的IT管理目标	卓越价值的成果示例	对动荡的卓越响应成果示例	示例方法
采购	将IT采购（内部与外部）与业务要求匹配起来	采购与实现业务竞争力与卓越运营相匹配，并符合标准	适应性，响应性，合作伙伴关系，框架（例如，响应架构）	● 架构 ● IT基础架构库 ● COBIT

采购适用于五个IT服务组合中的每一个。从业务角度来看，决策范围包括内部IT组织、外包组织和"自助式"选择。重要的是确定企业内部和外部供应之间的平衡，也就是说确定哪些活动可以有效地采购、哪些不可以。我们对这一问题已经投入了相当多的精力，采用了如采购的非重要活动（而非核心活动）等理念，就像对IT供应应用的那样。企业IT能力的核心是行使关于采购机会的判断。所采用的方法一部分用于将上述事项分框架处理，一部分用于决策。架构、IT基础架构库、COBIT可以帮助我们识别上述事项。

为什么人们将采购描述为企业的IT"运营"能力？通常来讲，采购被称作"战略采购"，是创新、资源优化、转换和变化的一个关键部分，也就是说，获得合作伙伴关系以支持战略业务要求的能力，以及提高适应能力和响应动荡和变革的能力的目标，可通过采购的问题而得到显著实现。从业务角度来看，采购涵盖了业务和所有IT供应方之间的关系，无论是谁都是如此。这一点的最大意义是，战略性IT管理在为业务优化了可用资源以满足战略目的。

在管理各种形式的采购的风险、曝光程度、成本和绩效过程中，采购有非常关键的运营作用。运营作用的一部分就是在解决采购问题的同时，选择适当采购来源并建立条件（下节中描述）。这是在这里考虑这个问题的根本原因，因为这是采购这枚硬币的另一面。也就是说，从在动荡时代进行业务转型的角度来看，采购活动和采购企业IT能力有可能会导致结构、标准和稳定性出现问题，并影响响应性和适应性。

什么是采购企业IT能力

我们在第1章中说过，"企业需要能够定义、规划、采购和管理所有来源的IT服务，这些来源包括内部IT、业务部门IT、采购，以及'自助式IT'活动"。核心能力是降低风险并提高提供给企业的所有IT服务的价值，不论其来源如何。与卓越运营相同，业务必须具备能够在标准和稳定性与适应性和灵活性之间找到平衡的能力。

企业采购能力的问题与前面讨论过的十分类似：缺乏共同标准，在考虑替代方案时缺乏重点，从整体角度来看企业IT活动时未考虑外包IT服务。

因此，企业IT能力解决了上述难题，并对关键问题进行了解答：怎样才能在业务与IT之间关系的各个方面和IT资源与采购方面做出最佳决策（选择谁作为合作伙伴；谁将提供并管理IT服务；谁将管理这些关系）。企业的整体构想范围是十分广阔的，其中整体能力就是企业在IT服务细则方面做出最佳决策的能力，不论解决方案是由作为直接服务供应方的IT组织、"云"应用提供的，还是由业务自助的个人（如平板电脑和个人计算机）或部门提供的。最佳决策包括所有重要因素（能力、绩效、风险，以及对变化的适应性）与必要的标准和架构进行平衡。

这不是一个以IT组织为中心的问题或能力，而是一个将业务和IT视角相结合的企业问题。尽管我们关注的焦点并不是特定流程（例如IT基础架构库的一系列内部IT服务管理流程），不过思考卓越运营的痛点仍然是极具启发性的。我们引入了契合的概念：IT服务是否与业务的特点和要求契合？在对动荡做出响应的环境下，我们强调的是速度。我们探讨了整体角度（如涵盖所有IT来源）以及合作伙伴关系角度。我们在第二部分中强调过，这些问题是基础。

正如我们之前在描述其他企业IT能力中说到的一样，这不是一个管控问题。我们只是在探讨企业是否具备解决上述问题，并为制定和实施答案提供良好基础的能力。

不过实际上，动荡仍然对采购企业IT能力产生了影响。诸多规模巨大的IT组织都是围绕着稳定性目标建立的，这些稳定性目标包括稳定的环境、稳定的运营流程、稳定的组织关系、稳定（可预测）的技术及典型用户要求。业务与技术两方面的动荡都会削弱稳定性。那么企业应如何处理呢？持续实现卓越运营所需的企业IT能力本质是什么？例如，考虑一下将要直接提供给业务的云供应方服务的最新倾向。

终结点

企业IT采购能力的关键要素有：

- 与采购的关系是基于合作伙伴关系与信任的。
- 采购，尤其是企业外部的采购，已经适当地纳入规划与治理活动。
- 采购并不抑制灵活性与对动荡和变化的响应。
- 绩效与成本透明度。
- 问责制（战略采购管理）十分有效。
- 采购延伸至IT交付的所有形式，包括IT服务的正式外包、内部外包和"自助式IT"。
- 实现表14-8所列业务成果。

读者可以询问上述目标属性是否准确地描述了企业当前的做法，以及上述做法能否应用于IT生态系统的所有IT来源中（如采购和云）。

表14-8　采购成果示例

TVPM	执行与绩效：以实际成果作为信誉与信任的依据	
	采购示例："卓越业务价值"的执行与绩效业务成果	采购示例："对动荡和不确定性的卓越响应"的执行与绩效业务成果
项目开发与效益实现	<ul><li>成功实施和运营的项目</li><li>进入了相关且有价值的数据领域</li></ul>	<ul><li>适应性强的解决方案</li><li>可集成的解决方案</li><li>动态能力</li></ul>
软件配置与开发	<ul><li>成功开发的项目</li><li>成功采购的软件和解决方案</li></ul>	<ul><li>适应性强的解决方案</li><li>动态能力</li></ul>
服务交付	<ul><li>支持成本和风险缓解</li><li>符合要求</li><li>提供成本透明度</li><li>提供绩效透明度</li></ul>	<ul><li>灵活且适应性强</li></ul>

请注意，第6章中提供了很多关于采购对企业和IT管理要求的见解。这里的重点在于合作伙伴关系与信任。回顾前面的章节，我们强调的是构建共同目标、透明度，以及基于绩效、服务和反应速度的信誉。所以应当带着上述涉及的主要问题阅读整套"要求"，也就是说，采购企业IT能力建立在信任、合作伙伴关系等要求之上。

企业IT能力要求

第6章探讨了采购企业IT能力的背景，特别是信任和动荡的问题。

战略性IT管理：使用采购产生成果的系统性能力

企业采购能力通过IT执行与绩效建立信誉（A1）。业务与IT之间的合作伙伴关系基于信任，它在很大程度上可以起到一种保持可靠绩效的作用。从外包角度来看，绩效问题中引入了另一个组织，并且该组织会对感知绩效和确定可靠绩效需求的过程产生巨大影响。这种能力将业务也引入了探讨之中。而其他采购问题，如业务内部IT活动、企业所获资源、"自助式"采购、绩效的整体感知，以及信誉和信任也是同样重要的。

具体来说，所列出的"目标"都实现了吗？这里的问题是外包IT活动的绩效自身能否满足期望并构建信誉。

企业采购能力增加组织间信任（A2）。这将绩效/信誉问题与治理和决策过程结合在一起。与成本和绩效透明度一样，如何为IT服务设定期望并将这种期望通过采购要求表现出来是非常关键的。

企业采购能力实现或加强各层次和各IT来源的合作伙伴关系与协作（A4）。采购会为合作伙伴关系与协作增加障碍，尤其是存在外部IT采购组织的时候，其目的是使其参与建立合作伙伴关系和达成共同目标的过程。即使第6章指出机构之间可能存在不可兼容的目标，但企业IT能力必须尽力实现合作伙伴关系与协作的建立，在发生动荡和变革的环境下更是如此。

企业的采购能力支持决策和克服官僚主义（A5）。虽然战略采购是必需的，不过管理多组织关系、成本、合同以及正式流程与关系的所有方面的额外复杂结果，会增加时间、降低灵活性，因此战略采购实际上加强了官僚主义。

IT管理为企业采购能力提供必要的领导，并强调文化、信任和与业务的合作伙伴关系（B2）。在大多数情况下，IT管理层都是管理采购组织的主要人员，但并非总是如此。业务部门直接参与的程度越高（例如云），复杂程度也就越高。这就会产生一些真正的领导力要求——和机遇。

企业采购能力为流程和成果建立问责制（B5）。问责制是实现绩效，并最终建立信誉的核心因素。这包括与需求和供给的问题相匹配，并对未来的规划提供所需方向。

战略性IT管理：采购的业务成果

企业采购能力交付或支持创新与变化（D2）。采购执行不佳会降低灵活性，所以这可能是个挑战。同时，采购的一个战略元素就是提供企业无法获得的技术和能力，并将这些能力带入企业。拓展企业接触新技术的途径，并为企业就如何应用这些技术提供见解对采购决策至关重要。

企业采购能力交付或支持成本降低和风险缓解（D4）。成本通常决定最终的采购选择，但是它不会与绩效产生冲突。同时降低如折旧、技术可用性、管理层变更等风险也是实施采购的关键原因。

企业采购能力可足够迅速地实现业务解决方案和规划（E2）。这里的重点是速度，同时引入更多组织可能会成为一种障碍。企业IT能力必须专注于如何不让这一点成为问题，并将采购关系的整个战略采购管理方面同治理问题结合起来。

企业采购能力实现或支持解决方案的更快部署（E3）。基于新开发的运营变化通常是外部供应商的问题。与此同时，外包开发（包括软件收购）可以是基于灵活性和速度的合理来源。

企业采购能力交付或支持解决方案的适应性和灵活性（E4）。这里总结了上述要点，采购可能会在业务问题上为未来的IT解决方案的灵活性和适应性带来风险。动荡和变化为对这种风险的担忧提供了环境。

采购计分卡

表14-9和14-10是企业IT能力要求的系统性能力和业务成果的自我评估。表14-11给出了评分等级。

表14-9　战略性IT管理：使用采购产生成果的系统性能力

信任、合作伙伴关系、领导力和服务要求	重要性	现状
在何种程度上，现有采购企业IT能力通过IT执行与绩效构建了信誉；具体来说，目标实现了吗（A1）		
在何种程度上，现有采购企业IT能力为组织之间增加信任（A2）		
在何种程度上，现有采购企业IT能力在所有IT来源方面实现或加强了各层次的合作伙伴关系与协作（A4）		
在何种程度上，现有采购企业IT能力支持决策和克服官僚主义（A5）		
在何种程度上，IT管理为采购企业IT能力提供了必要领导力，并强调文化、信任，以及与业务的合作伙伴关系（B2）		
在何种程度上，采购企业IT为流程和结果建立问责制（B5）		

表14-10　战略性IT管理：采购的业务成果

成果要求	重要性	现状
在何种程度上，现有采购企业IT能力交付或支持创新与变化（D2）		
在何种程度上，现有采购企业IT能力交付或支持成本降低与风险缓解（D4）		
在何种程度上，现有采购企业IT能力快速实施业务解决方案和规划（E2）		
在何种程度上，现有采购企业IT能力实现或支持更快部署解决方案（E3）		
在何种程度上，现有采购企业IT能力交付或支持解决方案的适应性与灵活性（E4）		

表14-11　自我评估分值解析

描述	重要性栏		现状栏	
重要性反映管理层的关注程度，以及该要求对未来业务成功的影响程度；现状反映了该要求的陈述目前的实现程度。	0	不适用	0	不适用
	5	该要求对企业至关重要	5	目前的采购活动往往会产生所需的成果
	4	该要求对企业十分重要	4	目前的采购活动有时会产生所需的成果
	3	该要求对企业比较重要	3	目前的采购活动不会产生所需的成果
	2	对该要求感兴趣但不重要	2	目前的采购活动有时会使得成果差于要求
	1	该要求对企业不重要	1	目前的采购活动往往会使得成果差于要求

建议读者回顾第11章中"根据要求评估企业绩效"一节，并在采购中应用所有22个要求。

底线：采购绩效

这可归结为三个基本问题：

■ 那些参与采购活动的成员（如IT、业务、顾问等）的实际执行情况是否良好？是否创造了所需的业务成果？是否执行了IT？

■ 会在信任和合作伙伴关系中加入采购活动吗？

■ 采购成果足够应对变化和灵活性问题吗？

战略性IT管理和企业IT能力的目标在于为这三个问题获得肯定回答。

企业IT能力：成本与绩效

使用成本与绩效企业IT能力的目的在于，使整套成本与绩效指标适用于所有IT用户，并对其透明化，首要侧重点放在业务部门、内部流程和产品/服务上。表14-12总结了目标、业务成果和示例方法。

表14-12　成本与绩效

企业IT能力	战略性IT管理目标	卓越业务价值的成果示例	对动荡卓响应的成果示例	示例方法
成本与绩效	在IT成本与绩效方面创造出具有透明度的信任	成本与绩效完全基于业务的知名度	不断变化的条件下的综合成本与绩效	● IT服务财务 ● IT绩效指标

流程和方法包括从成本分摊和分配到退款的各项内容（包括总体拥有成本和交易成本的类似活动）。其目的是完全了解业务的成本与绩效；动荡和不确定性在变化的条件下加快了变化步伐并增加了绩效指标。因此，成本与绩效企业IT能力侧重于为所有用于业务的IT提供透明、全面的成本信息，并为IT提供有效的业务链接的绩效指标。

为了提供成本与绩效的全貌，IT所有来源都应包括在内，包括采购、云供应方、内部

IT部门、"自助式"计算机服务。这使（服务）组合管理成本信息与预算、成本（包括外部计费等活动）和项目开发相连接。

我们的口号是：不知成本，即一无所知。此言不虚。透明度、信任、有效决策、风险评估与规划都要求对涉及企业IT所有元素的成本有清楚的了解。然而，极少企业的管理层对此有清楚认识。这在构建信任与合作伙伴关系时显得尤为困难。因为成本的透明和开放是信任的关键。业务想知道：我们将公司的IT资源消耗在了哪里？哪些性价比最低？交付给业务的IT服务的成本与绩效归谁负责？一个有趣、谦虚的问题是：在我们的IT资源中有多少用于支持创收活动，多少用于支持后台？通常情况下，低于IT成本一半的资源（从IT组织角度来看）用于支持创收活动。不过将IT其他来源（外包、云和"自助式IT"）包括进来时，这一比率是相反的。正如我们的一位CIO客户所说的那样："你怎么能在没有信息的情况下管理这个地方呢？"[1]

什么是成本与绩效企业IT能力

在第1章中我们提到，"一个企业需要捕捉和分析所有信息来源和应用程序的全部IT成本，并从业务角度描述其IT绩效要求和指标"。

成本与绩效问题与之前提到的其他能力问题类似。第一，企业管理实践通常不会将IT服务供应方与适当的成本管理联系起来，而是会执行传统的以成本为中心的会计。在IT基础架构库方面，了解IT基础架构库服务目录的全部成本与了解IT服务的其他元素同样重要。第二，确实存在的成本报告（或者也许会体现在服务收费比率上）通常情况下并不能完全反映所有IT费用，即便中央IT组织也是如此。第三，没有任何IT替代来源被纳入一致的方式中（如"自助式"计算机服务、云供应服务、内部业务部门IT活动）。根据研究和实践，我们的经验是，用于IT组织预算的成本通常少于企业IT成本的一半，而且经常发生更少的情况。第四，整个企业中并不存在成本识别和分配的共同标准。所以企业层面的成本问题是不能从所有IT来源，以及IT所有用户那里（业务部门）获取一致信息。企业IT能力促成了这个联系。

但问题的关键不是"了解成本"那么简单，还要了解与业务有关的其他事项的成本。了解技术部分的成本对业务而言其实并不那么重要，重要的是了解交付给业务的服务的成

---

1. 请参阅：chapter 10, "Funding IT", in Keri E. Pearlman and Carol S. Saunders, "The Tools for Change", in *Managing and Using Information Systems: A Strategic Approach*, 4th ed. (Wiley, 2010)。

本。例如，服务的单价比较引人注目，不过通常情况下我们无法获取该信息。

表14-13 示例成本模型

	规划与创新	信息与情报	发展与转型	服务与资源优化	服务与卓越运营	采购	成本与绩效	合计
排名：采用的创造信任/合作伙伴关系/领导成果的流程	2	2	1	4	6	7	5	
排名：促进业务成果的企业IT能力	2	2	2	2	6	1	7	

作为成本的思维模式示例，表14-13展示了一个应用于多个组织的综合成本模式。该表使用共同和标准元素，展示了与服务消费相捆绑的IT服务成本，以及上述为业务活动提供服务的细则（如业务交易的单价）。该IT成本思维模式强调：

- 各个基础IT服务（应用程序、项目、基础设施、用户服务和管理）的成本。
- 这些IT服务交付给各业务部门的成本。
- 获取并管理数据的交易成本。
- 所有资产（包括应用程序）的总体拥有成本。

就绩效而言，也存在同样的问题。也就是说，如果企业缺乏对所有IT来源的衡量标准，就不能将整个企业的绩效整合起来进行比较，并且在全面了解IT来源方面存在局限性，即仅仅了解了中央IT组织。特别是，关于IT方面的IT绩效指标的有用性远低于实际交付给业务的业务方面的服务指标。

不过成本与绩效与它们的关键企业IT能力是直接相关的。没有良好的信息，规划、资源优化、卓越运营都会变得更加困难。成本与绩效是基础，并直接关系到对服务成本、IT预算、IT外部费用计算（如果使用）、组合管理和服务绩效的基本理解。

终结点

成本与绩效企业IT能力的关键要素：

- 包括所有IT成本，无论IT来源（如基于云的IT和"自助式IT"）是什么；对IT所有来源应用同样的成本模型。

- 业务成本透明，包括各个业务部门和职能。
- 在开发和应用相关成本模型中参与业务。
- 与企业财务流程（包括预算和总账）相关联。
- 提供IT预算框架，无论是在IT组织中还是在相关业务部门中。
- 建立一个同样适用于业务流程的模型，可计算这些流程的全部成本。
- 应用基于业务的绩效指标。[1]
- 涵盖五大IT服务模式：应用程序、直接基础设施，技术（用户）服务、项目服务和IT管理服务（见第8章）。
- 实现表14-14所列的业务成果。

读者可以询问上述目标属性是否准确地描述了企业当前的做法，且上述做法能否应用于IT生态系统的所有IT来源中（如采购和云）。

关键成果参见表14-14。

表14-14 成本与绩效的示例成果

总价值绩效模型	执行与绩效：以实际成果作为信誉与信任的基础	
	成本与绩效示例："卓越业务价值"的执行与绩效业务成果	成本与绩效示例："对动荡和不确定性的卓越响应"的执行与绩效业务成果
业务成果与程序选择	● 有效的业务变化管理 ● 基于业务战略和要求的优先级别 ● 业务优先级别清晰且意见一致	● 为变化搭建平台 ● 超越个体经营单位的适应性 ● 企业级应用
项目开发与利益实现	● 成功实施和运营的项目 ● 进入了相关且有价值的数据领域	● 适应性强的解决方案 ● 可集成的解决方案 ● 动态能力
服务交付	● 支持成本降低和风险缓解 ● 符合要求 ● 提供成本透明度 ● 提供绩效透明度	● 灵活且适应性强

企业IT能力要求

第11章描述了22项企业IT能力要求，它们分为两类：系统性要求和业务成果要求。

---

1. 例如，请参阅：Michael J. Mauboussin, "The True Measures of Success", *Harvard Business Review*, (October 2012): 46–56。

使用成本与绩效创造成果的系统性能力

14个系统性企业IT能力要求中有7个特别适用于成本与绩效。

现有采购企业IT能力通过IT执行与绩效建立信誉（A1）。具体来说，所列出的"目标"实现了吗？

现有成本与绩效企业IT能力增加组织之间的信任（A2）。IT成本的透明是IT和业务之间的信任基础。通常情况下，业务部门只了解中央IT组织的IT预算总成本，而不了解其消费的IT服务成本、内部业务部门或"自助式IT"的成本。所有的这些都为信任的构建增加了难度；这种能力的关键目标在于提供信息。

这可能会也可能不会驱动成本分摊流程，该流程受企业文化和管理团队的目标的影响。但是，即使是集中预算，也可以是透明的，在业务部门中对IT客户分配成本可以被透明化。

这种方法不是十分复杂，但是所需信息多于正常总账。初始的重点是将所有IT成本分配到五个IT服务组合中，因为了解所供应和使用的服务成本是实现透明性目标的最佳方式。

成本与绩效企业IT能力能够增加利益相关者的信任（A3）。成本透明度也适用于每个经理和高管。

当IT在运营或业务部门成本中占据主要部分，或者业务管理有预算和/或利润责任的时候尤为明显。当IT成本从属于某种公司分配形式，在用户模式之间没有因果关系时，信任则直线下降。

核心理念是不论企业是否以用户提出的方式对成本进行管理和描述，即影响使用、新要求，或战略举措，这种方式都会对所分配的IT成本或具体分配至业务管理和一般组织的IT成本产生明显的影响。

成本与绩效企业IT能力支持决策并克服官僚主义（B1）。我们提到过，"不知成本，即一无所知"。这尤其适用于关于业务绩效与IT决策的所有元素。图14.3是一个通用视图，其中展示了IT决策环节，包括从战略规划到年度预算和个别项目批准的各个环节。在所有情况下，掌握相关成本和业务绩效信息是至关重要的。

图14.3是很多企业遵循的（年度）规划过程的思维模式。最关键的决策往往在这些领域内完成，比如业务战略规划、IT战略规划、项目规划和预算编制。在所有的这些领域内，成本是一个重要的组成部分，它是管理决策的基础。

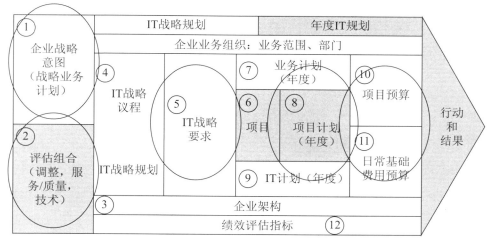

图14.3 企业流程示例

资料来源：Robert J. Benson, Thomas L. Bugnitz, William Walton, From Business Stratrgry to IT Action, (Wiley, 2004)。

然而，这样的思维模式往往反映了一个适用于企业范围内，对象为一个IT供应组织的过程。实际情况远比该图复杂，所以在这个过程中企业必须仔细考虑其是否适用于所有业务部门和IT来源。这些步骤可能具有官僚主义，尤其是在整个企业处于"一刀切"环境时。这增加了时间，并降低了每个业务部门和IT供应组织对具体问题的敏感性。

IT管理为成本与绩效企业IT能力提供了领导，并强调文化、信任，以及与业务的合作伙伴关系（B2）。IT管理层常推动这些规划流程，他们对其灵活性、速度，以及各业务部门具体问题的适应性具有很大影响。这存在很强的"一刀切"企业倾向，企业需要克服这一点。

但更重要的是，IT领导常常会拒绝保持成本透明。这会被视为在所需IT投资中，给获取业务管理支持增加复杂程度。这个问题在基础设施投资和技术更新问题中，以及业务部门认定为帮助其他部门而忽视该问题的看法下急剧恶化。IT管理层需要发挥克服这些问题的领导作用，并鼓励、支持所需的成本与绩效的透明度。

业务管理提供必要领导，并强调文化、信任，以及与IT的合作伙伴关系（B3）。同样，业务管理层为解决成本与绩效方面的事项指明了方向并发挥了领导作用。如果在这方面有态度不情愿的状况，尤其是在担忧曝光业务部门内IT使用成本模式时，这可能会对某具体业务部门不利。如果存在后台业务功能，那么结果将十分明显，即整个IT投资的想法都符合了态度上的反抗特点。领导（尤其是CEO和高级领导团队）需要提供所有方向并发挥领导作用来克服这些难题。

成本与绩效企业IT能力产生预测、测量和监控（C4）。成本与绩效信息的力量驱动了预测和监控。前文提到，在规划范围内，这种能力适用于所有的整体业务决策和规划活动。

成本与绩效的业务成果

交付或支持业务运营的有效性（D3）。运营有效性包括成本，但也包括对成本做出正确决策。因此，了解成本和与卓越运营相关的要求是最重要的。

交付或支持成本降低与风险缓解（D4）。显然，对于这点来说透明的成本信息是重点。

交付或支持解决方案的适应性和灵活性（E4）。与此同时，增加官僚主义和耗费时间的流程是不理想的。

成本与绩效计分卡

表14-15和表14-16为系统性能力与业务成果的自我评估计分卡。表14-17给出了评分等级。

表14-15　战略性IT管理：使用成本与绩效产生成果的系统性能力

信任、合作关系、领导力和服务要求	重要性	现状
在何种程度上，现有成本与绩效企业IT能力通过IT执行与绩效建立信誉；具体来说，目标实现了吗（A1）		
在何种程度上，现有成本与绩效企业IT能力为组织之间增加信任（A2）		
在何种程度上，现有成本与绩效企业IT能力在所有IT来源方面实现或加强了各层次的合作伙伴关系与协作（A3）		
在何种程度上，现有成本与绩效企业IT能力支持决策和克服官僚主义（A5）		
在何种程度上，IT管理为成本与绩效企业IT能力提供了必要的领导力，并强调文化、信任，以及与业务间的合作关系（B2）		
在何种程度上，业务管理为成本与绩效企业IT能力提供了必要的领导力，并强调文化、信任，以及与IT的合作关系（B3）		
在何种程度上，现有成本与绩效企业IT能力跨越竖井、组织和其他流程得到了整体应用（C2）		
在何种程度上，现有成本与绩效企业IT能力产生预测、测量和监控（C4）		

表14-16　战略性IT管理：成本与绩效的业务成果

成果要求	重要性	现状
在何种程度上，现有成本与绩效企业IT能力交付或支持业务运营的有效性（D3）		
在何种程度上，现有成本与绩效企业IT能力交付或支持成本降低与风险缓解（D4）		
在何种程度上，现有成本与绩效企业IT能力交付或支持解决方案的适应性与灵活性（E4）		

表14-17 自我评估分值解析

描述	重要性栏		现状栏	
重要性反映管理层的关注程度，以及该要求对未来业务成功的影响程度；现状反映了该要求陈述目前的实现程度	0	不适用	0	不适用
	5	该要求对企业至关重要	5	目前的成本与绩效活动往往会产生所需的成果
	4	该要求对企业十分重要	4	目前的成本与绩效活动有时会产生所需的成果
	3	该要求对企业比较重要	3	目前的成本与绩效活动不会产生所需的成果
	2	对该要求感兴趣但不重要	2	目前的成本与绩效活动有时会使得成果差于要求
	1	该要求对企业不重要	1	目前的成本与绩效活动往往会使得成果差于要求

建议读者重温第11章中"根据要求评估企业绩效"一节，并在成本与绩效中应用所有22个要求。

底线：成本与绩效

归结为三个基本问题：

- 那些参与成本与绩效活动（如IT、业务、顾问等）的成员的实际执行情况是否良好？是否产生了所需的业务成果？是否执行了IT？
- 会在信任和合作伙伴关系中加入成本与绩效活动吗？
- 成本与绩效成果足够应对变化和灵活性吗？

战略性IT管理和企业IT能力的目标在于为这三个问题获得肯定回答。

总结：运营方面的企业IT功能与能力

我们在这一章的开头提到，这三种企业IT能力也许应该放在第一位，位于战略和战术能力之前。原因在于运营能力（表现在采购、服务与卓越运营、成本与绩效）绝对是IT的核心，而后才是与业务之间的信任和合作伙伴关系。将这些主题放置在最后可能会让读者产生上述事项不重要的感觉。并且事实上，第14章中描述上述三项的内容确实要少于第12章和第13章的相关内容，因为这里还要描述前四个企业IT能力。

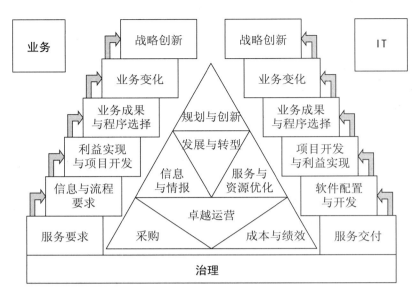

图14.4　总价值绩效模型

不过做出这样的解读是错误的，这在第一部分引入的总价值绩效模型中已经强调过了。如图14.4所示，以及按照第2章和第3章描述，价值/绩效/信誉的整个定义建立在执行能力基础之上，且将服务与卓越运营应用于所有IT服务业对此至关重要。采购反映企业购买或提供这些服务的能力，成本与绩效体现了执行上述服务的能力和透明度。

这里想要传达给读者的信息是，如果不能执行IT，那么所有关于战略、发展、信息，以及资源优化的探讨都毫无意义。但是我们的目标又不仅仅限于"执行"，还与我们强调过的如信任与合作伙伴关系、整体视角下充分参与业务等特征有关。这是首要的，也是根本的挑战。而且自我评估应当在关注基本企业IT能力的需求中提供指导。

15 管理复杂的业务与IT之间的关系

目前关于如何管理复杂的业务与IT之间的关系的研究并不多，无论是业务与内部IT部门还是业务与外部服务供应商之间的关系都是如此。至于后者，大多数文献关注的是IT外包的合意性，而非业务与IT之间关系的管理。不过很明显，仅靠服务水平协议等程序并不足以有效管理复杂的关系。为了了解什么因素或条件可以促进成功（尤其是复杂外包关系的成功），作为蒂尔堡大学研究项目的一部分，有关欧洲跨国公司等14个案例研究和全球或全欧洲运作[1]对此进行了分析。为了确定案例是否准确，我们采用了10项衡量标准，这些标准包括硬性标准和软性标准。硬性标准包括目标和服务实现、合同范围扩大、无冲突升级和合同更新，软性标准包括客户满意度、积极沟通、参与、适应文化和信任。所有这些调查案例至少符合其中8项成功标准。合同到期时，除有关外部市场条件的两个案例没有续约外，其他所有调查合同全部成功续约。

显然，这项研究关注的是外包，但我们认为促使外包关系成功的因素同样适用于内部IT运作。外包情况下，服务接受者和服务供应商之间有关联，在内部IT运作中情况也是如此。外包的不同之处在于公司有各自的损益表，没有共同的层次结构。所以，外包只会导致两个独立的实体之间更难形成良好的关系。

复杂的业务与IT之间的关系通常被定义为多站点、多厂商、内部和外部IT与服务之间的供应关系。基础合同和服务水平协议包括在多站点中对多个内部或外部IT供应商的服务交付承诺，其中包括多种服务。这通常涉及至少2000万美元的合同金额。接受调查的IT外

---

1. 这项研究是蒂尔堡大学研究项目的一部分。验证结论时为了获得完整报告，我们参阅：E. Beulen and P. Ribbers, "Governance of Complex IT Outsourcing Partnerships", *in Information Technology Outsourcing*, ed. L S. Rivard and B. Aubert (M. E. Sharpe, 2008)。E. Beulen, P. Ribbers, J. Roos, *Managing IT Outsourcing*, 2nd ed. (Routledge, 2011) 中有更广泛的分析。

包关系中的服务包括广大范围内的IT服务。这些案例中的服务接受者活动在不同的领域。合同金额从40万美元总合同金额至5.5亿美元年合同金额不等。所有案例中的IT供应商都是法国计算机服务供应商源讯公司和皇家飞利浦电子的IT服务分公司Origin，其总部位于荷兰，成立于2001年1月1日。2011年该公司公布的试算营收为85亿欧元，公司在48个国家中共有7.4万名员工。该公司服务全球客户，提供高科技交易服务、咨询和技术服务、系统集成和托管服务。[1]除了案例研究采访外，担任高级职位的专家们也接受了采访，这些专家来自顶尖咨询组织，拥有至少五年的外包经验。

从这些案例中可以看出，要形成良好的业务与IT之间的关系，有三个因素至关重要：清晰的战略定位、允许充分合作的正式组织安排，以及信任。

清晰的战略定位

想要通过IT实现什么目标，业务需要有一个清晰的定位。业务战略和IT战略密切相关，也经常结合在一起。制定业务战略和IT战略需要业务和IT的共同努力，这是高层管理团队的重要职责。

就IT外包而言，服务接受者和IT服务供应商都需要有清晰的战略定位——所有案例研究公司和专家都一致同意这一点。对于IT和IT服务的使用及其在公司中发挥的作用，客户组织需要有清楚的认识。清晰的IT战略可以向服务供应商展示客户的动向。制定这一战略是客户组织的职责，因为客户组织不是外包的候选者。虽然制定IT战略是CIO的职责，但业务（尤其是CEO）的贡献也是必不可少的。另外，高级经理必须深入参与决定公司所需要的IT服务的过程。在IT服务和业务流程变得越发相互依赖时，增加的压力也迫使高级经理必须这样做。就IT运作中的外包部分而言，如果公司不清楚自己想要什么，很多供应商不会对其招标书进行投标。另一方面，内部和外部服务供应商必须能够向其客户和潜在客户展示自己可以提供什么IT服务以及如何提供，这包括供应商对未来的计划，这些计划形成了业务与IT之间合作的基础。外包情况下，公司应首先根据简介选择服务供应商，重点关注供应商对未来的愿景、提供的产品组合和参与的细分市场。只有经过选择后进入候选名单的供应商才会获得招标书。

---

1. http://atos.net/en-us/home/we-are/company-profile.html; 咨询日期：2012年8月7日，验证日期，2013年11月19日。

正式组织安排

在管理和监控关系方面进行正式的组织安排至关重要。这些安排包括用于支持服务接受者和供应商之间的交流和合作的结构性条款[例如IS/IT职能的组织和定位（概述有明确定义的角色和责任）]，及用于支持业务与IT之间的关系所需要的IT/业务委员会的多样性。[1]

对于业务与IT之间的关系中的接受方和供应方而言，结构性条款是十分必要的。客户组织需要恰当地安排其信息管理职能，这代表了其需求管理，且组成了业务流程和IT供应商之间的连接部分，其中CIO这一角色是关键。他（她）最终要负责公司的IT战略，并确保所提供的IT服务得到最佳使用。在欧洲，代表IT服务需求方的CIO不会成为内部IT部门的经理，因为经理负责执行IT服务交付，属于供应方，这两个职位结合在一起的话会引起利益冲突。因此需要单独任命IT总监，总监的主要职责是使内部IT能力在IT专业人员、硬件和软件方面得到最佳使用。不言而喻，两个职位之间需有必要的适当调整，尤其是在引入新技术时。

信息经理通常向CIO汇报；信息经理的主要职责是确保其所提供的IT服务能够满足业务信息需要。信息经理是业务部门和服务供应商的沟通纽带，因此在职能方面可能也要对业务经理负责。与内部和外部服务供应商保持联系是比较困难的事情，这需要良好的协调能力和咨询能力，就安排多种服务交付而言更是如此。在变化和动荡的环境下，信息经理可以促使所提供的服务保持灵活性。在这种情况下，信息经理的组织位置可能会改变，因而信息经理在层次结构上向业务经理汇报，在职能方面向CIO汇报。[2]通过与业务方面保持良好关系，信息经理可以快速做出反应，并确保提供适当和最新的服务交付。但是，正式组织安排的成功与否取决于直接参与的职员是否具备良好的沟通能力。

这些正式的安排在研究调查的所有案例中都有。外包公司有完善的信息管理职能，与供应商联系时代表公司利益。在所有案例中，为了避免利益冲突，这些信息管理职能独立于内部IT部门。经济上可行的话，每个业务部门都会设置信息管理职能。

无论是内部部门还是外部公司，IT服务供应商都需要认真组织合同和客户管理（CAM），合同和客户管理运作时就相当于客户组织的信息管理职能。服务接受者和服

---

1. W. Van Grembergen and S. De Haes, *Implementing Information Technology Governance: Models, Practices, and Cases* (IGI Publishing, 2008).

2. E. Beulen, P. Ribbers, and J. Roos, *Managing IT Outsourcing*, 2nd ed. (Routledge, 2011).

务供应商可以很容易地联系到对方，这一点极其重要。客户管理涉及的是与客户建立和维持关系。服务供应商必须在服务接受者的组织内部建立关系网，以在行业内保持领先发展。[1]供应商合同经理会较多地接触服务接受者，在这方面仅次于特定的客户经理。

合同管理涉及的是优化供应商和客户之间的合同协议。合同管理也需要管理执行工作的IT专业人员并关注IT与业务关系中的行政层面，包括汇报。因此服务供应商需要考虑合同管理中所耗费的大量成本。[2]这些发现在我们的所有采访中都得到了验证。至于组织合同和客户管理，所有接受采访的专家一致认为："合同和客户管理的结构必须体现出外包公司的结构。"除了一个案例以外，其余所有案例中体现出的结构都一致反映这样有助于成功管理IT外包合作伙伴关系。在这个案例中，合同和客户管理属于大型合同和客户管理组织的一部分。这个大型组织负责许多复杂的IT外包合作伙伴合同。结果是，由于合同和客户管理对IT外包合作的关注相对较少，关系没有得到良好发展。正如财务经理所说的："合同和客户管理及服务交付的责任都压在一个角色上，这可能导致利益冲突。合同经理应负责客户满意度，而服务交付经理应负责使用服务交付能力。"合同和客户管理的主要关注点是担任合同和客户管理职位的人员的连续性，人员变动会导致合作管理中断，不利于服务交付的连续性。

组织安排也包括各种业务与IT委员会以及协调人员，他们支持着服务接受者和供应商之间的交流和合作。供应商和服务接受者的高级经理可以很容易地联系到对方是很重要的，这不仅与CIO有关，也与服务接受者的业务经理有关，业务经理必须能够很容易地联系到供应商的高级经理。因此，这些组织安排促进了相关人员的积极参与和主要利益相关者、战略对话、共享学习及对话之间的合作。[3]

客户组织和IT供应商之间的定期交流十分重要，这有利于建立灵活的合作伙伴关系。[4]大多数调查案例研究的通信结构都是相似的，并且建立在三个管理层上。[5]战略层有指导委员会，其中包括服务接受者的高级管理和IT管理及IT服务供应商的高级管理和客户管理。会议通常一年举行一次或两次。对战术层而言，有必要举行服务评审会，以监控整体日常绩效和预测服务接受者的未来要求。这些会议通常每月都会举行。会议上人们会根

---

1. G. Verra, *International Account Management* (Deventer: Kluwer, 2003).

2. S. Cullen and L. Willcocks, *Intelligent IT Outsourcing: Eight Building Blocks to Success* (Butterworth-Heineman, 2003).

3. Van Grembergen and De Haes, *Implementing Information Technology Governance*.

4. J. N. Lee and Y. G. Kim, "Effect of Partnership Quality on IS Outsourcing Success: Conceptual Framework and Empirical Validation", *Journal of Management Information Systems*, 15, No. 4 (1999).

5. Beulen and Ribbers, "Governance of Complex IT Outsourcing Partnerships".

据定期报告来讨论服务供应商的绩效，而绩效与服务等级管理流程有关。在运营层面上，IT供应商的员工每天就运营问题会与信息管理人员进行讨论。

有着合适的通信结构的案例研究公司中，服务接受者和服务供应商之间存在同样清楚和有层次的安排。每个层面上要讨论的授权和话题是具体的，并在外包合同中有所描述。

服务供应商和服务接受者沟通中的关键要素是汇报。为了追踪服务交付，IT供应商必须定期汇报交付给服务接受者的IT服务和所交付服务的级别。[1, 2]就研究中的大多数外包合同而言，IT供应商需要每月进行汇报。[3]报告为外包公司和IT供应商提供讨论内容，是外包关系管理中的一个重要组成部分。在五个调查案例研究中，不恰当的报告对IT外包关系产生了阻碍。大多数问题与技术导向的报告有关，与业务相关项目的报告无关，这些项目使用的是平衡计分卡和仪表板等指标。对于所有外包关系而言，各方就报告进行讨论十分重要。因此，研究中的所有案例公司每月都有会议安排。

服务接受者和服务供应商之间的关系通过合同得以正式化，合同可能还包括（多个）服务水平协议。合同和服务水平协议形成了合作的基础。所有参与者的责任要一清二楚，这是很重要的。合同需要清楚地说明要提供的IT服务，包括何人对哪些任务和交付成果负责。然而，由于技术领域里的业务动态和发展是变化的，意外情况总是会突如其来。因此，合同方还应该添加一些协议，这些协议需要涉及如何处理合同中未描述的情况。但是正如之前提到的，要在复杂的外包关系中形成良好关系，仅有合同和服务水平协议并不够，还有一个因素没有考虑进去。

信任

正如之前所说的，作为本书的一个重要主题，管理业务与IT之间的关系不仅仅与"硬的方面"有关，人们还必须十分关注"软的方面"——尤其重要的是服务接受者和供应商之间的信任。这种信任需要建立并在组织层面上及个人之间维持下来。之前提到的基于结

---

1. P. A. Palvia, "Dialectic View on Information Systems Outsourcing: Pros and Cons", *Information and Management*, 29, No. 5 (1995).

2. Cullen and Willcocks, *Intelligent IT Outsourcing*.

3. W. Wallace, "Reporting Practices: Potential Lessons from Cendant Corporation", *European Management Journal*, 18, No. 3 (2000).

构的开放的正式和非正式交流对此也起着重要作用。

针对性组织策略是指在所有层面上建立关系机制，这有助于建立相互信任。[1]建立关系机制的目的在于促进开放的双向交流、积极合作和知识共享。这一目标可能通过这样一些方法实现，例如物理定位关系亲密的业务和IT人员、工作轮换（业务经理承担IT人员的管理责任或IT人员承担业务经理的管理责任）、有关IT在业务中增值作用的交叉培训以及业务和IT管理之间的非正式会议。当然这将挑战所有相关人员的"舒适区"。当且仅当高级领导团队积极推进这些方法时，它们才能发挥作用。当然这也需要高级管理层起带头作用。外包的情况也是一样，只是更难而已。服务接受者和外部服务供应商需要积极评估有哪些关系机制，以及它们如何促进组织层面上和个人层面上的合作。

任何情况下这些方法都值得采用，动态环境下更是如此，接受者和供应商在这种情况下需要灵活地做出改变。信任让相关组织间的灵活关系更加紧密，让这些组织在战略规划层面上得以继续保持灵活关系。[2]

1. Van Grembergen and De Haes, *Implementing Information Technology Governance.*
2. K. Sabherwal, "The Role of Trust in Outsourced IS Development Projects", *Communications of the Association for Computing Machinery*, 42, No. 2 (1999): 80–86.

第四部分

下一步

在本书中，我们介绍了一些自我评估工具，我们鼓励读者将之应用于他们的企业中。总体而言，我们为读者们提供了一个重要工具，使他们能够回答关于企业当前特点与状态的关键问题。

图IV.1最初在第2章和第3章中引入，该图对接下来的步骤限定了研究范围。正如我们在第14章最后强调的那样，如果无法执行IT功能，大多企业战略与战术问题将变得不再相关。然而，IT执行的研究范围应当是企业的整体视角和业务要求及预期，这些已通过所有章节中提供的自我评估工具进行了演示。

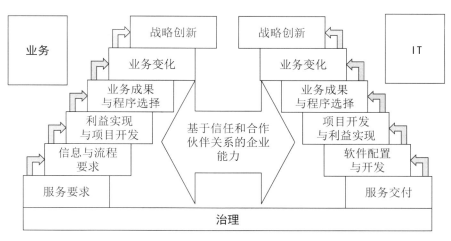

图IV.1　总价值绩效模型

三个业务示例展示了自我评估的结果，并提供了评价和建议。尽管这些示例过于简单，但却向我们说明了这些评估工具是如何使用的。更重要的是，它们展示了战略性IT管理是如何在迥然不同的企业状况下得以应用，并改进和完善最初路线图的。

以下问题应用了每一章节的具体评估工具。我们在这里只显示对各个问题的汇总结果。在现实中，考虑到具体细节，每个问题所参考的工具有必要以全貌进行展示。信任与合作的基础性价值是这些评估的根基。问题9和问题10反映了企业IT能力的构建对信任和合作伙伴关系的依赖程度。

第1章中的问题1：企业在业务和IT方面的典型特征是什么？参见表1-2，"改变企业特征"。评估着眼于七个特定的企业特征，涵盖业务环境、治理方法，以及业务如何看待这种关系三个主要方面。总体来说，这为对企业进行描述设定了范围。一个重要警告：这一整套问题的总结将企业视作了一个整体，而不去考虑不同业务部门（业务范围）和业务职能（如财务、市场）之间的差异。我们的目的是用实际事例/情形来使本书中的概念具体化，同时又避开现实组织的复杂性。而在现实中，考虑这些复杂性是很有必要的。

第8章中问题2：企业IT来源的典型特征是什么？参见图8.4，"服务管理视图"。这个问题涉及中央IT组织在多大程度上是一个主要提供商、提供绝大部分IT服务，并最终为企业IT能力提供技术和服务组件的问题。

第2章和第3章中的问题3：IT/业务是否真正在运行？也就是说，就总价值绩效模型的绩效而言，企业在哪里？企业在总价值绩效模型中的第几层？参见表3-1，"业务成果：卓越IT价值"和图IV.2。

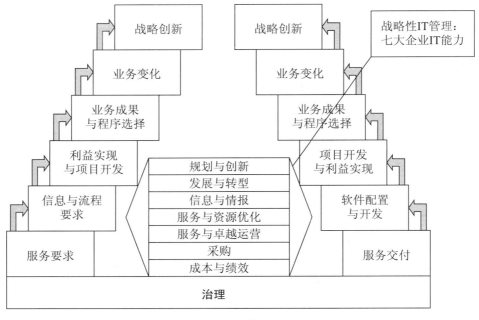

图IV.2　七大企业IT能力

第4章中的问题4：环境或业务动荡在多大程度上可以决定或给予定义业务所面临的问题？也就是说，在特别注意动荡的灵活性和可变性前提下，动荡会在多大程度上影响业务，或者说它是否会影响IT需要提供的服务。这为研究企业IT能力的相关重要性（非重要性）打好了基础。参见表4-1，"动荡的影响"。

第4章中的问题5：企业所创造的业务成果在多大程度上可以成功应对动荡？如果说动荡是一个值得注意的因素，那么企业借助信息和IT来回应并取得成功就是一个重要的考虑点。参见表4-3，"业务成果：动荡和不确定性中产生的卓越IT价值"。

第5章中的问题6：技术动荡是企业新机遇的典型特征吗？参见表5-1，"动荡评估"。正如IT动荡可能会挑战IT供应商，这种动荡也会向业务展现重大的竞争机会。这为建立企业所需的IT能力打好了基础。

第7章中的问题7：企业拥有其所需的IT能力吗？参见表7-2，"企业的IT战略能力"。这一章确定了分为三大类（战略性、战术性和运营性）的17种具体IT能力。这些能力代表了IT组织需要掌握的技术。

第8章中的问题8：IT运营是否符合（业务）服务管理原则？参见表8-5，"IT服务管理计分卡"。这反映了对服务交付特性的具体承诺，而这种承诺是构建信任与合作伙伴关系的基础。

第9章中的问题9：合作伙伴关系是不是业务与IT关系中的典型特征？参见表9-7，"服务组合计分卡"。合作伙伴关系建立在信任和信誉的基础之上，并且需要诸如共同目标、透明度和相互尊重等具体管理标准来评估。

第10章中的问题10：CIO和CEO及他们的直接下属能否提供所必需的领导力？参见表10-1，"领导力计分卡"。解决合作伙伴关系中的主要问题及承诺实现企业IT能力需要领导力。

第11章中的问题11：企业一般是否具备基于信任和合作伙伴关系的七种企业IT能力？参见表11-3，"信任和合作伙伴关系评估"。这个问题并非针对每一项企业IT能力，而是从总体上针对目前是否存在其中任何一个关键特性（信任、合作伙伴关系以及对动荡的响应等）而提出。具体可分为五大类：

- 战略性IT管理：产生成果的系统性能力：
  - 在业务和IT之间建立信任与合作伙伴关系。
  - 提供业务和IT的领导力及个人责任。

> ➤ 适应企业和领导力的特征与文化。

■ 战略性IT管理：当前企业IT能力——业务成果：

> ➤ 提供卓越业务价值。

> ➤ 提供针对动荡和不确定性的快速响应。

从第12章至第14章中的问题12：企业是否充分具备必需的所有企业IT能力？

最后，无论如何，最重要的问题是"那又怎样"。尽管包含在这些自我评估中的、描述企业当前状态的信息十分有趣，但这些信息对业务和IT管理的世纪意义是什么呢？我们将在这里得出一些答案。

这些自我评估过程为业务和IT管理团队对关于什么该做的讨论提供了数据。在这些情况下，这些数据来自管理团队自身。像所有类似数据一样，精确度并不是目标；而是说，目标是准确确定企业的状态如何，采取行动建立基于信任和合作伙伴关系的业务与IT的关系的重要性，以及理解和构建企业IT能力的重要性。获得准确数据对于实现该目标帮助很大。这并不是忽视了IT应对环境动荡的绝佳机会，而给企业提供了急剧转型的机会。相反，这增加了企业高效利用IT实现这些目标的机会，而这才是企业运营能力的根本。

第四部分的前言与第16章至第19章相同，都是继续提供更多的规范性方法，确定CIO与CEO为实施这些方法所扮演的重要角色。

示例企业

为阐明这些数据所代表的概念与观点的相关性和联系，我们在此列举来自三家不同企业的成果示例。我们的目的：演示衍生出的见解、行动的影响，以及它们的"下一步"。（此处展示的实际数据都是真实的，且成果示例集合了来自美国、墨西哥和欧洲的几家不同企业。）

复述我们的警告性声明：我们为四家企业提供了以下结果，它们对每个单独的企业都适用，这些组织忽略了不同业务部门（业务范围）和职能领域的结果可能极为不同的现实。同时，我们还为忽略其他IT来源（如业务部门、云端、"自助式"）的IT组织提供了以下结果。总之，这些示例呈现了企业的现状。

第二个警告性声明：我们希望展示战略性IT管理的重要方面。回顾我们的定义，这调动了我们的企业资源（业务和IT）来实现卓越业务价值，以及提高更好地应对动荡和不确定性的能力。这些示例展示了企业在实现这些成果时的弱项在哪里；实际上，企业可能弱在调动资源、提供领导力及评价自身的运营方面。简言之，基于这些数据，企业和IT管理有工作要做，而这些示例则说明了这些工作重要在什么地方。

示例1：安格斯国际公司

安格斯国际公司（以下简称为"安格斯公司"）为零售连锁店生产"白色"产品，并将自己的品牌印在产品上。这家公司位于美国，有数家生产厂家。

从战略性IT管理的视角来看，安格斯公司通过第1章的问题1就可以得到最佳描述：在业务和IT方面什么是企业的典型特征？表1-2中的自我评估需要一个介于业务和IT关系之间的"传统"观念和"转型"观念的1~5分评级。后者包含了服务、合作伙伴关系、信任以及对动荡的响应。安格斯公司的回答由其战略规划部的高层管理团队做出（如表IV-1所示）。管理团队采用了以下五分制评分级别的概念：

- 传统优势（1分）
- 传统劣势（2分）
- 持平：均可（3分）
- 转型劣势（4分）
- 转型优势（5分）

如我们先前提及，第1章以"从/到"形式提出了这个表格，它建议企业随着时间要进行一次从"传统"到"转型"特点的"旅行"。人们可以提出这是否对所有问题都行之有效的疑问，尽管这很可能是个时机问题。但是，出于我们描述这些状况中的企业的目的，我们将称之为"现状"描述。

表IV-1中的评估让管理团队在"传统"和"转型"观念之间做选择。面对7个选项，公司团队的选择属于"传统"或"持平：均可"——排除了选项7，IT对合作伙伴关系的看法。（这是个常见的结果。）基于相关参考章节内容做出的对其他评估问题的回答被单独列举在下方表格中。我们在此只展示一个汇总的结果，每一项自我评估的细节内容如上所述。

表IV-1　安格斯公司的特征

企业的业务和IT特征	传统的业务与IT管理理念（从）	转型的业务与IT管理理念（到）	管理层选择
1. 业务与IT环境	业务环境是稳定、静态的；变化以相对稳定的速度进行且无剧变；业务和IT组织都关注企业水平	环境是动荡、动态的；变化以不可预期的方式和速度进行；业务和IT组织都关注业务部门/业务种类	传统优势
2. 管理层优先考虑投资和IT业务影响	成本降低与成本管理是核心	战略眼光，最优（而非最低）成本是核心	传统劣势
3. "良好"IT项目的关键属性	稳定，技术参数设计良好，快速满足业务要求	灵活性，适应性，响应快速，模块化，以及达到预期目标	持平：均可
4. 企业的IT治理方法	分等级、定向控制	网络化，多人参与，以解决业务问题为导向	持平：均可
5. IT的基础文化和价值观	控制技术，响应业务，服务大众客户	了解业务，积极寻求业务解决方案，建立合作伙伴关系	传统优势
6. 业务如何看待IT与业务组织的关系	业务是IT的客户，定义了要求；IT掌管技术，提供专业技术；IT是一个单纯的提供者	业务被视为合作伙伴；IT是一个变化元素；IT作为合作者发挥作用；IT的许多来源都有可能性而且需要管理	传统优势
7. IT如何看待IT与业务组织的关系	IT响应业务；业务被视为IT的客户并定义要求；IT掌管技术，提供专业技术；IT是一个单纯的提供者	IT有前瞻性，与业务伙伴协力合作；关注于对IT的战略性使用；需要管理IT的许多来源	转型劣势

安格斯公司从业务与IT的关系的视角展示了相当强大的"传统"特征。其他11个问题（以满足战略性IT管理的要求为导向）的答案也同样反映了这一视角。然而，管理团队对问题1的回答回避了问题的实质：如果他们是错的（特别是对于该如何应对工业和环境稳定性的声明），那又会怎样？例如，在他们向零售商提供产品的业务活动中，如果：网络客户接口变得重要；更高的供应链整合度成为产业方向；传统零售商成为小客户群（因为他们可以自己应对网络在线零售商），安格斯公司还需要提供服务吗？换句话说，动荡始终存在，并且可能会引起管理理念的转变。

从这个意义上讲，使用表IV-1做"从/到"分析可能是正确的，并且可以为下面提出的如何确定可能的问题提供建议。

表IV-1和IV-2中所显示的安格斯公司评估数据为表IV-2中最后的问题11奠定了基础，这个问题就是对安格斯公司企业IT能力的评估。如第12、13和14章所述，这些IT能力为企业成功响应动荡提供了力量，而更为根本的是，让企业从其IT中获得了最大的竞争力和运营价值。

表IV-2　评估安格斯公司的能力

	问题	评估问题	安格斯公司的现状
2	第8章：什么是企业IT来源的典型特征	反映出IT组织相较于其他来源所能提供IT支持的能力	几乎全部IT来源都是中央IT组织
3	第2章和第3章：IT/业务是否实际运行；也就是说，就总价值绩效模型的绩效而言，企业在哪里	答案是，企业在总价值绩效模型的第几层	安格斯公司目前在总价值绩效模型的第二层
4	第4章：环境或业务动荡在多大程度上可以决定或定义业务所面临的问题	外部业务和环境动荡；这个问题对于企业来说是重要的，并且对IT有影响	外部动荡（目前）不是一个主要因素；外部动荡对IT没有影响
		内部（组织中）的动荡	内部动荡增加成本或降低收益；内部动荡对IT的能力起到了负面影响
5	第4章：企业创造的业务成果在多大程度上可以成功应对动荡	企业是否创造出带来灵活性和变化的成果	业务和IT解决方案有时具有灵活性和变化的特征
6	第5章：技术动荡是企业新机遇的典型特征吗	IT技术变革的加速在多大程度上使新的业务机会和战略成为可能	IT动荡（目前）还没有对业务产生多大影响；IT动荡还未对IT提供的服务产生多大影响
7	第7章：企业拥有其所需的IT能力吗；这一章将17种具体的IT能力定义为三大类：战略性、战术性和运营性。这些能力代表了IT组织需要掌握的技术	战略性能力：企业管理层是否重视这些能力，IT组织是否具备这些能力	企业管理层很感兴趣，但缺乏相应行动或主动性；IT具备一些这方面的特定IT能力
		战术性能力：企业管理层是否重视这些能力，IT组织是否具备这些能力	这些能力对企业管理层有一定意义；IT具备一些这方面的特定能力
		运营性能力：企业管理层是否重视这些能力，IT组织是否具备这些能力	这些能力对企业管理层非常重要；IT在特定的IT能力方面很称职
8	第8章：IT是否按照（业务）服务管理原则来管理	应用五项服务管理标准；这反映了对服务交付的具体承诺	IT服务以符合（业务）服务管理的可接受标准交付
9	第9章：合作伙伴关系是不是业务与IT关系中的典型特征	合作伙伴关系建立在信任和信誉的基础之上，并且需要诸如共同目标、透明度和相互尊重等具体管理标准	业务观点：很少表达合作关系的价值 IT观点：很少表达合作关系的价值
10	第10章：CIO和CEO及其所有相关的报告是否提供了所需的领导力	解决合作伙伴关系中的主要问题和实现企业IT能力的承诺需要领导力	CEO：不针对IT问题提供领导力 CIO：有时会针对文化等提供领导力

	问题	评估问题	安格斯公司的现状
11	第11章：一般企业是否具备企业IT能力	这个问题并非针对每一项企业IT能力，而是从总体上关注目前是否存在其中任何一个关键特性（信任、合作伙伴关系以及对动荡的响应等）而提出	建立业务与IT间的信任与合作伙伴关系：否 提供业务和IT的领导力及个人责任：有一些 适应企业和领导的特征与文化：否 提供卓越业务价值：有一些 快速响应动荡和不确定性：不适用

到此为止，这项评估只描述了现状，并未明确要求管理层采取行动或给予关注。假设当前企业IT能力的一些方面进行改变是有必要的，那么挑战就在于改变管理层对于业务和IT关系的现有观念，并确定行动的优先顺序。（如哪项企业IT能力需优先做出改变？）

第一个挑战在第17和18章中提出，是关于CEO和CIO在影响管理层观念中扮演的角色问题。第二个问题在此处和第16章中提出。

安格斯公司该做什么

在有关于企业IT能力描述的最后，自我评估关注的是这种能力对于企业的重要性和其当前为企业所创造的成果。这些成果包括业务影响：卓越业务价值、快速响应动荡；流程或组织影响：建立信任、领导力和合作伙伴关系文化。

回顾一下，安格斯公司是一个"传统"的企业，几乎没有动荡，IT和业务之间主要是一种运营关系。前面描述的问题1至11反映了这点。当前的IT和业务管理通过这些相关章节中介绍的自我评估工具，为这些问题找到了答案。

表IV-3说明了这七大企业IT能力中每一项的自我评估结果。第11章介绍了全部22个问题，建议读者去回顾。下面回顾了为产生评估结果而采用的级别：

- 当前的企业IT能力可以产出需要的成果。（5分）
- 当前的企业IT能力通常可以产出需要的成果。（4分）
- 当前的企业IT能力有时可以产出需要的成果。（3分）
- 当前的企业IT能力很少可以产出需要的成果。（2分）
- 当前的企业IT能力无法产出需要的成果。（1分）

表IV-3 安格斯公司的企业IT能力评估

企业IT能力	规划与创新	信息与情报	发展与转型	服务与资源优化	服务与卓越运营	采购	成本与绩效	总评
A – 建立信任、信誉和合作伙伴关系	2.0	2.0	2.5	2.0	3.5	3.0	2.5	2.5
B – 提供领导力和个人责任	4.0	2.0	3.0	2.0	2.0	3.0	3.5	2.6
C – 适应企业和领导力文化	3.0	2.5	3.0	3.0	2.5	不适用	2.0	2.7
企业IT能力总评——运用流程来创造信任等	2.8	2.2	2.8	2.1	2.8	3.0	2.7	2.6
D – 产生或支持卓越业务价值	3.0	2.0	3.3	1.7	1.0	2.0	3.5	2.4
E – 产生或支持对动荡和不确定性的卓越响应	1.0	不适用	1.5	不适用	1.0	1.3	1.0	1.3
企业IT能力总评——业务成果中的结果	2.0	2.0	2.4	1.7	1.0	1.6	2.7	1.9

表IV-4总结了关于每项能力的22个问题的答案；参见第11章中的所有22个问题。数字代表了讨论成果。黑色格子/白色数字代表等于2或低于2的成果，换句话说，能力不足以产出成果；灰色格子代表成果为3，或者偶尔能够产出所需成果。

那这对安格斯公司及其管理意味着什么呢？从战略性IT管理角度出发，在一定程度上，任意一个黑色格子都能说明一个问题："我们应该怎么做？"表IV-4通过将每项企业IT能力进行排列，并将表现不尽如人意的黑色格子进行了标示，来给我们提供一些指导。

表IV-4 安格斯公司的能力排列

	规划与创新	信息与情报	发展与转型	服务与资源优化	服务与卓越运营	采购	成本与绩效	总评
评分：应用的流程创造了信任/合作伙伴关系/领导力成果	2	6	2	7	4	1	5	
评分：企业IT能力对业务成果的贡献	3	3	2	5	7	6	1	

但是，此方法假设每一项能力都对安格斯公司比较重要，更广义地来说，每家企业都是如此。我们已经知道这并不准确，因为每家企业（也可能是个体业务部门）情况都不尽相同。我们还知道，就这一点来讲，安格斯公司是一家相对传统的企业，它更注重其运营方面的问题（以及稳定性）。

对安格斯公司来说什么是重要的

我们很容易大概勾勒出安格斯公司的大体战略。在某些方面，我们会像第16章那样，给出一些用于设定企业方向的基础准则，将每家企业的具体事宜考虑在内。

然而，在这里我们采用了自我评估流程来开始进行引导。正如我们为安格斯公司提出了关于每项企业IT能力产生成果的特定问题一样，我们也会提出关于这些能力对安格斯公司的管理到底有多重要的问题。诚然，这取决于目前的企业管理层在业务与IT之间的关系方面有哪些期望——并且毫无疑问，通过CIO和CEO（以及越来越动荡的环境），这些认知就会改变。另一方面，如果出现变化，从现存的管理认知着手去应对可能很有帮助。

表IV–5呈现了管理层认为每项企业IT能力对企业的重要性，并将其与前面图中显示的绩效相联系。

表IV–5 对安格斯公司的重要性

	规划与创新	信息与情报	发展与转型	服务与资源优化	服务与卓越运营	采购	成本与绩效	总评
应用的流程创造了信任和合作伙伴关系对企业的重要性	2.0	4.0	4.0	2.0	5.0	2.0	4.0	3.3
对应用的流程是否创造了信任、合作伙伴关系等进行现状评估	2.8	2.2	2.8	2.1	2.8	3.0	2.7	2.6
差距		x			x		x	
流程产生的业务成果对企业的重要性	5.0	5.0	5.0	2.0	5.0	2.0	2.0	3.7
对流程是否产生了业务成果进行现状评估	2.0	2.0	2.4	1.7	1.0	1.6	2.7	1.9
差距	x	x	x		x			

这种重要性考虑的评分等级为：

- 这项要求是企业的关键。（5分）
- 这项要求对企业非常重要。（4分）
- 这项要求对企业有一定的重要性。（3分）
- 这项要求非常有趣但是并不重要。（2分）
- 这项要求对企业不重要。（1分）

和之前一样，这些数据概括了第12章至第14章描述的许多要求的答案。因此，这种评估方式适用于所有要求，并且在此做出了总结。

表IV–5为所有隐患方面提供了指导，并用灰色的"×"标出。也许，这并不足为奇，隐患的三个方面为运营领域中的服务与卓越运营、采购以及成本与绩效。

关于安格斯公司的总结

正如之前所述，自我评估流程将安格斯公司定性为一个非常注重业务与IT之间关系的传统公司。任何战略规划都应从这里开始，以弥补信誉、合作伙伴关系和信任以及其他所需要素方面的不足。未来的环境动荡和IT能力能否转型这些潜在问题都是对当前企业IT能力的挑战。简而言之，企业需要制定一个优秀的战略性IT管理图来指导业务和IT管理。

■　安格斯公司的企业IT能力（将业务与IT结合）表现出众并且能产生业务成果吗？IT方面表现突出吗？

■　安格斯公司的IT能力对信任和合作伙伴关系有促进吗？

■　安格斯公司的成果有效地应对了变化和灵活性吗？

读者可以根据所总结的数据做出回答，但是答案或许是否定的。这应能够给安格斯公司的领导层提供指导。

示例2：全球金融服务公司

总结表中将呈现以下两个事例。

全球金融服务公司在100多个司法管辖区建立了6家金融业务子公司，而其中一些管辖区的法律和文化都不尽相同。尽管IT为公司提供核心运营服务，但这6家公司的IT成熟度级别并不相同。IT被组织成了一个具有多个数据中心的全球性组织。

我们在针对安格斯公司的表IV–1中注意到，评估能向全球管理团队提供在"传统"和"转型"两个角度之间选择的机会。除了业务环境处于"高度转型"状态外，该公司团队的选择都是"高度传统"。根据所参考章节内容，其他评估问题的答案呈现在表IV–6中。

表IV–6　定义业务？全球金融服务公司的IT特征

企业的业务和IT特征	传统业务和IT管理角度（起始点）	转型业务和IT管理角度（目标点）	管理层选择
1.业务和IT环境	业务环境保持稳定、静态；变化相对持续，但不是转型的；业务和IT机构专注于企业层面	环境是动荡、动态的；改变以难以预料的方式和速度发生；企业和IT机构专注于业务部门或业务分支层面	高度转型

企业业务和IT特征	传统业务和IT管理角度（起始点）	转变型业务和IT管理角度（目标点）	管理选择
2. 管理层主要侧重于投资和IT业务影响	成本降低和成本管理是关键	专注决策和最优成本（不是最低成本）是关键	略微传统
3. 好的IT的关键属性	稳定性，精心规划的细则，并对业务要求有求必应	灵活性，适应性，响应性，模块化且达到预期	高度传统
4. 企业针对IT管理的方法	分等级、定向控制	网络型，参与型，面向业务问题的解决	高度传统
5. IT是基本的文化和价值	控制技术，应对业务，服务眼前的客户	了解业务；积极提出业务预案和合作方预案	高度传统
6. 公司如何看待IT和公司之间的关系	公司是IT的客户，定义要求；IT开展技术，提供技术专项服务；IT仅为提供者	公司被看作一个合作方，协同工作；IT为转变因素；IT作为合作方可以获得许多IT并需要管理	高度传统
7. IT如何看待IT和公司的关系	IT对业务进行反馈；公司是IT的客户，定义要求；IT开展技术，提供技术专项服务；IT仅为提供者	IT是积极参与性质的，并与公司合作方紧密合作；专注于IT的战略性使用。需要管理众多IT来源	略微转型

全球金融服务公司应该怎么做

表IV–7中展示了第11章中所述的22个问题的相对值，界定了企业IT能力的要求。和之前一样，灰色格子中的数字表示企业在该项能力上绩效为零或非常低。

表IV–7　全球金融服务公司的企业IT评估

企业IT能力	规划与创新	信息与情报	发展与转型	服务与资源优化	服务与卓越运营	采购	成本与绩效	总评
A – 建立信任、信誉和合作伙伴关系	1.0	2.0	3.0	2.0	4.5	4.0	3.0	2.8
B – 提供领导力和个人责任	1.0	1.0	3.0	2.0	4.0	4.0	4.5	2.8
C – 适应企业和领导力文化	2.0	2.0	3.0	2.0	2.0	2.0	4.5	2.5
企业IT能力总评——运用的流程创造了信任等	1.3	1.7	3.0	2.0	3.5	3.3	4.0	2.7
D – 生产或支持卓越业务价值	2.0	1.0	3.0	2.0	3.5	3.5	2.0	2.4
E – 生产或支持应对动荡和不确定性的卓越响应	1.0	1.0	1.0	2.0	2.0	2.0	1.0	1.4
企业IT能力总评——业务运营成果	1.5	1.0	2.0	2.0	2.8	2.8	1.5	1.9

表IV-8将以上结果和对管理的重要性相比较，并且确定了其中的差距。也就是说，来辨别哪些项目中所需的绩效大大低于企业IT能力在管理层心中的重要性。

通过仔细研究发现，规划与创新在涉及业务成果方面与重要性差距明显。发展与转型的信任或合作伙伴关系以及成本与绩效与重要性的差距也非常明显。这两项都将是重大问题。回顾所述，我们没有侧重于某一项具体的技术方法，而是整合了企业中的业务和IT资源，其中涉及所有的IT来源以及产生信任和业务成果的能力。

表IV-8　全球金融服务公司的企业管理隐患项

	规划与创新	信息与情报	发展与转型	服务与资源优化	服务与卓越运营	采购	成本与绩效	总评
应用的流程创造了信任和合作伙伴关系对企业的重要性	2.0	4.0	4.0	2.0	5.0	2.0	4.0	3.3
对应用的流程是否创造了信任和合作伙伴关系等方面进行现状评估	1.3	1.7	3.0	2.0	3.5	3.3	4.0	2.7
差距	x	x	x		x		x	
流程产生的业务成果对企业的重要性	5.0	5.0	5.0	2.0	5.0	2.0	2.0	3.7
对流程是否产生了业务成果进行现状评估	1.5	1.0	2.0	2.0	2.8	2.8	1.5	1.9
差距	x	x	x		x		x	

表IV-9对七大企业IT能力在信任/合作伙伴关系和业务成果方面进行了评估。这还为公司就管理侧重点评估企业IT能力提供了指导。

表IV-9　信任和成果成分

	规划与创新	信息与情报	发展与转型	服务与资源优化	服务与卓越运营	采购	成本与绩效	总评
评分：应用的流程创造了信任/合作伙伴关系/领导力成果	7	6	4	5	2	3	1	
评分：企业IT能力对业务成果的贡献	5	7	3	3	1	1	5	

关于全球金融服务公司的总结

如前所述，自我评估流程将全球金融服务公司定性为大范围重视业务和IT关系的传统企业。任何战略规划都应从这里开始，以弥补信誉、合作伙伴关系和信任以及其他所需要素方面的不足。未来的环境动荡和IT能力是否能够转型这些潜在问题都是对当前企业IT能力的挑战。简而言之，企业需要制定一个优秀的战略性IT管理图来指导业务和IT管理。

- 全球金融服务公司的企业IT能力（将业务和IT结合）表现出众并且能产出业务成果吗？IT方面表现突出吗？
- 全球服务金融公司的IT能力对信任和合作伙伴关系有促进作用吗？
- 全球服务金融企业的成果充分有效地应对了变化和灵活性吗？

读者可以根据所总结的数据做出回答，但是答案或许是否定的。这仍为全球服务金融公司的领导层提供了指导。

示例3：国家政府公司

国家政府公司（以下简称为NGA）在许多行政管辖区有业务。该公司支持五大主营"行业"，这就意味着其区分任务区域，且给民众和企业提供服务。正如我们之前所注意到的那样，针对政府和非营利性机构，我们将会使用"公司"一词来代表公司业务。然而，我们会将公司理解为追求盈利并收回投资，而政府机构追求任务的成功和有效性。然而，这个差异不会改变任何战略性IT管理方面的问题，这仍然完全适用于政府机构。

和全球服务金融公司一样，我们只呈现高度总结的信息。

表IV-9向管理团队提供了在"传统"和"转型"角度选择的机会。根据所参考章节的内容，其他评估问题的答案呈现在表IV-10中。

表IV-10　NGA特征

企业的业务和IT特征	传统业务和IT管理角度（起始点）	转型业务和IT管理角度（目标点）	管理层选择
1.业务和IT环境	业务环境保持稳定、静态；变化相对持续，但不是转型的；业务和IT机构专注于企业层面	环境是动荡且动态的；改变以难以预料的方式和速度发生；业务和IT机构专注于业务部门或业务分支层面	高度转型
2.管理层主要侧重于投资和IT业务影响	成本降低和成本管理是关键	专注决策和最优成本（不是最低成本）是关键	同样适用
3.好的IT项目的关键属性	稳定性，精心规划的细则，并对业务要求有求必应	灵活性，适应性，响应性，模块化且达到预期	高度传统

续表

企业的业务和IT特征	传统业务和IT管理角度（起始点）	转型业务和IT管理角度（目标点）	管理层选择
4.企业针对IT管理的方法	分等级、定向控制	网络型、参与型、面向业务问题的解决	高度传统
5.IT的基本文化和价值	控制技术，响应业务需求，服务眼前的客户	了解企业；积极为公司和合作方提供解决方案	高度传统
6.公司如何看待IT和业务组织之间的关系	公司是IT的客户，定义要求；IT开展技术，提供技术专项服务；IT仅为提供者	公司被看作一个合作方，协同工作；IT为转变因素；IT起合作伙伴的作用；IT可提供许多资源，并且需要管理	高度传统
7.IT如何看待IT和公司的关系	IT对企业进行反馈；公司是IT的客户，定义要求；IT开展技术，提供技术专项服务；IT仅为提供者	IT是积极参与性质的，并与公司合作方紧密合作；专注于战略性使用IT；需要管理众多IT来源	略微转型

NGA公司应该怎么做

在对企业IT能力描述的结尾，自我评估专注于该项能力对企业以及对目前企业产生成果的重要性方面。这些成果包括业务影响：卓越业务价值、应对动荡的卓越能力；流程或公司的影响：建立信任、领导力、合作伙伴关系文化。

表IV-11展示了隐患项，例如规划与创新以及成本与绩效。

与前两家公司一样，问题是这些指标对该公司的重要程度。表IV-12展示了具体的企业IT能力，并列出了重要性与信任以及产生业务成果之间的重大差距。在这里，发展与转型、服务与卓越运营以及信息与情报较为突出。与此类似，表IV-13中展示了每项企业IT能力对业务成果的相关评分。

表IV-11 NGA公司企业IT能力评估

企业IT能力	规划与创新	信息与情报	发展与转型	服务与资源优化	服务与卓越运营	采购	成本与绩效	总评
A－建立信任、信誉和合作伙伴关系	3.0	2.0	4.0	3.0	2.0	0.0	2.0	2.3
B－提供领导力和个人责任	3.0	4.0	4.0	3.0	2.0	0.0	4.5	2.9
C－适应企业和领导力文化	4.0	4.0	4.0	3.0	2.0	0.0	0.0	2.4
企业IT能力总评——利用的流程可创造信任等	3.3	3.3	4.0	3.0	2.0	0.0	2.2	2.5
D－产生或支持卓越业务价值	4.0	2.0	3.0	3.0	2.0	4.0	2.0	2.9
E－产生或支持应对动荡和不确定性的卓越响应	1.0	3.0	2.0	2.0	2.0	2.0	1.0	1.9
企业IT能力总评——产生业务成果	2.5	2.5	2.5	2.5	2.0	3.0	1.5	2.4

表IV-12　重要性和绩效

	规划与创新	信息与情报	发展与转型	服务与资源优化	服务与卓越运营	采购	成本与绩效	总评
应用的流程创造了信任和合作伙伴关系对企业的重要性	2.0	4.0	4.0	2.0	5.0	2.0	4.0	3.3
对应用的流程是否创造了信任和合作伙伴关系等进行现状评估	3.3	3.3	4.0	3.0	2.0	0.0	2.2	2.5
差距		x			x		x	
流程产生的业务成果对企业的重要性	5.0	5.0	5.0	2.0	5.0	2.0	2.0	3.7
对流程是否产生了业务成果进行现状评估	2.5	2.5	2.5	2.5	2.0	3.0	1.5	2.4
差距	x	x	x		x			

表IV-13　企业IT能力评估

	规划与创新	信息与情报	发展与转型	服务与资源优化	服务与卓越运营	采购	成本与绩效	总评
评分：应用的流程创造了信任/合作伙伴关系/领导力成果	2	2	1	4	6	7	5	
评分：企业IT能力对业务成果的贡献	2	2	2	2	6	1	7	

读者可以通过观察数据来得出关于管理重心应该放在哪一项具体的企业IT能力上的结论。

关于NGA的总结

之前的自我评估流程将NGA定性为一个相对传统的、大范围重视业务和IT关系的公司。任何战略规划都应始于此，以弥补信誉、合作伙伴关系、信任以及其他所需要素方面的不足。

这归结到三个问题。

- NGA的企业IT能力（将业务和IT结合）表现出众并且能产生业务成果吗？IT方面表现突出吗？
- NGA的IT能力对信任和合作伙伴关系有促进作用吗？
- NGA的成果充分有效地应对了变化和灵活性吗？

注意：我们只呈现了最终分析结果的三个数字；第11章表述了NGA应针对每项能力所回答的所有22个问题。

总结

我们的目的不是展示和检验三个公司的咨询流程。相反，我们想要说明的是，对于我们来说非常重要的具体问题——信任、合作伙伴关系、绩效、应对动荡的能力和价值，如何适用于三个颇为不同的公司。这就印证了那句俗语"一个尺寸不会适合所有人"，因为我们并不能断定每项企业IT能力对所有公司都同样重要。我们所做的是尽力描述某个公司的具体能力及其绩效，并根据业务和IT管理方面存在的隐患项得出结论。

16 应该做什么

现在有几个大问题是：

- 目前状况如何？
- 需要采取什么行动？
- 需要何人采取行动？

答案当然取决于企业的具体情况和企业IT能力的现状。我们在此提供一个多步骤方法，可以评估这些具体情况和现状，目的在于实现战略性IT管理的基本目标。

这里有两个关键点。第一，评估工具和下面所建议的评估方法之间有很多重叠部分。每位读者需要确定对自己最有帮助的部分。第二，我们一再强调战略性IT管理与IT管理或业务管理中的技术细节无关。相反，战略性IT管理在将业务和IT在合作中结合起来的方面上是重要部分，它能够实现IT中有价值的共同目标和应对动荡与不确定性。

但我们为什么要这样做？我们不仅在第16章中提出了这个问题，而且在第四部分引言——有关自我评估的讨论中也提出了这个问题。毕竟读者可能说我们肯定了解自己的公司！更重要的是，高层领导会告诉我们需要做什么。所有这些都这么简单？我们的公司是一个复杂的有机事物。然而一直以来的经历告诉我们，大多数经理和专业人员真的没有考虑过他们组织的具体情况。高级经理可能并非如此，但组织内部人员通常没有考虑周边环境，特别是不会从多种行动方法角度来考虑。这两个关键点是十分有用的，有利于人们了解具体需要做什么，以及可以做什么（这一点同样重要）。

然而，更根本的问题是展示战略性IT管理和七大企业IT能力听起来像是流程/方法讨论，更糟的是听起来像IT组织进行的IT流程讨论。风险是我们（IT和业务经理）倾向于认为流程和方法是好的，并且我们需要它们。尽管我们再三强调一个解决方案并不能适用于所有问题，但人们仍然容易认为事实上我们需要做所有事情：规划、卓越运营、服务管理和开发，这些是IT管理流程的所有部分。

但战略性IT管理涉及一个基本问题：为了产生价值和应对动荡，公司的业务和IT资源是否得到最佳使用？这不是流程或方法问题，而是管理领导力和合作问题。

我们提出三个最重要的问题：

- 涉及业务和IT的企业IT能力是否绩效出众并且能产生有价值的业务成果？IT方面表现突出吗？
- 企业IT能力是否对信任和合作伙伴有促进作用？
- 企业IT能力能够有效和充分地应对变化和灵活性吗？

借助自我评估我们可以得到答案。例如，我们确实知道一个重要问题：好的绩效能带来信誉、信任和合作伙伴关系，因此我们必须有所行动！浏览第11章中的自我评估，并考虑与七大企业IT能力相关的问题A1会有所帮助：通过IT执行和绩效，目前公司IT能力建立的信誉程度如何？

实际上，我们行动了吗？看一看第四部分引言中介绍的三个案例，这三个例子显示了在应对动荡时可能发生的一些变化。我们要知道——应对方式针对的是第11章中描述的22项要求中的每一项（在"根据要求评估企业绩效"部分）。

- 得到所需成果。（5分）
- 经常得到所需成果。（4分）
- 偶尔得到所需成果。（3分）
- 很少得到所需成果。（2分）
- 没有得到所需成果。（1分）

表16-1展示了企业经理基于提供的5分量表通过自我评估所确定的当前绩效。但是接下来怎么做？应该如何考虑这些部分的相对重要性和优先级？引言中的答案是依据自我评估。这里，我们将进一步就如何考虑优先级提出一些方法。基本原则是：并非所有事情都是必要的，并非所有事情都要优先处理。

表16-1 企业绩效简介

	战略	战术			运营		
	规划与创新	信息与情报	发展与转型	服务与资源优化	服务与卓越运营	采购	成本与绩效
安格斯公司	3.0	3.0	2.0	3.0	4.0	3.0	4.0
全球金融服务公司	1.0	1.5	3.0	2.0	4.5	3.0	3.0
NGA	4.0	4.0	4.0	2.0	2.0	2.0	2.0

　　另一件重要的事情是：公司能否应对影响自身的动荡和变化。我们回到第11章中的评估部分，包括下列要求：更快地发现项目和要求，更快地制定解决方案和计划，以及更快地部署解决方案——业务和技术解决方案强调适应性和灵活性。

　　这指的是应对动荡时进行变革的能力和应对变化的能力。看看这三个案例就可以发现问题；表16-2展示的是这三个示例公司是如何应对动荡和变化的。

表16-2 运用企业IT能力应对动荡

	战略	战术			运营		
	规划与创新	信息与情报	发展与转型	服务与资源优化	服务与卓越运营	采购	成本与绩效
安格斯公司	1.0	不适用		不适用	1.0	1.3	1.0
全球金融服务公司	1.0	1.0	1.0	2.0	2.0	2.0	1.0
NGA	1.0	3.0	2.0	2.0	2.0	2.0	1.0

表16-3 运用企业IT能力建立合作伙伴关系和信任

	战略	战术			运营		
	规划与创新	信息与情报	发展与转型	服务与资源优化	服务与卓越运营	采购	成本与绩效
安格斯公司	2.0	2.0	2.5	2.0	3.5	3.0	2.5
全球金融服务公司	1.0	2.0	3.0	2.0	4.5	4.0	3.0
NGA	3.0	2.0	4.0	3.0	2.0	2.0	2.0

　　我们还要了解企业运用IT能力建立的信任、信誉和合作伙伴关系的程度，这极大地影响着企业应对动荡和改善价值交付的能力。比较表16-3中的三个示例可以发现这三家公司之间的差别。

　　所有这些案例都强调，对于企业和相应要采取的战略性IT管理方向的决策来说，一种解决方案并非能解决所有问题。

第四部分引言使用每个章节中的自我评估工具来回答现状问题。我们使用这些结果来来确定接下来各个步骤的方向——这取决于每次自我评估的结果。不过，考虑到对于当前管理观点的依赖性，得出的结果可能并不全面。当我们将业务和IT管理纳入战略性IT管理的讨论时，它们在某种程度上也是问题的一部分。从公司外部的角度来看，我们也可以有所收获；也就是说，使用更规范的来源可帮助确定现状。我们指的是使用各种思维框架来体现公司特点，从而阐明对公司而言要考虑哪些重要因素。

使用框架来描述企业

每家企业和政府机构都是不同的，我们一直在说一种解决方案并非适用于所有问题。尽管确实是如此，但这涉及一个很重要的问题：我们具体在指什么？在使用企业IT能力时应该如何运用这一理念？这句话我们或许说了很多次，但是真的就是如此。我们在这一节要使用的简单图表在某种程度上普遍适用，但构成这些图表的具体细节一定不是普遍适用的。例如，某家企业在行业中的竞争地位在很大程度上会影响对规划与创新企业IT能力的具体要求。也就是说，某家企业需要能够控制和做好事情的具体细节是十分不同的，紧急程度也不同。[1]

用作讨论的话，我们发现使用简单分类框架方法来描述企业内部的差异对我们很有帮助。我们还发现，在实践中，与业务经理、IT经理和任何与规划和创新企业IT能力（及其他企业IT能力）相关的人员一起使用这些框架对描述企业也很有帮助。这就需要简单的自我评估。这些框架描述了企业本身的本质和支撑企业的IT活动的特点。这些框架用于判定对某个具体公司而言最重要的是什么。

我们根据不同的框架在此展示了多种测试。测试可能不一样，但是大多数一定可以引导人们发现不同企业IT能力的优先级。我们的目标主要是鼓励读者具体考虑某个特定公司的环境；更重要的是考虑变化——尤其是动荡时期的变化，是否引起所描述了公司特点的转变。

---

1. Martin Reeves, Claire Love, Philipp Tillmanns, "Your Strategy Needs a Strategy", *Harvard Business Review*, (September 2012): 76 - 80.

框架的作用

我们提出了八个框架来分析一个公司的特点，这些框架适用于战略性IT管理、信任和合作伙伴关系。这些框架很简单，因为它们仅仅体现出了描述性的分析而没有体现出严格的分析。不过它们的作用很大，从定义变化对公司造成的影响方面来说更是如此。除了需要了解这些特点如何更好地应用于公司之外，我们还需要考虑公司在不久的将来如何变化，也就是现在的特点是什么，以及环境业务和技术变化将如何使公司的明天有不同的特点。

公司特点会发生变化这一观点一直被认为十分有用，因为这个观点暗示变化的连锁效应会扩散，至少会影响IT组织的运营方式及其与业务之间的互动过程。这就是我们正在做的事情的意义。虽然我们会指出一些更重要的影响，但我们不会具体说明所有影响是什么。我们想要鼓励读者采取"如果……就"的态度，当读者可能进行一项或多项自我评估训练时（我们针对每项企业IT能力所建议的训练）[1]更是如此。

我们必须要说清楚四个重要的基本原则。首先我们描述的大多数分类框架有几十年历史，许多学者、从业者、作家和咨询师一直在对其进行详细说明和扩展。第一个基本原则是这肯定是可行的，因为我们的目标不是制订业务战略规划或组织设计这样的事情。相反，我们的目标是引发讨论，通过明显但或许简单的特点表明，这些框架对不同公司造成的影响可能不同。我们鼓励读者通过进一步阅读和研究对应用到具体公司的这些特征加以了解。

第二个基本原则是这些框架肯定不是唯一与此相关的框架。文献和咨询实践中有很多较好和有用的框架，权变理论是有用的也是较好的！但是我们在此展示的框架已证实对客户和学生有帮助。

第三个基本原则更为基础，即这些类型的框架从一开始，其意义很大程度上就是框架适用于公司整体。对于主要涉及一个行业的简单公司而言，事实确实如此，虽然甚至在简单的公司中前台和后台特点都可能有差异。但是大多数公司和政府机构都有多个业务范围和/或明确的业务部门或业务功能。对于我们使用的很多框架而言，其对不同部门和功能

---

1. 例如，请参阅：Marianne Broadbent和Peter Weill的文章中关于战略环境的讨论内容，该文章为："Management by Maxim: How Business and IT Managers Can Create IT Infrastructures"，*Sloan Management Review*，(Spring 1997): 77–92。

的作用可能十分不同。如果我们是向所有部门提供服务的单个IT组织，这就是另外一回事（自身权利方面复杂）。但是许多组织拥有IT生态系统——由多个IT组织供应商（一些供应商包含在业务部门中）、采购商（如云提供的应用程序）及所谓的"自助式IT"组成，在这种IT生态系统中硬件和软件由个人和/或业务部门的组成部分独立获得。我们认为使用这些框架来描述每家大型公司的组成结构能让人深入了解成功的战略性IT管理面临的风险和挑战。尤其是，如果公司有几个特点（通过这些框架可以定义）十分不同的业务部门会怎么样？因此，每种企业IT能力应如何成功处理这些差异问题？

第四个基本原则强调，每个读者（经理和专业人员）可以使用这些框架来考虑这些情况如何适用于自身的问题，并为个人发展制定方向。从我们的经历来看，许多中层职员从未仔细考虑过自己公司的特点，但是这样做对他们可能非常有用并有所启发。

最后，为什么我们首先要做这个？这本质上不是业务或IT规划中的训练。相反，这些框架很有帮助，可以引导读者从战略性IT管理角度关注对有特定特色的具体公司而言最重要的事情。

针对公司在所有企业IT能力中做出的优先级选择，我们根据公司特点提出建议。这些建议是根据我们的咨询和管理经验及对研讨会和学术课程中描述的公司进行观察而得出的。根本问题在于：一个解决方案并非适用于所有问题。大多数书籍和从业者并不完全同意这一点：具体工具和方法及我们的示例企业的企业IT能力的重要性对每个人而言并非一样。甚至在某个相对复杂的公司中，不同部门之间也会不同。这导致管理、治理和具体（常用）方法应用中常用的方法出现了问题。我们认为从经验上看所采取的方法需要符合公司的特点。[1]

然而，我们不指望我们建议的优先级（例如表16-7）能够成为标准。每位读者——CEO、CIO、经理、专业人员和学生应该使用这些框架，同时了解：公司是独一无二的；了解这种独一无二的性质后可以做出明智的优先级决策；所获得的自我意识使读者能够做出合适的优先级决策。但是最重要的是，读者应该摒弃一个观念——同一方法、流程、IT策略等适用于所有企业。这得视情况而定；我们认为这取决于公司的特点。在此提供八个框架来判断公司的特点。

---

1. 许多作者描述的"战略性适合"概念是适合的。这个观点说的是一个标准并非普遍适用。

组织环境

正如之前提到的，关键问题是我们需要思考独立业务部门（或业务部门）的数目及业务部门之间的关系。如果公司经营范围单一，那么这些框架不适合用来区分公司内部的业务部门。

然而在此存在一个最重要的考虑因素。当我们将企业IT能力作为战略性IT管理的重点时，在一些本质上是控股公司的大型企业中，这与批准控股公司作为"企业"几乎没有任何关联。单独业务部门（除所有权归控股公司外，完全独立）与其没有其他的联系，有独立的代理部门的大型政府机构可以归为此类。这很棘手，因为有些IT要素仍然需要由服务组织（如网络）在全球范围内提供。接下来的一个框架中包含这种全面的考虑，但是注意确保对部门（公司）的分析应位于组织的合适层面。

框架一和框架二：组织和治理

表16-4　组织框架：运营模式

公司的运营模式	从公司角度标出主要模式
统一	
多元化	
复制	
协调	

改编自珍妮·W. 罗斯（Jeanne W. Rose）、彼得·威尔（Peter Weill）和大卫·C. 罗伯森（David C. Robertson）的《作为战略的企业架构：建立业务执行的基础》（*Enterprise Architecture as strategy:Creating a Foundation for Business Execution*）（哈佛商学院出版社，2006）。

关于用作仔细思考战略性IT管理，尤其是每项企业IT能力范围的分析单位方面，表16-4和16-5给出了指导。罗斯和威尔在呈现基础设施和治理时还引入了一个"涉及和范围"的重要概念。[1]评估中还包括对"现状"和"未来状况"的评估，虽然这些评估更多地涉及业务和战略规划领域。尽管如此，我们仍需要考虑其动态情况。然而，在动荡情况下，运营模式或自主业务部门之间的治理关系结构属于企业响应的一部分，因此这不可能

---

1. Peter Weill and Marianne Broadbent, *Leveraging the New Infrastructure: How Market Leaders Capitalize on Information Technology* (Harvard Business School Press, 1998).

是简单的讨论。对于一些公司而言，这是环境中的一个重大的动态，有力地体现了相关自我评估的"现状"与"未来状况"相对的特性的价值。

同样，此处的重点不是提供规划或组织设计方向；而是为了诊断现状，从而能仔细思考战略性IT管理的范围和第三部分中的自我评估工具。

表16-5 治理框架

企业运营模式	从企业角度标出主要模式
整体	
相关联营	
不相关联营	
控股公司	

改编自伦纳德·威格利（Leonard Wrigley）的《部门自治和多样化》（*Divisional Autonomy and Diversifiacation*）（博士论文，哈佛大学，1970）；理查德·P. 鲁梅尔特（Richard P. Rumelt）的《战略、结构和经济绩效》（*strategy,structure,and Economic Performance*）（哈佛商学院出版社，1974；修订版，哈佛商学院出版社，1986）和肯尼斯·R. 安德鲁斯（Kenneth R. Andrews）的《企业战略的概念》（*The Concept of Corporate Strategy*）（欧文，1986）。

框架三：IT战略流程[1]

虽然我们是在讨论规划与创新企业IT能力时更为适当地考虑了当前规划流程，但这一流程也确实体现了IT和业务关系的当前结构，因此这有助于人们仔细思考战略性IT管理的影响。[2]

这个框架与企业业务结构的描述有关，尤其是与许多特点极其不同的单独业务部门中的企业业务结构的描述有关（我们先前讨论过）。挑战不仅存在于IT层面；该框架还与业务部门本身如何进行业务规划有关，因此挑战可能存在于企业层面，也可能分别存在于平行的业务部门层面。战略与年度/运营规划之间的相对关系也有相似的特点。这里，企业的特点会决定这些规划变量间的一致性（表16-6）。

---

1. 观察：在这种分类中可以使用不同的框架。例如，Joe Ward and John Peppard在*Strategic Planning for Information Systems* (Wiley, 2002)中提出了对整体战略规划——尤其是IT战略规划发展的看法。另一种分类方式可能是分为（参考业务和IT间的相互依存程度）：共享的、顺序的、互惠的和整体的，这与竖井自动、业务指导竖井、同步业务和IT规划及业务计划中业务与IT之间的共同创造有关。

2. 例如，请参阅：Thompson S. H. Teo and William R. King, "Assessing the Impact of Integrating Business Planning and IS Planning", *Information and Management*, 30 (1996):209–321。框架以W. R. Synott的 *The Information Weapon: Winning Customers and Markets with Technology* (Wiley, 1987)为基础。

表16-6　组织分类框架

IT战略流程	标出流程的主要特点
竖井式	
反应式	
主动式	
与业务规划融为一体	

这个问题涉及所使用流程的一致性或可比性，但是正如之前提到的，在动荡的影响下这些特点会发生变化。

框架四：IT在企业中的作用

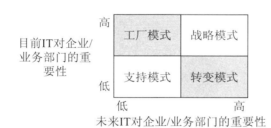

图16.1　IT在企业/业务部门中的作用：目前和/或计划中

也许最有名的框架（即图16.1）已有三十多年的历史，但仍具有较好的描述能力。这就是"IT在业务部门中的作用"模式，由麦克法伦及其同事[1]提出，很多作者对其进行了改编。这种能力基于我们意识到公司会发生变化，因为在变化的情况下公司可能从一个象限移到另一个象限。一个例子就是飞机，有新的常旅客计划时，航空公司的分类手段会从"转变模式"变为"战略模式"。当这些手段仅仅用于制定这个行业中业务部门的价格时，常旅客计划已经变成"工厂模式"或"支持模式"了。从我们的角度来看，问题是这些简单的特点如何对所需企业IT能力产生影响。

这个框架无疑是最受认可的，很多人一直在使用这一框架。我们注意到很多作者对其进行了改编，并改变了象限的名字。[2]核心观点是IT在企业中的作用，更重要的是IT对企业

---

1. F. W. McFarlan, "Information Technology Changes the Way You Compete", *Harvard Business Review* (May 1984).另请参阅：Robert J. Benson, Thomas L. Bugnitz , William Walton, *From Business Strategy to IT Action* 中的改编框架 (Wiley, 2004): 80–84。
2. 例如，请参阅：Ward和Peppard进一步分析的应用组合的具体组成成分：即使公司（或业务部门）是"战略性的"，一些组合仍将起到支持和关键运营等作用。

内部每个业务部门的作用会导致管理要求和企业IT能力优先级存在显著差异。

表16-7　可能的企业IT能力优先级

	战略	战术			运营		
	规划与创新	信息与情报	发展与转型	服务与资源优化	采购	服务与卓越运营	成本与绩效
工厂模式				高	高	高	高
支持模式						高	高
转变模式	高	高	中等	高			
战略模式	最高	最高	最高		中等		

在表16-7中，考虑到框架中体现的企业特点，就哪项企业IT能力尤其重要方面，我们提供了咨询服务和教学经验。既复杂又重要的一面是单个业务部门和业务领域的特点可能体现在不同象限中。这给企业治理流程和检查及提高企业IT能力带来了挑战。正如图16.1的图题所示，这可以应用到现状或未来状况模式中。很明显，至少在评估哪项企业IT能力最急需关注方面，未来状况很重要。

这些框架的作用：在每个业务部门或职能处于不同象限时，框架能够帮助理解企业或业务部门可能拥有的优先级，以及变化（如由于应对动荡从"工厂模式"变为"战略模式"）和可变性造成的影响。

我们提醒读者表16-7和之后的表中显示的优先级表达不是描述性的，这来自我们多年来作为CIO、学者和咨询人士所得出的经验。

框架五：业务和IT管理及治理文化[1]

业务治理和管理模式体现了企业对IT和业务关系的很多忧虑，从较小程度来看，在IT领域中也有体现（图16.2）。这延伸到企业应对动荡（意外变化）和不确定性的能力。回顾第7章中提出的在动荡的影响下提高决策速度的要求，即要求在这一速度下可以发现问题、制定解决方案和部署解决方案。

但是如果由于文化因素使得实现此法不太可能（或不太容易）怎么办？这一问题在IT组织中同样存在，对于IT组织而言，文化和流程可能与业务十分不同。

---

1. Robert Benson and Thomas Bugnitz, "Transformative IT: Creating Lean IT Portfolio Management ... or Not", in *Cutter IT Journal*, 22, No. 1 (2009): 31–39.

注意，表16-8可单独用于企业和IT供应商（IT组织或是主采购商）。

图16.2　规划和治理文化

表16-8　分类框架五

管理和决策文化	战略	战术			运营		
	规划与创新	信息与情报	发展和转变	服务与资源优化	采购	服务与卓越运营	成本与绩效
竖井式	高	高	高	中等		中等	
传统式				中等	高	高	高
自动式			高	高		高	
反应式	高		中等				高

动荡和变化

这些模式可帮助定义经济和技术环境，而我们之前提到的各种组织是在这种环境下运行的。

框架六：影响企业的动荡的本质[1]

动荡是本书的一个中心主题。但我们在第4章和第5章指出过，造成动荡的许多原因都会影响业务和技术，这一现象在不同程度上可能出现在不同企业（在框架一中指出）或企业的不同业务部门和职能中。

从我们的角度来看，问题是这些简单的特点如何对所需企业IT能力造成影响。图16.3

1. Robert J. Benson.

中显示的框架关注的是业务和/或技术环境当前动荡程度。第4章和第5章对动荡的本质、主要诱因和特点进行了自我评估。

请注意，第四部分的引言强调了对企业环境的描述。例如，安格斯公司至少现在可能会进入稳定/稳定类。所以这个框架与本书中的自我评估工具结合后会运行良好。

和之前一样，我们提供咨询服务和研究经验，并对优先级提出建议。尤其要注意，表16-9可以且应该整体应用到企业和业务部门或行业中。

业务所处的IT环境的稳定程度或动荡程度
[可以是技术本身；可以是供应商（例如云）]

图16.3　动荡环境中的企业状况

表16-9　动荡情况下的优先级

	战略	战术			运营		
	规划与创新	信息与情报	发展与转型	服务与资源优化	采购	服务与卓越运营	成本与绩效
业务和技术的动荡程度	高	高	中等				
动荡业务、稳定技术	高	高		中等		高	高
稳定业务、动荡技术	高		高			高	
业务和技术的稳定程度	中等		中等	高	高	高	高

框架七：企业业务应对动荡

安索夫在20世纪70年代开始研究组织对环境动荡的应对。根据动荡的角度和以下这些角度，他建议使用企业五元素分类法[1]：

■　相对不变。管理重视稳定和最佳做法。

---

1. Igor Ansoff and Edward McDonell, *Implanting Strategic Management*, 2nd ed. (Wiley, 1990).

- **发展且无破坏性变化。**当促进持续发展和提高响应无破坏性发展的能力时，管理重视企业经验的应用。
- **快速改变已知方向。**管理重视预测变化的能力和应对方法的灵活性。
- **中断和创业。**管理重视灵活应对新的环境。
- **中断、未知和破坏性。**管理重视有效适应新的环境和方向的能力。

思考企业的主要结构会为战略性IT管理的优先级提供指导。

框架八：企业文化和应对变化

表16-10 业务环境框架

业务环境	战略	战术			运营		
	规划与创新	信息与情报	发展与转型	服务与资源优化	采购	服务与卓越运营	成本与绩效
相对不变				中等	高	高	高
发展且无破坏性变化			中等	中等	高	高	高
快速改变已知方向	中等	中等	高			中等	
中断和创业	高	高	高				
中断、未知和破坏性	高	高	高				

企业业务环境和行业环境主要影响战略性IT管理的优先级，管理文化和个性也会影响它们，尤其是CEO和业务部门中与CEO级别相当的人的高级领导，也会对这种优先级产生影响（见表16-10）。

许多书都提到了这个主题，有时以领导为标题，有时以变化为标题，有时以高效企业由什么组成为标题。很多有关CEO领导个性的讨论形成了五个基本主题（或价值）。每一个主题都代表一种未阐明的过滤系统，以为决策和环境及应对新建议提供指导；每一个主题都体现了一系列特点，结合在一起时可以有力地体现管理文化。下列陈述从CEO的角度给出，但是同样适用于业务部门经理和高级领导团队成员（如CFO）。[1]

---

1. 我们在研究论文中看到了管理文化概况的观点。正如作者所说："管理概况以已有文化特点为基础，战略概况以环境波动性为基础。"我们认为不能采用严格的研究角度，而是在使IT战略能力符合企业管理特点这一挑战中将之作为十分有用的概况（我们和客户所做的）。发现于和改编自：Robert C. Moussetis, Ali Abu Rahma, George Nakos, "Strategic Behavior and National Culture: The Case of the Banking Industry in Jordan", *Competitiveness Review: An International Business Journal* 2, incorporating *Journal of Global Competitiveness* 15 (2005): 101–115。

- 避免不确定性。此系列的一端：CEO不喜欢不确定性，并在每种可能的环境中努力减少不确定性。决策倾向于避免不确定的环境。另一端：CEO了解不确定性，努力汇集数据、借鉴观点以减少不确定性带来的风险。

- 风险倾向。一端：CEO几乎将风险视为业务的一个重要成分；他/她不会仅仅由于环境或建议存在风险而放弃它们。CEO致力于减少风险。另一端：CEO避免做出包含高风险的环境或决策。

- 对改变的开放度。一端：CEO接受和促进改变，并为成功地实现改变提供环境和文化支持。另一端：CEO重视稳定性，更愿意事物保持不变，当提供的建议有很强的说服力时，他们才会接受企业需要变化这一观点。

- 时间导向。一端：行动和事件发生在合理的时间框架内。另一端：速度至关重要。

- 对控制环境的看法。一端：必要时CEO可以直接改变企业相关环境，不管是竞争、客户期待、监管和技术等方面都是如此。另一端：CEO无法改变环境，必须直接应对动荡。

从这些文化要素方面对当前管理团队进行分类可以让人们深入了解当前环境，同时了解引入新的战略性IT管理要求所面临的挑战。表16-11呈现了一种方法。一个有趣的结果是我们从中发现了企业、业务部门经理和IT管理在文化上的差异。

表16-11　管理文化

	CEO	CFO等	业务部门经理	IT经理
避免不确定性				
风险倾向				
对改变的开放度				
时间导向				
对控制环境的看法				

战略性IT管理的优先级当然取决于答案。如果定义的文化应对都是采用"另一端"描述的，那么优先级看起来可能与表16-12类似。

另一方面，如果定义的文化应对属于"一端"，那么优先级看起来可能与表16-13类似。

将管理文化和战略性IT管理方向进行匹配的训练是非常有成效的。

表16-12 管理文化和战略性IT管理

	环境	战略	战术			运营		
		规划与创新	信息与情报	发展与转型（改变）	服务与资源优化	采购	服务与卓越运营	成本与绩效
避免不确定性	接受与管理	中等	高		高		中等	
风险倾向	接受与管理	中等	高		中等	中等	中等	
对改变的开放度	接受与管理	高	中等	高		中等	中等	
时间导向	行动时间短			中等			中等	
对控制环境的看法	很少控制	高	高	中等		中等	中等	中等

表16-13 管理文化和战略性IT管理

	环境	战略	战术			运营		
		规划与创新	信息与情报	发展与转型（改变）	服务与资源优化	采购	服务与卓越运营	成本与绩效
避免不确定性	不喜欢不确定性		中等		高		高	高
风险倾向	不喜欢冒险		中等				高	高
对改变的开放度	不愿意改变						高	高
时间导向	长期			中等				
对控制环境的看法	高度控制						高	高

需要做什么

某种程度上这是变革管理方面的一个训练，首先接受改变是必要的。这可以是IT自身、业务处理IT（治理）的方式和企业对IT作用理解方式的改变。因此我们需要密切关注自我评估材料，为是否真的需要改变提供数据。当然，每个人对改变的需要有自己的看法。然而，现在就所有相关人员而言我们可以描述出这种感觉并努力接受。

虽然要这样做还需要接受一些事物。

■ 了解业务是这个流程中的一个平等的合作伙伴。正如我们在本书的开头提到的，人们很容易认为所有这些完全是IT的问题，CEO有义务对此采取行动。

■ 接受当前技术能力（见第7章）不足以解决应对动荡和从IT中产生卓越价值时遇到的问题。

■ 接受传统做法是不够的，并且在有效建立信任和合作伙伴关系、增加业务中所用IT的业务价值及处理动荡和不确定性方面，当前的最佳做法有不足之处。我们在每一章节的讨论中列出了两种评估方法，可以确定具体组织中事实是否如此以及提供弥补不足之处的方法。

■ 接受以信任、合作伙伴关系、业务价值、动荡和不确定性相关基本原则为基础的更好的方法。这些被描述为之前各个章节中所列的战略性IT管理的基本活动。

■ 接受一个解决方案并非适用于所有问题这个观点，动荡时期转型业务的一个重要部分是与战略性IT管理和企业简介及文化相匹配。

因此，初始步骤是为组织评价和评估当前企业IT能力、确定差距在哪里和进行适当的投资及改变。

第二部分是让组织为战略性IT管理做好准备。例如，在加强七大企业IT能力方面我们有过大量经验。我们把这称为IT普遍性；它重点关注所有IT经理和专业人员以及相关业务部门经理和职员。目的是增强对每项企业IT能力的理解，尤其是要注重与业务战略和目标之间的联系和全面提高最有效使用IT资源的能力。这就是战略性IT管理最终解决的问题。

最后，公司必须懂得利用CIO、CEO和其他高级管理人员的领导力，这个流程我们在第17章和第18章中会谈到。

风险

在本书中，我们冒着很大的风险——听起来像是重点在于IT流程以及期望结果仅是从IT管理的"现状"变为更好的"未来状况"，这是由于IT人员倾向于寻求稳定。这类似于之前的一个讨论：IT人员满足于操纵结果和百分百满足要求，而不是接受连续变化的概念。当然关键的是要具有能使改变发生、促进灵活性和敏捷性的基础设施（企业IT能力）。

但是风险是，大家倾向于将终点视为稳定——即使终点有所期望的灵活性和敏捷性特点。考虑一下哈格尔、布朗和戴维森的观点："这与寻求支撑稳定期的渐进式成长机会无关，我们必须将改变视为大冒险的一部分，尽管这可能导致我们要达到稳定状态的自然倾向无法实现。"虽然他们仅指广泛的转型公司和业务环境，但这些观点应用到战略性IT管理环境和目标上同样有效。风险在于人们会忘记这一点并企图达到稳定状态，而我们认为稳定状态至少是难以达到的或不可能达到的。[1]

战略性IT管理如何与治理产生关联

战略性IT管理以治理和决策流程为基础，企业使用这些流程来决定IT的方向和使用。第2章介绍了治理过程（图2.3）和一些主要区域，与这些区域相关的决策对治理过程十分重要。服务与卓越运营无疑是其中的一部分，尤其从确定绩效标准和评估/减少风险与成本方面来说。表16-14显示了六种治理决策类别，服务与卓越运营这项企业IT能力也在其中。关键问题是企业能否在治理流程中就这些方面做出决策：

- 项目/程序选择
- 技术选择
- 金融约束
- 组织结构
- 绩效要求
- 风险管理

这里必须强调一个重点，那就是治理与控制或等级结构无关（至少并非完全相关）。相反，治理更多的是与业务、IT经理和组织之间的关系有关。正是通过这种治理关系我们的很多信任和合作目标得以实现（或没有实现）。[2]事实上，对变革管理而言治理是不可或缺的。

表16-14中的自我评估对特定企业如何定位及服务与卓越运营企业IT能力差距体现在哪里提供了指导。评估标准如表16-15和表16-16所示。当然对企业处理动荡和不确定性的能力而言，决策十分重要。

治理是战略性IT管理的基础，但也是进行必要合作的环境。治理的本质和起源是决策

1. Jon Hagel III, John Seely Brown, Lang Davison, *The Power of Pull: How Small Moves, Smartly Made, Can Set Big Things in Motion* (Basic Books, 2012), xi.

2. Ryan Peterson, Pieter Ribbers, and Ramon O'Callaghan, "Information Technology Governance by Design: Investigating Hybrid Configurations and Integration Mechanisms", *ICIS 2000 Proceedings* (2000), Paper 41. http://aisel.aisnet.org/icis2000/41

流程，业务通过这一流程指导IT资源的分配和使用。[1]然而这项能力是指与包括IT在内的利益相关者采取共同行动和建立合作伙伴关系。所以表16-14中的根本问题是：企业能否在治理流程中就信息和IT的分配和管理做出必要的决策？

这又涉及很多相关问题，如处理竖井，联系许多IT供应商和使流程符合企业本质等。[2]实际上，这些企业IT能力的作用是决定能否在所有相关因素环境中实现这些能力。[3]

表16-14　治理决策评估

治理决策类别	对企业的重要性	治理状况	治理作用和任务
项目/程序选择			确保项目和程序排序的根据是业务价值交付、业务需要响应、整体风险概况、成功概率和成本； 确保资源分配给一些行动方案，这些方案支持改善投资的期望时机
技术选择			在遵行可用性、绩效、可操作性、安全和业务所需集成标准时，确保技术来源和技术决策符合职能需要
金融约束			为业务部门、投资和IT组织监控和确定成本水平
组织结构			无论对产生卓越业务价值和更好应对动荡十分重要的来源如何（生态系统中），为所有企业IT能力设立一个组织设计，增强责任感和改善效果
绩效要求			建立以业务为基础的度量和合适的标准；监控交付给业务的IT服务日常绩效；确定和监控采购
风险管理			发现和监控威胁环境，将影响战略、操作、客户、供应商和雇员的风险包括在内；业务连续性、规划和信息安全包括在这一类别中；概括和监控减少风险的行动

表16-15　治理决策评估度量表一

描述	当前对企业而言的重要性	
重要性体现了治理状况	0	不适用于该企业
	1	对该企业不重要
	2	管理层感兴趣但没有相关行动
	3	对企业信息和IT的成功有些许重要
	4	对企业信息和IT的成功很重要
	5	对企业信息和IT的成功至关重要

1. Peter Weill and Jeanne W. Ross, *IT Governance: How Top Performers Manager IT Decision Rights for Superior Results* (Harvard Business School Press, 2004).

2. 请参阅：chapter 5，"Great Clear and Appropriate IT Governmance"，in Marianne Broadbent and Ellen Kitzis, *The New CIO Leader: Setting the Agenda and Delivering Results*(Harvard Business Review Press, 2004): 105。虽然这不是强调我们的治理对合作伙伴关系的发展和改变很重要，但它的确深刻地体现了核心观点。另请参阅：Weill and Ross, *IT Governance*。

3. 请参阅：Gad Selig, *Implementing IT Governance: A Practical Guide to Global Best Practices in IT Management* (Van Haren, 2008).

表16-16　治理决策评估度量表二

等级		治理现状
0	不适用	不知道或不适用
1	无效	治理（企业、业务部门为基础、来源/云）是无效的，成果糟糕
2	大多无效	治理（企业、业务部门为基础、来源/云）大多无效，成果糟糕
3	无	没有能力，但成果不好也不坏
4	有些效果	治理（企业、业务部门为基础、来源/云）有一些竞争力
5	有效	治理（企业、业务部门为基础、来源/云）是有效的

战略性IT管理如何与创新产生关联

在我们准备这本书时，许多人认为，或许我们轻视了创造业务机会、应对新环境等方面的重要作用。那么我们轻视过创新吗？根据对七大企业IT能力在动荡和变化的应对方面的判断，大多数情况下，答案是没有。但是从另一方面来说，答案是有，例如，书中没有特别强调创新的章节。

许多重要的书籍确实强调整体创新，尤其是IT方面。我们喜欢加里·哈默尔的书《现在重要的是什么：如何在不断变化、竞争残酷和创新不可阻挡的世界中赢得胜利》[1]，仅读一下副标题就感到激动。不过他的确强调了实际问题。例如，他指出："很少有（如果有）职员能被训练为业务创新者[或]能接触到有助于激发创新的客户和技术见解，[他们]面临官僚挑战。"加里·哈默尔推荐他的读者读另一本书，这本书是关于好的创新方法方面的。[2]

然而我们的基本观点是，一切与战略性IT管理有关的事物最终都与创新有关，这些事物包括应对动荡和需要从IT中产生更大价值时做出的改变。我们没有专门写关于创新的章节，但整本书都与创新有关。

需要做什么

我们在IT方面往往一直犯错，并且希望通过制定解决方案（在该案例中是战略信息管

1. Gary Hamel, *What Matters Now: How to Win in a World of Relentless Change, Ferocious Competition, and Unstoppable Innovation* (Wiley, 2012): 52.

2. Nancy Tennant Snyder and Deborah L. Duarte, *Unleashing Innovation: How Whirlpool Transformed an Industry* (Jossey-Bass, 2008). Mentioned in Hamel, *What Matters Now*, 53.

理）来寻找问题。当然问题确实存在：缺乏信任、合作伙伴关系和绩效等。为了弄清楚企业是否存在这些问题，我们之前提供了一系列评估工具和一些实例研究，但这些都是具体且复杂的。

为了让评估简单化，考虑两个简单的问题：这些成果对我和公司重要吗？为了产生这些成果，我们在有效地采取行动吗？

总结

在这一章中，我们的重点是企业、业务部门和IT供应商要采取的行动步骤；更为确切地说，是读者要采取的行动。

首先且最重要的是对读者公司的当前环境进行自我评估。如果对自身情况不了解的话，很难知道下一步要做什么。其次是回顾与思考什么是有可能的。基于企业环境和业务及IT的准备情况，我们在这里尽量对优先级提供建议。当然也要考虑领导，接下来的两章与CIO和CEO有关。

最后是考虑经理、主管和专业人员在培训和开发方面可能可以做什么。正如我们已提到的，我们有一个称为"IT大学"的项目，专业人员在业务和IT间建立合作和信任关系遇到问题时可以从中获得指导。但首先还是要了解自身情况，尤其是考虑第二部分中与服务、合作伙伴关系和领导相关的信息。但是也可以从发展员工和组织开始了解。

不过这归根结底还是一个简单的问题：这些对读者和读者的公司重要吗？如果不重要，我们希望这些也令人感兴趣。但如果重要的话，那么接下来就要开始采取行动了。

17 对CIO和IT领导者的要求

我们在第二部分的引言中论述了关于战略性IT管理的原则。其中一项是专门针对CIO和领导层的：

高级业务和IT管理层为业务与IT的关系提供了支持，并在该关系的整个生命周期之中起到领导作用。处于领导地位的IT创造了面向业务的文化，并且培养了IT和业务范围内的最友好关系。CEO和业务领导者为合作伙伴关系创造了环境，确立了将要扮演的角色和必要的义务和动力。

本章总结了本书中有关CIO的观点，并为CIO、IT管理层和IT专业人员提供了七项基本的看法或信息

- CIO和IT管理者在其清单上有很多重要的"待办事宜"。
- 业务与IT的合作伙伴关系需要CIO和IT管理层的领导。
- 企业需要具备战略性IT管理在七大企业IT能力中所描述的资质，应对业务和技术动荡需要这些。
- CIO需要对技术进行良好的管理；这一点尤为必要，但还不够。
- 权威、管控和"向CEO汇报"不足以产生特定的成果。
- 提高效率；处事灵活。
- 领导者要富有远见卓识。

除了以上几点建议外，本章还会对CIO和IT管理者进行一些提问（见图17.1和图17.2）。

这些问题总结了此处的建议以及其他章节中的评估结果。总而言之，这些问题为决定是否需要采取行动做好了准备。然而，这些问题也适用于每一名IT和业务专业人员。思考当前企业和IT活动的境况，将是一项很有益的实践。

考虑一下前一章节中末尾处所表达的绩效感。它被归纳为五个基本要点，如表17-1所示。

表17-1　CIO的绩效成果

CIO的成果
增强信任
加强合作伙伴关系
适应业务
符合（服务）预期
创造卓越业务成果

这五个成果基本上是对IT管理人员和专业人员的工作的描述。当然，在这些非常短的标题之下，将是IT能力的细节（如战略规划、卓越运营、软件开发等）。

给读者提出的问题很简单：我们需要按照企业所需要的程度来执行这五项原则吗？

信息1：CIO和IT管理者在其清单上有很多重要的"待办事宜"

总体来说，CIO（乃至整个IT治理和管理过程中）都有一些"待办事宜"。

■ 努力建立IT和业务的互信关系。这是通过透明度和消除IT文化障碍来实现的，如第10章和11章中所述。

■ 与主要业务执行官（尤其是业务部门中的执行官）建立合作伙伴关系。这样才能提高重要的企业IT能力，如第12章所述。与他们共同实现总价值绩效模型中的作用。

■ 完全接受并承认IT是服务行业，但这里的服务是由业务所定义的。这意味着服务管理强调个人领导力、共同文化以及业务中的共同目标，如第8章所示。

■ IT必须有所成就！为IT组织实现总价值绩效模型能力。第19章规定了具体的目标，即需要完成的任务，第二部分则着重描述想要达到的目标中合作伙伴关系、信任和领导力的重要性。

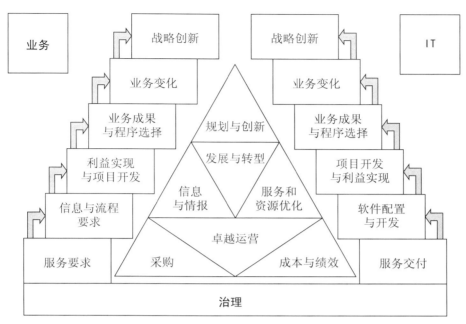

图17.1　总价值绩效模型

- 与业务主管以及董事会交流。除此之外别无他法。[1]
- 与客户交流。[2]

作为指导，重新审视每一个包含自我评估的章节，尤其是第9章（合作伙伴关系）、第10章（领导力）和第12章（企业IT能力）。

根据图17.1，考虑一下你的IT表现，并根据第3章中的表3-1和第4章中的表4-3来考虑一下自我评估结果。所有这些为每个CIO和IT管理人员都必须回答的基本问题提供了可能的答案和结论。

这些问题的答案为将要完成的任务奠定了基础。

表17-2　向CIO和IT管理人员的提问

战略性IT管理	CIO和IT管理人员需要回答的问题
IT绩效（总价值绩效模型）	IT绩效应该达到什么水平（以楼梯台阶为例）
	业务绩效应该达到什么水平（以楼梯台阶为例）
	当前的绩效水平有什么样的经营风险
IT服务管理	在多大程度上IT管理可以作为一种服务

---

1. 例如，请参阅：Kim S. Nash, "Clueless in the Board Room", *CIO* (November 15, 2012): 22-28。
2. 例如，请参阅：Kim S. Nash, "Customers F2F", *CIO* (March 1, 2012): 37-44。

信息2：业务与IT的合作伙伴关系需要CIO以及IT管理层的领导

这里所说的领导主要是文化（IT内的文化以及业务合作伙伴关系的文化）以及业务合作伙伴关系的改变。我们所关注的是IT管理人员和专业人员，他们应该有能力做与业务部门进行合作有关的事情。我们将这种工作关系定义为合作伙伴关系，而这种关系往往建立在相互信任以及自愿加入合作的过程基础之上（图17.2）。

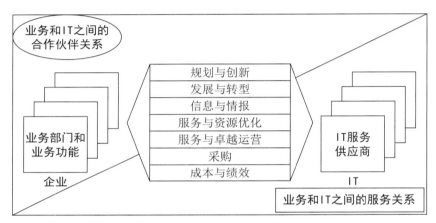

图17.2 合作伙伴关系

这就使IT人员肩负重任，正如第18章所指出的那样，真正的障碍阻碍了通往成功的道路。想要达到终点，领导必须积极地达到目标：

IT文化、行为以及绩效需要着眼于业务。

CIO以及管理人员需要以领导力为基础建立信任合作伙伴关系。

- 业务经理需要全程参与IT流程，以建立信任合作伙伴关系。
- CEO和高级领导团队需要正确的环境以及领导，CIO则需要协助以上工作。
- 从事业务的IT流程需要具备创造和培养信任和合作伙伴关系所需的条件，而非成为进一步的限制因素。

这些成果尤为必要，需要CIO以及其他相关的IT管理人员共同促成。在某种意义上，这就是IT领导所需做的工作。我们必须记住，无论来源为何，这点适用于企业中所有涉及IT的监督和领导过程（例如，IT组织、基于业务部门的组织和活动、消息来源或"自助式

IT"）。想要在繁杂且艰巨的环境中完成这一任务需要CIO能够真正地领导，而不仅是对IT活动进行监管。这就是CIO需要完成的工作。

提供必要的领导力

在第10章，我们提到领导力的两点要素，即（积极主动的）交易型和变革型领导风格。前者可以说是一种需要完成的任务，而后者则处于思维层面，需要极强的决策方向感。CIO（由于其自身性质）将操作性绩效的重要性视为信用及互信的基础，这可以将重心高度集中在操作以及各项任务的达成和绩效上。但重要的是，这降低了CIO的领导效率。

我们之前提到了约翰·科特（John Kotter）的话："管理层需要应对复杂的事物；而领导则需要应对变革。"[1]我们以此观点表明，两者需要做的不仅仅是应对这么简单；而是积极地做力所能及的事作为回应。回忆一下第10章的内容，我们将领导定义为确定未来的方向，并且说服他人为到达这一方向而工作的人。这是CIO这一角色在战略性IT管理中最重要的任务。

但对于管理人员（不仅限于IT管理人员）来说，也有一些很普遍的特征会引发问题，这是实现领导目标（互信、合作关系等）的拦路石。迈克尔·沃特金斯（Michael Watkins）描述了管理人员从管理能力良好到具备必要领导特征的转变过程。[2]他提到了七点基本的转变，或者如他所说的："观点以及责任的重要转变。"当然，现在他的文章受众已经变成CEO以及高级业务部门领导的人，他强调了成功转变所需的要素。

但是，这些想法在描述从IT管理角色向合作伙伴关系发展角色的转变时同样有效。

考虑一下他概括的以下几个管理"分类框架"转变：

■ 专家变为通才。

■ 分析者变为整合者。

■ 战术家变为战略家。

■ 泥瓦匠变为建筑师。

■ 问题解决者变为议程设置者。

---

1. 请参阅：John P. Kotter, *Leading Change* (Harvard Business Review Press, 1996)。
2. Michael D. Watkins, "How Managers Become Leaders", *Harvard Business Review* (June 2012):65–72.

这种转变不单单是风格上的转变，而是在需要扮演的角色上的根本性的改变，是CIO这一角色的框架的根本性的转变。再次重申，领导是工作动力的核心。这些根本变化和我们在第8章中所描述的行为改变有着一定的关系，如封闭式开放等。

迈克尔·沃特金斯的文章介绍了我们需要采取的行为，其中一些是：

■ 了解框架、工具以及在关键业务中使用的术语。
■ 总结合作伙伴集思广益所得出的想法。
■ 向更广阔的领域（业务）转变，以让战略、结构、操作模式以及技能基础完美结合。
■ （确定）组织需要关注什么。
■ 积极塑造（合作伙伴关系）。

该结果向CIO提供了表17–3中问题的答案，即业务与IT的合作伙伴关系的密切程度。该答案（如表17–2中问题的答案）为进一步行动奠定了基础。

表17–3　CIO和IT管理人员需要回答的问题

战略性IT管理	CIO以及IT管理人员需要回答的问题
合作伙伴关系	业务与IT的合作的伙伴关系的密切程度如何

信息3：企业需要战略性IT管理和企业IT能力

应对业务以及技术动荡需要这些能力。

对于每个业务线和职能部门来说，无论是在企业的层面还是在内部，都需要这七项能力，但是这些能力不能顾全所有。我们强调，在所有的组织以及复杂生态环境中，战略性IT管理都包含业务和IT两个方面。这需要业务和IT的领导。

特别是IT为获得这七项能力提供了环境。复杂生态环境不仅限于单一的IT组织，CIO和IT管理人员同样提供了大量必需的能量和文化。

在业务方面进行战略性思考和行动的企业IT能力

规划与创新。企业需要业务和IT部门共同定义业务的未来，并使用信息和IT的能力。这种能力要求企业必须能够：制定战略；提供产品/服务和业务模型；描述影响业务的动荡和不确定性；预测其应对不确定性的要求或手段；了解竞争和绩效要求；使用可行的计划、目标和路线图来响应要求和不确定性（即使是在动荡的环境中）。

通过信息和IT实现价值的企业IT能力

服务与资源优化。企业需要能够优化其采购、开发以及应用其所有的IT服务和资源，它们的来源包括：内部IT、业务部门的IT活动、采购人员和"自助式IT"。

发展与转型。企业需要有发展、落实以及将信息和IT能力运用到以获得更多收益为目标的业务变革和转型之中的能力。

信息与情报。企业需要具备学习、管理、分析，以及将其丰富的信息来源应用到所有企业相关领域中的能力。

企业中IT战略思维和行动方面的企业IT能力

规划与创新。企业需要业务和IT（一起）的能力来定义其未来的业务以及信息和IT的使用情况。

这需要的能力有：制定战略；提供产品/服务以及业务模型；描述影响业务的动荡及不确定性；预测其应对不确定性所需的内容和手段；理解竞争和绩效要求；使用业务的可行的计划、目标以及路线图来应对各种要求及不确定性（即使在动荡的环境下）。

表17-4 CIO、IT管理人员和专业人员需要回答的问题

战略性IT管理	首席信息官和IT管理人员需要回答的问题
企业IT能力（第1章）	我们的企业拥有所需的IT能力吗 我们当前的企业IT能力中存在何种业务风险

表17-4所示的问题的答案的指导已经列于企业的自我评估、分类以及其业务方针之中。

CIO和IT管理人员的"待办事宜"清单中包含了明确企业战略性IT管理要求的步骤，这要求CIO在这七大企业IT能力之中有一种主次概念。第12章到第14章的个人评估对每一部分的内容进行了明确描述，所有这些内容为战略性IT管理提供了一种方向感，并表明了我们需要重视的部分。

第一步是接受当前的能力或许不足以满足IT价值问题的需求（特别是需要有效地应对动荡和不确定性）的现状。最为明显的就是，七大企业IT能力需要实现和加强业务和IT的合作伙伴关系。

企业应对动荡、不确定性以及变革的能力是关键问题。你可以使用表17-5中的问题来探究这些话题。

表17-5 CIO、专业人员和经理需要回答的问题

战略性IT管理	首席信息官和IT管理人员需要回答的问题
业务中的动荡	企业需要什么程度的IT能力，以应对业务环境中的动荡
	鉴于当前的IT环境，应对IT业务中的动荡存在怎样的业务风险
IT中的动荡	IT动荡在何种程度上为企业带来了新的业务机会；他们有能力抓住这些机会吗
	IT动荡在何种程度上影响着企业的IT绩效
	IT动荡导致哪些业务风险

信息4：CIO需要管理好技术；这十分必要，但做得还不够

正如图17.3所示，服务关系是CIO和IT管理层的角色基础。（着眼于业务的）服务管理要素需要CIO的领导，领导需要重视服务而不是技术（参见第8章）。

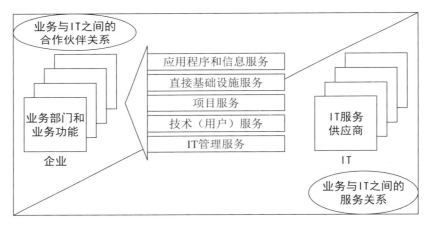

图17.3 服务关系

但是，管理好技术也同样必要。IT需要特定的能力来开发和部署其服务，对于IT来说，这是必需的。

第7章详细描述了这些IT能力，我们在表17-6中对它们进行了总结。

然而，技术本身得到了许多不必要的关注。很明显，CIO和IT专业人员面临着各种"趋势"或"潮流"。只需通过浏览许多专注于IT和CIO的博客和公共网站的信息，就可以确认这一点。

表17-6 IT能力

IT战略能力	IT战术能力
制定战略	组合管理
创新	成本与绩效管理
IT领导力	规划信息需求
战略外包	服务管理
架构规划	供应商管理
战略计划	IT操作能力
建立合作伙伴关系	提供服务
	问责制
	应用
	软件开发与维护
	专业人员管理

CIO正在冒险落实最新且华而不实的想法，并希望其能产生价值。挑战就是把这些趋势放到次要地位，然后着眼于真正重要的部分。但核心要点是保证诚信！各个等级的总价值绩效（见图17.1）才是重要的。想了解必要成果，请查看第7章和第19章。

CIO的"待办事宜"清单中包含对当前能力的评估（如第7章所示）以及这些内容是否由战略性IT管理的要求来决定的问题（表17-7）。这让本来就复杂的IT生态系统变得更为复杂，尽管如此，CIO还是需要有所行动。[1]

表17-7 CIO、IT管理人员和专业人员需要回答的问题

战略性IT管理	首席信息官和IT管理人员需要回答的问题
IT能力（第7章）	业务中的服务关系很强吗 IT具有所需的技术能力吗 我们当前的IT能力中存在什么程度的业务

在技术管理方面，针对CIO的相当多建议都是可用的，但更重要的是，这些建议也适用于业务关系方面。[2]

---

1. 请参阅：Keri E. Pearlson and Carol Saunders, *Strategic Management of Information Systems*, 4th ed. (Wiley, 2009)。另请参阅：chpter 8, "Governance of the Information Systems Organization" for section "What Managers Can Expect from IS," 224。

2. 我们能够从中受益的例子包括：Lane Dean, *The Chief Information Officers'Body of Knowledge: People, Process, and Technology* (Wiley, 2011); Richard Hunter and George Westerman, *The Real Business of IT: How CIOs Create and Communicate Value* (Harvard Business Press, 2009); Marianne Broadbent and Ellen S. Kitzis, *The New CIO Leader: Setting the Agenda and Delivering Results* (Harvard Business Press/Gartner, 2004): 23–45; Martha Heller, *The CIO Paradox: Battling the Contradictions of IT Leadership* (Bibliomotion, 2013); Keri E. Pearlson and Carol Saunders, *Strategic Management of Information Systems*, 4th ed. (Wiley, 2009)。

信息5：权威、管控以及"向CEO汇报"远远不够

我们经常会被人问道：向CEO汇报能解决所有问题吗？

这一直以来都是IT界的愿望：CIO需要时刻就位。人们相信，凭借这一点就能解决所有的问题，包括可见性、关系、合作伙伴关系、方针制定和权威。[1]但是，我们对于向CEO汇报是否真是一件好事，还并不是完全清楚。实际上，要实现这一目标并不轻松，而这么做可以加强合作伙伴关系，并在同行的业务经理和组织之间建立互信关系。从业务监督意义上来说，向CEO汇报也没有好处：CEO不一定知道什么才是恰当的。向CEO汇报需要改变文化，来使他们关注IT，而CEO需要关注更大的问题，而不仅仅是有趣的技术问题。

战略性IT管理引起了IT汇报模式的新适应性问题。也就是说，向CEO汇报会导致业务部门和IT之间的汇报线路出现新问题。如果需要分流的话（业务部门直接向CEO汇报，IT部门通过其他线路），IT向CEO汇报会使IT和业务之间产生并且加深隔阂，而不是增加互信和友谊。另外，这可能会使对建立合作伙伴关系、解决争端以及接受适当的行动和方向的指导变得更艰难。

IT作为不受拘束和不受控制的组织，在服务/合作伙伴关系问题上仅与业务经理合作的情况是不多见的。当然，明智的人能做到这一点，然而这可能会非常艰难，并且会导致无法弥补的后果。这并不是关于CIO向CEO进行汇报的争论，而是关于任何汇报关系的有效性要以成功建立与业务的合作伙伴关系和互信为衡量标准的争论。

要点很简单：对于CIO来说，最需要关注的事情就是信任、合作伙伴关系和业务中的领导，而不是权威。因此，向CEO报告可能会分散对主要挑战的注意力，并让情况变得更棘手。但最重要的一点是，CIO和IT管理人员需要了解合作伙伴关系和信任（而不是权威）的需求。我们在本章节末尾处的建议体现了这一观点。[2]

总之，CIO和IT的汇报线路的重点是合作伙伴关系和信任，而不是权威和控制。[3]

另一个因素是找到正确的业务合作伙伴（可能是CXO或业务部门主管）。CFO就是一

---

1. 请参阅： chapter 1 "Get the CIO on the Executive Team" ,in *Managing IT as a Business: A Survival Guide for CEOs*, ed. Mark D. Lutchen (PriceWaterhouseCoopers/Wiley,2004)。

2. 请参阅：Larry Tieman， "Why CMOs and CFOs Will Rule Above CIOs"， *Information Week*, July 9,2012, www.informationweek.com/gloval-cio/interviews/why-cmos-and-cfs-will-rule-abovecios/240003340

3. 有关更现代的观点，请参阅：Peter S. Delisi, Dennis Moberg, and Ronald Danielson, "Why CIOs Are Last among Equals"， *Wall Street Journal*, May 24, 2012。他们认为，CIO通常在综合、沟通和人际关系技巧等能力上落后于CXO。

个引人注目的合作伙伴（如果不是汇报线路）。阅读关于CFO的领导力及其愿望的相关文章和书籍极具指导意义。例如，请参阅可能性列表：

- CFO是适应性管理的缔造者。
- CFO是反对浪费的战士。
- CFO善于衡量。
- CFO是危机的管理者。
- CFO是变革达人。

以上内容源自杰里米·霍普（Jeremy Hope）的著作《再造CFO》[1]的章节标题。《华尔街时报》（*Wall Street Journal*）近期的文章与其中许多观点不谋而合。[2]

从CIO、IT以及战略性IT管理阶段的观点来看，这些对于需要处理的问题以及需要达成的目标来说，是重要且关键的因素。到底什么优于一个目标差不多相同的谈判企业的伙伴？这就是企业IT能力在最佳运营以及资源管理方面应发挥的作用。

信息6：更快且更灵活

我们对动荡与不确定性这一主题的反复讨论表明了IT必须尽快且更灵活地达到目标（基础设施、应用和信息资源）。[3]这就要求我们接受持续不断的改变（通常是转型）对企业中的IT角色至关重要这个观点。[4]我们在前面提到过，IT的本质就是制定精密且成果稳定的策略，而企业需求的改变会对IT产生影响。回想一下，在传统的系统发展中，"冻结要求"被认为是尤为重要的一步。

此处，这个观点变成了"稳定就是威胁"。保持稳定的因素有许多形式，如架构、业

---

1. Jeremy Hope, *Reinventing the CFO: How Financial Managers Can Transform Their Roles and Add Greater Value* (Harvard Business School Press, 2006).

2. Matthew Quinn, "What the CFOs Want", *Wall Street Journal*, June 27, 2011. See also any issue of *CFO Magazine* or other publications targeted toward financial management.

3. Gary Hamel, *What Matters Now: How to Win in a World of Relentless Change, Ferocious Competition, and Unstoppable Innovation* (Jossey-Bass, 2012).

4. 请参阅：Gary Hamel, with Bill Breen, *The Future of Management* (Harvard Business Review Press, 2007): 19。

务流程、系统开发方法、治理、年度计划和预算周期都是维持稳定的手段。这些手段本身并不是有害的；但是，它们在很大程度上都会阻碍现实（即环境动荡和不确定性需要更快速、更稳定的IT能力）。

为不断变化的前景做准备会为IT本身带来稳定性。例如，技术架构可以将顺应变化作为高于一切的目标，这就会创造一个在某一层次上很稳定的环境，但这个环境在活动和系统水平以及需要受到支持的数据的等级之中有一种动态性。我们在前面的章节中提到过"动态IT"这一概念，这是本书的一个观点之一。

总之，CIO和IT管理人员面临着变得更快以及更加灵活的挑战，这是应对动荡和不确定性的一个要求。[1]

信息7：积极活跃、目标明确的领导方式是必需的

在一次管理峰会上，有人评论，"对有前景的项目来说，IT是最艰难的过滤器"。他的意思是，IT组织可以克服障碍（有时叫作架构审核，有时被认为是IT误解了所需业务的重要性），这通常会反映出IT对核心问题的冷淡态度（包括业务人员）。这是阻碍合作关系建立的重要因素。但他继续说道，"IT从来没有在组织结构中找到自己应有的位置。IT会从总管理部门转移至CFO，有时候也会转移至CEO，而这将取决于个人兴趣"。

在很长一段时间内，与其他服务功能（如法律）相比，IT都一是个相对较新的服务功能。但如今，IT可以说是组织的"车轮"（这来自一位参加研讨会的出席者的一种极佳的见解）。令人遗憾的是，业务往往不知道IT需要的是什么。归根结底，业务和IT领导往往缺乏IT观念。诚然，CEO以及高级领导团队的确扮演着重要角色，但如果CIO和其他管理者缺乏明确的IT领导观念的话，激励IT的文化将会持续瓦解，然而这并不会涉及业务。

IT的愿景：历史不眷顾CIO

1994年10月，罗伯特·本森就需要解决的问题在全国CIO会议中做了介绍。

"我们需要IT愿景。"更准确地说，我们需要一个新的愿景，因为我们老旧的观念在

---

1. 请参阅：John P. Kotter, *A Sense of Urgency* (Harvard Business Press, 2009)。

如今的企业和激烈的竞争环境中已经不够了。为什么我们老旧的观念不足以应对了呢？部分原因是我们的IT组织和专业人员的角色正经历着激烈且令人恐惧的变革，强调普及IT的技术变革难辞其咎；另一部分原因是业务需要更加灵活且更具有针对性的IT服务。同时，典型的企业需要投资新型的IT，这种形式则需要新的且不为人所熟知的IT角色。

业务感（高级经理）要求IT变革的发展。我们的思想依旧：老旧的观念和结果（遗留问题）、业务重点（系统必须持续正常运转）、一系列强有力的价值观（如变更管理和系统开发方法）、整个企业对于IT崩溃的担忧，以及我们对新的可行方法与生俱来的不信任（或者说是因不了解带来的恐惧感）。

为什么我们今天没有重要的且基于业务和未来的愿景呢？当我们把IT行业看作一个整体的时候，我们观察到了可能的模式，这些模式就是抑制因素。

- 或许我们已经学会了不依靠他人。在提出愿景和建议并希望极大程度地重塑企业运作方式之前，我们曾多次接洽过高级管理人员和我们的同行经理，但效果并不理想。或许这让我们学会了谨慎，并让我们以"被动的"方式来处理业务。
- 或许我们已经不再相信。或许我们没有以前那样对IT的角色和使命的坚定信念，尤其是当我们看到技能不再合适，处理IT业务的方式变得没那么重要的时候，或许我们会相信关于恐龙IT组织，以及IT计划的无关紧要的言论。
- 或许我们已经精疲力尽。科技在我们身边不断涌现，想保持领先并不容易，尤其在处理事情的新方法方面。
- 或许我们已经掉入了陷阱。我们只做用户想让我们做的事情；我们只理解用户的想法。或许我们已经失去了发展科技的能力，并且变得缺乏思考能力，无法再自己处理与业务或企业相关的问题。或许我们依赖的是新的动力和用户的方向，而不是提供领导力、方向和能量。
- 或许我们不情愿将我们过去一直持有的观点表达出来。我们的个人兴趣在于成为一名IT专业人员，即成为一名拥有个人角色和任务的IT组织人员。

这些只是可能情况，我们需要新的IT愿景的真正原因是，IT产生的机遇和贡献就像基础技术一样显著。在很大程度上，当今IT愿景萎靡的原因在于重大的操作系统（如今被我们称为"遗产"）的成功实现。在许多企业中，自动化和电脑应用在主营业务流程中有着相当悠久的历史。在许多方面，我们已经实现了所有主要业务流程的自动化。这让我们觉得什么事都已经完成了，而一种相对的感觉就是，业务流程再设计等计划似乎在威胁我们并推翻我们所取得的成就。

从狭义上讲，重塑IT愿景是应对上述这类问题的一种方法。从广义上讲，重塑IT愿景是将IT定位为未来企业发展的主要推手和不可或缺的一步。事实上，IT是业务变革的重要力量，新的知识分子和领导所面临的挑战依然存在。

关于IT角色的新观点。技术正在革新，它为整个企业中的经理以及组织单位提供了有力的工具和能力。业务也在改变，人们只需要阅读最新的《财富》（Fortune）、《商业周刊》（Businesss Week）或《经济学家》（Economist），就能认知关于广泛的管理计划和业务主题的内容。将这些内容整理到一起，就为企业提供了一套新的管理模式，例如，水平企业、总质量管理、企业战略联盟以及合作伙伴关系。在许多情况下，企业努力应用这些项目以提高它们的业务绩效，但没有达到它们所希望的成功程度。

新管理模式现象以及变更与变更管理的相关问题（企业通过采用新管理方法和结构来重新激励自我的过程）为重新审视IT提供了重要机会，因为IT是影响管理模式的重要因素（如果不是重要工具）。一个令人感兴趣的挑战：在领导适应新管理模式的"运动"中IT应该扮演什么角色呢？

有趣的是，重塑IT愿景可能与我们在20世纪60到70年代所学到的价值与实践有着很大联系。新管理模式专注于任务自动化、成本降低以及效率提高。现在，重塑IT愿景已经不是什么新鲜事了，它符合我们最初的想法和价值观。

通常，我们会基于愿景来理解IT观点，专注于技术、组织、方法和再造业务流程（BPR）等主题。我们很容易采取防御性的立场，例如，IT的业务价值、IT是一种服务、让我们得到高级管理人员的支持以使IT能够实现业务变革等。这些防御性的立场既不能提供领导力，也不能提供愿景。我们首先需要以企业的观点来看待事物：我们需要为企业完成的核心任务是什么？成功采用新管理模式和新业务模式的潜在核心内容是什么？这两个问题可能具有一部分的技术性（如实现企业级内的通用网络）。但它们像是业务性质的（例如，根本性地重组服务/产品交付以减少成本/时间，同时增强响应客户要求方面的灵活性）。这可不仅仅是再造业务流程和业务价值，这是一种愿景，是对IT如何适应这些核心业务要求的重申。

拥有愿景可以使行动、决策和战略保持一致，我们必须让这种情况实现的可能性提高。我们提出了两个观点来证明这一说法。首先，IT是复杂的和多面的，愿景给予所有方面以认同感。如果我们想改变我们要正在做的事情的话，愿景是极为重要的。另外，愿景在我们的业务中也尤为重要，因为（业务）变革是我们必须要经历的。想要实现有效变革，我们就需要具有一个明确的愿景，例如我们的变革方向、我们为什么想变革，以及我们要做什么来实现该目标。

我们可以从IT的角度来进行审视。此时，我们需要一个愿景，因为IT正在不断变革、扩张。在某种程度上，我们需要愿景来应对应用于企业的越来越复杂的技术组合。或许我们需要可以产生可用架构、标准和类似的有效技术管理属性的愿景。

我们的确面临着新的技术方向的挑战，包括我们不熟悉的技术模式（例如，成像、专家技术以及各种通信技术），或许是新技术和组织角色变革。该变化包括再利用我们自己的员工，重建我们与业务的关系。然而，我们并不需要的愿景是类似于我们过去提出的计划的"另一个IT计划"（例如，关系数据库的功能、交流与计算的融合、令人振奋的专业系统以及/或者支持决策的系统）。这些IT计划都不错，但它们关注的是技术交付，而不是IT对业务的影响。

我们可以用CEO或者企业的角度来进行审视。此时，我们需要愿景，因为业务正在告诉我们，我们必须改变处理IT业务的方式。我们有许多技术变更活动（例如，服务客户以及开放式系统架构），但这些仅仅是症状和工具集的机会。它们的目的是提高我们实现业务改革的能力。我们的竞争力是，我们有全面质量管理、业务流程再设计以及虚拟企业（事实上，这一切不过是个口号而已，但我们肯定要削减成本、减少周期时间、增加灵活性以及关怀客户）。然而，这一观点很有可能忽视了以管理和业务模式为代表的基础业务变更中的IT角色。

一旦我们采取CEO/企业的观点，那么我们就需要以允许我们完成以上内容的前提表达观念。这就是变革管理的问题：在确认我们需要朝什么方向发展之后，我们如何实现目标？这一问题需要重新引入技术和技术管理，将愿景变为我们可以处理的形式。

要完成这一目标，CIO和IT组织必须做到以下几点：

- 认清新管理模式和新业务模式。
- 认清IT角色的作用。
- 定义营销中IT高级主管扮演的角色。
- 定义组织工作中IT组织所扮演的角色。
- 成功完成项目和变更管理。

我们需要有两种愿景：一个是目标（终点）愿景，另一个是变革管理/方向愿景。这两种愿景不仅相关联，而且是"同一枚硬币的两个面"。我们必须能够清楚地表达这样的愿景：在企业中将IT作为一个整体，将其与技术机会联系起来。我们必须要避免为了技术的利益，让其自身成为推动因素的情况发生。

回到未来的愿景

令人遗憾的是，人们感觉好像昨天就可以完成该介绍。这些建议在1994年被提出，经过全面考虑之后，并没有付诸实现。当然，这就是我们写这本书的原因。我们讨论的是面向CIO（和IT管理人员）的工作框架、他们需要扮演的角色以及需要实现的领导特征。对两种愿景的需求仍然存在：终点的愿景以及如何达到终点的愿景。

但是，情况已经发生了改变。在某种程度上，IT在管理IT供给中变得越来越复杂，工具也变得越来越成熟，例如企业构筑以及敏捷开发。然而，这的确是IT组织的想法；不断变化的IT领域正在普及，而且出于很多目的，它也越发普遍。

改革的另一部分则是业务、CEO以及业务主管的贡献对于IT操作和战略的愿景是否有所改善。当然，在许多企业中，情况均是如此。但是，有证据表明，这一观念并没有得到普及。这是愿景和领导任务的一部分：确保在整个企业中明确表达愿景，并使之为人们所了解。

在五项CIO领导要求中，"认清IT角色的作用"或许是最迫切的。这描述了CIO在IT部门和整个业务中的领导角色。此外，这个观点适用于IT和资源使用的所有方面，无论是传统IT组织的资源，还是可用于业务的许多其他资源。

表17-8回答了针对CIO和IT管理人员的问题，主要着眼于后续可能会出现的事物。

表17-8　CIO和IT管理人员需要回答的问题

战略性IT管理	CIO和IT管理人员需要回答的问题
战略性IT管理的路线图	我们有没有处理早些时候产生问题的隔阂的路线图 CIO以及IT管理人员有没有对IT观念进行定义

结论：对于CIO来说，战略性IT管理提供了什么

那么，我们建议的汇报线路和CIO领导角色是什么呢？当然，每一家企业都是不同

的，而报告线路取决于企业历史、文化，以及CEO/业务主管/CIO的个性。但是，无论报告线路和权力结构如何，企业都还有许多事情要做。

- 接受CIO（和IT）领导的目的不是控制，而是鼓励我们在此处所强调的环境、许多IT供应商/资源，以及业务组成部分之间的合作伙伴关系。挑战并不是为了强调权威，而是获得合适的平台和关系来进行领导。
- 成为交易型领导，并接受绩效是信誉和信任的基础的观念。如果IT遇到棘手的境况，要妥善处理。如果IT组织职权范围内的IT遇到棘手问题，要帮忙处理好问题。
  - 根据总价值绩效模型的标准，在绩效方面取得成功。
  - 为成功的战略性IT管理建立必要的环境，即七大企业IT能力。无论合作伙伴是谁，都需要具备达到这些能力的绩效水平。
- 成为合作伙伴。正如第9章所强调的，这意味着确立共同的目标，提供透明度等。
- 成为变革型领导，为IT角色建立愿景并交流想法。
- 与业务部门、CEO和董事会沟通。
- 明确所有要扮演的角色，特别是IT组织中的角色。
- 确保所有的IT人员都了解这些要求，并且正确地执行。为实现IT文化变革而积极努力。接受关于文化和绩效的一切。这就是领导！[1]

现在，每个从业于IT行业的人都受到过训练并且专注于具体技术。他们正面临着成为业务问题解决者的挑战。IT领导并不仅是提供技术的具体问题的解决者。这就是我们为什么将IT职员包含在需要领导技能的角色行列之中，IT人员（作为项目团队、计划团体和服务角色合作伙伴关系的一分子）有责任提供这种领导力，以使我们实现快速响应动荡，为业务带来卓越价值的目标。

对IT管理人员和专业人员来说，请阅读前言。

IT领导的自我评价

正如在前面章节中所提到的，每一个IT专业人员都有机会成为领导，例如作为项目团

---

1. 请参阅：Graham Waller, Karen Hollenbeck, George Rubenstrunk, *The CIO Edge: 7 Leadership Skills You Need to Drive Results* (Harvard Business Review Press, 2010)。另请参阅："The Elements of Leadership", an extensive part of Chapter 1, in Broadbent and Kitzis, *The New CIO Leader*, 23–45。

队的一分子，与业务部门一起进行业务活动、引入技术以及承担所有的责任。对于企业和个人来说，这都是自我评估。

表17-9和表17-10就为CIO和IT管理者提供了最终的自我评估工具。

表17-9　CIO和IT领导

CIO和IT领导的角色	企业	IT组织	个人
不是控制，而是培养合作伙伴关系			
绩效是信誉和信任的基础			
成为合作伙伴			
为IT角色建立愿景并交流想法			
确保所有的IT部门都了解这些领导要求			
保证IT部门正确执行			
为实现IT文化变革而积极努力；接受有关于文化和绩效的一切			

表17-10　评分等级

0	不适用
5	该领导角色被理解和积极对待
4	该领导角色在一定程度上被理解
3	不知道，或不是一个因素
2	该领导角色缺失
1	该领导角色缺失且成为了实现目标的阻碍

18 对CEO和业务领导者的要求

本章面向CEO和所有的业务经理与专业人员。第一部分强调重要信息和CEO的角色。第二部分面向所有业务经理和专业人员（作为IT领导和组织的合作伙伴）。

几乎所有人（作者、CIO组织和CIO）都认为，CEO（以及业务和大功能区中的CEO类似职务人员）需要发挥领导作用，并为业务中的IT提供支持。这是为什么呢？主要是因为IT代表着变化，也可能代表业务中出现的转型，而且变化要求有眼光、善于鼓励以及能够提供有力支持，所有这些都是领导的要素。此外，CEO应发挥激励和提供所有上述要素的作用。

我们在第11章中阐述了这一原则：

领导力：高级业务人员和IT管理者为业务与IT的关系提供了支持，并在关系的整个生命周期中提供领导力。IT领导力创造了以业务为中心的文化，并培养了在IT范围内以及与业务之间的最佳关系。CEO和业务领导建立了合作伙伴关系环境、应扮演的角色，以及必要的承诺和激励。第10章描述了所需的领导力。

本章从CEO角度总结了这本书的内容，并为CEO和业务领导者提炼了七条基本信息。CEO对实现战略性IT管理中文化和承诺的作用的重要性不能被过分夸大。

面向CEO和业务部门高管（CEO类似职务人员）的七条信息：

- 企业需要战略性IT管理。
- 战略性IT管理需要组织背景、文化和变化的CEO领导力。
- CEO提供企业领导力，以建立业务愿景和IT角色，并就此进行积极沟通。
- CEO建立并支持合作伙伴关系、团队合作和协作的环境。
- 建立并支持IT治理对改变管理至关重要。

■ 让CMO、CFO和董事会参与战略性IT管理。

■ 良好的IT是必要的；不接受不佳表现。

除这些信息外，本章提出了一些CEO和业务领导需要回答（或者至少需要能够回答）的问题。表18-1首先提出了这些问题，并以重要问题结束每个CEO信息部分。

表18-1　CEO和业务领导者需要回答的问题

关键主题	CEO和业务领导者需要这些问题的答案
业务动荡	IT在何种程度上是我们应对环境动荡能力的一部分 IT参与对IT业务动荡的响应会导致哪些业务风险
IT动荡	IT动荡在何种程度上会带来新的业务机遇 IT动荡在何种程度上会对企业中的IT绩效产生影响 IT动荡导致了哪些业务风险

信息1：企业需要战略性IT管理

所有高级管理人员都必须了解影响一般业务（特别是企业）的业务和技术动荡。当然，动荡如何对单个企业产生影响取决于很多可变因素，包括高级管理人员的眼光、战略和计划。

同时，高级管理人员还应清楚IT在企业中发挥的作用，以及发挥更佳IT绩效的要求。

IT既是动荡的原因也是对动荡的反应。当前的IT管理组织和流程是提高IT绩效的资源，同时也是IT绩效难以提高的原因。

战略性IT管理是解决动荡和有效IT绩效的框架。重要概念（表18-1）包括合作伙伴关系（业务与IT）、所有参与者之间的信任、快速响应环境变化的能力，以及结果的灵活性。战略性IT管理需要CEO和高级领导的理解、支持和积极行动。

信息2：战略性IT管理要求CEO提供针对组织背景、文化、变革的领导力

许多领导力方面的著作关注CEO在使用愿景和战略行动推动企业发展中所发挥的最前沿作用。当然，很多管理方面的著作的目标受众以及主要内容都是CEO。但是，对于我们

这些对IT及其在企业中的作用感兴趣的人来说，则有着细微的差别。领导面临着允许所有其他角色（如业务部门高管）在企业IT开发、使用和管理中发挥作用的环境的挑战。这是一项重大挑战，通常要求CEO创造并维护这种环境。

这不是新生事物。自IT在20世纪50年代和60年代兴起，当时的号召总是"我们需要获得高级管理层的支持"。自20世纪60年代以来，几乎每一本书都有一章或一节表明CEO为IT提供支持的重要性。现在，这种模式已经演化成由CIO向CEO汇报的要求，其中一个原因就是创造必要领导环境的机遇。

这引出了两个多少有些独立的关于CEO和IT的想法。首先，需要CEO领导力提供支持来动员业务部门领导和管理人员在部署IT的过程中，参与必要的计划、管理和治理（有时也叫作"调整"）。其次，CEO需要为IT的使用创造业务愿景，这往往是一种有竞争力的或是行业转型的愿景，可以为以引人注目、更具竞争力的方式使用IT提供激励（图18.1）。在企业战略的新IT角色的背景下，这有时也叫作创新。

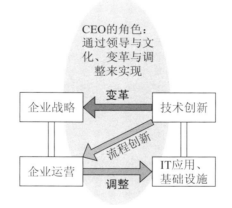

图18.1　CEO的角色

这两种想法反映了第2章中所介绍的以及图18.1中所展示的"定义CEO角色的业务与IT关系图"。我们需要CEO设定各种关系的背景，以使IT的直接发展有助于其针对竞争激烈的行业变化做出变革性反应，并使IT有机会提供关于业务可能性的变革性愿景。

以我们的经验来看，前者是最为普遍的：几乎每一家企业都存在以创新和变革的方式部署IT，来支持实施新业务战略和新运营配置中的信息和IT使用的问题。这是领导过程中的"调整"部分，也就是我们在第10章中称作"变革"的部分。另一方面来说，确实有一些IT负责领导变化、事物的"影响"或创新方面的例子，这要求CEO成为"拉拉队长"，在业务转型机遇中充当支持者。

有人说，归根结底，CEO关乎变化。CEO为战略和运营的基本变化提供动力，并且采用IT开发的变革方式。读者阅读了关于业务和技术的期刊后，就会发现似乎每个技术机遇与"新事物"都适用于所有人（例如云端、大数据、分析、客户互动等）。但其实不然，CEO在阐明业务愿景到底是什么，以及技术是什么方面发挥着重要作用。表18-2列出的问题应该非常有用。

表18-2　CEO和业务领导者的问题

关键主题	CEO和业务领导者需要下述问题的答案
企业IT能力（第11章）	我们的企业有无所需的企业IT能力 我们现有企业IT能力存在哪些业务风险

信息3：CEO提供企业领导力，以建立业务愿景和IT，并就此进行积极沟通

威尔和罗斯的书[1]中描述了CEO和业务高管的许多关键的IT领导作用，例如沟通企业运营模式、打造文化、分配职责，以及建立适当的治理过程。关键理念就是改变施动者行为，要求明确方向和领导。CEO需要阐明愿景，并考虑如何在战略性IT管理中发挥组织和管理作用，以及如何让IT环境继续变化。

CEO领导在沟通业务愿景及其与IT挂钩方面的要求的简述：

■ 审查企业要求和业务能力，并确定如何弥合差距。有关这些能力，请参阅第19章中的表19-1。

■ 在业务与IT合作伙伴关系中，为参与者定义角色和任务。

■ 设定期望。

■ 鼓励参与，特别是克服业务和IT领域的竖井遗留问题。

■ 确定业务愿景及其中的IT作用。

■ 要求卓越表现。

1. Peter Weill and Jeanne W. Ross, *IT Savvy: What Top Executives Must Know to Go from Pain to Gain* (Harvard Business Press, 2009): 142.

我们已经在阐明企业中IT作用时探讨了CEO的角色。当然，这是十分重要的，但其他要素也同样重要。这也适用于所有高级领导团队的成员，特别是CFO。如果企业中没有IT转型方面的支持，那么可以做成的事情少之又少，在动荡和不确定时期尤其如此。涉及的各方都对未来怀有恐惧，这是唯一不变的事实。

表18-3　CEO文化

避免不确定性	其影响CEO计划和决定的程度
风险倾向	对CEO承担和管理风险的可接受程度
对改变开放度	CEO接受业务变化的程度
时间导向	影响计划和决策的视野——短期与长期
对环境控制的看法	CEO对企业能够控制影响它的关键可变因素的信任程度

CEO塑造了文化，但CEO自身也是一种文化或环境（如表18-3）。我们在第16章中介绍了一些内容，并将这些内容作为企业及其领导团队的特点。我们鼓励读者回顾第16章的内容，并将框架应用于CEO，以更好地了解与驱动CEO（和高级领导团队）的文化。

CEO真的如此重要吗？几年前，《哈佛商业评论》中一篇题为"那些只有CEO能做的事"[1]的文章中阐明，CEO实际上就是设定企业方向、企业文化，以及处理动荡过程中所采取方法的驱动力。CEO非常重要，无论是在积极方面（促成事情实现）还是在消极方面（为可发生事情设置限制）。

其他地方也对CIO与CEO的关系进行了很多描述，并且本章意图并不在于专注研究其本身。这里说的是关注业务领导为实现战略性IT管理而需要做哪些事情，及其在处理业务动荡和不确定性中的作用，这通常会改善企业中IT成果；另外，设定企业文化也是一个关键组成部分。

不过这并不是一个单独的变量，其中很大部分来自CEO以及企业自身性质，如第16章中所述。其中介绍的一个简单框架有助于我们了解CEO的定位，以及"提升"影响IT的文化的出发点。[2]

表18-4　CEO和业务领导者的问题

关键主题	CEO和业务领导者需要下述问题的答案
路线图	在解决所提出的问题方面，我们是否具备弥合差距的路线图

我们在第16章中将这些想法应用于框架，但其对了解CEO可能发挥的作用方面有着特殊的重要性。表18-4中的问题答案无疑会对IT（和战略性IT管理的企业能力）发挥作用的方式产生影响，更重要的是，可能对这些方式的优先级产生影响。例如，一个拥有有限时

1. A. G. Lafley, "What Only the CEO Can Do", *Harvard Business Review* (May 2009): 55–61.
2. 改编自研究论文：参见我们在第16章中关于这个框架的讨论。

间导向和低风险倾向的CEO为IT创新和业务转型设定的大环境肯定与拥有不同视角的CEO所设定的环境有所不同。

信息4：CEO建立并支持合作伙伴关系、团队合作、协作的环境

实现战略性IT管理目标要求IT和业务之间具备合作伙伴关系和信任。CEO应为此设定期望，并强调合作伙伴关系和信任的重要性。表18-5中的问题可以让读者理解相应的概念。

这些期望包括：

- 合作伙伴关系和团队合作十分重要。
- 每个人（高级业务管理人员、IT管理层人员、专业人员）都应参与。
- 克服竖井挑战是必要的。
- 接受良好的合作伙伴关系、参与度或表现。

表18-5　CEO和业务领导者的问题

战略性IT管理关键主题	CEO和业务领导者需要下述问题的答案
业务与IT之间的信任与合作关系	信任和合作伙伴关系的水平如何 这是否适用于所有的业务部门；这是否适用于所有IT来源 目前的信任与合作伙伴关系中存在哪些业务风险
合作关系	业务部门与IT部门的合作伙伴关系有多牢固

信息5：CEO建立和支持IT治理对于改变管理十分关键

治理为定义优先事项、合作伙伴关系的重要性、表现监控、发展，以及坚持业务与IT愿景提供了环境。

从根本上说，治理是实现业务和IT变化的机制。以下为几个适用原则：

■ CEO鼓励将治理作为促进业务与IT合作伙伴关系发展（而不是控制）的一个核心部分的观点。

■ 不鼓励"一刀切"。因而，治理流程的本质取决于企业特点，如第16章所述。

■ CEO随技术及其应用的发展，应考虑不同高级领导人员的作用，特别是涉及许多IT供应商角色的变化时。

■ 稳定性是十分危险的。尽管可以将其作为治理流程的本质目标，但潜在目标能够促使其对动荡和变化做出良好反应。根据这一想法建立的良好架构是稳定的，不过实际上其他所有一切都会成为阻碍，因而稳定性应当作为治理探讨中的核心要素。

■ 速度和灵活性是IT投资方案最重要的特征。

信息6：让CMO、CFO和董事会参与战略性IT管理

CEO确实发挥了领导作用，但其他高管同样也为文化、期望以及合作伙伴关系与治理设定了环境。首先，CFO与CMO都属于这一类型的高管；CFO（通常属于正常的IT报告线路）和CMO（由于动荡和企业反应）都在CMO的权力范围内。

董事会同样也是参与者，也应该参与对战略性IT管理的考量中。

尽管CEO是重要领导成员，但实际上CFO也有相当大的作用，有点讽刺的是，CFO仍在寻找一些与CIO相同的关系特征，即战略作用或与之类似的东西。[1]

但是，CFO通常都从属于CIO报告线路中，这无疑会涉及金融、风险以及可能的IT安全管理功能。这意味着CEO应该具备对于CFO与CIO关系的可视性，并帮助企业建立IT活动的适当期望和环境。

信息7：良好IT是必要的；不接受不佳表现

CEO应专注于"良好的"IT的三个维度，如表18-6所示。第一是IT绩效，由总价值绩

---

1. 请参阅：Matthew Quinn，"What the CFOs Want"，*Wall Street Journal*，June 27, 2011。

效模型来表示。请注意，这包括各自发挥其作用的IT和业务。第二是IT能力在为企业提供服务的IT组织中的可用性，建议从第7章中的清单开始回顾。第三是IT在建立业务与IT的合作伙伴关系以及二者之间信任的参与度。

不过底线是，CEO不能接受不佳的IT表现，特别是根据战略性IT管理要求来衡量的不佳表现。

表18-6　CEO和业务领导者的问题

战略性IT管理关键主题	CEO和业务领导者需要下述问题的答案
IT绩效（总价值绩效模型）	IT在阶梯上的哪一层执行 业务在阶梯上的哪一层执行 当前的绩效水平存在哪些业务风险
IT服务管理	在何种程度上管理IT服务
IT能力（第7章）	IT是否具有所需要的能力 当前的IT能力水平存在哪些业务风险

面向业务经理和专业人员的信息

每个经理都可以从回顾面向CEO的信息开始，因为这些信息适用于业务部门中的所有人。特别是，业务管理人员可以认为"CEO和业务领导者需要下述问题的答案"，以及这些答案如何描述发挥作用的业务部门/组织。

第17章为CIO和IT专业人员提供了六条信息。"镜像问题"同样涉及业务合作伙伴。业务与IT的合作伙伴关系原则确定了要求和业务经理/专业人员在合作伙伴关系中需要发挥的作用，这强调了IT和业务需要发挥的作用。换言之，合作伙伴关系需要合作伙伴。

信息1：在CIO和IT经理清单上有"待办事宜"。针对业务经理的问题是：他们在各个"待办事宜"中应发挥什么作用？

信息2：业务与IT的合作伙伴关系需要CIO和IT管理层的领导。同样重要的是，合作伙伴关系需要业务经理和专业人员参与。

信息3：企业需要战略性IT管理，以及由七大企业IT能力描述的能力。业务和技术动荡需要这些能力。每个业务经理都应该考虑如何能够最好地启用并参与这些企业IT能力。

信息4：管理好技术是不够的。业务是技术和额外IT活动的接受者。

信息5：权限和管控（以及"向CEO汇报"）不足以产生所需成果，这描述了合作伙伴关系的本质，即业务与IT携手实现所需的业务成果，尤其是对动荡和不确定性的响应。业务经理应当质询他们是如何参与合作关系的。

信息6：需要一个主动的领导方式和愿景，这同样适用于业务经理。

面向CEO的信息的总结

本书（主题为在动荡时期使用IT进行业务转型）在CEO部分讨论了很多内容。IT作为业务组织不可或缺的一部分，成为企业事务的核心。毫无疑问，对于在IT投资中获得业务收益来说，IT管理是至关重要的成功因素（或失败因素）。我们已经阐明，由于IT过于重要（或正变得过于重要），因而不能将其只交给IT人员。业务应在每个管理级别（包括CEO级别）承担自己的责任。

我们不会在这里重复本书所给信息；我们只要读者记住动荡时期要求敏捷性，并且业务与IT的关系是一种嵌在合作伙伴关系中的服务关系。请记住，动荡、服务和合作伙伴关系对双方都有影响。动荡要求敏捷性以及对业务活动和IT的灵活反应；如果没有对此进行良好的定义，就无法很好地产生或交付服务；信任和合作伙伴关系缺一不可。那么CEO是什么角色呢？CEO是企业成功的最终负责人，他们负责设定目标、计划决策、建立正确的组织、按照计划控制成果等。我们相信，以下三大责任尤其重要。

首先，CEO是组织架构师。创建一个具有适当结构、流程、相关机制的灵敏组织需要有目的的设计，以及正确选择具备适当技能和心态的人员（或以正确方式对其再培训）。[1]在大多数情况下，这是一种转型，如果没有CEO的驱动，这种转型就不会发生。

其次，CEO驱动并设定文化，其中不存在将IT计划定义为孤立计划的情况，仅存在业务计划。业务（战略）计划是关于共同创造的问题，其中业务和IT在CEO的驱动下互相协作，共同定义未来的业务计划。在最高级别中，这种协作涉及CEO和最高层的IT领导（CIO）。

---

1. Robert Howard, "The CEO as Organizational Architect: An Interview with Xerox's Paul Allaire", *Harvard Business Review* (September-October 1992).

最后，CEO建立了一种"没有借口的管理文化"。[1]在整个业务中，没有不按期望交付、不交付价值的借口。[2]如我们在这本书中指出的那样，绩效是信任的基础。没有绩效，就没有信任，俗话说，"没有信任，就没有交易"。绩效涉及我们阶梯案例的各个级别，包括服务交付和项目定义与管理的基础水平，还有转型和创新的增长水平。对每个级别来说，绩效不仅涉及期望的技术交付，还涉及一个服务供应方与接受者之间开放、透明、关怀的关系。这种组织的信任变化不只是通过口头服务发生，这要求奖励与认可机制的相应变化。对所有这些元素来说，CEO就是铺平道路的人。

亨利·明茨伯格（Henry Mintzberg）[3]明确了经理的人际关系、信息和决策角色。在上述各个角色中，CEO有自身期望的活动，也有在动荡时期针对战略性IT管理而执行的活动。这种对敏捷性、服务关系、信任与合作伙伴关系的需求应不断在各个级别被重复、清楚地研究。排名较低的业务和IT经理应承担在各自部门中建立这种文化的职责。目前来说，已证实发挥作用的最新举措和政策信息应当提供给需要了解上述信息的人。最后，确保做出必要决策的责任在于CEO。他/她负责分配必要资源，并且面临可能的冲突。

我们之前说过，IT太过重要，不能只把它交给IT人员。我们在这里再加一句：战略性IT管理不能仅靠CIO完成；CIO也需要高层的支持。在一个我们参加的CIO专题讨论会上，当被问道"你最大的威胁是什么"时，一位CIO回答说："我很伤心地说，是我的CEO，他不喜欢改变。"

业务领导力自我评估

如前所述，CEO（和CEO类似职务人员）有机会进行领导。表18-7是一个适用于企业和个人的自我评估表，表18-8提供了评分等级。

---

1. T. J. Rodgers, "No Excuses Management," *Harvard Business Review* (July-August 1990).
2. Graham Waller, George Hallenbeck, and Karen Rubenstrunk, *The CIO Edge: 7 Leadership Skills You Need to Deliver Results* (Harvard Business Review Press, 2010).
3. Henry Mintzberg, *The Nature of Managerial Work* (Harper & Row, 1973).

表18-7 自我评估表

CEO/业务领导者角色	企业	个人
承认企业需要战略性IT管理		
战略性IT管理需要组织背景、文化和变化的CEO领导力		
CEO提供企业领导力以形成并积极沟通业务愿景和IT		
建立和支持合作伙伴关系、团队合作、协作的环境至关重要		
建立和支持IT治理对于改变管理十分关键		
让CMO、CFO和董事会参与战略性IT管理		
良好IT是必要的；不接受不佳表现		

表18-8 自我评估评分等级

0	不适用
5	这种领导作用得到充分认识和积极对待
4	这种领导作用在某种程度上得到认识
3	不知道，或不是一个因素
2	缺乏这种领导角色
1	缺乏这种领导角色且其对目标实现产生阻碍

19 思考和建议

·····

第1章介绍了企业应具备（或需要具备）的能力的概念。

到目前为止，读者应清楚地了解表19-1中每一类目的含义。IT视角的表格在某些地方会与IT能力相似，但该表格增加了与业务合作的内容。业务视角和动荡与不确定性视角的表格是关键点，它们是战略性IT管理对企业做出的最真实的贡献。

表19-1　企业能力

企业IT能力	通过业务和IT一起合作企业能够（从IT角度来看）：	通过业务和IT一起合作企业能够（从业务角度来看）：	企业能够（应对动荡和不确定性）：
规划与创新	规划信息和IT的使用，使IT供应与IT需求相匹配	● 看到业务和技术中潜在的大规模的破坏 ● 了解IT作为一种转型力量的潜力 ● 像往常一样超越业务 ● 以一个整体的角度来看待业务——克服竖井 ● 业务和IT一起合作 ● 了解业务 ● 战略思维 ● 通过使用信息和IT来寻找业务创新 ● 感知和响应快速变化的业务要求 ● 看到并了解行业模式 ● 上升到"以IT为中心"的视角 ● 规划自适应/动态的IT	● 执行速度更快，实现更快的反应，从而实现动态的业务变化 ● 采用动态IT所必需的架构和能力
发展与转型	项目价值最大化		
信息与情报	应用分析和数据		
服务与资源优化	管理IT资产的战略采购		
采购	在IT采购的备选方案中做出最佳决策 管理采购决策		
成本与绩效	了解和管理成本 了解所有信息和IT的成本和价值		
服务与卓越运营	在五大IT服务组合中提供卓越服务 为业务提供IT服务		

总结企业IT能力及其重要性

从广义上讲，企业IT能力无疑是连接IT组织和业务组织必须做的事情的纽带。

回顾前面的章节，我们提出了图19.1中所示的总价值绩效模型，用于传达三个基本概念。第一个概念是业务和IT两者应该（也许是必须）做一些事情来创造最终业务变化和提出战略创新。这是一个阶梯的概念：他们必须很好地完成第一步（如服务交付/服务需求），以达到执行需求/配置的目的等。总价值绩效模型表达的是一种"精通"模式的阶梯，如我们第2章中所介绍的那样。

第二个概念是这些步骤是完全相连的。业务和IT必须完成他们各自的工作。IT必须实现服务交付（第一步），业务必须定义其服务要求以及各个阶梯上的内容。

第三个概念是七大企业IT能力连接、协调IT与业务的关系，并创造成功实现这一关系的环境。如果忽略企业视角，这些活动都是在竖井中完成，而没有参考其他活动和所需的知识。

忽略企业视角，实现我们的整体目标（即创造卓越业务价值和对动荡的快速响应）会变得异常困难。

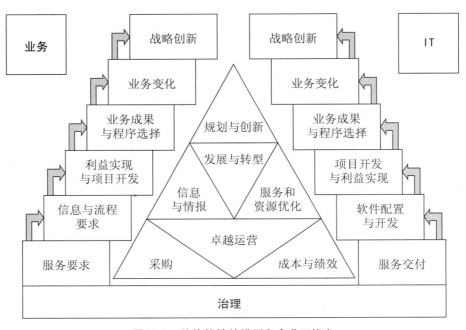

图19.1　总价值绩效模型和企业IT能力

展望七大企业IT能力，很显然，这些能力对企业的整体IT绩效来说是至关重要的。此外，我们不是狭隘地讨论流程和方法，这些都属于IT组织或业务部门的技术经理的职责。回顾我们的观察，不同组织确实存在一些不同的做法（例如，美国和欧洲就在由谁来主要负责监督，以及企业IT能力等问题上存在不同的看法）。关键的一点是，企业作为一个整体，可以拥有并执行这些企业IT能力。此外，企业中多种多样的活动、业务方面的业务部门，以及IT方面的IT资源都要从事并参与每个企业IT能力活动的执行。

但那又怎样？拥有企业IT能力的业务成果是什么

最终的问题是，如果企业确实拥有并能够执行企业IT能力，企业可以预期得到什么？一种看法是从成果/掌握的角度来看。一位CEO告诉我们："不要跟我谈更好的流程，或增加IT价值，跟我谈谈销量增长。"换句话说，企业整体需要IT（及其所有来源）来执行业务项目。我们需要业务成果，而不是技术成果。

企业成果：点的互相连接

信息和IT的应用是非常重要的，它代表了真正的企业成熟度。我们为每一个IT成熟度阶段的具体需要提供了一种确定当前特定企业现状的指南，以及一种未来的目标感。然而，一大难题是"典型成果"中的许多文词都集中在核心IT组织上。举例来说，服务水平协议等构件可能不存在于直接购买云软件即服务方案（例如，营销组织直接购买的销售能力自动化软件）之中。

这虽然只是重点的一部分，但它是十分重要的。企业IT能力的概念是，所有的企业及其IT活动都拥有成熟的能力。事实上，IT分散的一个主要的挑战是，为不是来源于核心IT组织的IT提供必要的IT成熟度元素。这并不会使确定的结果变得不重要；相反，可以加强对于将这些问题视为企业IT能力，而非IT组织能力的思考。

服务交付/服务要求

在这个层面上，IT功能追求的是卓越运营。IT组织必须确保基本的IT服务应根据商定的服务水平和可接受的成本进行交付。此外，正确的技术必须到位，或者必须购买，用于

IT资源利用的适当的标准、方法和程序必须已经被开发和予以应用。现有的员工必须拥有满足组织需求的技能。典型成果包括：

- 服务符合服务水平协议规范，包括成本、绩效和质量。
- 服务达到约定的技术标准（例如，供应商风险、整合、常用技术）。
- 减少服务风险（例如，可用的支持服务的技能）。
- 减少安全风险。

软件配置与开发/信息与流程要求

IT部门可以按照时间和预算开发软件，可以指定软件进行采集。软件服务可以从互联网或其他来源获得。软件作为一种服务的开发或获取，可根据指定的业务要求来进行。典型成果包括：

- 项目按照时间和预算完成。
- 项目符合业务要求。
- 减少项目开发风险。

项目开发和利益实现

在这个层面上，管理层通常会认识到IT在提供和促进成功的业务运作中的关键作用。软件、应用程序和获得的服务都很容易实现，并且很容易融入整体IT结构中。我们需要启用数据集成。典型成果包括：

- 项目很容易融入基础设施和运营环境之中。
- 项目信息可以与其他信息相融合。
- 实现承诺的业务收益。

业务成果和程序选择

这个阶梯上的层面指的是在与业务管理层的密切合作中，IT组织将业务战略和意图转化为IT战略意图和解决方案的能力。IT组织积极地跟随IT趋势，并形成业务战略规划的输入者，包括关于IT战略采购的决策。典型成果包括：

- ■ 业务规划专注于业务要求和新的技术机遇。
- ■ IT规划可以融入业务管理和规划中。
- ■ 实现战略优先级。

业务变化

这个层面指的是通过改变影响结构、流程和程序，以及IT投资的计划来执行业务战略。IT计划与业务变化计划完全融合。这一步包含根据业务目标跨组织优先考虑IT投资的能力。典型成果包括：

- ■ 业务变化计划正式采用IT来支持流程创新。
- ■ 使用IT来实现业务的组织和流程变化。
- ■ 使用IT来实现产品和服务的业务创新。

战略创新

在这个层面上，组织开发出IT的独特用途来形成一个变化激烈的业务模式，即IT作为创新的动力。业务战略发展是共同创造的结果。业务愿景会影响IT解决方案的应用，新的IT解决方案会影响业务愿景。典型成果包括：

- ■ 采用具有竞争力的独特IT创新。
- ■ IT是战略业务计划不可或缺的一部分。

这些描述主要关注的是流程。但真正的问题是：什么是业务成果，产生业务成果需要哪些企业IT能力？也就是说，如果IT已经达到了成熟度水平，企业预期可以得到什么？有如此多的IT关注IT供应流程，因此成熟度模型并没有什么不同。我们可以看到的卓越运营、项目开发、规划和信息管理等都是从它们是如何产生的，以及产生它们所需的企业IT能力和卓越流程的角度来定义的。因此，实际上一些成果是基于业务的，但这也许是不够的。

战略性IT管理着眼于从成果的角度来看待问题。例如，即使有卓越运营，那又怎样？产生的东西能否满足业务的需求？在实现目标的过程中，业务流程和管理活动能否得到积极的支持？这些是要解决的业务组织问题。有人可能会说，IT在业务中是负责专门提供所要求的东西的。但我们说不是这样的，战略性IT管理提供业务所需的东西，即满足业务需求。

图19.1将每一个成熟度级别的成果与实现它们所需的企业IT能力相关联。该图指出了需要什么来产生成果，以提高企业IT的成熟度水平。请注意，这些成果是从IT供应角度来进行描述的。也就是说，成熟度指标是特定于IT能力的，例如，如果IT可以成熟地执行第五级的"业务变化"，那么使用IT就可以实现"产品和服务的业务创新"等成果。这很好，但它不一定能直接解决我们本书的主要问题，即在动荡时期的业务转型问题。

但是，该图有助于展示IT流程通过成熟周期来有效交付IT服务的必要过程。正如我们所提到的那样，不考虑动荡等因素，在一般的IT服务交付过程中都存在着重要的问题。企业IT能力是解决这些问题的主要方案，成熟度模型显示了这些能力在改善方面所提供的杠杆作用。

本质内容

对每个人而言，无论是CEO、CIO、IT专业人员、业务主管或经理，本质内容都归结为三个基本问题。

■ 参与业务和IT的"企业IT能力"是否表现良好并产生业务成果？IT是否已执行？
■ "企业IT能力"能否增加信任和合作？
■ "企业IT能力"能否有效和充分地应对变化和灵活性？

我们都需要这些问题的答案是"是的"！

关于作者

罗伯特·J. 本森（Robert J. Benson）运用他45年多的学术和企业经验，来帮助近100家公司和政府机构来了解IT的业务价值、战略和财务IT管理、战略IT规划、有效的IT应用开发和IT治理。他已与美国、墨西哥、欧洲和环太平洋地区的客户协商并举行了研讨会。他撰写了超过150篇关于业务技术战略和IT治理的简短公告和执行报告、执行更新，以及刊登在《卡特IT杂志》（*Cutter IT Journal*）上的文章。他是卡特联盟业务技术战略、政府和公共部门业务研究员。另外，他还是测试组（The Beta Group）的负责人。

罗伯特·本森在圣路易斯华盛顿大学（美国）教了40年的计算机科学和信息管理，同时他还在那里担任计算和通信学院的副校长、院长和各种财务主管职位。他还在荷兰蒂尔堡大学讲授IS和管理，是该校的一名教师。鲍勃·本森先生曾出席过许多不同主题的行政会议，包括美国和墨西哥的卡特峰会、Gartner研讨会/世博会、CIO信息管理论坛、企业架构会议、IQPC主办峰会等。他还参与合著了几本书，包括《从经营战略到IT行动》《信息经济学》《信息战略和经济学》。鲍勃·本森先生曾在华盛顿大学获得了一个工程科学的科学学士学位和一个法律学位。

彼得·M. 理伯兹（Pieter M. Ribbers）博士和教授，在荷兰蒂尔堡大学的经济管理学院讲授信息管理。他曾担任过院长、系主任、信息管理研究生和执行计划的学术主任，以及作者和顾问。在蒂尔堡大学的提亚宁堡斯商学院，他一直作为学术总监负责信息管理执行计划，这是他与荷兰和欧洲CIO社团密切合作开发出来的计划。他已经主持过行政研讨会并在欧洲和美国的商业和工程学院教授研究生课程。1991—1995年，他在华盛顿大学担任信息管理的关联教授职位。

他的兴趣包括IT的管理（特别是与信息经济相关的问题）、跨组织系统（特别是电子商务）、IT使用的战略和组织成果。他曾指导过超过30篇博士论文，并在专业的国家和国际期刊发表了许多该领域的文章，以及与他人撰写了几本书。他最近的书是与迈克·帕帕佐格鲁合著的《电子商务》，以及与艾瑞克·比乌伦和简·鲁斯合著的第二版《管理IT外包》。他还是《信息与管理–国际信息系统应用杂志》编辑委员会的成员。他将资金的学术生涯与顾问相结合；他还是一名在国内和国际公司工作的顾问，公司包括英国金融顾问公司、诺兰诺顿公司、奥蒂娜公司、飞利浦公司和ING集团，其咨询工作尤其专注于外包、远景开发和信息经济学。

罗纳德·B.布利茨斯坦（Ronald B. Blitstein）是卡特联盟的业务技术战略实践总监。他还是卡特业务技术委员会的成员。他30年的职业生涯包括丰富的国际运营经验，并涵盖了信息管理的各个方面。这包括了技术战略规划、项目管理、兼并和收购、IT周转、业务流程再造、软件方案开发、ERP部署、安全/风险管理、外包谈判和网络/运营管理。

作为一名资深的技术主管，罗纳德·布利茨斯坦一直亲自参加多个行业的公司中变更代理的工作，包括经营办公用品、化工、医疗系统和制药，以及消费产品等公司。他曾在施乐公司、欧美达公司、中银集团、必能宝公司和露华浓公司担任高级领导职位，还在几家500强公司担任提高技术顾问常务董事，以提供咨询服务。他的工作职责包括直接领导总部设在美国、英国、德国、南非、澳大利亚、日本、中国、新加坡和印度的全球组织。